U0089215

中國學術思想研究輯刊

三一編

林 慶 彰 主編

第23冊

「九江學派」研究（下）

張紋華 著

花木蘭文化事業有限公司

國家圖書館出版品預行編目資料

「九江學派」研究（下）／張紋華 著 — 初版 — 新北市：花木蘭文化事業有限公司，2020〔民109〕

目 4+254 面；19×26 公分

（中國學術思想研究輯刊 三一編；第 23 冊）

ISBN 978-986-518-013-3（精裝）

1. 經學 2. 史學 3. 研究考訂

030.8 109000280

中國學術思想研究輯刊

三一編 第二三冊 ISBN：978-986-518-013-3

「九江學派」研究（下）

作　者 張紋華

主　編 林慶彰

總 編 輯 杜潔祥

副總編輯 楊嘉樂

編　輯 許郁翎、張雅淋 美術編輯 陳逸婷

出　版 花木蘭文化事業有限公司

發 行 人 高小娟

聯絡地址 235 新北市中和區中安街七二號十三樓

電話：02-2923-1455／傳眞：02-2923-1452

網　址 http://www.huamulan.tw 信箱 hml 810518@gmail.com

印　刷 普羅文化出版廣告事業

封面設計 劉開工作室

初　版 2020 年 3 月

全書字數 514344 字

定　價 三一編 25 冊（精裝）新台幣 50,000 元

「九江學派」研究（下）

張紋華 著

目次

上冊

下　冊

第四章　康有爲、梁啓超、黃節、鄧實嬗變「九江學派」的五個階段與一條主線

咸同年間至中法戰爭前（1858～1882 年）、中法戰爭至甲午國恥（1883～1895 年）、甲午戰敗至出亡海外前期（1895～1903 年）、出亡海外後期（1903～1913 年）、歸國後至民國中後期（1913～1935 年），是以康有爲、梁啓超、黃節、鄧實爲代表的「九江學派」3 大群體嬗變朱次琦、簡朝亮學術思想的 5 個階段。其中，前 2 個階段由康有爲一人完成。咸同年間至中法戰爭前，康有爲不僅全面奠定理學、政學與經學的舊學根基，而且開始懷疑儒學與西學萌芽。中法戰爭至甲午國恥，康有爲以清初「經世致用」思潮與「常州學派」今文經學出身，以揭發劉歆僞經、扶植孔子遺經爲途徑全面重建今文經學。康有爲重建今文經學的過程，也是他以嬗變孔學、對程朱理學、乾嘉考證學的反動與援西入儒爲內容顛覆儒學的過程。自此階段以後，儒西關係成爲分析「九江學派」成員嬗變朱次琦、簡朝亮學術思想的關鍵詞。甲午戰敗至出亡海外前期，康有爲、梁啓超不僅以政論文及其專著、講學記、治經等以西化儒，而且開始出現從以西化儒到儒西並尊的轉變。出亡海外後期，康有爲、梁啓超以遊記、論文、專著等儒西並尊，黃節、鄧實以辦報、著書、編書等形式復興古學。歸國後至民國中後期，康有爲、梁啓超以講辭、歐遊記、專著等以儒化西，黃節以注解六朝詩存古詩之義。「九江學派」就是在其成員從以西化儒到儒西並尊，到以儒化西的轉換中，一步步隨著時代的變革而與儒學主導地位的終結而走向衰亡的同時，尊儒又是康、梁、黃學術思想跨越各個時期的主線。

第一節　咸同年間至中法戰爭前

從 1858 年出生到 1882 年北上上海，康有爲並沒有開始撰寫任何一種學術專著，但他從傳統儒學入而又開始懷疑儒學、甚至萌芽西學的學術思想已經形成。由「三康」（康輝、康式鵬、康贊修）奠定的以理學、政學爲內容的家學淵源，對康有爲產生潛移默化的影響；師從朱次琦 3 年則全面奠定康有爲理學、政學、經學的根基。嘉道以來廣東傳統儒學大繁興與儒學新變及西學東漸越加深入是康有爲懷疑儒學與西學萌芽的鄉土環境。

一、儒學奠基

雖然康有爲、梁啓超、汪榮祖、馬洪林等都指出康氏家族有理學傳家的傳統，但是，由於「三康」均沒有留下理學專著，長期以來人們對於康氏家族理學傳家的研究都停留在點評式階段。筆者以爲，「三康」之學雖然不可知曉，但「三康」關心政事，長期執教。此即王引之所說的「政當讀政事之政，學當讀爲教。政學即政教也。」〔註 1〕另外，以「三康」師承之學可知康氏家族是將理學傳家指向了經世實學。這與梁啓超所說的「先生從之遊，凡六年，而九江卒，其理學政學之基礎，皆得諸九江」〔註 2〕構成康有爲學術奠基的前後接連。與此同時，研究者均將 1890 年與廖平相遇作爲康有爲從古文經學到今文經學轉變的主要原因，其實，朱次琦並不排斥今文經學與嘉道年間廣東今文經學興起亦是康有爲有此轉變的原因。

首先，理學奠基

一方面，康輝師從馮成修、馮敏昌，康贊修師從何文綺，其中，馮成修、何文綺留下較豐的理學著述。如馮成修《文基文式》《養正要規》《學庸集要》《人生必讀》《書纂要》《粵秀學約》，何文綺《四書講義》《課餘稿鈔》《周易從善錄補注》《一經堂家訓》。沒有從師學習的康式鵬則以呂坤《人譜》、陳宏謀《五種遺規》、劉宗周《呻吟語》爲宗，這也是其子康贊修從 14 歲開始勤習之書。與此同時，何文綺師從勞潼，勞潼師從馮成修，故康贊修兼承康輝、康式鵬之學。因此，在南海學宮志局、連州官舍侍康贊修的康有爲所習的義理、文章，所閱讀的《綱鑒》《大清會典》《東華錄》《明史》《三國志》，即是「三康」之學。另一方面，何文綺是朱次琦友人，康贊修視朱次琦爲

〔註 1〕王引之著：《經義述聞》，廣文書局，1979 年版，第 110 頁。
〔註 2〕梁啓超著：《飲冰室合集》文集之六，中華書局，1989 年版，第 61 頁。

「畏友」，在 1876 年康贊修下令康有爲師從朱次琦之前，在康有爲自言「吾少讀書於此十餘年」〔註 3〕的澹如樓萬卷藏書中，即有由朱次琦代購的史著、杜詩。因此，從傳承「三康」之學到師從朱次琦，康有爲的理學奠基就是家學淵源、師承之學的緊密結合。雖然「三康」乃師與朱次琦宗尚理學的形式稍有不同，但均將理學指向了經世實學。日後，即使康有爲以宋儒同於佛、老，對程朱多有指斥，但陸王心學仍然是他構建其學術思想的內容之一。康有爲是從「常州派經學」出身，而以「經世致用」爲標幟〔註 4〕，以學術經世是康有爲不變的元素。

1. 宗尚理學的 2 種形式

呂坤、劉宗周是明代中原理學的殿軍，陳宏謀是清初中原理學的代表人物之一，馮成修、何文綺、朱次琦是嘉道咸同年間廣東理學復興的人物，迥異的時代背景使以上諸人宗尚理學的形式自然有別。

（1）以程朱爲宗

呂坤、陳宏謀、馮成修、馮敏昌、何文綺、朱次琦均屬此類。晚明理學家呂坤以《呻吟語》發明《六經》孔孟之學，指斥佛、老，批判程朱末流空疏之失。雖然學界由此指出呂坤即是反程朱，但筆者以爲，批判程朱末流是明末學術思潮之一，呂坤是糾正程朱之失爲目標的批判，殊非反程朱。日後，康有爲將《呻吟語》作爲理學書籍寫入《筆記》。陳宏謀編纂了宋明以來大量的關於理學的家訓、世範，其中，程朱理學就是《五種遺規》中各類著述的主導。馮成修潛心北宋五子之學，教人必先以《小學》《近思錄》爲標準〔註 5〕。馮敏昌撰寫的《粵秀學約》是以程朱爲宗。何文綺於先儒性理諸書，皆能融會貫通，以義理至宋儒講究已極詳密〔註 6〕。不同於呂、陳、二馮、何概念性地談論程朱，朱次琦結合漢宋調和的廣東近代儒學思潮，在下述 2 方面將宗尚程朱引向深入，對康有爲學術思想的形成產生方法論的意義。

一是以朱熹理學作爲漢宋學之稽。一方面，朱次琦以鄭玄爲漢學之集大成，以朱熹爲漢宋學之稽，另一方面，朱次琦既以朱熹爲百世之師，以朱、

〔註 3〕康有爲撰，姜義華、張榮華編校：《康有爲全集》（第十二集），中國人民大學出版社，2007 年版，第 143 頁。

〔註 4〕梁啓超著：《中國近三百年學術史》，山西古籍出版社，2001 年版，第 29 頁。

〔註 5〕勞潼編：《馮潛齋先生年譜》，1911 年學古堂刻本，第 4～5 頁。

〔註 6〕曾慶輯錄：《南海何樸園先生入祀鄉賢錄》，1886 年刻本，第 35 頁。

王「格致」說相對立，而且指出王陽明之學始於讀書，其人知兵，能禦亂，認爲陳獻章之心學非不宗朱熹〔註7〕。鄭玄、朱熹成爲朱次琦思考學術大勢與構建其學術思想的主要人物，日後康有爲亦以周公、孔子、劉歆指斥二千年來「治」之不興的中國古代學術。朱次琦以程朱爲宗又不絕對排斥王陽明、陳獻章心學，爲日後康有爲由程朱走向王陽明心學奠定基礎。

二是以學孔子之學去漢宋學之別。朱次琦是以打破的漢宋學之別入手，將學術以朱熹理學爲中介而一歸於孔子之學。日後康有爲截取劉歆以前的今文經學扶植孔子遺經，不僅以不明周公「樂」制去程朱、王陽明「格致」說之爭，而且以爲劉歆僞經去漢宋學之別，以明孔子改制之說去今古文之別，康有爲這種打破學術門戶而復歸孔子之學的做法相類於朱次琦。

（2）糅合朱、王

朱熹、王陽明是宋明理學的代表。劉宗周既服膺許敬庵的程朱主敬工夫，「爲學不在虛知，要歸實踐，因追溯平生酒色財氣分數消長，以自考功力之進退」，也對王陽明心學始疑、中信、終辨難不遺餘力。可以說，劉宗周從朱熹學入，中對王陽明經歷 3 變，後以王陽明爲朱門功臣，糅合朱、王，絕筆之作《人譜》即是他不拘宋明門戶的最好注腳。不同於劉宗周以朱爲主糅合朱、王，日後康有爲堅定地走向王陽明心學。劉宗周的「慎獨」說被康有爲置於《長興學記》，而有「聖人爲」之稱的康有爲也許深受《人譜》「今日開口第一義，須信我輩人人是個人。人便是聖人之人，聖人卻人人可做」〔註8〕的影響。

2. 以理學為經世實學

不同於明末清初以顧炎武爲首發動的對於宋明理學一大反動的以「經學即理學」爲旗幟的經世致用思潮，呂坤、劉宗周、陳宏謀、二馮、何文綺、朱次琦均爲理學家，他們自然反對顧炎武不承認理學之能獨立的做法的。雖然呂、劉殊非處於以經世理學爲特色的雍乾、道咸年間，但他們的理學思想還是與陳、二馮、何、朱一樣，提倡在實行層面上運用理學，將理學看作實學，主張士人在明理的基礎上踐行，尤其是在綱常倫理、道德操守方面的踐

〔註7〕朱次琦著，簡朝亮編，關殊鈔點校：《朱九江先生集》卷首，旅港南海九江商會，1962年版，第15頁。

〔註8〕劉宗周撰，吳光編：《劉宗周全集》（第二冊），浙江古籍出版社，2007年版，第2頁。

行。尤其值得注意的是，朱次琦不僅提出性理實學，而且將一切學術都指向了實學。

（1）以理學爲實學

呂坤指斥晚明空疏學風，重視實學。「近世士風崇尚簡率，茫然無檢，嗟嗟！吾莫知所終矣。」〔註9〕「士君子平日事事講求，在在體驗，臨時只辦得三五分，若全然不理會，只似紙舟塵飯耳。」〔註10〕劉宗周的《人譜》以愼獨、誠意、改過爲內容，其中證人要旨的「六事工夫」、以「紀過格」對「六事工夫」的分析、修行方法的「訟過法」、「改過說」等，說明劉宗周對於道德實踐的高度重視。陳宏謀重視「知行合一」，提出「即仕即學」的實用主張，由其編纂的《五種遺規》「事不外乎日用倫常，理不離乎孝友恭儉。」〔註11〕馮成修將「崇實學」作爲《粵秀學約》之一，「天下無不曉事之聖賢，亦無止識一經之聖賢，誠以吾心之義理，古今之事變，皆具於載籍之中，倘見聞不廣則無以極吾心之知識，而應物處置是非必紛紜錯誤。……庶學有本原，可以裨於實用。」〔註12〕馮敏昌論學之要是「聖門實學，大抵就事上見心。由求赤之兵農禮樂，要是日之講求，此自全在用上著力。即仲弓之見賓從承祭，亦於出門使民上見；雖顏淵之克己復禮，亦於視聽言動上見。」〔註13〕何文綺不僅尤喜呂坤《呻吟語》，而且「見學必告以時艱未艾，當講求世務，讀有用書。蓋身雖不出，未嘗一日忘天下也。」〔註14〕

（2）性理實學與五學之實、四行之實

朱次琦提出性理實學，是奠基在他反對顧炎武「經學即理學」的基礎上的。「雖然，性理諸書，剪其繁枝，固經學之佐也。」〔註15〕以理學佐經學，說明朱次琦承認理學的獨立性，試圖將理學以本於儒道的方式導入經學，實現經學、理學會通，這與顧炎武的「捨經學，無理學」是大相徑庭的。與

〔註9〕呂坤撰，吳承學、李光摩校注：《呻吟語》卷五，北京燕山出版社，1996年版，第293頁。

〔註10〕呂坤撰，吳承學、李光摩校注：《呻吟語》卷五，北京燕山出版社，1996年版，第216頁。

〔註11〕陳宏謀著：《訓俗遺規》，乾隆四至八年培遠堂刻匯印本，第5頁。

〔註12〕勞潼編：《馮潛齋先生年譜》，1911年學古堂刻本，第15頁。

〔註13〕馮敏昌著：《小羅浮草堂文集》卷四，1894年重刻本，第152頁。

〔註14〕曾慶輯錄：《南海何樸園先生入祀鄉賢錄》，1886年刻本，第34～35頁。

〔註15〕朱次琦著，簡朝亮編，關殊鈔點校：《朱九江先生集》卷首，旅港南海九江商會，1962年版，第18頁。

朱次琦堅持理學的獨立性不同，日後康有爲以宋代理學獨爲義理之學的一端〔註16〕，但他仍然將性理之學置於《長興學記》。一般認爲，既將「性理」中的「性」與「理氣」論中的「理」相結合，重視從張載「性命之理」、「性即天道」、二程「性即理」到朱熹「理一分殊論」的形成、發展並最終確立起來的「性理之學」的哲學內涵，是宋學形成的標誌之一。因此，朱次琦將「性理之學」作爲「五學」之一，是對宋代理學的沿承。朱次琦強調「性理，非空言也。……用之無所驕，不用無所歉」〔註17〕，提倡的就是性理實學。程朱義理、「性善」說都殊非日後康有爲主張的內容，而在以實理、公理、私理作爲「義理」的《實理公法全書》中，貫穿其中的依然是康有爲以「可行」作爲一切義理的依據。

朱次琦不僅將理學指向實學，而且將經學、史學、掌故之學、辭章之學和與之緊密相連的「四行」修身條都指向實學。此即康有爲以爲的「僕先師朱先生鑒明末、乾、嘉之弊，惡王學之猖狂，漢學之瑣碎，專尚踐履，兼許世用，可謂深切矣」〔註18〕，也是梁啓超指出，其（按：指朱次琦）學根柢於宋明而以經世致用爲主，研究中國史學，歷代政治沿革得失最有心得〔註19〕。康有爲是在莊存與、劉逢祿的「常州學派」、龔自珍、魏源的改良啓蒙與皮錫瑞、廖平今文經學的基礎上，將今文經學徹底轉向政治與學術息息相關的治學，故可以說康有爲是將實學指向一切學術，即他指出的「而從遊之（按：指朱次琦）士，忠信願樸者多，而發明光大者少」〔註20〕，康有爲即是將朱次琦實學發明光大者。

綜上，從傳承「三康」之學到師從朱次琦 3 年康有爲自言的「既從先生學，未明而起，夜分而寢，日讀宋儒書及經說、小學、史學、掌故詞章，兼綜而並騖，日讀書以寸記」〔註21〕，即是以程朱爲宗、以理學爲經世實學的

〔註16〕康有爲撰，姜義華、張榮華編校：《康有爲全集》（第一集），中國人民大學出版社，2007年版，第345頁。

〔註17〕朱次琦著，簡朝亮編，關殊鈔點校：《朱九江先生集》卷首，旅港南海九江商會，1962年版，第15頁。

〔註18〕康有爲撰，姜義華、張榮華編校：《康有爲全集》（第一集），中國人民大學出版社，2007年版，第238頁。

〔註19〕梁啓超著：《飲冰室合集》文集之六，中華書局，1989年版，第61頁。

〔註20〕康有爲撰，姜義華、張榮華編校：《康有爲全集》（第一集），中國人民大學出版社，2007年版，第238頁。

〔註21〕康有爲撰，姜義華、張榮華編校：《康有爲全集》（第五集），中國人民大學出版社，2007年版，第61頁。

理學。禮山草堂 3 年康有爲以爲聖賢必可期而博覽群籍，亦是對劉宗周「聖人卻人人可做」的延續。「於時捧手受教，乃知旅人之得宿、盲者之睹明，乃洗心絕欲，一意歸依，以聖賢爲必可期，以群書爲三十歲前必可盡讀，以一身爲必能有立，以天下爲必可爲。從此謝絕科舉之文、土芥富貴之事，超然立於群倫之表，與古賢豪君子爲群。信乎大賢之能起人也，藉非生近其時，居近其地，烏能早親炙之哉？」〔註 22〕

其次，政學奠基

從「三康」乃師到「三康」，到朱次琦，都有仕宦經歷，亦尤其重視教化。他們不僅有躬身示教的經歷，形成頗具層次性的教化方式，而且編纂教化書籍。雖然他們殊非日後康有爲的以治術寓於學術，但其學是迫近政學的。從早期《教學通義》、《民功篇》宣揚「教」必須及於民、及於吏，到以《新學僞經考》、《孔子改制考》宣揚其維新變法思想，正是政治與學術的緊密結合，康有爲成爲中國近代今文經學的集大成者與清代學術的終結者。

1. 躬身示教

或主講於書院，或興辦社學、義學，或開館講學，是在爲官之餘，從「三康」乃師到「三康」，到朱次琦躬身示教的 3 種形式。

（1）主講於書院

劉宗周、康贊修、二馮、何文綺均有此經歷。其中，劉宗周在東林、首善、證人 3 書院講學 20 年，門下 376 人。康贊修授徒於廣府學宮孝悌祠（今廣州第十三中學），學者近百人。馮成修 61 歲歸隱鄉土後，主講粵秀書院、越華書院 30 多年。41 歲以後，馮敏昌先後在端溪書院、越華書院、粵秀書院任教 2 年、1 年、1 年，並卒於粵秀書院任上，張維屏、謝蘭生等廣東著名學人出於門下。道咸年間，何文綺主講羊城書院、粵秀書院，從學者數千人。正是書院講學，劉宗周、康贊修、二馮、何文綺的理學思想得以廣泛傳播，代有傳承。

（2）興辦社學、義學

呂坤、陳宏謀屬於此類。呂坤因「剛介峭直」，稱疾乞歸，家居 20 年，除著述不斷以外，在鄉土辦寧陵社學，育人無數。雍乾能臣陳宏謀任雲南布

〔註 22〕康有爲撰，姜義華、張榮華編校：《康有爲全集》（第五集），中國人民大學出版社，2007 年版，第 61 頁。

政使 4 年期間，頒發《查設義學澂》《義學規條議》等，恢復與新建義學 650 餘處，是廣西三朝義學總和的 6 倍。

（3）開館講學

不同於康輝、康式鵬欠缺具體所指的講學鄉土，不同於劉宗周、康贊修、二馮、何文綺講學書院，也不同於呂坤、陳宏謀創辦義學、社學，朱次琦賦予躬身示教嶄新的內容。官山西襄陵、開館禮山草堂是朱次琦躬身示教的 2 個時期。其中，朱次琦需次山西期間，晉中多士爭從之遊學。開館禮山草堂 24 年，朱次琦以「四行」、「五學」教育門人，出其門下者超過 40 人，創「九江學派」。無論是官山西襄陵政教結合，還是擁有自行講學之所——禮山草堂，朱次琦都爲康有爲樹立了一個座標。日後康有爲以長興學堂、萬木草堂培育維新變法人才，宣揚與發動維新變法，都可以從朱次琦禮山講學中找到影子。

2. 政教形式

首重立品，重視童蒙教育、婦女教育、「四民」教育、胥吏教育，是「三康」乃師、朱次琦重視教化的主要表現。無論是以德育爲本，還是教化涉及面之廣，都達到一個空前之高度，足以讓康有爲於此中游走。

（1）首重立品

尊德性從來就是中國教化思想的首要環節。兼重童蒙、婦女、「四民」與胥吏教育，即指向了道德、和諧。呂坤將聖賢、品藻、治道、修身等諸類置於《呻吟語》，劉宗周以「做人之方，盡於《人譜》」作爲劉氏家學，陳宏謀重視朱熹所言「志不立之病，卻在貪利祿，不貪道義；要作貴人，不要作好人」，將朱熹《滄州精舍諭學者》作爲學綱，以正士人之志，馮成修以「端士習」置於《粵秀學約》，馮敏昌以「立品德」置於《粵秀學約》，都是首重立品的體現。在此基礎上，朱次琦提出「四行」修身、「五學」治學，將自孔子以來的尊德性、道學問既分爲 2 途，也合一於培育門人的講學生涯之中。1891 年康有爲以孔子「志於道，據於德，依於仁，游於藝」作爲《長興學記》的總綱，所展現的亦是尊德性、道問學兩翼。

（2）重視童蒙教育

呂坤、劉宗周、陳宏謀、二馮均重視童蒙教育。呂坤以《小兒語》《續小兒語》教育童蒙，劉宗周有《重修古小學（證人書院）記》《家塾規》，陳宏謀將朱熹《童蒙須知》、呂坤《小兒語》《續小兒語》等收入《養正遺規》，馮成修以《養正遺規》《粵秀學約》教育童蒙，馮敏昌則有《粵秀學約》《端溪學約》。由於士子多以入學走仕宦之路的，而八股制藝是明清兩代選撥人才的文本，馮敏昌不僅重視八股制藝，而且將其在一定程度上指向了政治。馮敏昌將掌故學、不盲從時文制藝作爲粵秀課程，「夫天文地輿禮樂刑政錢穀甲兵度數之詳，雖未易精究，亦不可不以時講涉其藩籬。」〔註 23〕「漢賈生之《過秦論》《陳政事疏》、董子之《賢良三策》等篇皆先抄成冊，以資雒誦，即《國策》之蘇秦合縱、張儀連橫諸篇，亦誼抄讀，以拓智識，至於所讀時文尤宜取法貴上」〔註 24〕。1885 年康有爲首本重要的學術專著《教學通義》即重視幼學，提倡敷教與掌故之學，呂坤的《續小兒語》亦是康有爲重視的著述。

（3）重視婦女教育

爲教化婦女，呂坤撰寫《閨範圖說》《閨戒》，陳宏謀則編纂《教女遺規》。其中，呂坤仿劉向《列女傳》，輯歷代教女之先哲嘉言與諸賢善行共 153 人，不僅繪之圖像，而且間爲音釋，於每類之前均有大題之主旨，使《閨範圖說》起到極好的教化作用。陳宏謀將《女誡》《女訓》《女論語》《女小兒語》《人生必讀書》《閨範圖說》等收入《教女遺規》，將教化的對象指向婦女。1883 年康有爲向廣東風俗打響的第一槍即是以解放婦女爲內容的《戒纏足會啓》。

（4）重視「四民」教育

爲教化由「士、農、工、商」組成的「四民」，陳宏謀任江蘇按察使時專門編纂《訓俗遺規》。陳宏謀以地方訴訟案件之多歸因於風俗不純，「古今之治化，見於風俗。天下之風俗，微於人心。人心厚則禮讓興，而訟端息矣。」〔註 25〕雖然朱次琦沒有編纂教化「四民」的書籍，但無論是官山西襄陵治理訴訟提倡的重視骨肉之親與讞獄不輕及婦人及禁火葬、罪同姓爲婚，還是居南海九江以編纂《南海九江朱氏家譜》維護封建宗法制與反對家有死於外者

〔註 23〕趙所生、薛正興主編：《中國書院志》（第三冊），江蘇教育出版社，1985 年版，第 380 頁。

〔註 24〕趙所生、薛正興主編：《中國書院志》（第三冊），江蘇教育出版社，1985 年版，第 377 頁。

〔註 25〕陸費逵、高野侯等：《五種遺規》，中華書局，1989 年版，第 169 頁。

不歸斂的九江鄉俗，都屬於朱次琦重視「四民」的教育，其中對於訴訟案發生的原因分析，是一致於陳宏謀的。

（5）重視胥吏教育

呂坤、陳宏謀、朱次琦均重視胥吏教育。呂坤在任提刑、按察使期間分別著有《民務》《民職》《鄉甲約》《安民實務》《獄政》《風憲約》等，後門人將其集為《實政錄》一書。陳宏謀則編纂《在官戒規》《從政遺規》。《實政錄》是呂坤以治政與事君為內容的經世致用思想的主要反映，其中，郭崇濤所言「本朝則與胥吏共天下耳」，胥吏是官場腐敗的重要因素，呂、陳、朱均是承認的。陳宏謀以自重、重視學習教化胥吏。對於通過科舉進入官場的官員，他們或對官場一無所知，或因循守舊，陳宏謀曉以「盡治人之責，而又參之前往行，以善其措施，則宜民善俗」〔註 26〕之教，並要求官員重視胥吏，做到清、慎、勤〔註 27〕。朱次琦在陳宏謀認為胥吏必須加強自身學習的基礎上，認為胥吏必須學習經史，「知掌故而不知經史，胥吏之才也。」〔註 28〕此外，朱次琦有 2 次論到為官之不易：一是 1847 年中進士而宗人來賀時，朱次琦說：「科舉適然耳，為官談何容易？今而後何以宣上德，何以達下情，諸君子殷勤教誨，幸書紳作活人經也。」〔註 29〕二是需次山西期間，朱次琦歎史事之艱，以為人人以一官樣作官，民生何賴焉。於是自重蒐武備倉儲渠地利諸書，雖遊宦如遊學也〔註 30〕。1885 年康有為在《教學通義》中亦說：「官吏之學能行王朝之政典」〔註 31〕。

3. 編著教化書籍

「三康」乃師編著的教化書籍分為下述 5 類：一是童蒙類：馮成修《養正要規》《學庸集要》《粵秀學約》，馮敏昌《粵秀學約》《端溪學約》，劉宗周《重修古小學（證人書院）記》《家塾規》，呂坤《續小兒語》《好人》《閨戒》

〔註 26〕陸費逵、高野侯等：《五種遺規》，中華書局，1989 年版，第 149 頁。

〔註 27〕陸費逵、高野侯等：《五種遺規》，中華書局，1989 年版，第 153 頁。

〔註 28〕朱次琦著，簡朝亮編，關殊鈔點校：《朱九江先生集》卷首，旅港南海九江商會，1962 年版，第 17 頁。

〔註 29〕朱次琦著，簡朝亮編，關殊鈔點校：《朱九江先生集》卷首，旅港南海九江商會，1962 年版，第 10 頁。

〔註 30〕朱次琦著，簡朝亮編，關殊鈔點校：《朱九江先生集》卷首，旅港南海九江商會，1962 年版，第 11 頁。

〔註 31〕康有為撰，姜義華、張榮華編校：《康有為全集》（第一集），中國人民大學出版社，2007 年版，第 24 頁。

等，陳宏謀《養正遺規》；二是家庭類：劉宗周《做人說》，何文綺《一經堂家訓》；三是婦女類：呂坤《閨範圖說》，陳宏謀《教女遺規》；四是「四民」類：陳宏謀《訓俗遺規》；五是胥吏類：呂坤《實政錄》、陳宏謀《在官法戒錄》、陳宏謀《從政遺規》。以上書籍具有平實切行的教化埏本、法與戒的正反面教材、榜樣式教化 3 種方式〔註 32〕，體現「三康」乃師以振興文教爲師儒之任〔註 33〕，以養士用人爲國家存亡第一緊要事〔註 34〕，以天下無不可教之人，亦無可以不教之人〔註 35〕，合之則是高度重視政教。康有爲沒有編纂包括童蒙、婦女、「四民」、胥吏、官員在內的教化書籍，但他與門下弟子以譯西書、辦學報、創學會、辦學堂等形式發動的維新變法，即是對全民的教化。另外，出其門下者編著一批涉及童蒙、婦女的教化書籍。

最後，經學奠基

自鄭玄以古文經學爲主而打破今古文經學家法，古文經學就占清代以前中國學術的主導地位。這種情況一直在莊存與、劉逢祿「常州學派」的出現才開始稍有改變。故即使呂坤、劉宗周、陳宏謀、二馮、何文綺較少提到經學，但是，在他們的視界中經學都指向了古文經學。比較例外的是，朱次琦不僅將經學作爲「五學」之首，而且其經學是以古文經學爲主而兼及今文經學。

1. 以古文經學為主

「二馮」、朱次琦均重視經學。其中，馮成修強調博通經學、史學、理學諸書，「天下無不曉事之聖賢，亦無止識一經之聖賢，……故《六經》《三史》《性理大全》《通鑒綱目》以及《通典》《通志》《通考》《大學衍義》諸書必須博覽淹貫。」〔註 36〕馮敏昌首重經學，以程朱爲經學，主張漢宋學兼採，以漢學之考證補宋儒空疏之失。「經術自漢而成，而經學乃自宋而明。」〔註 37〕「漢魏晉唐諸儒其考古之功亦詳密矣，然於義理實無所發明也。宋代諸儒其

〔註 32〕鄭超：《陳宏謀教思想初探——基於〈五種遺規〉的研究》，曲阜師範大學，2010 年碩士學位論文。

〔註 33〕馮敏昌著：《小羅浮草堂文集》卷二，欽州佩弦齋藏版，1894 年，第 51 頁。

〔註 34〕呂坤撰，王國軒整理：《呂坤全集》，中華書局，2012 年版，第 861 頁。

〔註 35〕廣西省鄉賢遺著編印委員會：《陳榕門先生遺書　年譜》，廣西省鄉賢遺著編印委員會，1943 年版，第 5 頁。

〔註 36〕勞潼編：《馮潛齋先生年譜》，1911 年學古堂刻本，第 14～15 頁。

〔註 37〕馮敏昌著：《小羅浮草堂文集》卷三，1894 年重刻本，第 111 頁。

經學至醇正矣，而考古之功亦未免於疏略也。」〔註 38〕

朱次琦亦首重經學，並細論經學。古文經學家以《六經》爲古代史料，朱次琦亦是。「《六經》者，古人已然之跡也。《六經》之學，所以踐?也。」〔註 39〕古文經學家認爲孔子是先師，「述而不作，信而好古」是孔子與《六經》的關係。對此朱次琦並未直言，但其最重要門人簡朝亮是以孔子及《論語》爲萬世師，反對孔子是後世法制的「素王」。尊奉《逸禮》、《周官》是古文經學家的經典選擇。朱次琦認爲《周禮》皆在《魯春秋》，歎服周制之完備，反映他對《周禮》與周公的推崇。「《左傳》韓宣子適魯，觀書於太史氏，見《易象》與《魯春秋》，曰：『《周禮》盡在魯矣，吾乃今知周公之德與周之所以王也。』……周官以太卜掌《易》，故宣子、晉之賢大夫也，猶於是始見其書。宣子之所見者，周之制也，而歎之若此，況益以孔子之文乎？」〔註 40〕尊周公之制以抑孔子，是康有爲首本學術專著——《教學通義》的指導思想之一。

2. 兼及今文經學

《春秋》是廣東經學的顯學，今文經學是晚清學術的中心之一，由於劉逢祿、龔自珍、魏源等清代《公羊》大師與學海堂學者有著緊密關係〔註 41〕，道咸年間學海堂人開始關注《公羊》與介於《春秋》今古文經學之間的《穀梁》。即使其時學海堂出現以批駁《公羊》爲主旨的何若瑤《春秋公羊注疏質疑》、以《穀梁》爲中心而反對《公羊》論《禮》的侯康《穀梁禮證》，但是，何、侯仍然是兼取《春秋三傳》的，以陳澧的話來說就是「使古之《三傳》可去，何不並去其自著之書乎」〔註 42〕。

〔註 38〕馮敏昌著：《小羅浮草堂文集》卷三，1894 年重刻本，第 123 頁。

〔註 39〕朱次琦著，簡朝亮編，關殊鈔點校：《朱九江先生集》卷首，旅港南海九江商會，1962 年版，第 16 頁。

〔註 40〕朱次琦著，簡朝亮編，關殊鈔點校：《朱九江先生集》卷首，旅港南海九江商會，1962 年版，第 16 頁。

〔註 41〕在《清史列傳　曾釗傳》中，劉逢祿以「篤學若勉士，吳道東矣」驚歎學海堂學長曾釗。桂文燦在他的《經學博採錄》中高度評價劉逢祿。龔自珍以「固已匯漢宋之全，拓天人之韜，泯華實之辨，總才學之歸」激揚阮元。在龔自珍的《送徐鐵孫序》、《花甲閒談》、《己亥雜詩》之三十八等詩文作品中可知他與學海堂學長徐榮、張維屏、學海堂學子桂文耀 3 人的情誼，桂文耀即桂文燦之父。與劉逢祿、龔自珍沒有來過廣東不同，魏源在 1847 年到過學海堂。魏源以《寄番禺張南山太守》、《楚粵歸舟紀遊》4 首留下他與張維屏及廣東詩歌的印象，並與陳澧就《海國圖志》的撰寫有過討論。

〔註 42〕陳澧著，黃國聲主編：《陳澧集》（第二集），上海古籍出版社，2008 年版，第 223 頁。

正是在這種鄉土學術的孕育之中，朱次琦在以古文經學爲主導的同時，兼及今文經學。朱次琦在論《六經》排序與《樂》《春秋》方面呈現今文經學的傾向。今文經學家以《詩》《書》《禮》《樂》《易》《春秋》爲《六經》的排序，朱次琦亦是。「《王制》樂正崇四術，立四教，順先王《詩》《書》《禮》《樂》以造士，此古者大學之教也。」〔註 43〕古文經學家認爲古代有《樂經》，因秦火而亡。今文經學家則認爲古代沒有《樂經》，《樂》在《禮》《詩》之中。朱次琦則兼採今古文，「樂亡而不亡也，樂章存乎《詩》，樂節存乎《禮》，孔子雅言，非不及樂也，有存乎《詩》《禮》者。」〔註 44〕《公羊》、《穀梁》是今文經學家的經典選擇，反之，《左傳》則爲古文經學家的宗尚。朱次琦既兼及《春秋三傳》，也重視孟子《春秋》論。「《左氏》《公羊》，雖佐《春秋》，惑邪說者十二三焉，《穀梁》頗鑒，然罕惑者。」〔註 45〕「孟子其通《春秋》之微，告戒於百世者矣。」〔註 46〕日後康有爲取今文經學《六經》的排序，以《王制》爲孔門之學，以《樂》存於《詩》《禮》，全面否定《左氏》而重視孟子《春秋》論，在某種程度上就是受朱次琦兼及今文經學的影響。

即使日後康有爲的學術思想發生巨變，但康有爲自言的禮山 3 年所學就是以古文經學爲主導而出現的。「於時讀喪禮，因考《三禮》之學，造次皆守社法古，嚴肅儼恪，一步不逾，人咸迂笑之。」〔註 47〕「大肆力於群書，攻《周禮》《儀禮》《爾雅》《說文》《水經》之學，《楚辭》、《漢書》、《文選》、杜詩、徐庾文，皆能背誦。」〔註 48〕康有爲在其早年著述《教學通義》中推崇周公、《周禮》古學與以《樂》存於《詩》，以《王制》爲孔子後學變周公之制、以《公羊》《穀梁》傳孔子改制之義爲今學，即是以古文經學爲主而兼及今文經學。

〔註 43〕朱次琦著，簡朝亮編，關殊鈔點校：《朱九江先生集》卷首，旅港南海九江商會，1962 年版，第 16 頁。

〔註 44〕朱次琦著，簡朝亮編，關殊鈔點校：《朱九江先生集》卷首，旅港南海九江商會，1962 年版，第 17 頁。

〔註 45〕朱次琦著、簡朝亮、關殊鈔點校：《朱九江先生集》卷首，旅港南海九江商會，1962 年版，第 17 頁。

〔註 46〕朱次琦著、簡朝亮、關殊鈔點校：《朱九江先生集》卷首，旅港南海九江商會，1962 年版，第 17 頁。

〔註 47〕康有爲撰，姜義華、張榮華編校：《康有爲全集》（第五集），中國人民大學出版社，2007 年版，第 62 頁。

〔註 48〕康有爲撰，姜義華、張榮華編校：《康有爲全集》（第五集），中國人民大學出版社，2007 年版，第 62 頁。

1878 年 12 月離開禮山草堂後，康有為仍然勤習禮山所學。1879 年康有為取《周禮》《王制》《太平經國書》《文獻通考》《經世文編》《天下郡國利病全書》《讀史方輿紀要》緯劃之。1880 年，康有為以涉群書，讀經史為日課，治經及公羊學，著《何氏糾繆》，專攻何劭公者。1881 年，康有為日讀唐、宋史為課，補溫北魏、宋、齊、梁書，兼涉叢書、傳記、經解。讀宋儒之書，若《正誼堂集》、《朱子全集》尤多。苦身力行，以明儒吳康齋之堅苦為法，以白沙之瀟灑自命，以亭林之經濟為學。1882 年，康有為與簡朝亮議《三禮》，讀遼、金、元、明史及《華東錄》以為日課〔註 49〕。正是於此，康有為全面奠定理學、政學、經學根基，康有為是在「吾自師九江先生而得聞聖賢大道之緒」〔註 50〕的基礎上走向中國古代儒學的對立面的，康有為的先進性、落後性亦體現於此。

二、懷疑儒學

康有為以理學、政學、經學為內容的傳統儒學全面形成的過程，也是他懷疑儒學的發展之時。禮山草堂是朱次琦以「四行」、「五學」培育儒學傳人的地方，西樵山是廣東理學名山，就是這 2 個地方成為康有為懷疑儒學的發源地。無論是康有為否定韓愈道術，是其沉迷佛典，還是關注子學，道咸年間廣東儒學新變都是康有為有此學術嬗變的地域學術環境。

1. 否定韓愈道術

雖然學海堂在第一次鴉片戰爭中受到重創，但道光年間興起的以宗尚鄭玄為旗幟的廣東漢學就是此期廣東學術的顯學，而且，由於陳澧在 1867 年主講菊坡精舍，廣東漢學再次復興。因此，由韓愈所強調的道統說且由其闡述的「道術」，除朱次琦主講禮山以外，其實在道咸年間的廣東是少有市場的。加上韓愈所談道述確如康有為所說的有淺薄的一面，故即使朱次琦提倡讀韓柳集，但正因為瞭解之而懷疑與否定之。1878 年，康有為不僅否定韓愈道術，而且直言言道當如莊、荀，言治當如管、韓〔註 51〕。朱熹是在韓愈道統

〔註 49〕康有為撰，姜義華、張榮華編校：《康有為全集》（第五集），中國人民大學出版社，2007 年版，第 62～63 頁。

〔註 50〕康有為撰，姜義華、張榮華編校：《康有為全集》（第五集），中國人民大學出版社，2007 年版，第 62 頁。

〔註 51〕康有為撰，姜義華、張榮華編校：《康有為全集》（第五集），中國人民大學出版社，2007 年版，第 62 頁。

說的基礎上對其進行完善的，故朱次琦推崇韓愈道術實質就是尊推朱熹理學，康有爲可以指出韓愈道術的不足，但他以孔、孟兼及莊、荀，以管、韓之「霸道」取代「王道」，即是對儒家正統、傳統的否定，這對於康有爲來說是相當危險的。日後康有爲以「心」溝通王、霸之道，以宋儒同於佛、老，「王、霸之辨，辨於其心而已。其心肫肫於爲民，而導之以富強者，王道也；其心規規於爲私，而導之以富強者，霸術也。」〔註 52〕「性、理與佛氏之言精、魂同。」〔註 53〕

2. 沉迷佛典

正德、嘉靖年間，以雲谷書院、石泉書院、大科書院、四峰書院爲依託，西樵山出現以方獻夫、霍韜、湛若水等爲中心的廣東學人仕宦群體，西樵山成爲廣東理學名山。西樵山在南海蘇村之南，從蘇村步行至此約 10 公里。至 1866 年康有爲始遊西樵山，明人興建的「西樵四大書院」已經不存，此次遊賞對於 9 歲的康有爲來說亦難有學術意義。但無論如何，就在 1878 年自言「四庫要書大義，略知其概」之後，康有爲絕學捐書，閉戶謝友朋，靜坐養心，……至冬辭九江先生，決歸靜坐。此《楞羅》所謂飛魔入心，求道迫切〔註 54〕，康有爲還是和與心學有緊密關聯的佛學走在了一起。第二年，康有爲居西樵山白雲洞，專講道、佛之書，養神明，棄渣滓〔註 55〕。從唐代佛學到宋明諸儒陽儒陰佛，即使佛學對中國古代傳統學者都產生深淺不一的影響，但在康有爲之前，從來沒有人以沉迷佛典而走向儒、佛合一。

3. 關注子學

廣東子學研究始於嘉慶年間有「粵中第一學者」〔註 56〕之譽的陳昌奇。與陳昌奇以乾嘉考據學考論子學很不相同，道咸年間，由於提出以子學經世與借西學發展子學的龔自珍、魏源與學海堂人有一定關係，鄒伯奇、陳澧等對龔、魏之子學有一定沿承。鄒伯奇是廣東治墨學的第一人，他借用西方知

〔註 52〕康有爲撰，姜義華、張榮華編校：《康有爲全集》（第一集），中國人民大學出版社，2007 年版，第 97 頁。

〔註 53〕康有爲撰，姜義華、張榮華編校：《康有爲全集》（第一集），中國人民大學出版社，2007 年版，第 108 頁。

〔註 54〕康有爲撰，姜義華、張榮華編校：《康有爲全集》（第五集），中國人民大學出版社，2007 年版，第 62 頁。

〔註 55〕康有爲撰，姜義華、張榮華編校：《康有爲全集》（第五集），中國人民大學出版社，2007 年版，第 62 頁。

〔註 56〕梁啓超著：《飲冰室合集》文集之四十一，中華書局，1986 年版，第 78 頁。

識解釋《墨子》，認爲《墨子》中有算學、光學、重學等內容，開晚清「西學源於諸子說」的先河。鄒伯奇的墨學研究引起陳澧極大興趣，陳澧不僅強調《墨子》治天下之計最密〔註 57〕，而且在《東塾讀書記》的《墨子》中多次徵引鄒伯奇關於《墨子》中有西學的觀點，以西方的光學、力學、數學等學科知識來解釋《墨子》。由於以漢學爲宗，鄒、陳不會走向以子學經世之路，故一方面陳澧認爲「諸子之書皆有毒」〔註 58〕，這與 1879 年康有爲在西樵山注《老子》，後大惡之〔註 59〕，是一致的。另一方面，雖然道咸年間廣東學人沒有改變千年來視子學爲「異端」的認識，但關注子學其實就是在舊學內部對儒學產生了衝擊。日後康有爲不僅重視子學，而且將經世致用延伸至子學經世。

三、西學萌芽

廣東是見證明末清初、晚清西學東漸的重要地方。無論是觀看洋人鏡畫，是始見《瀛環志略》、地球圖，還是始遊香港、上海產生的思想變化，康有爲西學萌芽的每一步都與其身處的「得風氣之先的嶺南」所具有西學底蘊有極大關係。

1. 觀看洋人鏡畫

明末清初「西學東漸」，由於羅明堅、利瑪竇等傳教士將帶來的計時表、自鳴鐘、四方眼鏡、三棱鏡、望遠鏡、玻璃鏡、大西洋琴、大西洋腰帶、大西洋布、洋樂、洋畫、天主聖像、天主經、雙壓水泵、阿基米德水泵用的螺絲釘、曲鈾等涉及西方科技、服飾、油畫等數十件工藝品〔註 60〕展示在廣東肇慶教堂與澳門聖安多尼堂、聖保祿教堂裏，引起廣東人對西方科技的好奇。1819 年，撰寫中國第一本記載古代天文曆算學家專書《疇人傳》的阮元在廣州創建學海堂，由於認識到西方天文學、算學的先進性與重要性，天文、地理、算法等成爲學海堂的課程。道光年間，就在這個具有新式學堂雛

〔註 57〕陳澧著，黃國聲主編：《陳澧集》（第二集），上海古籍出版社，2008 年版，第 236 頁。

〔註 58〕陳澧著，黃國聲主編：《陳澧集》（第二集），上海古籍出版社，2008 年版，第 226 頁。

〔註 59〕康有爲撰，姜義華、張榮華編校：《康有爲全集》（第五集），中國人民大學出版社，2007 年版，第 62 頁。

〔註 60〕萬明：《從八封信看耶穌會士入華的最初歷程》，《文獻》1993 年第 3 期。

形性質的學海堂，鄒伯奇將重實測與實用的西學研究方法應用於光學、天文學、力學、聲學、地理等領域，製造望遠鏡、顯微鏡、照相機、渾球儀與七政儀等儀器。雖然鄒伯奇在這個以倡導漢學爲大本營的學海堂是鳳毛麟角且地位並不高，但它標誌西方科技率先進入了這個以宣揚儒學爲陣地的官辦書院，由此進入傳統士大夫階層的視野，標誌廣東近代「西學東漸」進入一個嶄新階段。因此，1862 年康有爲 4 歲觀洋人鏡畫，就是西方科技深入廣東的證明。

2. 始見《瀛環志略》、地球圖

明末清初的廣東肇慶教堂已經陳列地球儀、《萬國輿圖》。1820 年，有 14 年遠涉歐洲各國經歷的廣東人謝清高在澳門與同鄉楊炳南相遇，這一年，由楊氏筆錄的中國第一本介紹世界 95 個國家和地區的地理位置、風土人情、氣候物產、水陸程途等的著作《海錄》在廣東出版〔註 61〕，揭開廣東域外史地研究的序幕。《海錄》不僅引起學海堂學長吳蘭修與林則徐、魏源等濃厚興趣，被收入《海國圖志》，而且在學海堂內掀起了一股研治域外史地的熱潮。道咸年間的鄒伯奇運用西學測繪廣東省、南海等地圖，繪製出各種天文圖與星表；1844～1846 年，梁廷枏以《海國四說》注視異國他鄉，對西方基督教、民主法制、科學技術與經濟貿易等都有論述；1847 年，魏源在廣東與學海堂學長陳澧就《海國圖志》多有討論，這在陳澧《書〈海國圖志〉後呈張南山先生》一文中有談及。因此，1875 年康有爲始見《瀛環志略》、地球圖，知萬國之故、地球之理〔註 62〕，1879 年得《西國近事彙編》、李圭《環遊地球新錄》及西書數種，1879 年遊香港之後復閱《海國圖志》、《瀛環志圖》等書，購地球圖〔註 63〕，均與廣東濃重的西學氣息有極大關係。

3. 始遊香港、上海

1842 年被英人割占的香港，是廣東人頻繁而至的地方。由於康有爲是在閱覽西書數種之下而於 1879 年始遊香港的，故他有「覽西人宮室之瑰麗、道路之整潔、巡捕之嚴密，乃始知西人治國有法度，不得以古舊之　夷狄視之」

〔註 61〕郭雙林著：《西潮激蕩下的晚清地理學》，北京大學出版社，2005 年版，第 74 頁。

〔註 62〕康有爲撰，姜義華、張榮華編校：《康有爲全集》（第五集），中國人民大學出版社，2007 年版，第 61 頁。

〔註 63〕康有爲撰，姜義華、張榮華編校：《康有爲全集》（第五集），中國人民大學出版社，2007 年版，第 63 頁。

〔註 64〕的感歎，回鄉後亦有漸收西學之書〔註 65〕的行動。這與毫無西學知識儲備的同門簡朝亮於 1887 年初遊香港以《香港四首》展現的異地圖境是相似的，但與簡朝亮在《有感二首》中表達的對於英人佔領國土的悲憤是不同的。《有感二首》其二云：「太平山已易名新，雲雨雖靈限海濱。今日升旗山上望，不知誰是落旗人。」〔註 66〕康有爲是以肯定西人之治而稱美香港，並於日後其家人亦定居香港，反之，簡朝亮是以國土淪喪之象徵看待香港，故即使 1911 年辛亥革命爆發，門人力邀其避地香港，他亦卻之。

在鴉片戰爭之前，上海就有廣潮會館，但上海地小，難與廣東相比。1842 年，英國同時將廣州、上海劃爲五口通商之地。上海既靠長江黃金水道，也由於廣東出現長達近 10 年的將英人趕出廣州的保衛戰，至 1860 年前後，英商、廣商逐漸撤離廣州而北上上海。隨著廣東新新、大新、永安、先施四大公司、廣東銀行、國發銀行等落戶上海，大批廣東商人、工匠來到上海發展，他們帶來的即是廣東近代文化。1882 年朱次琦去世後，康有爲道經上海，益知西人治術之有本〔註 67〕，其「治術」其實不僅是西人之治，而且是受西人影響的廣東人、上海人之治。以「廣東人在上海」的身份，康有爲大購西書以歸講求〔註 68〕，再次反映此時廣東、上海西學發展的不同步。日後，無論是發動維新變法，還是晚年創辦天遊學院，上海都是康有爲的重要選擇，康有爲其實亦成爲「廣東人在上海」的重要一人。值得一提的是，一直到康有爲去世後的 1928 年，簡朝亮才由於刊印族譜的事而至上海，進入簡朝亮眼簾的仍然不是西學，而是上海的拉夫。

從「三康」奠定的理學、政學兼及的家學淵源到師從朱次琦形成的理學、政學、經學的儒學思想，標誌康有爲的儒學思想已經全面形成。但是，從禮山草堂發生的否定韓愈道術到居西樵山沉迷佛典、關注子學，康有爲開始一

〔註 64〕康有爲撰，姜義華、張榮華編校：《康有爲全集》（第五集），中國人民大學出版社，2007 年版，第 63 頁。

〔註 65〕康有爲撰，姜義華、張榮華編校：《康有爲全集》（第五集），中國人民大學出版社，2007 年版，第 63 頁。

〔註 66〕簡朝亮著，梁應揚注：《讀書堂集》卷八，廣州松桂堂，1930 年刻本，第 9 頁。

〔註 67〕康有爲撰，姜義華、張榮華編校：《康有爲全集》（第五集），中國人民大學出版社，2007 年版，第 63 頁。

〔註 68〕康有爲撰，姜義華、張榮華編校：《康有爲全集》（第五集），中國人民大學出版社，2007 年版，第 63 頁。

步步懷疑他所奠定的儒學思想。與此同時，「得風氣之先」的鄉土使康有爲並不抗拒西學，當康有爲始見《瀛環志略》、地球圖與始遊香港、上海，他開始信奉西人之治，開始大購西書，開始大講西學。

第二節　中法戰爭至甲午國恥

1882 年朱次琦、陳澧相繼去世，廣東學術進入大換班時期，康有爲、簡朝亮同時以著書立說、開館講學而崛起即是標誌。1883～1895 年甲午國恥，康有爲緊緊抓住「三康」、朱次琦學術的經世致用性質，由程朱理學入考證學，由「常州學派」衍出今文經學的嶄新學風，以揭發劉歆僞經、扶植孔子遺經重建今文經學，成爲中國近代今文經學的集大成者。康有爲重建今文經學的過程，也是他以嬗變孔學、對程朱理學與乾嘉考證學的反動、援西入儒等方式顛覆中國古代學術傳統的過程。

一、重建今文經學

雖然朱次琦奠定康有爲的理學、政學、經學根基，但是，梁啓超不止一次談到康有爲是從「常州學派」出身，而梁啓超筆下的「常州學派」是涵蓋了龔自珍、魏源〔註 69〕。由莊存與開山、劉逢祿奠基的「常州學派」與由龔、魏發動的啓蒙運動屬於清代中後期崛起的由於研究方法不同而出現的今文經學的前 2 個階段。康有爲既沿承「常州學派」、啓蒙派形成的以研究《公羊》爲中心的今文經學思潮，也將今文經學研究拓展至《六經》，並賦予孔子改制迥異於「常州學派」、啓蒙派的指向社會改革的嶄新內容，由此與皮錫瑞、廖平等一起推動清代今文經學第 3 個階段的到來，並由於康有爲徹底地將今文經學導向學術與政治的緊密結合而成爲清代今文經學的集大成。

1. 以清初經世致用思潮、清代中後期今文經學思潮出身

由顧炎武、黃宗羲、王夫之發動的清初經世致用思潮是對宋明理學的反動，而由莊存與、劉逢祿、龔自珍、魏源等形成的清代中後期今文經學思潮則是對古文經學的反動。以這 2 股學術思潮揭開著述撰寫與開館講學生涯第一頁的康有爲，就是以兼反宋明理學、古文經學的身份登上歷史舞臺的。

〔註 69〕梁啓超著：《清代學術概論　儒家哲學》，天津古籍出版社，2004 年版，第 178 頁。

（1）以清初經世致用思潮出身

從顧炎武至顏元，清初經世致用之學均指向民生日用，喜談成敗得失。顧炎武指出，孔子刪述六經，即伊尹、太公救民水火之心，故曰：『載諸空言，不如見諸行事。』……愚不揣，有見於此，凡文之不關於六經之指、當時之務者，一切不爲。顏元認爲，學問固不當求諸瞑想，亦不當求諸書冊，惟當於日常行事中求之。1882 年康有爲以「先生抑可謂人治之上賢者也」〔註 70〕表達他對朱次琦其人其學的看法，標誌康有爲開始以「治」審視中國古代學術。一直至 1891 年康有爲仍然以「今之學者，義利之不明，廉隅之不立，身心之不治，時務之不知，名爲治經，而但治目錄，名爲窮理，而但講應酬」〔註 71〕與朱一新討論學術。以 1890 年在廣州與今文經學家廖平相會爲分水嶺，康有爲前期將二千年來「治」之不興歸因於孔子失周公古學與後人不明孔子今學，後期則歸結於劉歆奪孔子今學與孔子之道失之二千年。因此，揭發劉歆造僞，扶植孔子遺經，是康有爲以爲實現「治」之大興的途徑，將治術寓於學術的康有爲是對清初經世致用思潮的有力詮釋。這亦是康有爲發明光大朱次琦學術的主要地方〔註 72〕。

從顧炎武提出「捨經學，無理學」，到少受劉宗周影響的黃宗羲以《易學象數論》與胡渭《易圖明辨》互相發明，到王夫之在《張子正蒙注》中提出「天理即在人慾之中，無人慾則天理亦無從發現」〔註 73〕以及撰寫《老子衍》《莊子解》，到顏元不認宋學爲學，顧、黃、王、顏不約而同以剝奪理學之獨立、動搖構建宋學之理論大廈等方式對宋明理學發起有力的衝擊。即使朱次琦堅守理學作爲一門學科的獨立性，但從《教學通義》指斥程朱、王陽明「格致」說，到在《康子內外篇》中儒佛融通、推崇告子性無善無惡說，在《實理公法全書》中以實理、公理、私理爲義理，在《長興學記》中以宋賢之義理，特義理之一端也〔註 74〕，在《新學僞經考》中以宋學中劉歆新學之毒，

〔註 70〕康有爲撰，姜義華、張榮華編校：《康有爲全集》（第一集），中國人民大學出版社，2007 年版，第 1 頁。

〔註 71〕康有爲撰，姜義華、張榮華編校：《康有爲全集》（第一集），中國人民大學出版社，2007 年版，第 314 頁。

〔註 72〕康有爲撰，姜義華、張榮華編校：《康有爲全集》（第一集），中國人民大學出版社，2007 年版，第 238 頁。

〔註 73〕王夫之著：《張子正蒙注》，中華書局，1975 年版，第 36 頁。

〔註 74〕康有爲撰，姜義華、張榮華編校：《康有爲全集》（第一集），中國人民大學出版社，2007 年版，第 345 頁。

康有爲在沿承顧、黃、王、顏顛覆宋明理學的路徑的同時，在爲義理賦予近代化的內容、使理學與孔子分離、理學同於佛老等方面又呈現新舊學雜糅的特色。但毫無疑問的是，在康有爲視界中的宋明理學已經有別於傳統的宋明理學。

（2）以清代中後期今文經學思潮出身

清初經世致用思潮在乾嘉年間轉入考證學，顛覆宋明理學則轉入對宋學避而不談，這與顧炎武主張「直接反求古經」與顧炎武、顏元、黃宗羲、萬斯同等攻擊宋學又沿承一部分有一定關係。順治、康熙年間，由於對清代正統派考證群經又不及義理闡述的研究的厭倦，由莊存與啓引、劉逢祿奠基、龔自珍與魏源大力沿承的「常州學派」異軍突起，他們以今古文經學之爭使清代學術從前期的考證學轉入後半期的今文經學。但是，莊、劉、龔、魏仍然是以考證古經的方法入而與清初經世致用思潮相接軌，如梁啓超所說的今文經學實從考證學衍生而來〔註 75〕，亦是梁氏所言「南海康先生的學風，純是從這一派（按：指常州學派）衍出。」〔註 76〕

漢代今古文經學之爭以《周禮》《左傳》爲中心，其時爭論的焦點是《公羊》，由何休、鄭玄二人展開的大戰即使最終《十三經注疏》用何注，但由於徐彥對何休注「其中多非常異義可怪之論」無一發明，《公羊》遂成絕學。順治、康熙年間，莊存與以《春秋正辭》專求《春秋》微言大義；劉逢祿既以《左氏春秋考證》否定《左氏春秋》的正統地位與合法性，以《左氏春秋》性質與《晏子春秋》《呂氏春秋》相同，其解經者皆由劉歆竄入，也以《春秋公羊經傳何氏釋例》闡明「張三世」、「通三統」、「絀周王魯」、「受命改制」之義；龔自珍引《公羊》之義譏切時政，詆排專制；魏源以《古詩微》大攻《毛傳》《大小序》，以《書古微》攻東晉僞《古文尚書》。此外，邵懿以《禮經通論》指出《儀禮》十七篇爲足本，古文《逸禮》39 篇爲劉歆僞造。從專門研究《公羊傳》以求微言大義，到將恢復西漢以前的今文經學拓展至《詩》《書》《禮》，莊、劉、龔、魏、邵諸人不斷將反對東漢以後的古文經學推至深入，而且將內聖外王之事業賦予了孔子作《春秋》。

〔註 75〕梁啓超著：《清代學術概論　儒家哲學》，天津古籍出版社，2004 年版，第 6 頁。

〔註 76〕梁啓超著：《清代學術概論　儒家哲學》，天津古籍出版社，2004 年版，第 179 頁。

以「常州學派」出身的康有爲，在下述 2 方面沿承清代中後期的今文經學思潮：一是將兩漢今古文之全案，重揭批覆勘〔註 77〕，以全面恢復西漢以前的今文經學。二是將孔子改制置於《公羊》《穀梁》。無論是前期的《教學通義》以孔子作《春秋》，還是後期的《新學僞經考》以《六經》孔子作，都反映「常州學派」對康有爲的影響，康有爲殊非朱一新所言的由於前人懷疑《尚書》進而懷疑《六經》〔註 78〕。與此同時，康有爲將今古文之爭引發的清學分裂的導火線繼續點燃，從劉逢祿、邵懿懷疑《左傳》《周禮》爲劉歆僞造出發，指出劉歆以後的經、史、文皆爲其僞造，並以劉歆僞經始於《左傳》，成於《周禮》。若《周禮》僞，則自宋以來之學成問題；若《六經》僞，則清代乾嘉考證學失其文本支撐，故劉歆以後的漢宋學皆中其毒。即使「常州學派」皆言孔子改制，使孔子「微言大義」具有政治性，但康有爲將孔子改制指向政治革命、社會改造，這在他以《戒纏足會啓》打響向廣東風俗的第一槍就是如此，後續之《民功篇》多次言及變法，《實理公法全書》更是援西入儒，《新學僞經考》全面揭批劉歆造僞與扶植孔子遺經，是旨在將變法維新本於孔子遺經，宣揚「張三世」。因此，康有爲是以迥異的研究方法沿承「常州學派」一邊今文經學，一邊經世致用的做法，體現梁啓超所說的清代學派之運動，乃研究法的運動，非主義的運動〔註 79〕，康有爲亦僅爲清初經世致用思潮、清代中後期今文經學思潮之集大成，非其創作者〔註 80〕。

2. 以揭發劉歆偽經與扶植孔子遺經為途徑

即使康有爲在《教學通義》中以孔子作《春秋》，《公羊》《穀梁》存孔子「微言大義」，但以《周禮》嘗貫穴之而著《教學通義》的康有爲其實是對莊存與、劉逢祿今文經學的沿承，並未對古文經學發起全面進攻。這種狀況在《新學僞經考》中得到徹底改變。產生驚天動地效應的《新學僞經考》反映康有爲以揭發劉歆造僞與扶植孔子遺經爲途徑重建清代今文經學。這是一場

〔註 77〕梁啓超著：《清代學術概論　儒家哲學》，天津古籍出版社，2004 年版，第 68 頁。

〔註 78〕康有爲撰，姜義華、張榮華編校：《康有爲全集》（第一集），中國人民大學出版社，2007 年版，第 321 頁。

〔註 79〕梁啓超著：《清代學術概論　儒家哲學》，天津古籍出版社，2004 年版，第 41 頁。

〔註 80〕梁啓超著：《清代學術概論　儒家哲學》，天津古籍出版社，2004 年版，第 69 頁。

以主觀代替客觀、以新奇代替平澹與太有成見的並不科學的研究方法的革命，但就是這場研究方法的革命使中國古代經學、史學、子學必須重新估計。正是儒學革命與社會革命的緊密結合，使《新學僞經考》產生巨大的社會效應。

（1）揭發劉歆造僞

將劉逢祿、邵懿以劉歆造僞《左傳》《逸禮》拓展至以劉歆出自「古壁」之學沿承周公古學，劉歆以後經學、史學、子書皆僞，若非康有爲「合己說則取之，不合者，則僞之」〔註 81〕是無法達到的。雖然康有爲純憑主觀，但他揭發劉歆造僞是思路清晰的。如康有爲將劉歆以孔子遺經亡於秦火作爲造僞的準備，以劉歆將出於孔壁的古文僞經託於河間獻王、魯共王〔註 82〕，劉歆造僞發源於《左氏》，成於《周官》〔註 83〕，劉歆將孔子遺經與七十子之學相分離等一步步揭發劉歆造僞的整個進程。只是這種殊非以科學研究方法指導下的清晰思路相當容易遭人反駁。如朱一新的下述反駁：一是秦火時，特博士所藏之書未焚。二是當史公時，儒術始興，其言闊略，《河間傳》不言獻書，《魯共傳》不言壞壁，正與《楚元傳》不言受《詩》浮丘伯一例。三是僞《周官》《左傳》可也，僞《毛詩》不可也〔註 84〕。

以僞經、僞史、僞文 3 個層面揭發劉歆造僞，是康有爲純憑主觀的又一個表現。在康有爲之前，《周官》《左傳》言不中理者，昔人未嘗不疑之而辨之〔註 85〕，但康有爲既將劉歆所尊之《毛詩》《古文尚書》《周官》《逸禮》《費氏易》《左氏傳》皆斥爲古文僞經，使清代乾嘉諸儒的考證學失其文本支撐，也指出魯《論》《七經緯》有劉歆造僞的痕跡，使孔子具有神秘性。在康有爲之前，沒有人懷疑《漢書》的合法地位，如章學誠極尊劉歆《七略》，但康有爲認爲《漢書》爲劉歆僞造，劉歆改父劉向《六藝略》以遍布僞經。《爾雅》、

〔註 81〕康有爲撰，姜義華、張榮華編校：《康有爲全集》（第一集），中國人民大學出版社，2007 年版，第 317 頁。
〔註 82〕康有爲撰，姜義華、張榮華編校：《康有爲全集》（第一集），中國人民大學出版社，2007 年版，第 363 頁。
〔註 83〕康有爲撰，姜義華、張榮華編校：《康有爲全集》（第一集），中國人民大學出版社，2007 年版，第 381 頁。
〔註 84〕康有爲撰，姜義華、張榮華編校：《康有爲全集》（第一集），中國人民大學出版社，2007 年版，第 317 頁。
〔註 85〕康有爲撰，姜義華、張榮華編校：《康有爲全集》（第一集），中國人民大學出版社，2007 年版，第 326 頁。

《小爾雅》、《古今字》等小學之書，一直以來亦沒有人對此提出質疑，康有爲則以其皆爲劉歆所作，以訓僞古文。如《爾雅》訓《毛詩》《周官》爲主，所紀皆《周官》之事〔註 86〕；劉歆將《爾雅》《小爾雅》附入《孝經》，奪孔子「微言大義」，抑亂聖道，僞作古文深意〔註 87〕。若以上小學之書僞，那麼清代正統派則失其訓詁經文的立足點。

長期以來古文經學家疏於闡發孔子「微言大義」，致孔子「改制」之說不顯，而只有全盤否定劉歆以後古文經學才能扶植孔子遺經，這是康有爲層層揭發劉歆造僞的主觀思路，故任何以今古文同條共貫而疑劉歆造僞古文，殊不知今古文皆源於孔子一家之說〔註 88〕，都不能用於反駁康有爲揭發劉歆僞經的理據。

（2）扶植孔子遺經

以孔子改制之說通於《六經》，七十子傳孔子遺經，康有爲以此扶植孔子遺經的做法，極大拓展「常州學派」開創的今文經學的地盤。將本來各有所指的《六經》均通於改制之說，且將此拓展至七十子，這本身就是一場研究方法的革命。

何休等漢儒已經指出《春秋》之《公羊》有新周、故宋、黜周、王魯等孔子不敢明言之義，康有爲在《教學通義》中亦有此論。6 年後撰寫的《新學僞經考》康有爲則將孔子作《春秋》擴大至孔子作《六經》，將欲窺孔子之學必於《春秋》嬗變爲必知《春秋》爲改制，而後可通《六經》。「《公羊》、《穀梁》之法與《六經》通，三家《詩》，終三頌，與孔子作《春秋》據魯、親周、故宋之義合。」〔註 89〕此爲漢儒未嘗疏通《六經》以言之的內容，是朱一新指斥的「《六經》無端比而同之」〔註 90〕。朱一新是以「無端」指斥康有爲的研究方法，若以改制之說通於《六經》爲所謂的「主義」，康有爲有此比而同

〔註 86〕康有爲撰，姜義華、張榮華編校：《康有爲全集》（第一集），中國人民大學出版社，2007 年版，第 405 頁。

〔註 87〕康有爲撰，姜義華、張榮華編校：《康有爲全集》（第一集），中國人民大學出版社，2007 年版，第 407 頁。

〔註 88〕康有爲撰，姜義華、張榮華編校：《康有爲全集》（第一集），中國人民大學出版社，2007 年版，第 321 頁。

〔註 89〕康有爲撰，姜義華、張榮華編校：《康有爲全集》（第一集），中國人民大學出版社，2007 年版，第 386 頁。

〔註 90〕康有爲撰，姜義華、張榮華編校：《康有爲全集》（第一集），中國人民大學出版社，2007 年版，第 327 頁。

之則殊非「無端」的。

康有爲是以棄七十子學作爲揭發劉歆造僞的一個環節的。如指出下述著述劉歆皆棄之：子夏、子貢、《坊記》《中庸》《表記》《緇衣》《大學》等孔門之言《詩》，皆採雜三家《詩》之說，三家《詩》去七十子之淵源不遠〔註91〕；《公羊傳》《穀梁傳》爲七十子之書，附經已久〔註92〕；高堂生《禮經》17篇，其中《喪服》子夏作，附於經〔註93〕；《易》之《繫辭》，爲弟子所記，附經最早〔註94〕。康有爲認爲，「儒家」即後學，七十子後學者，即孔子之學，七十子之書與孔子不分爲二學也〔註95〕，《公羊》《穀梁》之法，唯七十子能傳，七十子口傳《春秋》，漢世無異義，故凡劉歆棄之，康有爲取之，欲採群書爲《七十子後學記》，以附六經之後，以備孔子之學。

無論是揭發劉歆造僞，還是扶植孔子遺經，康有爲都是一邊經世致用，一邊今文經學的。康有爲重建的今文經學不僅地盤遠大於清代中後期今文經學思潮，而且將經世致用是指向了社會變革，故大異於清初經世致用思潮、清代中後期今文經學思潮而呈現今文經學與經世致用的近代轉型。

二、嬗變孔學、反動程朱、乾嘉與援西入儒

周公、孔子、劉歆是康有爲用來分析中國古代學術未能使「治」之大興的主要人物，就是從以孔子失周公之制到劉歆奪孔子之經的前後 2 個時期的分析過程中，康有爲實現從古文經學到今文經學的轉變。由於以「治」審視中國古代學術，康有爲剛登場其實就是以顛覆中國古代儒學的面貌出現的，只是在《教學通義》中還不算明顯，至《康子內外篇》《實理公法全書》《新學僞經考》等則顯山露水了。康有爲既著書立說，也將其學術思想呈現在開館講學之中。如梁啓超所說，草堂常課有《公羊傳》、古禮，治周秦諸子及佛

〔註91〕康有爲撰，姜義華、張榮華編校：《康有爲全集》（第一集），中國人民大學出版社，2007年版，第386頁。

〔註92〕康有爲撰，姜義華、張榮華編校：《康有爲全集》（第一集），中國人民大學出版社，2007年版，第415頁。

〔註93〕康有爲撰，姜義華、張榮華編校：《康有爲全集》（第一集），中國人民大學出版社，2007年版，第390頁。

〔註94〕康有爲撰，姜義華、張榮華編校：《康有爲全集》（第一集），中國人民大學出版社，2007年版，第392頁。

〔註95〕康有爲撰，姜義華、張榮華編校：《康有爲全集》（第一集），中國人民大學出版社，2007年版，第415頁。

典，涉獵清儒經濟書及譯書西籍〔註 96〕，故隨著日後康有爲與其門弟子北上京都，發動「公車上書」、辦報、創學會、學堂等，顛覆儒學與社會變革的緊密結合便產生極其深廣的社會影響力。

1. 嬗變孔學

雖然康有爲是以改制作爲恢復孔子的「內聖外王」事業，但其筆下的「內聖外王」是以君主立憲取代封建專制。爲了最大限度地擴大孔子改制之說的力量與份量，康有爲變孔學之「仁」、「智」，移宗教、讖緯於孔學，夷孔子於諸子。就是在變義、增殖與降格之中，康有爲使孔子學說發生了根本性的變化。

（1）變其「仁」、「智」

「仁」殊非孔子首提，但率先賦予「仁」以豐富涵義的當是孔子，且「仁」毫無疑問地成爲孔子及其後世儒學的核心。康有爲以學者學爲「仁」而已〔註 97〕，遂以「依於仁」立學，作爲長興學規之一。但康有爲是在周公以「任恤」爲「六行」之一，孔子以「孝悌」爲「仁」之本的基礎上，將廣宣教惠、同體肌溺都作爲「仁」的內容，反映康有爲是將孔子有等級有差別的「仁」易作佛教普度眾生的平等。在釋「如有王者必世而後仁」時，康有爲以「仁」作爲《春秋》之義，以必張三世作爲其「仁」的內容，孔子制《春秋》之義，即爲法後王〔註 98〕。「知」亦殊非孔子首倡，雖然《論語》以《學而篇》作爲全書之首，孔子以知、仁、勇作爲「三達德」，但「知」不是孔子學術的中心。康有爲則以人皆有智〔註 99〕、上世貴智〔註 100〕、君子與小人之別在於智〔註 101〕、智而後仁、義、禮、信有所呈〔註 102〕、智是人唯一的性情

〔註 96〕梁啓超著：《清代學術概論　儒家哲學》，天津古籍出版社，2004 年版，第頁。

〔註 97〕康有爲撰，姜義華、張榮華編校：《康有爲全集》（第一集），中國人民大學出版社，2007 年版，第 342 頁。

〔註 98〕康有爲撰，姜義華、張榮華編校：《康有爲全集》（第二集），中國人民大學出版社，2007 年版，第 4 頁。

〔註 99〕康有爲撰，姜義華、張榮華編校：《康有爲全集》（第一集），中國人民大學出版社，2007 年版，第 72 頁。

〔註 100〕康有爲撰，姜義華、張榮華編校：《康有爲全集》（第一集），中國人民大學出版社，2007 年版，第 68 頁。

〔註 101〕康有爲撰，姜義華、張榮華編校：《康有爲全集》（第一集），中國人民大學出版社，2007 年版，第 20 頁。

〔註 102〕康有爲撰，姜義華、張榮華編校：《康有爲全集》（第一集），中國人民大學出版社，2007 年版，第 108 頁。

〔註103〕和智與仁、義、禮、信同科，較之聖而分量懸隔，然云聖言智爲卑，合聖言智則智獨絕，始智終聖〔註104〕，故其視界中的「學」是爲「智學」，智雖高於仁，但智以聖爲終。

（2）移宗教、讖諱於孔學

康有爲移宗教、讖諱於孔學，其表現有三：一是以佛道出於《易》。雖然《六經》皆出自孔子，但康有爲以孔子之學以《易》爲依歸。「惟《易》明『窮』、『變』、『通』、『久』之理，求孔子經世之學，亦以《易》爲歸焉。」〔註105〕法《易》之變通，觀《春秋》之改制，百王之變法，日日爲新，治道其在是矣〔註106〕，由於《易》最能闡述孔子「微言大義」，故康有爲喜言《易》，又如龔自珍、魏源等今文學家好言佛。清代以佛道解《易》的研究或重義理，或偏象數，雖然康有爲屬於偏象數類，但他是由此得出佛道出於《易》的結論。「雖然，佛道固出於《易》也。何言佛與《易》近？以象爲數，一近也。地獄天堂，諸佛國土，羅刹夜叉，即『載鬼一車，見矢張弧』之象也。以無爲有，空諸所無，即《屯》《否》之象，發《剝》《革》之義，陳亢極之悔，終《未濟》之卦也。《華嚴》八地，不捨諸有，隨喜順受，即進退消息，居身涉行之義也。故曰；佛與《易》近。」〔註107〕這是康有爲對沈約、孔綽、顏之推、王通等均認爲儒佛同源的具體化。

二是以孔道、佛道視爲「理」之兩翼。即使梁肅、李翺啓引整個宋代的援佛入儒，但以儒佛聯婚的宋明儒家都是以佛作爲手段闡釋儒，而殊非如康有爲那樣平視孔道、佛道，將此作爲「理」之兩翼。「聖人之教，順人之情，陽教也；佛氏之教，逆人之情，陰教也。故曰：理惟有陰陽而已。……是二教終始相乘，有無相生，東西上下，迭相爲經。」〔註108〕此外，康有爲縱

〔註103〕康有爲撰，姜義華、張榮華編校：《康有爲全集》（第一集），中國人民大學出版社，2007年版，第102頁。

〔註104〕康有爲撰，姜義華、張榮華編校：《康有爲全集》（第二集），中國人民大學出版社，2007年版，第3頁。

〔註105〕康有爲撰，姜義華、張榮華編校：《康有爲全集》（第一集），中國人民大學出版社，2007年版，第頁。

〔註106〕康有爲撰，姜義華、張榮華編校：《康有爲全集》（第二集），中國人民大學出版社，2007年版，第30頁。

〔註107〕康有爲撰，姜義華、張榮華編校：《康有爲全集》（第一集），中國人民大學出版社，2007年版，第99～100頁。

〔註108〕康有爲撰，姜義華、張榮華編校：《康有爲全集》（第一集），中國人民大學出版社，2007年版，第103頁。

論儒道、佛道之異同。聖人調停於中，順人之情，而亦節人之性焉。惟佛不同，佛戒殺生，戒淫以絕色，故佛者逆人情，悖人性之至也，然而學之至也〔註 109〕。佛語多重複，讀之不厭，因其能仁〔註 110〕。儒之敷五教在寬，佛之持八戒尚嚴。今若不由戒定入，而欲剪除荊棘，蕩決藪澤，其亦難矣〔註 111〕。如此論述其實即梁啓超所說的往往以己意進退佛說〔註 112〕。

三是以孔子於基督，雜引讖諱之言以實之。康有爲一邊指斥基督教擾亂中國教育，一邊以耶穌等一切雜教皆出自佛教〔註 113〕，而佛教出自《易》，那麼孔子於基督即是一脈相連。與此同時，康有爲嚴畫緯、讖，以《七經緯》之說與伏生、董仲舒、劉向等今文經學家合，爲孔門弟子支流餘裔之所傳，故可不攻；以讖書爲劉歆、王莽僞作，與緯皆相刺謬，與今學悖馳，因其淺俗不足攻。《七經緯》有怪異之說，自鄭玄兼注緯讖後，後人緯讖一併攻之〔註 114〕。康有爲認爲，自劉歆僞經，撥棄緯說，而孔子鬼神禍福、輪迴報應之說不明〔註 115〕，康有爲取其有怪異之說的《七經緯》，雜引讖諱之言以使孔子之學神秘化。康有爲在《達巷黨人曰大哉孔子》中，更以「孔子可進而爲天」〔註 116〕。

（3）夷孔子於諸子

自董仲舒「罷黜百家」以後，周秦諸子學全廢。這種狀況一直至清中葉才開始扭轉，如汪中、畢沅、孫詒讓校《墨子》，著《墨子閒詁》，謝墉之校《荀子》，孫星衍校《孫子》《吳子》，汪繼培、任大椿校《列子》，畢沅校《山

〔註 109〕康有爲撰，姜義華、張榮華編校：《康有爲全集》（第一集），中國人民大學出版社，2007 年版，第 102 頁。

〔註 110〕康有爲撰，姜義華、張榮華編校：《康有爲全集》（第一集），中國人民大學出版社，2007 年版，第 105 頁。

〔註 111〕康有爲撰，姜義華、張榮華編校：《康有爲全集》（第一集），中國人民大學出版社，2007 年版，第 188 頁。

〔註 112〕梁啓超著：《清代學術概論　儒家哲學》，天津古籍出版社，2004 年版，第 88 頁。

〔註 113〕康有爲撰，姜義華、張榮華編校：《康有爲全集》（第一集），中國人民大學出版社，2007 年版，第 103 頁。

〔註 114〕康有爲撰，姜義華、張榮華編校：《康有爲全集》（第一集），中國人民大學出版社，2007 年版，第 311 頁。

〔註 115〕康有爲撰，姜義華、張榮華編校：《康有爲全集》（第二集），中國人民大學出版社，2007 年版，第 11 頁。

〔註 116〕康有爲撰，姜義華、張榮華編校：《康有爲全集》（第二集），中國人民大學出版社，2007 年版，第 5 頁。

海經》，荀子、墨子等開始大受重視。康有爲在《民功篇》中徵引莊子、管子、墨子、文子、尸子等諸子的相關著述，對於子學的關注一直延續在《新學僞經考》之中。尤其引人注意的有三：一是諸子皆有改制之心。蓋周禮廢，諸子皆有改作之心，棘子成之惡文，老、莊之棄禮，墨子之尚儉，皆是〔註 117〕；墨子在戰國，與孔子爭者也，故自行改制，短喪薄葬，非儒非命，皆力與孔子爲難〔註 118〕。雖《老子》《管子》亦皆戰國書，在孔子後，皆孔子後學〔註 119〕。由於諸子皆託古改制，那麼，孔子定於一尊的觀念自然解放。

二是爲諸子平反。兼相愛、有等差之愛是墨子、孟子互相攻擊的地方。康有爲指出，兼愛云者，如二本之耳。若兼愛，又則《大戴》盛稱孔子兼愛無私，豈亦得攻孔子邪〔註 120〕？自韓愈抑之，宋儒惡其性惡論，荀子遭受冷遇。康有爲以孟子、荀子爲孔門後學二大支，以其分別傳《公羊》《穀梁》，並認爲宋儒言變化氣質之性，即荀子之說，何得暗用之而顯闢之〔註 121〕？

三是尤重管子。其表現有四：一是在《民功篇》中重視管子的「教化」之論。虙戲造六峜，以迎陰陽；作九九之數，以合天道；而天下化之〔註 122〕。神農作，樹五穀淇山之陽，九州之民，乃知穀食，而天下化之〔註 123〕。堯、舜之王，所以化海內者〔註 124〕。當是其時（按：指虞），民無慍惡不服，而天下化之〔註 125〕。二是在《康子內外篇》中以「心」溝通王、霸之道。「或

〔註 117〕康有爲撰，姜義華、張榮華編校：《康有爲全集》（第一集），中國人民大學出版社，2007 年版，第 349 頁。

〔註 118〕康有爲撰，姜義華、張榮華編校：《康有爲全集》（第一集），中國人民大學出版社，2007 年版，第 326 頁。

〔註 119〕康有爲撰，姜義華、張榮華編校：《康有爲全集》（第二集），中國人民大學出版社，2007 年版，第 19 頁。

〔註 120〕康有爲撰，姜義華、張榮華編校：《康有爲全集》（第二集），中國人民大學出版社，2007 年版，第 11 頁。

〔註 121〕康有爲撰，姜義華、張榮華編校：《康有爲全集》（第二集），中國人民大學出版社，2007 年版，第 19 頁。

〔註 122〕康有爲撰，姜義華、張榮華編校：《康有爲全集》（第一集），中國人民大學出版社，2007 年版，第 65 頁。

〔註 123〕康有爲撰，姜義華、張榮華編校：《康有爲全集》（第一集），中國人民大學出版社，2007 年版，第 69 頁。

〔註 124〕康有爲撰，姜義華、張榮華編校：《康有爲全集》（第一集），中國人民大學出版社，2007 年版，第 79 頁。

〔註 125〕康有爲撰，姜義華、張榮華編校：《康有爲全集》（第一集），中國人民大學出版社，2007 年版，第 86 頁。

曰:『子之學得無近於管、商乎?』」答之:「不然。子之所謂管、商者,其跡也。夫管子之治民,曰:衣食足而知禮節,倉廩實而知榮辱。是即聖人厚生正德之經,富教之策也。天下爲治,未有能外之者也。王、霸之辨,辨於其心而已。其心肫肫於爲民,而導之以富強者,王道也;其心規規於爲私,而導之以富強者,霸術也。……昔武侯治蜀,有取於管子、韓非,豈非以治國所當有事耶?」〔註126〕三是在《上清帝第一書》中關注管子的理財、變法思想。「愼民在舉賢,愼富在務地。」〔註127〕管仲制國,宜於敵國並立之世〔註128〕。四是在《筆記》中徵引管子之論,以證中國古代自有農業化學、漁產之業。因此,康有爲筆下的管子是以實現「治」之大興的形象出現的,其源頭即是管子創制立法之舉。

2. 對程朱理學、乾嘉考證學的反動

即使理學內部存在程朱與陸王之爭、程朱與永嘉學派之爭,甚至顧炎武試圖去掉理學的獨立而其主張的經世致用後來轉入乾嘉考證學,胡渭以《易圖明辨》、戴震以反對捨欲言理等使宋學受致命傷,但是,以上諸儒都仍然是在恪守儒學、經學的範圍內考慮問題,他們未曾質疑宋學、漢學的立足點。康有爲以劉歆以後的漢宋學皆中劉歆僞經之毒,那麼,漢宋學必須重新估計。由於康有爲是將託古改制置於孔子遺經,將改制指向推翻封建統治的社會改革,故與其關係緊密的漢宋學都受到毀滅性的衝擊。

(1)對程朱理學的反動

康有爲對程朱理學的反動,其表現有三:一是以司馬光扞格物慾說〔註129〕反對程朱「格物」說。《大學》8條是程朱提出「格物」說的依據,程朱以「至」釋格,以「事」釋物,窮至事物之理,欲其無所不知。「格物」說是程朱理學的基石之一。康有爲以《內則》考后夔教冑,未聞《大學》8條,古之大學僅有樂;《戴記》中《大學》爲孔氏遺書,大人之學,而非古制十五歲學童之所

〔註126〕康有爲撰,姜義華、張榮華編校:《康有爲全集》(第一集),中國人民大學出版社,2007年版,第97頁。

〔註127〕康有爲撰,姜義華、張榮華編校:《康有爲全集》(第一集),中國人民大學出版社,2007年版,第181頁。

〔註128〕康有爲撰,姜義華、張榮華編校:《康有爲全集》(第一集),中國人民大學出版社,2007年版,第183頁。

〔註129〕康有爲撰,姜義華、張榮華編校:《康有爲全集》(第一集),中國人民大學出版社,2007年版,第32頁。

習〔註 130〕；《大學》8 條爲虛義，家、國、天下，既未有之物，身、心、知、意，非日課之功〔註 131〕。因此，長期以來的程朱、陸王「格物」之爭則是無本之木。在此基礎上，康有爲一方面指出朱熹「格物」說不可解有三〔註 132〕，然朱學窮物理，而問學太多，流爲記誦〔註 133〕，另一方面以司馬光扞格物慾說取代程朱的「格物」說。程朱所言的「事物之理」是指向「天理」，故其「格物」說是以「天理」壓人慾。康有爲推崇司馬光格物慾說，是如清儒之戴震反對捨欲言理，使「欲」合法化，屬於一種思想大解放。

二是兼取告子、王陽明性論又變孔子「性相近」爲平等之謂。從孔子「性相近」，到子思在《中庸》中提出「性善」說，到告子「性無善無不善」之說，到孟子、荀子「性善」、「性惡」的對立，到董仲舒、王充等漢儒兼講情性，以情性分陰陽，以性爲善，以情爲惡，走向善惡二元論，到韓愈以性有善中惡「三品」與情亦有善中惡「三品」調和孟荀而承接董仲舒，到張載、二程、朱熹將性分爲分別指向善與惡的天地之性、氣質之性的性二元論，到王陽明以性、情、才、氣皆無善無惡而近於告子，到顏元、戴震反對宋儒性二元論而提出性氣一元說，是在康有爲之前中國古代儒家討論性善惡問題的大致過程。康有爲對上述性論有下述看法：「孟子性善之說，有爲而言。荀子性惡之說，有激而發。告子生之謂性，自是確論，與孔子說合，但發之未透。使告子書存，當有可觀。王充、荀悅、韓愈即發揮其說。程子、張子、朱子分性爲二，有氣質，有義理，研辨較精。仍分爲二，蓋附會孟子。實則性全是氣質，所謂義理，自氣質出，不得強分也。余別有《論性篇》。夫相近，則平等之謂」〔註 134〕。康有爲以兼取告子、王陽明之論而反對宋儒性論，又將孔子論性指向人性平等，而小人、大人與人、獸之別則在於後天之「學」。康有爲在去性善惡說的同時，不僅將孟、荀均重視教育的性善惡說

〔註 130〕康有爲撰，姜義華、張榮華編校：《康有爲全集》（第一集），中國人民大學出版社，2007 年版，第 32 頁。

〔註 131〕康有爲撰，姜義華、張榮華編校：《康有爲全集》（第一集），中國人民大學出版社，2007 年版，第 31 頁。

〔註 132〕康有爲撰，姜義華、張榮華編校：《康有爲全集》（第一集），中國人民大學出版社，2007 年版，第 32 頁。

〔註 133〕康有爲撰，姜義華、張榮華編校：《康有爲全集》（第一集），中國人民大學出版社，2007 年版，第 238 頁。

〔註 134〕康有爲撰，姜義華、張榮華編校：《康有爲全集》（第一集），中國人民大學出版社，2007 年版，第 341 頁。

突顯出來，而且使長期以來人們閉口不談的由於「性惡」說得罪於孟子的荀子被重新發現。

三是兼取孔、老、佛而瓦解程朱理氣論。程朱理氣論是以無極、太極、《河圖》、《洛書》等「宋學」內核衍生出來的，自胡渭以《易圖明辨》辨宋以來《河圖》、《洛書》的傳承系統爲「邵雍－李之才－陳摶」，殊非羲、文、周、孔所有，與《易》無關，宋學受到致命打擊。自此，學者乃知宋學自宋學，孔學自孔學，離之雙美，合之兩傷〔註 135〕。康有爲既以嚴分孔子、程朱之理，也全面否定程朱理氣論。康有爲以朱熹不明孔子改制之說，以宋儒者乃「四子書」之學，以宋賢之義理，特義理之一端也，今但推本於孔子〔註 136〕，故程朱、孔子各有大義。程朱以理作爲倫理道德的基本準則，以理寓於氣中，先有理後有氣，理爲主而氣爲次，康有爲則以彼（按：指向程朱）昧於理者，以仁、智爲理，以物爲氣質，謂理氣有異，不知天下捨氣質，豈有異物哉〔註 137〕！程朱理氣論其實是融合了道、釋的理論，只是陽儒陰佛的宋儒並沒有言明而已，康有爲既將理指向佛、老，也直言朱熹近佛。康有爲以天地之理只有陰陽之義，將陽、陰分別指向天下只有的孔、佛二教，理惟陰陽而已〔註 138〕。若於此義，康有爲是直接將程朱義理排除掉了。但與此同時，康有爲以朱熹論性、理，與佛之言精、魂同〔註 139〕，以《易》終於《未濟》而極深於理，以朱熹歎之曰：「看來天下事終於不成」爲《未濟》之理，由是指出，凡人窮思，便入於佛，朱子於此，蓋近佛矣〔註 140〕。因此，朱一新指斥康有爲疑宋儒，以慮其同於佛、老而勢不至敗棄五常不止〔註 141〕，其實去

〔註 135〕梁啓超著：《清代學術概論　儒家哲學》，天津古籍出版社，2004 年版，第 20 頁。

〔註 136〕康有爲撰，姜義華、張榮華編校：《康有爲全集》（第一集），中國人民大學出版社，2007 年版，第 345 頁。

〔註 137〕康有爲撰，姜義華、張榮華編校：《康有爲全集》（第一集），中國人民大學出版社，2007 年版，第 102 頁。

〔註 138〕康有爲撰，姜義華、張榮華編校：《康有爲全集》（第一集），中國人民大學出版社，2007 年版，第 103 頁。

〔註 139〕康有爲撰，姜義華、張榮華編校：《康有爲全集》（第一集），中國人民大學出版社，2007 年版，第 108 頁。

〔註 140〕康有爲撰，姜義華、張榮華編校：《康有爲全集》（第一集），中國人民大學出版社，2007 年版，第 99 頁。

〔註 141〕康有爲撰，姜義華、張榮華編校：《康有爲全集》（第一集），中國人民大學出版社，2007 年版，第 320 頁。

掉五常以倡佛氏平等正是康有爲所願。「吾謂百年之後必變三者：君不專、臣不自卑，男女輕重，良玫齊一。嗚呼！是佛氏平等之學矣！」〔註 142〕

（2）對乾嘉考證學的反動

由於清初「經世致用」精神亡而轉入考證學的乾嘉學術，康有爲對其的反動有三：一是以僞經的指斥使其失卻立足點。康有爲以《毛詩》《古文尚書》《周禮》、《費氏易》《明堂月令》《左傳》《爾雅》《小爾雅》《說文》《漢書》等均爲僞書，故凡與其相關的乾嘉諸儒著述則失卻立足點。如段玉裁《周禮儀禮漢讀考》、惠棟《周易述》《說文注》、宋翔鳳《小爾雅訓纂》、錢大昕《漢書辨疑》等。二是以改制之說斥其研究不得要旨。惠棟、王鳴盛、張惠言主張漢《易》，詆班固不通，用梁丘賀之單辭，皆非實錄，惠棟在《周易述》中主張趙賓改「箕子」爲「荄滋」，而又自改爲「其子」，讀爲「亥子」，其妄不待言。陳澧又主費氏，諸家之辨雖有是非，皆未足肯綮〔註 143〕。三是以彰顯孔子「微言大義」斥其學無用。康有爲是以經學者學孔子而已，以孔子雖有《六經》而大道萃於《春秋》，學《春秋》當從《公羊》《穀梁》入，孟子、荀子分別傳《公羊》《穀梁》，董子爲漢世第一純儒，而有「孔子改制，《春秋》當新王」之說，故《春秋》《孟子》《荀子》《白虎通》《繁露》，以上五部書，通其旨義，則已通大孔律例，一切案情，皆可斷矣〔註 144〕。因此，「通聖人之經，識諸經之字。於是古音、古義之學爭出。自劉歆始尚訓詁，以變異博士之學，段、王輩扇之，乃標樹漢學，聳動後生，沉溺天下，相率於無用。」〔註 145〕

3. 援西入儒

援西入儒是康有爲抱清初啓蒙期「致用」的觀念，借經術以文飾其政論，頗失「爲經學而治經學」之本意，故其業不昌，而轉成爲歐思想輸入之導引〔註 146〕的第一個時期，也是他自言的「鴉片戰爭後，西學者逐漸輸入，

〔註 142〕康有爲撰，姜義華、張榮華編校：《康有爲全集》（第一集），中國人民大學出版社，2007 年版，第 108 頁。

〔註 143〕康有爲撰，姜義華、張榮華編校：《康有爲全集》（第一集），中國人民大學出版社，2007 年版，第 422 頁。

〔註 144〕康有爲撰，姜義華、張榮華編校：《康有爲全集》（第二集），中國人民大學出版社，2007 年版，第 19 頁。

〔註 145〕康有爲撰，姜義華、張榮華編校：《康有爲全集》（第一集），中國人民大學出版社，2007 年版，第 356 頁。

〔註 146〕梁啓超著：《清代學術概論　儒家哲學》，天津古籍出版社，2004 年版，第 13 頁。

始則工藝，次則政制。以極幼稚之西學知識，與清初啓蒙「經世之學」相結合，別樹一派」〔註 147〕之時。堅持「西學中源」說，以西學釋中學，移西學於中學學堂，是此期康有援西入儒的主要表現。

（1）堅持「西學中源」說

「西學中源」說是中國近代知識分子化解中西學矛盾的一種手段，康有爲亦是。康有爲的「西學中源」說兼指西方科技、經濟、政治與軍事。康有爲在《筆記》「農業化學」一處中指出，《周禮》草人土化之法，以化學爲農業本，吾中土學也，惜不傳〔註 148〕；吾讀日本所譯《土壤篇》，以其闇與《管子》合也〔註 149〕，康有爲由此爲《戎民農業化學》《土壤篇》等西學的傳播獲得合法權。康有爲以歐洲多爲大會，通百國，陳萬貨，極詭異之大觀，然中國亦有之〔註 150〕；以中國之俗，紳士入局及集明倫堂，已有下採民言之意，近歐洲議院矣；其在朝廷，每有大事，下王公、九卿，此則歐洲所謂上議院者也〔註 151〕；以吾鄉團練之局，推舉各紳督董鄉事，甚類泰西議院之制〔註 152〕；《司馬法》曰：入罪人之地，見其老弱，奉歸無傷，雖遇壯者不較勿敵，敵若傷之，醫藥歸之。此三代之至仁也，今歐洲用兵頗近是〔註 153〕。因此，中國推行西方議院制、軍事制度即具有正當性。即使康有爲以「自墨子已知光學、重學之法，張衡之爲渾儀，祖桓機船，何敬容之爲行城，順席之爲自鳴鐘，凡西人所號奇技者，我中人千數百年皆已有之」〔註 154〕反駁洪右臣「謂西國之人專而巧，中國之人渙而鈍」〔註 155〕的指斥，

〔註 147〕康有爲撰，姜義華、張榮華編校：《康有爲全集》（第一集），中國人民大學出版社，2007 年版，第 65 頁。

〔註 148〕康有爲撰，姜義華、張榮華編校：《康有爲全集》（第一集），中國人民大學出版社，2007 年版，第 194 頁。

〔註 149〕康有爲撰，姜義華、張榮華編校：《康有爲全集》（第一集），中國人民大學出版社，2007 年版，第 195 頁。

〔註 150〕康有爲撰，姜義華、張榮華編校：《康有爲全集》（第一集），中國人民大學出版社，2007 年版，第 165 頁。

〔註 151〕康有爲撰，姜義華、張榮華編校：《康有爲全集》（第一集），中國人民大學出版社，2007 年版，第 165 頁。

〔註 152〕康有爲撰，姜義華、張榮華編校：《康有爲全集》（第一集），中國人民大學出版社，2007 年版，第 176 頁。

〔註 153〕康有爲撰，姜義華、張榮華編校：《康有爲全集》（第一集），中國人民大學出版社，2007 年版，第 207 頁。

〔註 154〕康有爲撰，姜義華、張榮華編校：《康有爲全集》（第一集），中國人民大學出版社，2007 年版，第 337 頁。

但康有爲是以「泰西特以器藝震天下者，其所以鼓舞之異也。其設學以教之，其君、大夫相與鼓勵之，其士相與聚謀之，器備費足，安得而不精」〔註156〕激勵我中人仿傚之。

康有爲還以他幼稚的西學知識比附中學，點評中西學彼此依附、互有關聯的關係。曰學以窮物理之所以然的未易言，康有爲以義理有定而無定，經權、仁義、公私、人我、禮智，相倚者也，猶中國之與泰西也〔註157〕作爲一個統一體，學者當行其有定，觀其無定，通之而已〔註158〕；曰中國五帝三王之教（倫、食、學、民、俗），康有爲以人類未能有外之者也。故歐洲之先，倫食學俗必同也，羅馬之政是也；即以印度之先，其倫食學俗必同也，即墨西哥之先，其倫食學俗必同也，未有能外之者也〔註159〕；曰仁、義，康有爲以中國之聖人以義率仁，外國之聖人以仁率義〔註160〕；曰欽明文思、允恭克讓之德，元亨利貞、剛健中正之義，及夫皋陶之九德，《洪範》之三德，敬義直方，忠信篤敬，仁義智勇，康有爲以爲凡人道，莫不由之，豈能有中外之殊乎？至於三綱五常，西夷亦有之〔註161〕；曰通假字，康有爲以爲與今泰西文字相近〔註162〕。康有爲是以中西學的密切關係既強調必須知西學，也反對稍知西學者尊奉太過而化爲西人，提出以中學爲體，而講西學政藝之用〔註163〕。

〔註155〕康有爲撰，姜義華、張榮華編校：《康有爲全集》（第一集），中國人民大學出版社，2007年版，第337頁。

〔註156〕康有爲撰，姜義華、張榮華編校：《康有爲全集》（第一集），中國人民大學出版社，2007年版，第337頁。

〔註157〕康有爲撰，姜義華、張榮華編校：《康有爲全集》（第一集），中國人民大學出版社，2007年版，第100頁。

〔註158〕康有爲撰，姜義華、張榮華編校：《康有爲全集》（第一集），中國人民大學出版社，2007年版，第100頁。

〔註159〕康有爲撰，姜義華、張榮華編校：《康有爲全集》（第一集），中國人民大學出版社，2007年版，第102頁。

〔註160〕康有爲撰，姜義華、張榮華編校：《康有爲全集》（第一集），中國人民大學出版社，2007年版，第107頁。

〔註161〕康有爲撰，姜義華、張榮華編校：《康有爲全集》（第一集），中國人民大學出版社，2007年版，第324頁。

〔註162〕康有爲撰，姜義華、張榮華編校：《康有爲全集》（第一集），中國人民大學出版社，2007年版，第369頁。

〔註163〕康有爲撰，姜義華、張榮華編校：《康有爲全集》（第一集），中國人民大學出版社，2007年版，第325頁。

（2）以西學釋中學

在詮釋中學時引用西學新知，參西學之新理嬗變中學義理，是康有爲以西學釋中學的 2 個方面。如釋《春秋》改制之功，康以爲以日本變法強大而證之〔註 164〕；釋《祭法》稱共工氏「伯九州」之功時，康有爲以其在西域，則拿破崙第一之倫；其遠遊水處，則英、荷之類〔註 165〕；釋《管子》「燒山林，破增藪，焚沛澤，逐禽獸，實以益人」時，康有爲以「近諸歐洲諸國，皆用山澤以宅人，過於相攻遠矣」〔註 166〕；釋「羲、農號爲天子，稱爲帝皇，其爲帝制之地必無幾矣」時，康有爲以「則必有殊方大國雄一方而竊名號者，如歐洲德、法合三十六國而爲帝，意又合二十五國而爲帝，日斯巴尼亞又合十四國而爲帝，印度合二百四十多國而奉英爲皇」〔註 167〕；釋曆法時，康有爲以「今泰西曆以日爲主，棄月不紀，曆法簡矣」〔註 168〕。康有爲就是在此闡述中學時將西學知識置於其中，使西學逐漸進入中國近代學人的視野。

除上述比較零散的援引西學新知的闡釋以外，1888 年之前撰寫的《實理公法全書》是康有爲首次集中以西學新理闡述中國義理的重要著述。康有爲以實理、公理、私理爲義理，以公眾之公、幾何公理之公、公推之公爲公，分析人類、夫婦、父母子女、師弟、君臣、朋友、禮義、刑罰、教事、治事各門，以人有自主之權，以平等之意；男女兩相愛悅，聽其自便，不許有立約之事；立議院以行政；長幼平等、朋友平等；人命至重；教與治，其權各不相涉等西學新理爲公法，瓦解中國古代義理與政制。

（3）移西學於中學學堂

除長興學堂引入西學教學以外，康有爲在 1893 年撰寫的《倡辦南海同人局學堂條議》中，提出中西學並教，延一深通英文、數學者爲西學教習；西

〔註 164〕康有爲撰，姜義華、張榮華編校：《康有爲全集》（第一集），中國人民大學出版社，2007 年版，第 40 頁。

〔註 165〕康有爲撰，姜義華、張榮華編校：《康有爲全集》（第一集），中國人民大學出版社，2007 年版，第 68 頁。

〔註 166〕康有爲撰，姜義華、張榮華編校：《康有爲全集》（第一集），中國人民大學出版社，2007 年版，第 72 頁。

〔註 167〕康有爲撰，姜義華、張榮華編校：《康有爲全集》（第一集），中國人民大學出版社，2007 年版，第 73 頁。

〔註 168〕康有爲撰，姜義華、張榮華編校：《康有爲全集》（第一集），中國人民大學出版社，2007 年版，第 78 頁。

學每季考證分班，以培育通中外，兼習外國語言文學之才〔註 169〕。1894 年撰寫《桂學問答》，康有爲詳述治經、治史等諸種中學方法之後，將西洋軍事、政治、地理、天文、光學、聲學等著述置於其中，如西洋之《行軍測繪》《萬國通法》《西國近事彙編》《談天》《地理知識》《光學》《聲學》等。若僅通外學而不知聖學，則多添一外國人而已，何取焉〔註 170〕，是康有爲對於移西學於中學學堂的鮮明態度。

自言 30 歲以後學術不復有變的康有爲，無論是在甲午戰敗至出亡海外前期，是在出亡海外後期，還是在歸國後至去世前夕，形成於 1883～1895 年的康有爲上述一邊今文經學，一邊經世致用，並以此引入西學新知的做法從未有改變。只是在往後的 33 年時間裏，隨著康有爲對於西學的認知日益加深，他對於中西學關係的認識經歷從以西化儒到儒西並尊，到以儒化西的 3 次轉變。這與中法戰爭前的西學萌芽與甲午戰敗前的援西入儒，康有爲就是在中西學關係的不斷轉換中思考中國近代之出路，其對師承之學的嬗變也在此不斷轉換之中有充分的呈現。

第三節　甲午戰爭至出亡海外前期

雖然黃節、鄧實與梁啓超出生年相仿，但由於黃、鄧是在 1895～1897 年師從對儒西學採取對立態度的簡朝亮，只有在 1900 年黃、鄧北上京師與黃節出使日本之後，他們才融入時代潮流而對於儒西學有比較正確的認識，1902 年、1905 年創辦的《政藝通報》《國粹學報》標誌黃、鄧學術思想形成，且二人學術思想並無變化，故爲保持黃、鄧學術思想的完整性，筆者將其置於本章下一節。反之，梁啓超不僅在 1891 年師從援西入儒與以治術寓於學術的康有爲，而且是康有爲發動維新變法的有力助手，因此，甲午戰爭至出亡海外前期，梁啓超與康有爲一起形成以西化儒的主要格式的同時，開始出現儒西並尊的?象。與此同時，康有爲接續中法戰爭至甲午國恥期間以重建今文經學而復西漢以前儒學的做法，以孔老墨莊、孔孟荀董兩線細分西漢以前的儒學，以期鞏固由其重建的今文經學基礎。梁啓超則既以重新詮釋經學、子學、史

〔註 169〕康有爲撰，姜義華、張榮華編校：《康有爲全集》（第二集），中國人民大學出版社，2007 年版，第 8 頁。

〔註 170〕康有爲撰，姜義華、張榮華編校：《康有爲全集》（第二集），中國人民大學出版社，2007 年版，第 23 頁。

學、時務學而強化康有為的學術思想，也以撰寫《康南海先生傳》全面、深入分析康有為的學術思想，更開啓其以倫理學、史學、子學嬗變「九江學派」的第一期。

一、以西漢以前的儒學為真儒學

康有為將西漢以前的儒學分為孔老墨莊、孔孟荀董 2 線，以其所體認的孔子之道分析孔老墨莊之學的本質與淵源，將孟荀董作為「孔門十哲」的成員。康有為以西漢以前的儒學為眞儒學，不僅在於老墨莊在一定程度上與孔子同源，皆託古改制，而且在於孟荀董皆傳承孔子之道。在康有為的視界中，孔子之道見於《詩》《書》《禮》《樂》《易》《春秋》，尤集中體現於《春秋》。《春秋》之義見於《公羊》，《公羊》三世說即孔子之太平之治、大同之樂的政治思想。由於自劉歆偽經出，孔子之道亡，故「尊孔」即是康有為梳理孔老墨莊、孔孟荀董的立場。

1. 孔老墨莊

即使董仲舒提出「罷黜百家，獨尊儒術」，但如有的學者指出，老莊之學的研究不僅呈現以儒釋道、融入宗教、評點文辭、還原老氏、經世致用、訓詁校勘等內容〔註 171〕，而且在歷朝都有其重要的研究成果。相對來說，從秦末孔鮒《詰墨》到元陶宗儀《讀墨子隨詁》，墨子研究著述不足 10 種，一直至明清兩代，墨子研究才開始興盛。康有為對於老墨莊的研究大多是以評說的形式出現的，顯得零散而沒有系統性，但其研究不僅是對長期以來老墨莊研究的沿承、發展與嬗變，而且直接影響梁啓超的老墨研究。

（1）老墨莊孔的本質、分派、興衰、文辭及與佛道、基督教的關係

康有為以藏拙、險狠、壞、酷、智、治作為老子之學的本質。「老子之學，藏身甚固，運用甚巧，後世多用之。」〔註 172〕「老子工於藏拙。」〔註 173〕「老子險狠之極，外似仁柔，如貓之捕老鼠耳。」〔註 174〕「老子最壞中國，

〔註 171〕劉仲華：《清代老莊研究概述》，《北京社會科學》2002 年第 3 期。

〔註 172〕康有為撰，姜義華、張榮華編校：《康有為全集》（第二集），中國人民大學出版社，2007 年版，第 280 頁。

〔註 173〕康有為撰，姜義華、張榮華編校：《康有為全集》（第二集），中國人民大學出版社，2007 年版，第 105 頁。

〔註 174〕康有為撰，姜義華、張榮華編校：《康有為全集》（第二集），中國人民大學出版社，2007 年版，第 144 頁。

以愚民爲主。」〔註 175〕「老子之學，貽禍最酷。」〔註 176〕「智者，老、墨一派。」〔註 177〕「數千年治天下，皆老學。」〔註 178〕雖然康有爲反對《御注道德經》、徐大椿《道德經注》等視《老子》爲救世之書，但他仍然指出《老子》的治世功能與用兵之法。康有爲以老子之後，其學分二派，且各有特點。「清虛一派，楊朱之徒也，弊猶淺；刻薄一派，申、韓之徒也。」〔註 179〕其中，《老子》「天地不仁」四句，開申、韓一派〔註 180〕，不僅標誌老子之學從智入愚〔註 181〕，而且與儒產生嚴峻分歧，這其實就是如何修身、治國、平天下的分歧。「申、韓之徒，其與儒教異處，在仁與暴，私與公。儒教最仁，老教最暴。故儒教專言德，老教專言力。儒教最公，老教最私。儒教專言民，老教專言國。言力言國，故重刑法，而戰國之禍烈矣。刻薄一派，即刑也，流毒至今日，重君權、薄民命，以法繩人，故泰西言中國最殘暴。」〔註 182〕雖然先秦時期老墨兩家最盛，但康有爲以爲老學不盛於戰國，而盛於漢初。晉朝掃盡經學，專宗老莊〔註 183〕。黃元御《道德經懸解》、林仲懿《南華本義》分別從道家、佛家解釋老子，這是將老子融入宗教的做法，康有爲亦是。康有爲指出，老氏之學，專在元神主魄〔註 184〕，近佛也〔註 185〕，養生之說始

〔註 175〕康有爲撰，姜義華、張榮華編校：《康有爲全集》（第二集），中國人民大學出版社，2007 年版，第 283 頁。

〔註 176〕康有爲撰，姜義華、張榮華編校：《康有爲全集》（第二集），中國人民大學出版社，2007 年版，第 178 頁。

〔註 177〕康有爲撰，姜義華、張榮華編校：《康有爲全集》（第二集），中國人民大學出版社，2007 年版，第 174 頁。

〔註 178〕康有爲撰，姜義華、張榮華編校：《康有爲全集》（第二集），中國人民大學出版社，2007 年版，第 176 頁。

〔註 179〕康有爲撰，姜義華、張榮華編校：《康有爲全集》（第二集），中國人民大學出版社，2007 年版，第 108 頁。

〔註 180〕康有爲撰，姜義華、張榮華編校：《康有爲全集》（第二集），中國人民大學出版社，2007 年版，第 176 頁。

〔註 181〕康有爲撰，姜義華、張榮華編校：《康有爲全集》（第二集），中國人民大學出版社，2007 年版，第 174 頁。

〔註 182〕康有爲撰，姜義華、張榮華編校：《康有爲全集》（第二集），中國人民大學出版社，2007 年版，第 108 頁。

〔註 183〕康有爲撰，姜義華、張榮華編校：《康有爲全集》（第二集），中國人民大學出版社，2007 年版，第 144 頁。

〔註 184〕康有爲撰，姜義華、張榮華編校：《康有爲全集》（第二集），中國人民大學出版社，2007 年版，第 253 頁。

〔註 185〕康有爲撰，姜義華、張榮華編校：《康有爲全集》（第二集），中國人民大學出版社，2007 年版，第 176 頁。

於老子。

有學者以清初低沉期、乾嘉復興期、清末高潮期分析清代墨學研究，指出「西學東漸」下的憂患意識是清代墨學研究繁興的主要原因，清末墨學研究以社會政治學最豐富，以墨辨邏輯研究最爲薄弱，以墨家科技研究最差〔註 186〕。康有爲是以孔學審視墨學的。康有爲以墨子爲才人。「莊子稱墨子爲才人，極的確。」〔註 187〕康有爲以仁、智、有跡無義、不能治世作爲墨子之學的本質。「墨子甚仁。不能以兼愛攻墨子，以無父攻墨子則可。」〔註 188〕「智者，老、墨一派。」〔註 189〕「墨子之學，其最精處在『兼愛』、『尙同』，其敗績處在『滅等威』、『無差等』、『短喪薄葬』。儒家言命以範人心，設樂以和人志，墨氏皆非之。蓋墨氏全是精跡，毫無精義。」〔註 190〕「《墨子》上經，尊言治，有可說，言治天下，謬。」〔註 191〕康有爲沿承「西學中源」說，以西學多本於墨子〔註 192〕，「墨子專言物理。歐洲甚行墨學。」〔註 193〕康有爲認爲，「墨子弟子極盛。墨子正開學派。」〔註 194〕「孔子以後，墨家變爲三。墨學有相夫氏之墨，有相里氏之墨，有鄧離氏之墨。」〔註 195〕「墨子之學，盛行於戰國，任俠一派皆是。」〔註 196〕「遊俠亦墨學，

〔註 186〕鄭傑文：《清代的墨學研究》，《淄博學院學報》1999 年第 4 期。

〔註 187〕康有爲撰，姜義華、張榮華編校：《康有爲全集》（第二集），中國人民大學出版社，2007 年版，第 283 頁。

〔註 188〕康有爲撰，姜義華、張榮華編校：《康有爲全集》（第二集），中國人民大學出版社，2007 年版，第 283 頁。

〔註 189〕康有爲撰，姜義華、張榮華編校：《康有爲全集》（第二集），中國人民大學出版社，2007 年版，第 174 頁。

〔註 190〕康有爲撰，姜義華、張榮華編校：《康有爲全集》（第二集），中國人民大學出版社，2007 年版，第 109 頁。

〔註 191〕康有爲撰，姜義華、張榮華編校：《康有爲全集》（第二集），中國人民大學出版社，2007 年版，第 179 頁。

〔註 192〕康有爲撰，姜義華、張榮華編校：《康有爲全集》（第二集），中國人民大學出版社，2007 年版，第 179 頁。

〔註 193〕康有爲撰，姜義華、張榮華編校：《康有爲全集》（第二集），中國人民大學出版社，2007 年版，第 285 頁。

〔註 194〕康有爲撰，姜義華、張榮華編校：《康有爲全集》（第二集），中國人民大學出版社，2007 年版，第 283 頁。

〔註 195〕康有爲撰，姜義華、張榮華編校：《康有爲全集》（第二集），中國人民大學出版社，2007 年版，第 116 頁。

〔註 196〕康有爲撰，姜義華、張榮華編校：《康有爲全集》（第二集），中國人民大學出版社，2007 年版，第 108 頁。

宋鈃、許和地，亦墨之別派。」〔註 197〕康有爲指出，墨與佛、基督皆有緊密關係。「墨子之道，與佛相類，而墨子行於身前，佛氏行於身後。墨子行之速，故敗之速。佛氏行之漸，故延蔓至今日。佛氏無父母妻子，故全講虛理。墨有父母妻子，故會講實制。」〔註 198〕「墨子頗似耶穌，能死，能救人，能儉。」〔註 199〕「墨子尊天明鬼。耶穌近於墨子。」〔註 200〕康有爲指出墨子之書有方語〔註 201〕。康有爲上述墨學研究對梁啓超《子墨子學說》產生深遠影響。

與一般學者多將老莊混合在一起論述不同，康有爲以極聰明、入世作爲莊子之學的本質，從而將莊子從老子之學中分離出來。「莊子直一佛來，極聰明人。談道、談學，中國以莊子最精。莊子終身無敢下手作事，處人間世極精。」〔註 202〕「老子之學全從外道想出，莊子之學全從人間世道見得破，而莊子之聰明直過於孔子」。〔註 203〕「莊子智極，心熱極，特不欲辦事。」〔註 204〕「莊子昌經營天下，乃熱人，非冷人，後來能辦事，皆用莊子之學。其書中最闊大之論，如《逍遙遊》《秋水》諸篇。其入世，用《齊物論》一篇。發得一圓字最精，事有《人間世》《世運》《大宗師》諸篇。」〔註 205〕康有爲指出莊子言心學最精，以乎《人間世》，直出佛氏之外。其言『火盡而薪存』，即佛氏輪迴之說。」〔註 206〕「莊子發揮佛氏輪迴之說，如火滅薪傳、蟲

〔註 197〕康有爲撰，姜義華、張榮華編校：《康有爲全集》（第二集），中國人民大學出版社，2007 年版，第 176 頁。

〔註 198〕康有爲撰，姜義華、張榮華編校：《康有爲全集》（第二集），中國人民大學出版社，2007 年版，第 110 頁。

〔註 199〕康有爲撰，姜義華、張榮華編校：《康有爲全集》（第二集），中國人民大學出版社，2007 年版，第 179 頁。

〔註 200〕康有爲撰，姜義華、張榮華編校：《康有爲全集》（第二集），中國人民大學出版社，2007 年版，第 283 頁。

〔註 201〕康有爲撰，姜義華、張榮華編校：《康有爲全集》（第二集），中國人民大學出版社，2007 年版，第 195 頁。

〔註 202〕康有爲撰，姜義華、張榮華編校：《康有爲全集》（第二集），中國人民大學出版社，2007 年版，第 285 頁。

〔註 203〕康有爲撰，姜義華、張榮華編校：《康有爲全集》（第二集），中國人民大學出版社，2007 年版，第 234 頁。

〔註 204〕康有爲撰，姜義華、張榮華編校：《康有爲全集》（第二集），中國人民大學出版社，2007 年版，第 180 頁。

〔註 205〕康有爲撰，姜義華、張榮華編校：《康有爲全集》（第二集），中國人民大學出版社，2007 年版，第 177 頁。

〔註 206〕康有爲撰，姜義華、張榮華編校：《康有爲全集》（第二集），中國人民大學出

鼠肝之類。莊子內、外俱多，而內學多，聰明太高，不肯下手耳。」〔註 207〕康有爲以爲莊子之書有方語〔註 208〕。

一方面，康有爲不僅分辨老墨莊之學的本質，而且對老墨之學一較高下。「老氏之學，失諸虛。墨氏之學，失諸實。墨學能行而不能傳，老學能傳而不能行。」〔註 209〕「老子之教爲我，墨子兼愛，但無差等，卒不能行，至今不滅者惟老學。」〔註 210〕即使老墨之學皆有其失，也多與孔子之學爲敵，但由於墨子以兼愛、尙同親近孔子，故康有爲得出「墨子之學勝於老子」〔註 211〕、「墨子稍勝於老」〔註 212〕的結論。另一方面，康有爲是以孔子之學分析老墨莊之學的本質，故除墨家兼愛、尙同以外，以老墨莊之學對立面繫興起來的孔子之學的本質在某種程度上在上述分析中也找到答案。康有爲以陽、仁、誠作爲孔子之學的本質。「老與儒有陰陽之分。」〔註 213〕「老子始倡不仁之學，其教旨與孔子大相反。」〔註 214〕「《中庸》以誠爲主，《老子》以不誠爲主。」〔註 215〕康有爲不關注孔子去世後儒學一分爲八，也不入傳統的「孔門十哲」之論，而以「顏子、曾子、有子、子游、子夏、子張、子思、孟子、荀子，董子居首」〔註 216〕作爲「孔門十哲」。康有爲以自劉歆僞經以後，

版社，2007 年版，第 180 頁。

〔註 207〕康有爲撰，姜義華、張榮華編校：《康有爲全集》（第二集），中國人民大學出版社，2007 年版，第 144 頁。

〔註 208〕康有爲撰，姜義華、張榮華編校：《康有爲全集》（第二集），中國人民大學出版社，2007 年版，第 195 頁。

〔註 209〕康有爲撰，姜義華、張榮華編校：《康有爲全集》（第二集），中國人民大學出版社，2007 年版，第 110 頁。

〔註 210〕康有爲撰，姜義華、張榮華編校：《康有爲全集》（第二集），中國人民大學出版社，2007 年版，第 105 頁。

〔註 211〕康有爲撰，姜義華、張榮華編校：《康有爲全集》（第二集），中國人民大學出版社，2007 年版，第 180 頁。

〔註 212〕康有爲撰，姜義華、張榮華編校：《康有爲全集》（第二集），中國人民大學出版社，2007 年版，第 135 頁。

〔註 213〕康有爲撰，姜義華、張榮華編校：《康有爲全集》（第二集），中國人民大學出版社，2007 年版，第 280 頁。

〔註 214〕康有爲撰，姜義華、張榮華編校：《康有爲全集》（第二集），中國人民大學出版社，2007 年版，第 227 頁。

〔註 215〕康有爲撰，姜義華、張榮華編校：《康有爲全集》（第二集），中國人民大學出版社，2007 年版，第 105 頁。

〔註 216〕康有爲撰，姜義華、張榮華編校：《康有爲全集》（第二集），中國人民大學出版社，2007 年版，第 229 頁。

孔子之學亡。惟佛與孔子相反〔註 217〕。

（2）孔老墨莊的淵源與諸子皆改制

無論是六朝玄學家王弼以《易》解《老子》而著《老子注》，是理學家薛蕙以老子之道比附性命之說而著《老子集解》，是清代理學家胡與高以「《老子》與《六經》互相發明」而著《道德經編注》，以儒釋道都是老子研究的一條主線，調和儒道差異的動機就是尊儒。康有爲不僅調和儒道差異，而且調和儒墨差異。

康有爲認爲，著書之老子與問禮之老子，分爲兩人〔註 218〕，老墨皆在孔子之後〔註 219〕。康有爲是基於孔子之學分析老墨莊之學的本質，故對老墨之學多有指斥。但是，康有爲仍然以老墨莊之學同源於孔子。如：老子開出韓非子，韓非子學荀子〔註 220〕。老子「爲我者」也，「得《易經》卑、退、謙、陷四字。」〔註 221〕「老子之清虛、柔道，出於孔子。」〔註 222〕「老子之學，得孔子一端。」〔註 223〕「老氏之學乃孔子一體，不可謂孔子無之，無極乃老氏之學。」〔註 224〕「《鬼谷子》出於老氏，老氏亦出自孔子。」〔註 225〕如：「墨子是子夏后輩。」〔註 226〕「墨學皆出於孔子，墨子言『兼愛』，實本於《論語》『泛愛眾』一言；墨子『非命』二字，從《大戴記》中《千乘篇》抄出。」

〔註 217〕康有爲撰，姜義華、張榮華編校：《康有爲全集》（第二集），中國人民大學出版社，2007 年版，第 169 頁。

〔註 218〕康有爲撰，姜義華、張榮華編校：《康有爲全集》（第二集），中國人民大學出版社，2007 年版，第 144 頁。

〔註 219〕康有爲撰，姜義華、張榮華編校：《康有爲全集》（第二集），中國人民大學出版社，2007 年版，第 283 頁。

〔註 220〕康有爲撰，姜義華、張榮華編校：《康有爲全集》（第二集），中國人民大學出版社，2007 年版，第 283 頁。

〔註 221〕康有爲撰，姜義華、張榮華編校：《康有爲全集》（第二集），中國人民大學出版社，2007 年版，第 176 頁。

〔註 222〕康有爲撰，姜義華、張榮華編校：《康有爲全集》（第二集），中國人民大學出版社，2007 年版，第 145 頁。

〔註 223〕康有爲撰，姜義華、張榮華編校：《康有爲全集》（第二集），中國人民大學出版社，2007 年版，第 138 頁。

〔註 224〕康有爲撰，姜義華、張榮華編校：《康有爲全集》（第二集），中國人民大學出版社，2007 年版，第 252 頁。

〔註 225〕康有爲撰，姜義華、張榮華編校：《康有爲全集》（第二集），中國人民大學出版社，2007 年版，第 112 頁。

〔註 226〕康有爲撰，姜義華、張榮華編校：《康有爲全集》（第二集），中國人民大學出版社，2007 年版，第 176 頁。

〔註 227〕「墨子之學本出於孔子」〔註 228〕。「《墨子》有《公孟篇》，公孟子與墨子辨難，皆孔子大義口說。」〔註 229〕「墨子有《公孟篇》，即公羊。公羊與墨子同時，其教大明，故墨子攻之甚至，而孟甚尊其言。」〔註 230〕「墨子之學，只偷得半部《春秋》。」〔註 231〕「墨子傳其學，弦詩三百、歌詩三百等是。」〔註 232〕「墨子尚同，略有孔子大同之神我，不過墨子發不出耳。」〔註 233〕又如：「莊子贊孔子極精，自贊孔子以來，以莊子爲第一。」〔註 234〕「莊子未嘗歸老子，亦歸孔子。」〔註 235〕「莊子超孔子範圍，亦不落孔子窠臼。」〔註 236〕「莊子，四方弟子，孔子三傳弟子，故《天下篇》最尊孔子，不安於老子，而簸弄老子。」〔註 237〕「莊子在孔子範圍，不在老子範圍。」〔註 238〕

與王弼、薛蕙、胡與高等調和儒道差異而概念性的尊儒不同，康有爲將尊儒指向尊孔子改制。康有爲以老墨莊皆在某種程度上同源於孔子，旨在說明諸子皆有託古改制之舉。「老子託黃帝，墨子託大禹，許行託神農，孔子託

〔註 227〕康有爲撰，姜義華、張榮華編校：《康有爲全集》（第二集），中國人民大學出版社，2007 年版，第 117 頁。

〔註 228〕康有爲撰，姜義華、張榮華編校：《康有爲全集》（第二集），中國人民大學出版社，2007 年版，第 208 頁。

〔註 229〕康有爲撰，姜義華、張榮華編校：《康有爲全集》（第二集），中國人民大學出版社，2007 年版，第 128 頁。

〔註 230〕康有爲撰，姜義華、張榮華編校：《康有爲全集》（第二集），中國人民大學出版社，2007 年版，第 147 頁。

〔註 231〕康有爲撰，姜義華、張榮華編校：《康有爲全集》（第二集），中國人民大學出版社，2007 年版，第 144 頁。

〔註 232〕康有爲撰，姜義華、張榮華編校：《康有爲全集》（第二集），中國人民大學出版社，2007 年版，第 191 頁。

〔註 233〕康有爲撰，姜義華、張榮華編校：《康有爲全集》（第二集），中國人民大學出版社，2007 年版，第 206 頁。

〔註 234〕康有爲撰，姜義華、張榮華編校：《康有爲全集》（第三集），中國人民大學出版社，2007 年版，第 280 頁。

〔註 235〕康有爲撰，姜義華、張榮華編校：《康有爲全集》（第二集），中國人民大學出版社，2007 年版，第 285 頁。

〔註 236〕康有爲撰，姜義華、張榮華編校：《康有爲全集》（第二集），中國人民大學出版社，2007 年版，第 234 頁。

〔註 237〕康有爲撰，姜義華、張榮華編校：《康有爲全集》（第二集），中國人民大學出版社，2007 年版，第 179 頁。

〔註 238〕康有爲撰，姜義華、張榮華編校：《康有爲全集》（第二集），中國人民大學出版社，2007 年版，第 180 頁。

堯、舜，則言人人殊。」〔註 239〕「堯、舜皆孔子創議。」〔註 240〕。「墨子改制，《尙同》、《非攻》、諸子篇與孔同，而其宗旨者在尊天、明鬼、非樂。」〔註 241〕「《堯典》、《禹貢》、《洪範》皆孔子所作。六代樂皆孔子作。」〔註 242〕「莊子雖攻儒，而甚得儒之實。」〔註 243〕因此，產生於孔子之後的老墨莊是以與孔子爭教的面目出現的，孔老墨莊之別即是其改制內容之別。雖然老墨是先秦諸子之最老輩，但康有爲以爲諸子紛然淆亂與孔子爭教，「與孔子勁敵者莫如墨子，老子不及也。」〔註 244〕墨子攻孔子無所不包，「全與孔子爲難」〔註 245〕，如孔子正名，墨子有意翻之，故《大取》、《小取》篇，開堅白之談，公孫龍、惠施、鄧析更暢其旨，務以口辨反之〔註 246〕。儒、墨之殊絕而相反，莫如喪葬一事，故彼此攻辨最多〔註 247〕。「墨子以三年喪、親迎、立命三者力翻孔案，有意攻難，而《非樂》、《非命》，著有專篇，短喪、薄葬，且有特製，此其義最相反者。」〔註 248〕此外，老子力宗太古，亦欲矯孔子〔註 249〕。對於孔老墨莊改制之爭，康有爲認爲，「孔子制出非常之人道，非墨子所能，墨子知其一，而不知二。」〔註 250〕

〔註 239〕康有爲撰，姜義華、張榮華編校：《康有爲全集》（第二集），中國人民大學出版社，2007 年版，第 110 頁。

〔註 240〕康有爲撰，姜義華、張榮華編校：《康有爲全集》（第二集），中國人民大學出版社，2007 年版，第 143 頁。

〔註 241〕康有爲撰，姜義華、張榮華編校：《康有爲全集》（第二集），中國人民大學出版社，2007 年版，第 178 頁。

〔註 242〕康有爲撰，姜義華、張榮華編校：《康有爲全集》（第二集），中國人民大學出版社，2007 年版，第 190 頁。

〔註 243〕康有爲撰，姜義華、張榮華編校：《康有爲全集》（第三集），中國人民大學出版社，2007 年版，第 169 頁。

〔註 244〕康有爲撰，姜義華、張榮華編校：《康有爲全集》（第二集），中國人民大學出版社，2007 年版，第 105 頁。

〔註 245〕康有爲撰，姜義華、張榮華編校：《康有爲全集》（第二集），中國人民大學出版社，2007 年版，第 112 頁。

〔註 246〕康有爲撰，姜義華、張榮華編校：《康有爲全集》（第二集），中國人民大學出版社，2007 年版，第 176 頁。

〔註 247〕康有爲撰，姜義華、張榮華編校：《康有爲全集》（第三集），中國人民大學出版社，2007 年版，第 197 頁。

〔註 248〕康有爲撰，姜義華、張榮華編校：《康有爲全集》（第三集），中國人民大學出版社，2007 年版，第 185 頁。

〔註 249〕康有爲撰，姜義華、張榮華編校：《康有爲全集》（第二集），中國人民大學出版社，2007 年版，第 176 頁。

〔註 250〕康有爲撰，姜義華、張榮華編校：《康有爲全集》（第二集），中國人民大學出

2. 孔孟荀董

與一般儒學家將三王五帝作爲「先王」不同，康有爲以古籍中的「先王」即孔子，「先王之道，即孔子之道。」〔註 251〕即使孟子、荀子、董仲舒皆傳孔子之道，「堅守孔教而攻異教，荀、孟兩大儒爲最有力也。」〔註 252〕「孔子後學二大支：孟子、荀子。」〔註 253〕「董、荀、孟三子之言，皆孔子大義，口授相傳，非三子所能爲也。」〔註 254〕但康有爲既對孟荀董的學術一分高下，也指出其在傳承孔子之道中的不同作用。

（1）孟荀董學術之高下

一是論性、論仁以董仲舒爲精。「荀子言儒學，故言變化氣質，納之中和。治氣養心之術，言變化氣質，古今論變化最精。孟子言養氣，則無治氣工夫。荀子言性惡，以惡爲租惡之惡。董子言生之謂性，是鐵板注腳。總之，性是天生，善是人爲，二句最的。荀子言性惡，義理未盡，總之，天下人有善有惡，然性惡多而善少，則荀子之言長而孟子短也，然皆有爲而言也。」〔註 255〕「言性以董子爲至。」〔註 256〕「孟子仁字專全在擴充，說仁忍也，又不忍也，皆從字音生。董子《必仁且智篇》，說仁字極好。博愛之謂仁。孟子所以斥墨氏者，爲其二本也。」〔註 257〕「孟子謂：『人者，仁也。』此解最直捷通達。董子發仁最精。」〔註 258〕

二是文辭、論學以荀子爲佳。雖然孟荀文辭有虛實之別，「孟子筆虛，荀

版社，2007 年版，第 285 頁。

〔註 251〕康有爲撰，姜義華、張榮華編校：《康有爲全集》（第二集），中國人民大學出版社，2007 年版，第 106 頁。

〔註 252〕康有爲撰，姜義華、張榮華編校：《康有爲全集》（第三集），中國人民大學出版社，2007 年版，第 208 頁。

〔註 253〕康有爲撰，姜義華、張榮華編校：《康有爲全集》（第二集），中國人民大學出版社，2007 年版，第 212 頁。

〔註 254〕康有爲撰，姜義華、張榮華編校：《康有爲全集》（第二集），中國人民大學出版社，2007 年版，第 151 頁。

〔註 255〕康有爲撰，姜義華、張榮華編校：《康有爲全集》（第二集），中國人民大學出版社，2007 年版，第 184 頁。

〔註 256〕康有爲撰，姜義華、張榮華編校：《康有爲全集》（第二集），中國人民大學出版社，2007 年版，第 173 頁。

〔註 257〕康有爲撰，姜義華、張榮華編校：《康有爲全集》（第二集），中國人民大學出版社，2007 年版，第 250 頁。

〔註 258〕康有爲撰，姜義華、張榮華編校：《康有爲全集》（第二集），中國人民大學出版社，2007 年版，第 227 頁。

子筆實」〔註 259〕，孟董文辭皆爲義理體，但康有爲以荀子文章好學，文筆爲佳。「孟子難學，至好學荀子。言道之文，孟、荀三大家。荀子開漢調。孟子筆散淺而舊，荀子整新而深。」〔註 260〕荀子步步爲防，故氣弱，孟子則否。」〔註 261〕「《荀子》文佳於《孟子》，《孟子》天分高，《荀子》工夫深。荀子之文多雙筆，故佳。孟子高流，荀子正宗。始於學經，終於讀禮，是入學門徑，孟子則無之。」〔註 262〕「荀子之言學，最有次第。言修身，最有條理。」〔註 263〕「博學而詳說之，《孟子》止此句言學。《荀子》則開卷便《勸學》。」〔註 264〕

三是荀子心學直過孟子。「荀子《解蔽篇》則就心學發揮，直過於孟子，則荀亦兼心學也。」〔註 265〕

四是荀子言格物極好。「荀子《解蔽篇》解得物字極好，物字就外物而言，此格物是扞格外物無疑矣。」〔註 266〕「孟子、荀子、管子皆以心物對舉，可知物指外物。」〔註 267〕

（2）孟荀董在傳承孔子之道中的不同作用

雖然康有爲指出，「諸子之學，悉受範圍」〔註 268〕，但孟荀董學術各有側重，如孟子重《詩》《書》，荀子重《禮》：「荀子言《詩》《書》之博也淺，

〔註 259〕康有爲撰，姜義華、張榮華編校：《康有爲全集》（第二集），中國人民大學出版社，2007 年版，第 184 頁。

〔註 260〕康有爲撰，姜義華、張榮華編校：《康有爲全集》（第二集），中國人民大學出版社，2007 年版，第 298 頁。

〔註 261〕康有爲撰，姜義華、張榮華編校：《康有爲全集》（第二集），中國人民大學出版社，2007 年版，第 182 頁。

〔註 262〕康有爲撰，姜義華、張榮華編校：《康有爲全集》（第二集），中國人民大學出版社，2007 年版，第 183 頁。

〔註 263〕康有爲撰，姜義華、張榮華編校：《康有爲全集》（第二集），中國人民大學出版社，2007 年版，第 186 頁。

〔註 264〕康有爲撰，姜義華、張榮華編校：《康有爲全集》（第二集），中國人民大學出版社，2007 年版，第 183 頁。

〔註 265〕康有爲撰，姜義華、張榮華編校：《康有爲全集》（第二集），中國人民大學出版社，2007 年版，第 184 頁。

〔註 266〕康有爲撰，姜義華、張榮華編校：《康有爲全集》（第二集），中國人民大學出版社，2007 年版，第 301 頁。

〔註 267〕康有爲撰，姜義華、張榮華編校：《康有爲全集》（第二集），中國人民大學出版社，2007 年版，第 246 頁。

〔註 268〕康有爲撰，姜義華、張榮華編校：《康有爲全集》（第三集），中國人民大學出版社，2007 年版，第 204 頁。

惟言《禮》則精細。」〔註 269〕「荀子詳言禮學」〔註 270〕，「禮學重師法，自荀子出，漢儒家法本此。」〔註 271〕「禮學全爲孝悌起。荀子言人倫食用最詳。」〔註 272〕「孟子全是《詩》《書》之學。」〔註 273〕如孟子仁義並舉，荀子仁智並舉：《論語》多以仁智並舉，不以仁義並舉，荀子以仁智並舉，孟子則以仁義並舉矣。」〔註 274〕如董仲舒獨傳孟子《春秋》論且傳荀子之學，「孟子能學孔子，學其《春秋》，上摺之於孟子，下折之於董子。」〔註 275〕「董子只傳荀子之學，不傳孟子，可見荀子之後盛，孟子後微。」〔註 276〕因此，孟荀董在傳承孔子之道中的作用是不同的。

一是通乎孟子，得孔子之道的入道之門。康有爲以顏淵死後，傳孔子《春秋》三世、大同之學者，惟孟子一人而已，而後世《孟子》諸注家並未發明此義。「孟子傳《詩》《書》及《春秋》。《春秋》本仁，上本天心，下該人事，故兼據亂、升平、太平三世之制。子游受孔子大同之道，傳之子思。而孟子受業於子思之門，深得孔子《春秋》之學而神明之。」〔註 277〕「直指本來，條分脈縷，欲得孔子性道之原，平世大同之義，捨孟子乎莫之求矣。……孟子乎，眞孔門之龍樹保羅乎！」〔註 278〕「欲知孔子者，莫若假途於孟子。蓋孟子之言孔道，如導水之有支派脈絡也，……通乎孟子，其於孔

〔註 269〕康有爲撰，姜義華、張榮華編校：《康有爲全集》（第二集），中國人民大學出版社，2007 年版，第 184 頁。

〔註 270〕康有爲撰，姜義華、張榮華編校：《康有爲全集》（第二集），中國人民大學出版社，2007 年版，第 184 頁。

〔註 271〕康有爲撰，姜義華、張榮華編校：《康有爲全集》（第二集），中國人民大學出版社，2007 年版，第 184 頁。

〔註 272〕康有爲撰，姜義華、張榮華編校：《康有爲全集》（第二集），中國人民大學出版社，2007 年版，第 182 頁。

〔註 273〕康有爲撰，姜義華、張榮華編校：《康有爲全集》（第二集），中國人民大學出版社，2007 年版，第 186 頁。

〔註 274〕康有爲撰，姜義華、張榮華編校：《康有爲全集》（第二集），中國人民大學出版社，2007 年版，第 184 頁。

〔註 275〕康有爲撰，姜義華、張榮華編校：《康有爲全集》（第二集），中國人民大學出版社，2007 年版，第 212 頁。

〔註 276〕康有爲撰，姜義華、張榮華編校：《康有爲全集》（第二集），中國人民大學出版社，2007 年版，第 206 頁。

〔註 277〕康有爲撰，姜義華、張榮華編校：《康有爲全集》（第四集），中國人民大學出版社，2007 年版，第 411 頁。

〔註 278〕康有爲撰，姜義華、張榮華編校：《康有爲全集》（第四集），中國人民大學出版社，2007 年版，第 412 頁。

子之道得門而入。……吾以信孟子者知孔子，惜乎數千年注者雖多，未有以發明之。」〔註279〕「傳孔子《春秋》之奧說，明太平大同之微言，發平等同民之公理，著隸天獨立之偉義，以拯普天生民於卑下鉗制之中，莫如孟子矣！」〔註280〕

二是**儒墨對舉有賴荀子**。「荀子爲孔門後學，傳經大儒。其書攻墨子之教直過於孟子，而猶以儒、墨對舉，則當時墨學與儒分道揚鑣可知矣。」〔註281〕「儒教光大，荀子最有力焉。」〔註282〕

三是**董仲舒傳孔子之學更精**。「孟子傳孔子之學粗，荀子傳孔子之學精。孟子言擴充，大指要直指本心。荀子則條理多，孟子主以魂言，荀子主以魄言。二者皆未德，《白虎通》所說更精。」〔註283〕

四是發揮孔子的微言大義以董仲舒爲高。「董子微言大義，過於孟、荀。董子窮理過於荀子，荀子過於孟子。」〔註284〕「孔子微言大義，至董子始敢發揮，漢朝孔學已一統，人皆知尊孔子也。」〔註285〕「孔子爲改制教主，賴董生大明。」〔註286〕「幸董生此篇（按：指《繁露・三代改制》）猶傳，足以證明孔子改制大義。」〔註287〕「《白虎通》分性、情、欲，此說從孔門傳出，遍證諸家，莫能及此。」〔註288〕「蓋孔子口說，至董生發之深博，與華嚴性

〔註279〕康有爲撰，姜義華、張榮華編校：《康有爲全集》（第四集），中國人民大學出版社，2007年版，第412頁。

〔註280〕康有爲撰，姜義華、張榮華編校：《康有爲全集》（第四集），中國人民大學出版社，2007年版，第412頁。

〔註281〕康有爲撰，姜義華、張榮華編校：《康有爲全集》（第三集），中國人民大學出版社，2007年版，第208頁。

〔註282〕康有爲撰，姜義華、張榮華編校：《康有爲全集》（第三集），中國人民大學出版社，2007年版，第204頁。

〔註283〕康有爲撰，姜義華、張榮華編校：《康有爲全集》（第二集），中國人民大學出版社，2007年版，第184頁。

〔註284〕康有爲撰，姜義華、張榮華編校：《康有爲全集》（第二集），中國人民大學出版社，2007年版，第188頁。

〔註285〕康有爲撰，姜義華、張榮華編校：《康有爲全集》（第二集），中國人民大學出版社，2007年版，第188頁。

〔註286〕康有爲撰，姜義華、張榮華編校：《康有爲全集》（第三集），中國人民大學出版社，2007年版，第102～103頁。

〔註287〕康有爲撰，姜義華、張榮華編校：《康有爲全集》（第三集），中國人民大學出版社，2007年版，第114～116頁。

〔註288〕康有爲撰，姜義華、張榮華編校：《康有爲全集》（第二集），中國人民大學出版社，2007年版，第206頁。

海同。」〔註 289〕「孔子以天、地、人爲立教之根本，雖孟、荀未能發之，賴有董子，而孔子之道始著也。」〔註 290〕「然大賢如孟、荀，爲孔門龍象，求得孔子立制之本，如《繁露》之微言奧義不可得焉。董生道不高於孟、荀，何以得此？然則是皆孔子口說之所傳，而非董子之爲之也。孔子之文，傳於仲舒。故所發言軼荀超孟，實爲儒學群書之所無。」〔註 291〕

五是董仲舒是孔子之後一人。「若微董生，安從復窺孔子之大道哉！」〔註 292〕「董子接先秦老師之緒，盡得口說，《公》、《穀》之外，兼通五經，蓋孔子之大道在是。雖書不盡言，言不盡意，聖人全體不可得而見，而董子之精深博大，得孔子大教之本，絕諸子之學，爲傳道之宗，蓋自孔子之後一人哉！」〔註 293〕

無論是孟荀董學術之一較高下，還是指出他們在傳承孔子之道中的不同作用，康有爲都將荀董尤其是董仲舒置於相當重要的地位，有力扭轉長期以來人們將荀董置於孔子之道以外的做法。這與康有爲既分辨老墨莊學術之本質，也指出其與孔子之學同源一起，說明西漢以前的儒學爲眞儒學。

二、強化、總結康有爲的學術思想與梁啓超倫理學、史學、子學新變的第一期

1896～1898 年，梁啓超融會康有爲的學術思想重新詮釋經學、史學、子學、時務學，以強化師承之學。1901 年，梁啓超撰寫《南海康先生傳》首次全面、深入分析康有爲的學術思想。1899～1902 年，梁啓超開啓其以倫理學、史學、子學嬗變「九江學派」的第一期。

1. 強化康有為的學術思想

如何將康有爲的學術思想落實於培育新人，體現於新式學堂，是維新變

〔註 289〕康有爲撰，姜義華、張榮華編校：《康有爲全集》（第二集），中國人民大學出版社，2007 年版，第 373 頁。

〔註 290〕康有爲撰，姜義華、張榮華編校：《康有爲全集》（第二集），中國人民大學出版社，2007 年版，第 375 頁。

〔註 291〕康有爲撰，姜義華、張榮華編校：《康有爲全集》（第二集），中國人民大學出版社，2007 年版，第 307 頁。

〔註 292〕康有爲撰，姜義華、張榮華編校：《康有爲全集》（第二集），中國人民大學出版社，2007 年版，第 307 頁。

〔註 293〕康有爲撰，姜義華、張榮華編校：《康有爲全集》（第二集），中國人民大學出版社，2007 年版，第 416 頁。

法期間梁啓超相當重視的環節。因此，他對於康有爲學術思想的重新詮釋主要體現於《變法通議　論幼學》《西學書目表後序》《湖南時務學堂學約》《與林迪臣太守書》等文章之中。

（1）重新詮釋經學

梁啓超既強化康有爲對於經世致用的高度重視，也使由康有爲開啓的經學裂變引向深入。梁啓超在《西學書目表後序》中指出，「中國之弱，由於教之不善，經之無用。……兩漢之間，儒者通經，皆以經世，以《禹貢》行水，以《洪範》察變，以《春秋》折獄，以《詩》三百五篇當諫書，蓋六經之文，無一字不可見用，教之所以昌也。今之所謂儒者，八股而已，試帖而已，律賦而已，楷法而已，上非此勿取，下非此勿習。其得之者，雖八星之勿知，五洲之勿識，六經未卒業，諸史未知名而？然自命曰儒。儒也，儒也，上自天子，下達市儈，亦？然尊之曰儒也。」〔註 294〕在否定中國古代經學失其經世致用的同時，梁啓超重新詮釋經學，「吾請語學者以經學，一當知孔子之爲教主，二當知六經皆孔子所作，三當知孔子以前有舊教，四當知六經皆孔子改定制度以治百世之書，五當知七十子後學，皆以傳教爲事，六當知秦漢以後，皆行荀卿之學，爲孔教之？派，七當知孔子口說，皆在傳記，漢儒治經，皆以經世，八當知東漢古文經，劉歆所僞造，九當知僞經多摭拾舊教遺文，十當知僞經既出，儒者始不以教主待孔子，十一當知訓詁名物爲二千年經學大蠹，其源皆出於劉歆，十二當知宋學末流，束身自好。有乖孔子兼善天下之義。」〔註 295〕針對童蒙學習經學，梁啓超在《變法通義　論幼學》中指出，「其篇有四，一孔子立教歌，二群經傳記名目篇歌，三孔門弟子及七十子後學姓名歌，四歷代傳經歌。」〔註 296〕梁啓超重新詮釋的經學，其實就是對康有爲經學思想的強化。

（2）重新詮釋史學

梁啓超精於史學，故他對史學的重新詮釋，不僅是對康有爲史學思想的沿承，而且是發展。梁啓超在《西學書目表後序》中指出，「請言史學，一當知太史公爲孔教嫡派，二當知二千年政治沿革，何者爲行孔子之制，何者爲非孔子之制。三當知歷代制度皆爲保王者一家而設，非爲保天下而設，與孔

〔註 294〕梁啓超著：《飲冰室合集》文集之一，中華書局，1989 年版，第 127 頁。
〔註 295〕梁啓超著：《飲冰室合集》文集之一，中華書局，1989 年版，第 128 頁。
〔註 296〕梁啓超著：《飲冰室合集》文集之一，中華書局，1989 年版，第 52～53 頁。

孟之義大悖。四當知三代以後，君權日益尊，民權日益衰，爲中國致弱之根原，其罪最大者，曰秦始皇曰元太祖。五當知歷朝之政，皆非由其君相悉心審定，不過沿前代之弊，前代又沿前代之弊，而變本加厲，後代必不如前代。六當知吾本朝制度有守於前代者數七。七當知讀史以政爲重，俗次之，事爲輕。八當知後世言史裁者最爲無理。以上諸義，略舉大概。若其條理，當俟專述。要之捨西學而言中學者，其中學必爲無用。合中學而言西學者，其西學必爲無本。無用無本，皆不足以治天下。」〔註 297〕梁啓超全面否定中國舊史，主張習史學必須習西學，才能實現史學經世。針對童蒙學習史學，梁啓超在《變法通義　論幼學》中指出，「其篇有七，一諸史名目種別及撰人歌，二歷代國號及帝王種姓歌，三古今大事歌，四域外大事歌，五歷代官制歌，六歷代兵制歌，七中外古今名人歌。」〔註 298〕

（3）重新詮釋子學

康有爲以西漢儒學爲眞儒學，在很大程度上就是闡述子學的過程。梁啓超既將康有爲的子學思想反映於《西學書目表後序》《讀春秋界說》，也以《論支那宗教改革》發展康有爲的子學思想。梁啓超在《西學書目表後序》中指出，「請言讀子，一當知周秦諸子有二派，曰孔教，曰非孔教，二當知非孔教之諸子，皆欲改制創教，三當知非孔教之諸子，其學派實皆本於六經，四當知老子墨子爲兩大宗，五當知今之西學，周秦諸子多能道之，六當知諸子弟子各傳其教，與孔教同，七當知孔教之獨行，由於漢武之表章六藝，罷黜百家。八當知漢以後，無子書。九當知漢後百家雖黜，而老楊之學深入人心，二千年實陰受其毒。十當知墨子之學當復興。」〔註 299〕梁啓超在《讀春秋界說》中指出，「《讀孟子界說》，孔子之學，至戰國時有二大派，一曰孟子，二曰荀卿；荀子之學在傳經，孟子之學在經世，荀子爲孔門文學之科，孟子爲孔門政事之科；孟子於六經之中，其所得力在《春秋》；孟子於《春秋》之中，其所傳爲大同之義；仁義二字，爲孟子一切學問總宗旨；保民爲孟子經世宗旨；孟子言無義戰，爲大同之起點；孟子言井田，爲大同之綱領；孟子言性善，爲大同之極效；孟子言堯舜，言文王，爲大同之名號，孟子言王霸，即大同小康之辨；距楊墨爲孟子傳教宗旨；不動心爲孟子內學宗旨；孟

〔註 297〕梁啓超著：《飲冰室合集》文集之一，中華書局，1989 年版，第 128 頁。
〔註 298〕梁啓超著：《飲冰室合集》文集之一，中華書局，1989 年版，第 52～53 頁。
〔註 299〕梁啓超著：《飲冰室合集》文集之一，中華書局，1989 年版，第 128 頁。

子之言即孔子之言；孟子之學，至今未嘗一行於天下。」〔註300〕針對童蒙學習子學，梁啓超指出，「其篇有三，一周秦諸上子流派歌，二歷代學術流派歌，三外教流派歌。」〔註301〕不同於康有爲對荀子的重視，梁啓超在《論支那宗教改革》中嚴厲指斥荀子，「尊君權，此爲荀子政治之派；排異說，荀子有《非十二子篇》；謹禮儀，荀子之學，不講大義，而惟以禮儀爲重；重考證，荀子之學，專以名物制度訓詁爲重。漢興，群經皆其所傳，斷斷考證，寖成馬融鄭康一派，至本朝（清）而大受其毒，此三者爲荀子學問之派；由是觀之，二千年政治，既皆出荀子矣，而所謂學術者，不外漢學宋學兩大派，而實皆出於荀子，然則二千年來，只能謂爲荀學世界，不能謂之爲孔學世界也。」〔註302〕

（4）重新詮釋時務學

梁啓超既以「讀經讀子讀史三者，相須而成，缺一不可」〔註303〕，也以時務一門爲諸學之歸宿。「故時務一門，爲諸學之歸宿。不必立專課，而常貫於四者之中，其經學史學地學算學，則爲日記以督之，以驗其學業之勤惰，其時務一門，則爲課卷以考之，以觀其學識之淺深，講時務而無四者之日記以督之，則無以正其本，講經史算地而無時務之課卷以考之，則無以徵其用。二義並行，本末咸備，體用具舉，庶於西人政治學院之規模，稍有所合，計其成就，必有可觀。且時務一門，無專書可以講授，必事事推原經史，則侵自費南院之權，苟非如此，則專門之西學，既非所諸注務之讕言，又非所屑。」〔註304〕在梁啓超的視界裏，時務爲「諸學之歸宿」即是中西學之歸宿，因此，他在《湖南時務學堂學約》中論及的經世致用，即是時務，「居今日而言經世，與唐宋以來之言經世者又稍異，必深通六經制作之精意，證以周秦諸子及西人公法之書以爲之經，以求治天下之理，必博觀歷朝掌故沿革得失，證以泰西希臘羅馬諸古史以爲之緯，以求古人治天下之法，必細察今日天下郡國利病，知其積弱之由，及其可以圖強之道，證以西國近史憲法章程之書，及各國報章以爲之用，以求治今日所當有事，夫然後可以言經世。」〔註305〕在《與

〔註300〕梁啓超著：《飲冰室合集》文集之三，中華書局，1989年版，第17～21頁。
〔註301〕梁啓超著：《飲冰室合集》文集之一，中華書局，1989年版，第52～53頁。
〔註302〕梁啓超著：《飲冰室合集》文集之三，中華書局，1989年版，第57頁。
〔註303〕梁啓超著：《飲冰室合集》文集之一，中華書局，1989年版，第128頁。
〔註304〕梁啓超著：《飲冰室合集》文集之一，中華書局，1989年版，第106頁。
〔註305〕梁啓超著：《飲冰室合集》文集之二，中華書局，1989年版，第28頁。

林迪臣太守書》《復劉古愚山長書》中指出的學之經緯即是時務之學，「以六經諸子爲經，而以西人公理公法之書輔之，以求天下之道，以歷朝掌故爲緯，而以希臘羅馬古史輔之，以求古人治天下之法，以按切當今時勢爲用，而以各國近政近事輔之，以求治今日之天下所當有事。」〔註 306〕「今日欲興學校，當以仿西人政治學院之意爲最善。其爲學也，以公理公法爲經，以希臘羅馬古史爲緯，以近政近事爲用，其學焉而成者，則於治天下之道，及古人治天下之法，與夫治今日之天下所當有事，靡不融貫於胸中。」〔註 307〕

2. 總結康有為的學術思想

梁啓超在《南海康先生傳》中全面、深入分析康有爲的學術思想，其中筆者以爲頗有價值的有三：一是以體用結合分析康有爲的學術。「以孔學佛學宋明學爲體，以史學西學爲用，其教旨專在激厲氣節，發揚精神，廣求智慧。」〔註 308〕二是強調康有爲宗教家的特色。「先生於佛教，尤爲受用者也。先生由陽明學以入佛學，故最得力於禪宗，而以華嚴宗爲歸宿焉。其爲學也，即心是佛，無得無證，以故歆淨土不畏地獄。先生於耶教，亦獨有所見，以爲耶教言靈魂界之事，其圓滿不如佛，言人間世之事，其精備不如孔子，然其所長者，在直捷，在專純，單標一義，深切著明。曰人類同胞也，曰人類平等也，皆上原於眞理，而下切於實用，於救眾生最有效焉。」〔註 309〕梁啓超指出康有爲筆下孔教的特點，「孔教者，進步主義，非保守主義；兼愛主義，非獨善主義；世界主義，非國別主義；平等主義，非督制主義；強立主義，非巽儒主義；重魂主義，非愛身主義。」〔註 310〕三是指出康有爲排斥俗學的 3 個階段。一是排斥宋學，以其僅言孔子修己之學，不明孔子救世之學；二是排斥歆學，以其作僞經，誣孔子，誤後世；三是排斥荀學，以其僅傳孔子小康之統，不傳孔子大同之統〔註 311〕。

3. 梁啟超倫理學、史學、子學新變的第一期

1899～1902 年，相對於史學思想及其研究方法新變所留下的《東籍月旦》中《歷史》與《中國史敘論》《新史學》等著述來說，梁啓超論及倫理學、子

〔註 306〕梁啓超著：《飲冰室合集》文集之三，中華書局，1989 年版，第 3 頁。
〔註 307〕梁啓超著：《飲冰室合集》文集之三，中華書局，1989 年版，第 13 頁。
〔註 308〕梁啓超著：《飲冰室合集》文集之六，中華書局，1989 年版，第 62 頁。
〔註 309〕梁啓超著：《飲冰室合集》文集之六，中華書局，1989 年版，第 70 頁。
〔註 310〕梁啓超著：《飲冰室合集》文集之六，中華書局，1989 年版，第 67 頁。
〔註 311〕梁啓超著：《飲冰室合集》文集之六，中華書局，1989 年版，第 68 頁。

學的著述並不多，但其所體現的倫理學新變與黃節在《黃史　倫理書》中所論在一定程度上互爲呼應，所體現的子學新變則與鄧實以周秦學派復興古學多有不同，共同反映廣東近代乃至中國近代倫理學、子學新變的足跡。

（1）倫理學新變

正如梁啓超在《德育鑒》中所說：「道德之範圍，視倫理較廣，道德可以包倫理，倫理不能盡道德。」〔註 312〕梁啓超是以倫理學爲引子，重點探討中國舊道德。

1899 年梁啓超在《東籍月旦》中以《普通學》爲第一編，首次論及倫理學。其新變有三：一是以倫理學爲普通學。「凡求學者必須先治普通學。入學校受教育者固當如是，即獨學自修者亦何莫不然。吾中國人疇昔既未一受普通教育，於彼中常見所通有之學識猶未能具，而欲驟求政治經濟法律哲學等專門之業，未有不勞而無功者也。」〔註 313〕梁啓超將倫理、國語及漢文、外國語、歷史、地理、數學、博物、物理及化學、法制、經濟等作爲「日本現行中學校普通科目列示之」〔註 314〕。二是指斥中國倫理學範圍甚狹與主張學習日本倫理學。梁啓超以日本中學所教倫理道德之要，列其目如下：一對於自己之倫理（健康、生命、生、情、意、職業、財產），二對於家族之倫理（父母、兄弟、姐妹、子女、夫婦、親族、祖先、婢僕），三對於社會之倫理（他人之人格、他人之身體、財產、名譽、秘密、約束等、恩誼、朋友、長幼貴賤、主從等、女性、協同、社會之秩序、社會之進步），四對於國家之倫理，五對於人類之倫理（國憲、國法、愛國、兵役、租稅、教育、公務、公權、國際），六對於萬有之倫理（動物、天然物、眞、善、美）〔註 315〕。梁啓超認爲，「準是觀之，以比於吾中國所謂倫理者，其廣狹偏全，相去奚翅霄壤耶。故外國倫理學之書，其不可不讀明矣。」〔註 316〕有必要指出的是，黃節《黃史　倫理書》即是對梁啓超所列日本中學所教倫理道德之要的前 2 條的闡述，並賦予迥異的內容，屬於黃節以儒化西的組成部分。三以倫理學倡新道德。梁啓超重視人之有精神，其精神即源自人的新思想、新道德。「不知學問所以能救世者，以其有精神也。苟無精神，則愈博學而心術愈以腐敗，志氣

〔註 312〕梁啓超著：《飲冰室合集》專集之二十六，中華書局，1989 年版，第 1 頁。
〔註 313〕梁啓超著：《飲冰室合集》文集之四，中華書局，1989 年版，第 84 頁。
〔註 314〕梁啓超著：《飲冰室合集》文集之四，中華書局，1989 年版，第 84 頁。
〔註 315〕梁啓超著：《飲冰室合集》文集之四，中華書局，1989 年版，第 85 頁。
〔註 316〕梁啓超著：《飲冰室合集》文集之四，中華書局，1989 年版，第 85 頁。

愈以衰頽，品行愈以詖邪，將安取之。今者中國舊有之道德，既不足以範圍天下之人心，將有決而去之之勢，苟無新道德以輔佐之，則將並舊此之善美者亦不能自存，而橫流之禍，不忍言矣。故今日有志救世者，正不可不研究此學，斟酌中外，發明出一完全之倫理學，以爲國民倡也。倫理之書，顧可忽乎？」〔註 317〕

1902 年梁啓超在《樂利主義泰斗邊沁之學說》一文中有《邊沁之倫理說》，梁啓超不僅指出邊沁學說的性質，而且將倫理學視作普通學。「邊沁以爲人生一切行誼，其善惡標準，於何定乎？曰使人增長其幸福者，謂之善。使人減障其幸福者，謂之惡。」〔註 318〕「由此觀之，則邊沁之說，其終顚撲不破矣。雖然，無教育之人，不可以語此，以其無教育則不能思慮，審之不確，必誤用其術以自毒而毒人也，故邊氏之學說，必非能適用於今日中國之普通學界者也。」〔註 319〕無論是介紹日本倫理學著述，還是介紹邊沁學說，梁啓超都是以「新民」爲主旨的，因此，1899 年《自由書》中的丈夫、偉人、志士、英雄，1902 年以迥異於傳統中國國人個性出現的諸種品質，雖然梁啓超都殊非談論倫理，但以個體出現的《自由書》、《新民說》在某種程度上來說就是倫理新變。梁啓超稱許丈夫、英雄，「丈夫以身任天下事，爲天下耳，非爲身也，但有益於天下，成之何必自我，必求自我成之，則是爲身也也，非爲天下也。」〔註 320〕「英雄之能事在造時勢而已。」〔註 321〕梁啓超以「兵魂」爲中國魂，「今日所最要者，則製造中國魂是也。中國魂者何？兵魂是也。有有魂之兵，斯爲有魂之國。夫所謂愛國心與自受心者，則兵之魂也。」〔註 322〕梁啓超以此塑造的就是一股如日本國俗的剛烈的民風、民氣。「日本國俗與中國國俗有大相異者一端，曰尚武與右文是也。」〔註 323〕梁啓超以「新民」爲今日中國內治、外交的第一要務〔註 324〕，雖然他是以儒（中）結合釋「新民」之義，「新民云者，非欲吾民盡棄其舊以從人也。新之義有二，一曰淬厲其所本有而新之，二曰採補其所本無而新之。二者缺一，時乃無

〔註 317〕梁啓超著：《飲冰室合集》文集之四，中華書局，1989 年版，第 86 頁。
〔註 318〕梁啓超著：《飲冰室合集》文集之十三，中華書局，1989 年版，第 31 頁。
〔註 319〕梁啓超著：《飲冰室合集》文集之十三，中華書局，1989 年版，第 39 頁。
〔註 320〕梁啓超著：《飲冰室合集》專集之二，中華書局，1989 年版，第 2～3 頁。
〔註 321〕梁啓超著：《飲冰室合集》專集之二，中華書局，1989 年版，第 9 頁。
〔註 322〕梁啓超著：《飲冰室合集》專集之二，中華書局，1989 年版，第 38 頁。
〔註 323〕梁啓超著：《飲冰室合集》專集之二，中華書局，1989 年版，第 37 頁。
〔註 324〕梁啓超著：《飲冰室合集》專集之四，中華書局，1989 年版，第 2 頁。

功。」〔註 325〕但其所論之公德、進取冒險、自尊、尚武等，都屬於以西化儒的組成部分。如「我國民所最缺者，公德其一端也。」〔註 326〕「吾中國道德之發達，不可謂不早，雖然，偏於私德，而公德殆闕如。」〔註 327〕「吾見夫今日天下萬國中，其退步之速，一險象之劇者，莫於中國若也，吾爲此懼。」〔註 328〕「危乎微哉，吾中國人無進取冒險之性質。」〔註 329〕「日本大教育家福澤諭吉訓學者也，標提『獨立自尊』一語，以爲德育最大綱領。……悲哉，吾中國人無自尊性質也。」〔註 330〕「恫夫中國民族之不武也，神明華冑，開化最先，然二千年來，出而與他族相遇，無不挫折敗北，受其窘屈，此實中國歷史之一大污點，而我國民百世彌天之大辱也。」〔註 331〕

（2）**史學新變**

即使梁啓超以「史職爲中國古代學術思想之所薈萃」,「《周禮》有大史小史左史右史內史外史，《六經》之中若《詩》，若《書》，若《春秋》，皆史官之所職也。若《禮》若《樂》，亦史官之支裔也，故欲求學者，不可不於史官。周之周任史佚也，楚之左史倚相也，老聃之爲柱下史也，孔子適周而觀史記也，就魯史而作《春秋》也，蓋道術之源泉，皆在於史，史與祝皆世其官。」〔註 332〕但是，梁啓超在下述 3 個方面嬗變中國古代儒家史學：

一是史學的界定。梁啓超此期所論有三：1899 年梁啓超在《東籍月旦》中第二章專論《歷史》,「歷史者，普通學中之最要者也。」〔註 333〕1901 年梁啓超在《中國史敘論》中指出,「史也者，記述人間過去之事實也。」〔註 334〕1902 年梁啓超在《新史學》中專有《史學之界說》：一是歷史者，敘述進化之現象也；二是歷史者敘述人群進化之現象也；三是歷史者敘述人群進化之現象而求得其公理公例者也〔註 335〕。以上 3 條成爲梁啓超批判中國舊史與建設

〔註 325〕梁啓超著：《飲冰室合集》專集之四，中華書局，1989 年版，第 5 頁。
〔註 326〕梁啓超著：《飲冰室合集》專集之四，中華書局，1989 年版，第 12 頁。
〔註 327〕梁啓超著：《飲冰室合集》專集之四，中華書局，1989 年版，第 12 頁。
〔註 328〕梁啓超著：《飲冰室合集》專集之四，中華書局，1989 年版，第 23 頁。
〔註 329〕梁啓超著：《飲冰室合集》專集之四，中華書局，1989 年版，第 29 頁。
〔註 330〕梁啓超著：《飲冰室合集》專集之四，中華書局，1989 年版，第 68 頁。
〔註 331〕梁啓超著：《飲冰室合集》專集之四，中華書局，1989 年版，第 110 頁。
〔註 332〕梁啓超著：《飲冰室合集》文集之七，中華書局，1989 年版，第 9 頁。
〔註 333〕梁啓超著：《飲冰室合集》文集之四，中華書局，1989 年版，第 90 頁。
〔註 334〕梁啓超著：《飲冰室合集》文集之六，中華書局，1989 年版，第 1 頁。
〔註 335〕梁啓超著：《飲冰室合集》文集之九，中華書局，1989 年版，第 7～10 頁。

中國新史學的理論基石。

二是批判中國舊史。梁啓超此期批判中國舊史之論有三：一是以日本史爲史學典範，梁啓超在《東籍月旦》中否定中國舊史，「惟其文明進步變遷之跡，從未有敘述成史者。蓋由中國人之腦質，知有朝廷而不知有社會，知有權力而不知有文明也。」〔註 336〕「中國史至今訖無佳本。」〔註 337〕二是將史家分爲前世、近世 2 種，梁啓超在《中國史敘論》中質疑中國前世未嘗有史。「雖然，自世界學術日進，故近世史家之本分，與前者史家有異。前者史家不過記載事實，近世史家必說明其事實之關係，與其原因結果。前者史家不過記述一二有權力者興亡隆替之事，雖名爲史，實不過一人一家之譜牒。近世史家必探索人間全體之運動進步，即國民全部之經歷，與其相互之關係。以此論之，雖謂中國前者未嘗有史，殆非爲過。」〔註 338〕三是梁啓超在《新史學》中指出中國舊史六病三惡果。中國舊史病源四端：一是知有朝廷而不知有國家，二是知有個人而不知有群體，三是知有陳跡而不知有今務，四是知有事實而不知有理想〔註 339〕。以上四端生二病：一是能鋪敘而不能別裁，二是能因襲而不能創作。合此六端，則有三惡果：一是難讀，二是難別擇，三是無感觸。

三是建設中國新史學。梁啓超此期建設中國新史學分爲 2 個階段：一是在《中國史敘論》中不僅定其框架，而且指出撰寫中國新史必須注意的地方。其框架有三：一是中國史之命名。梁啓超認爲，「稱之曰中國史，雖稍驕泰，然民族之各自尊其國，今世界之通義耳。我同胞苟深察名實，亦未始非喚起精神之一法門也。」〔註 340〕二是中國史之紀元。梁啓超反對以黃帝爲紀元，主張以孔子紀年之法，「孔子爲泰東教主中國第一之人物，此全國所公認也，而中國史之繁密而可紀者，皆於孔子以後。」〔註 341〕三是中國史之時代。梁啓超定黃帝以後爲有史時代〔註 342〕，沿襲西人著世界史，常分爲上世史、中世史、近世史等名〔註 343〕，不僅以三期分述中國史，而且指出其主要特徵。

〔註 336〕梁啓超著：《飲冰室合集》文集之四，中華書局，1989 年版，第 100 頁。
〔註 337〕梁啓超著：《飲冰室合集》文集之四，中華書局，1989 年版，第 99 頁。
〔註 338〕梁啓超著：《飲冰室合集》文集之六，中華書局，1989 年版，第 1 頁。
〔註 339〕梁啓超著：《飲冰室合集》文集之九，中華書局，1989 年版，第 3～4 頁。
〔註 340〕梁啓超著：《飲冰室合集》文集之六，中華書局，1989 年版，第 3 頁。
〔註 341〕梁啓超著：《飲冰室合集》文集之六，中華書局，1989 年版，第 8 頁。
〔註 342〕梁啓超著：《飲冰室合集》文集之六，中華書局，1989 年版，第 9 頁。
〔註 343〕梁啓超著：《飲冰室合集》文集之六，中華書局，1989 年版，第 11 頁。

「第一上世史：自黃帝以迄秦之一統，是爲中國之中國，即中國民族自發達自爭競自團結之時代也。第二中世史：自秦一統後至清代乾隆之末年，是爲亞洲之中國，即中國民族與亞洲各民族交涉繁賾競爭最烈之時代也。第三近世史：自乾隆末年以至於今日，是爲世界之中國，即中國民族合同全亞洲民族，與西人交涉競爭之時代也。」〔註 344〕，從中國史之名、紀年到分期，梁啓超徹底改變「中國二十四史，以一朝爲一史，即如《通鑒》號稱通史，然其區分時代，以周紀秦紀漢紀等名，是由中國前輩之腦識，只見有君主，不見有國民也」〔註 345〕的面貌。

由於中國舊史全無可讀，梁啓超認爲，「故今欲著中國史，非惟無成書之可沿襲，即搜請求材料於古籍之中，亦復片鱗殘甲，大不易易。」〔註 346〕因此，梁啓超指出著中國新史者必須注意下述 3 方面：一是著史者必須具備智力、產業、美術、宗教、政治〔註 347〕五要素。二是注意中國史與世界史、中國史與泰東史的關係。梁啓超指出，「蓋以過去現在之間，能推衍文明之力以左右世界者，實惟泰西民族，今日中國史之範圍不得不在世界史以外，而將來中國史在世界史中當占一強有力之位置。」〔註 348〕「泰東史之主動力全在中國。」〔註 349〕三是重視地理與歷史的關係和指出與中國史關係尤關的 6 種人種。梁啓超指出，「地理與歷史，最有緊切之關係，是讀史者所當留意也。……凡地理上之要件與特質，我中國無不有之。……地理與與人民二者常相待，然後文明以起，歷史以成，若二者相離，則無文明，無歷史。」〔註 350〕「今考中國史範圍中之各人種，不下數十，而最著明有關係者，蓋六種焉（按：指苗種、漢種、圖伯特種、蒙古種、匈奴種、通古斯族）。」〔註 351〕

二是在《新史學》中深化、細化著中國新史必須注意的地方。梁啓超在《新史學》中直接提出「史界革命」，「然則吾中國史學，外貌雖極發達，而不能如歐美各國民之實受其益也。職此之由。今日欲提倡民族主義，使我四萬萬同胞強立於優勝劣敗之世界乎，則本國史學一科，實爲無老無幼無男

〔註 344〕梁啓超著：《飲冰室合集》文集之六，中華書局，1989 年版，第 11～12 頁。
〔註 345〕梁啓超著：《飲冰室合集》文集之六，中華書局，1989 年版，第 11～12 頁。
〔註 346〕梁啓超著：《飲冰室合集》文集之六，中華書局，1989 年版，第 2 頁。
〔註 347〕梁啓超著：《飲冰室合集》文集之六，中華書局，1989 年版，第 1 頁。
〔註 348〕梁啓超著：《飲冰室合集》文集之六，中華書局，1989 年版，第 2 頁。
〔註 349〕梁啓超著：《飲冰室合集》文集之六，中華書局，1989 年版，第 2 頁。
〔註 350〕梁啓超著：《飲冰室合集》文集之六，中華書局，1989 年版，第 4～5 頁。
〔註 351〕梁啓超著：《飲冰室合集》文集之六，中華書局，1989 年版，第 7 頁。

無女無智無愚無不肖所皆當從事，視之如渴飲饑食，一刻不容緩者也，然遍覽乙庫中數十萬卷之著當，其資格可以養吾所欲給吾所求者，殆無一焉。嗚呼！史界革命不起，則吾國遂不可救。」〔註 352〕梁啓超不僅重論紀年，強調歷史與人種的關係，而且首論正統、書法。梁啓超指出，以孔子生紀元，使史家無以爭正統。「歷史者何？敘人種之發達與其競爭而已。舍人種則無歷史。」〔註 353〕作爲歷史的人種，有世界史的與非世界史的之分〔註 354〕。爭正統、以《春秋》書法著史，是中國舊史兩大要害，梁啓超予以尖銳批評。「中國史家之謬，未有過於言正統者也。……一言以蔽之，自爲奴隸根性所束縛，而復以煽後人之奴隸根性而已。」〔註 355〕梁啓超認爲《春秋》爲經，著經著史方法當有不同。「惟《春秋》可以有書法。《春秋》經也，非史也，明義也，非記事也。使《春秋》而史也，而記事也，則天下不完全無條理之史，孰有過於《春秋》者乎？」〔註 356〕「故善爲史者，必無暇斷斷焉褒貶一二人，亦決不肯斷斷焉褒貶一二人。……吾特厭夫作史者以爲捨書法褒貶外無天職無能事也。」〔註 357〕在否定以《春秋》爲書法的基礎上，梁啓超指出著史者當以吉朋之《羅馬史》爲法。「吾以爲書法者，當如吉朋之《羅馬史》，以偉大高尚之理想，褒貶一民族全體之性質。若者爲優，若者爲劣，某時代以何原因而獲強盛，某時代以何原因而致衰亡，使後起之民族讀焉，而因以自鑒曰：『吾儕宜爾，吾儕宜毋爾。』而不可專獎勵一姓之家奴走狗，與夫一二矯情畸行，陷後人於狹隘偏枯的道德之域，而無復發揚蹈厲之氣。」〔註 358〕

（3）子學新變

梁啓超的子學新變集中體現於子學研究方法新變。筆者以爲表現有三：一是成因研究。1901 年梁啓超《論中國學術思想變遷之大勢》之《全盛時代》即是子學研究，他首論論週末學術思想勃興之原因有七，一由於蘊蓄之宏富，二是社會之變遷，三是思想言論之自由，四是交通之頻繁，五是人材之

〔註 352〕梁啓超著：《飲冰室合集》文集之九，中華書局，1989 年版，第 7 頁。
〔註 353〕梁啓超著：《飲冰室合集》文集之九，中華書局，1989 年版，第 11 頁。
〔註 354〕梁啓超著：《飲冰室合集》文集之九，中華書局，1989 年版，第 15 頁。
〔註 355〕梁啓超著：《飲冰室合集》文集之九，中華書局，1989 年版，第 20 頁。
〔註 356〕梁啓超著：《飲冰室合集》文集之九，中華書局，1989 年版，第 26 頁。
〔註 357〕梁啓超著：《飲冰室合集》文集之九，中華書局，1989 年版，第 27 頁。
〔註 358〕梁啓超著：《飲冰室合集》文集之九，中華書局，1989 年版，第 29 頁。

見重，六是文字之趨簡，七是講學之風盛〔註359〕。正如梁啓超所說，「此七端者，能盡其原因與否，吾不敢言，要之略具於是矣。」〔註360〕二是分期研究。梁啓超將「全盛進代」分爲四期，第一期爲孔老分雄南北，第二期以孔老墨三分天下，其盛非徒在第二期，直至此時代之終，其餘波及給勦從初，猶有鼎足爭雄之姿〔註361〕。陰陽家、法家、名家皆起於北方，此爲全盛時代第三期；戰國之末，實爲全盛時代第四期，亦名之混合時代，殆全盛中之全盛也〔註362〕。三是地理研究。梁啓超據諸家群籍而自地理上民族上，放眼觀察，而證學說之性質，製一先秦學派大勢表，將子學分爲南北二派，各派列其眾支流。與此同時，梁啓超以地理論學派精神。「北地苦寒，謀生不易，其民族銷磨精神日力以奔走衣食維持社會，猶恐不給，無餘裕以馳騖於玄妙之哲理，故其學術思想常務實際，切人事，貴力行，重經驗，而修身齊家治國利群之道術，最發達焉。」〔註363〕「北派支流多而面目各完，南派支流少而體段未具，固由北地文明之起先於南，亦緣當時載籍所傳，北詳南略，故南人之理想殘缺散佚而不可觀者，尚多多也。」〔註364〕四是聯繫比較研究。梁啓超將先秦學派與希臘印度學派比較，指出先秦學派之長短。其長有五：一是國家思想之發達，二是生計問題之昌明，三是世界主義之光大，四是家數之繁多，五是影響之廣遠〔註365〕。其短有六：一是理論思想之缺乏，二是物理實學之缺乏，三是無抗論別擇之風，四是門戶主奴之見太深，五是崇古保守之念太重，六是師法家數之界太嚴〔註366〕。

三、以西化儒與儒西並尊的開始

1895年5月2日撰寫的《上清帝第二書》標誌康有爲從前期援西入儒到此期以西化儒的關於儒西格局的嬗變，1901～1902年撰寫的《大同書》反映康有爲開始從以西化儒轉向儒西並儒。相對於康有爲在1895～1902年以論文、講學記、專著、治經等形式闡述以西化儒，梁啓超的以西化儒則集中反

〔註359〕梁啓超著：《飲冰室合集》文集之七，中華書局，1989年版，第11～15頁。
〔註360〕梁啓超著：《飲冰室合集》文集之七，中華書局，1989年版，第15頁。
〔註361〕梁啓超著：《飲冰室合集》文集之七，中華書局，1989年版，第19頁。
〔註362〕梁啓超著：《飲冰室合集》文集之七，中華書局，1989年版，第24頁。
〔註363〕梁啓超著：《飲冰室合集》文集之七，中華書局，1989年版，第18頁。
〔註364〕梁啓超著：《飲冰室合集》文集之七，中華書局，1989年版，第24頁。
〔註365〕梁啓超著：《飲冰室合集》文集之七，中華書局，1989年版，第31～33頁。
〔註366〕梁啓超著：《飲冰室合集》文集之七，中華書局，1989年版，第33～38頁。

映於1896～1897年撰寫的論文。

第一，以西化儒

1895年甲午恥辱促使康有爲將以西化儒作爲解決社會危機、政治危機的對策，一直至1902年出亡海外前期都沒有改變。可以說，以西化儒就是康有爲以筆下文章力挽狂瀾的思想主線。以論文、講學記、專著、治經4種形式出現的以西化儒，反映康有爲在政治與思想、經濟與軍事、文化與教育方面向西方學習的魄力，即所謂的「全盤西化」。梁啓超則以論文使康有爲的以西化儒論獲得深化與拓展。

1. 康梁論文之以西化儒

讚美西洋文化與批評本國文化，是康有爲以論文的形式實現以西化儒的基調，即筆者以爲的褒西抑儒的立場。康有爲不僅以超過30篇文章全方位展現西洋文化優於本國文化，而且強調以日本爲師。梁啓超以西化儒的文章6篇，不僅參與康有爲的以西化儒論，而且在「西學中源」說的基調下，重新解讀中國傳統政治、「三世說」與「孔子之教」。

（1）康有爲褒西抑儒與以日爲師

康有爲以論文的形式褒西抑中的立場始於1895年5月2日撰寫的《上清帝第二書》，「嘗考泰西之所富強，不在炮械軍兵，而在窮理勸學。彼自七八歲人皆入學，有不學者責其父母，故鄉塾甚多。其各國讀書識字者，百人中率有七十人。其學塾經費，美國乃至八千萬。其大學生徒，英國乃至一萬餘。其每歲著書，美國乃至萬餘種。其屬郡縣，各有書藏，英國乃至百餘萬冊。所以開民之智者亦廣矣。而我中國文物之邦，讀書識字僅百之二十，學塾經費少於兵餉數十倍，士人能通古今達中外者，郡縣乃或無人焉。夫才智之民多則國強，才智之士少則國弱。土耳其天下陸師第一而見削，印度崇道無爲而見亡，此其明效也。故今日之教，宜先開其智。」〔註367〕按：以上文字不僅見於《上清帝第二書》，而且在《上清帝第三書》中出現。康有爲以西化儒的基調終於1901年2月3日的《與汪康年書》，「抑聞之，守舊不敵開新，天之公理。」〔註368〕期間出現的《上清帝第三書》《上清帝第

〔註367〕康有爲撰，姜義華、張榮華編校：《康有爲全集》（第二集），中國人民大學出版社，2007年版，第42頁。

〔註368〕康有爲撰，姜義華、張榮華編校：《康有爲全集》（第五集），中國人民大學出版社，2007年版，第362頁。

四書》《上強學會章程》《上強學會後序》《上清帝第六書》《請統籌全域派員往美集大公司摺》《上清帝第七書》《俄彼得變政記》《進呈〈日本變政考〉等書乞採鑒變法以禦侮圖存摺》《請照經濟科例推行生童歲科試片》《京師保國會第一次集會演說》《請議遊學日本章程片》《請廣譯日本書派遊學摺》《請變通科舉改八股爲策論摺》《變法先後有序乞速奮乾斷以救艱危摺》《請御門拆眾開制度局以統籌大局摺》《請將經濟歲舉歸併正科並飭各省生童歲科試迅即遵旨改試策論摺》《請將上海時務報改爲官報摺》《請立商政以開利源而杜漏摺》《請開農學堂地質局以興農殖民而富國本摺》《請定立憲開國會摺》《請君民合治滿漢不分摺》《論中國變政並無過激》《致及門諸子書》《與某某書》《拳匪之亂天爲復聖主而存中國說》《答某國大員問新黨執政之外交政策》《中國內情五策論》《代上海國會及出洋學生覆湖廣總督張之洞書》《駁張之洞勸誡文》等文章30篇均有此調。正是褒西抑中基調的確立與大力宣揚，在康有爲抨擊本國文化與稱許西洋文化的文字中，以西化儒的思想深入人心。

由於日本文字、政俗與中國相似，且日本變法卓有成效，康有爲在所有西方、東洋國家中，最爲親近的是日本，多次提出以日爲師。「惟泰西國數極多，情勢各異，文字政俗與我迥殊，雖欲採法之，譯書既難，事勢不合，且其富強精巧，皆逾我百倍。驟欲致之，下手實難。惟日本文字政俗，皆與我同。」〔註369〕以日本爲師遍及經濟、教育領域，「日本之變法也，開商法公議所、商法學校、帝國勸業博覽會，萃全國物產人工，比較而賞拔之。……今流通中國之洋貨，大都皆日本所製也。」〔註370〕

（2）康有爲褒西抑儒的表現

一是提倡三權鼎立的政治制度。西方三權鼎立制度是康有爲極力提倡的，「設議院通下情。道路極塞，而散則易治。上下極隔，而尊則易威。國朝因用明制，故數百年來大臣重鎮，不聞他變。……若使地球未闢，泰西不來，雖後此千年率由不變可也。」〔註371〕「臣考泰西論政，有三權鼎立之

〔註369〕康有爲撰，姜義華、張榮華編校：《康有爲全集》（第四集），中國人民大學出版社，2007年版，第48頁。

〔註370〕康有爲撰，姜義華、張榮華編校：《康有爲全集》（第四集），中國人民大學出版社，2007年版，第337～339頁。

〔註371〕康有爲撰，姜義華、張榮華編校：《康有爲全集》（第二集），中國人民大學出版社，2007年版，第82頁。

義。三權者，有議政之官，有行政之官，有司法之官也。……今日岌岌救危，非有雷霆萬鈞之勇，不能振敝起衰；非設專一論思之官，不能改制立法。」〔註 372〕

二是以西洋的自由、平等、民權爲人類公理。以泰西之理爲地球公理：「夫以百年來各國之新政、新學、新法，誠人類公共之理，大地日新之機，進化自然之數。苟違其理，則損落危亡立致矣。然以中國之舊弊，壓力之層積，……歷觀各國之變法，皆流血成河，牽動大局，何況危弱如中國之地位者乎？」〔註 373〕以西洋之自由、平等、民權爲地球之公理：「夫人人有自主之權一語，今日歐美諸國，無論其爲政治家，其爲哲學家，議會之所議，報章之所載，未有不重乎是者。」〔註 374〕以西洋之天賦人權、權利自由、人人有自主之權爲地球之公理：「且更徵之各國之實例。法之革命也，天賦人權之說，載於憲法。美之獨立也，權利自由之書，布之列邦。其他各國所有者，曰人民言論思想之自由權，曰出版之自由權，曰從教之自由權，曰立會之自由權，曰居住移轉之自由權，曰身體之自由權，曰住所之自由權，曰信書秘密之自由權，曰產業之自由權。載之憲法，布之通國，人人實亨其利益。豈亦在滬習聞者乎？豈亦啞然自笑矣。總之人人有自主之權，爲地球之公理，文明之極點，無可訾議者也。若欲知其理之所以然，則諸家之說，原書具在，其理甚精，可詳考也。」〔註 375〕以人人有自立會之自由權爲一球之公理：「國會者，立此會以興中國者也，非發爲議論以備採擇者也。蓋立會者，各有宗旨，不必仿上議院，不必仿下議院，各有自由。……凡茲三國，雄視於宇內，獨立於地球，其始也皆自立會，且其立會之時，遭當事之忌，不亞於今日，豈發爲議論以備採擇哉？」〔註 376〕

三是學習西洋以民爲兵。「泰西以民爲兵，民皆入學，故其兵皆識字通圖

〔註 372〕康有爲撰，姜義華、張榮華編校：《康有爲全集》（第四集），中國人民大學出版社，2007 年版，第 86 頁。

〔註 373〕康有爲撰，姜義華、張榮華編校：《康有爲全集》（第五集），中國人民大學出版社，2007 年版，第 235 頁。

〔註 374〕康有爲撰，姜義華、張榮華編校：《康有爲全集》（第五集），中國人民大學出版社，2007 年版，第 328～329 頁。

〔註 375〕康有爲撰，姜義華、張榮華編校：《康有爲全集》（第五集），中國人民大學出版社，2007 年版，第 329 頁。

〔註 376〕康有爲撰，姜義華、張榮華編校：《康有爲全集》（第五集），中國人民大學出版社，2007 年版，第 330 頁。

算。我無論若何練兵，而兵不知學，終非其比。」〔註 377〕「泰西以民爲兵，吾則以兵爲民。何以敵之！」〔註 378〕

四是學習西洋教育。「凡天文、地礦、醫律、光重、化電、機器、武備，駕駛，分立學堂，而測量、圖繪、語言、文字皆學之。」〔註 379〕康有爲針對開武備學堂、礦學、商學、遊學外國、開報館等有下述大力提倡：「七事中的，如設水師學堂六所，照英之武翼、美之安那保理師規則，內地直省各設武備學堂一所，照美之威士班規制。」〔註 380〕「礦學以比國爲最，自山色、石紋、草木、苗脈、子色，皆有專書。宜開礦學，專延比人教之，且爲踏勘。」〔註 381〕「地球各國貿易條理繁多，商人愚陋，不能周識，宜譯外國商學之書，選人學習，遍教直省，知識乃開，然後可收外國之利。」〔註 382〕「大臣固守舊法，習爲因循。雖利國便民，力阻罷議，一誤再誤，國日以替。宜選令遊歷三年，講請諸學，歸能著書，始授政事。其餘分遣品官，激厲士庶，出洋學習，或資遊歷，並給憑照，能著新書，皆爲優獎，歸授教習，庶開新學。」〔註 383〕「臣竊查泰西各國報館之多，美國至一萬八千餘種，英、德各一萬三千餘種，法國九千餘種，俄國五千餘種，日本二千餘種。大抵報館愈多者其民愈智，其國愈富且強。」〔註 384〕

即使康有爲在《請將經濟歲舉歸併正科並飭各省生童歲科試迅即遵旨改試策論摺》中指出，「夫中學體也，西學用也；無體不立，無用不行，二者相需，缺一不可。今世之學者，非偏於此即偏於彼，徒相水火，難成通才。」

〔註 377〕康有爲撰，姜義華、張榮華編校：《康有爲全集》（第四集），中國人民大學出版社，2007 年版，第 50 頁。

〔註 378〕康有爲撰，姜義華、張榮華編校：《康有爲全集》（第四集），中國人民大學出版社，2007 年版，第 58 頁。

〔註 379〕康有爲撰，姜義華、張榮華編校：《康有爲全集》（第二集），中國人民大學出版社，2007 年版，第 42 頁。

〔註 380〕康有爲撰，姜義華、張榮華編校：《康有爲全集》（第四集），中國人民大學出版社，2007 年版，第 24 頁。

〔註 381〕康有爲撰，姜義華、張榮華編校：《康有爲全集》（第二集），中國人民大學出版社，2007 年版，第 71 頁。

〔註 382〕康有爲撰，姜義華、張榮華編校：《康有爲全集》（第二集），中國人民大學出版社，2007 年版，第 73 頁。

〔註 383〕康有爲撰，姜義華、張榮華編校：《康有爲全集》（第二集），中國人民大學出版社，2007 年版，第 44 頁。

〔註 384〕康有爲撰，姜義華、張榮華編校：《康有爲全集》（第四集），中國人民大學出版社，2007 年版，第 331 頁。

〔註 385〕但是，從其褒西抑中的立場及其對於西洋立國本末皆稱許的做法，「若夫泰西立國之有本末，重學校，講保民、養民、教民之道，議院以通下情，君不甚貴，民不甚賤，製器利用以前民，皆與吾經義相合，故其致強也有由。」〔註 386〕康有爲是主張全盤西化的。

（3）梁啓超褒西抑儒

一是宣揚「西學中源」說。1896 年梁啓超在《變法通議》中提出「法者天下之公器」的重要觀點，「要而論之，法者天下之公器也，變者天下之公理也。」〔註 387〕如有學者指出，清末所言之「法」，即西法〔註 388〕。因此，梁啓超以《變法通義》奠定了清朝必須走西方道路的基調。針對變法所帶來的阻力，梁啓超以西法源自中土，乃經西人改造，故「非西人」、「非西書、」「非西名」、「非西律」、「非西史」、「非西政」、「非西例」、「非西儀」、「非西文」、「非西儀」〔註 389〕。旨在宣揚西方議院制，梁啓超在《古議院考》中以議院制出於中國。「法先王者法其意，議院之名古雖無之，若其意則在甘哲王所恃以均天下也。其在《易》曰：『上下交泰』、『上下不交否』；其在《書》曰：『詢謀僉同』，又曰『謀及卿士，謀及庶人』；其在《周官》曰『詢事之朝，小司寇掌其政，以致萬人而詢焉，一曰詢國危，二曰詢國遷，三曰詢立君，以眾輔志而蔽謀』；其在《記》曰『與國人交止於信』，又曰『民之所好好之，民之所惡惡之，此之謂民之父母。好民之所惡，惡民之所好，是謂拂人之性，災必逮乎身』；其在《孟子》曰『國人皆曰國賢，然後察之，國人皆曰不可，然後察之，國人皆曰可殺，然後殺之』。《洪範》之卿士，《孟子》之諸大夫，上議院也；《洪範》之庶人，《孟子》之國人，下議院也。苟不由此，何以能詢；苟不由此，何以能交；苟不由此，何以能見民之所好惡。故雖無議院之名，而有其實也。」〔註 390〕

二是將以西化儒系統化。梁啓超在《變法通議》中認爲，以西化儒兼及

〔註 385〕康有爲撰，姜義華、張榮華編校：《康有爲全集》（第四集），中國人民大學出版社，2007 年版，第 306 頁。

〔註 386〕康有爲撰，姜義華、張榮華編校：《康有爲全集》（第四集），中國人民大學出版社，2007 年版，第 58 頁。

〔註 387〕梁啓超著：《飲冰室合集》文集之一，中華書局，1989 年版，第 8 頁。

〔註 388〕張耀南著：《中國儒學史　近代卷》，北京大學出版社，2011 年版，第 386 頁。

〔註 389〕梁啓超著：《飲冰室合集》文集之一，中華書局，1989 年版，第 6～7 頁。

〔註 390〕梁啓超著：《飲冰室合集》文集之一，中華書局，1989 年版，第 94～95 頁。

育人才、興學校、變科舉、變官制，且諸要素地位各有不同。「吾今爲一言以蔽之曰：變法之本在育人才，人才之興在開學校，學校之立在變科舉，而一切要其大成在變官制。」〔註391〕在《變法通議　學校總論》中，梁啓超指出，「吾所欲言採者，採西人之意，行中國之法，採西人之法，行中國之意。其總綱三：一曰教，二曰政，三曰藝。其分目十有八，一曰學堂，二曰科舉，三曰師範，四曰專門，五曰幼學，六曰女學，七曰藏書，八曰編纂書，九曰譯書，十曰文字，十一曰藏器，十二曰報館，十三曰學會，十四曰教會，十五曰遊歷，十六曰義塾，十七曰訓廢疾，十八曰訓罪人。」〔註392〕梁啓超上述18條分目，涵蓋了康有爲在教育領域以西化儒的諸方面。

三是推崇西洋文化。尊西書，「西人啓蒙之書，專用問答，其餘一切書每篇之末，亦多附習問。」〔註393〕尊西洋史，「史者，所以通知古今，國之鑒也。中國之史，長於言事，西國之史，長於言政。言事者之所重在一朝一姓興亡之所由，謂之君史。言政者之所重在一城一鄉教養之所起，謂之民史，故外史中有農業史商業史工藝史交際史理學史等名，實史裁之正軌也。」〔註394〕尊西洋農學，「苟以西國農學新法經營之，每年增款可得六十九萬一千二百萬兩。」〔註395〕以中國爲野蠻之國，「禮者何？公理而已。義者何？權限而已。今吾中國聚四萬萬不明公理不講權限之人，以與西國相處，即使高城深池，堅革多粟，亦不過如猛虎獵人，猶無幸焉也。……以今日之中國視泰西，中國固爲野蠻矣。」〔註396〕

四是以日本爲師。「變法則獨先學校，學校則首重政治，採歐洲之法，而行之以日本之道，是以不三十年而崛起於東瀛也。」〔註397〕「故欲革舊習，興智學，必以立師範學堂爲第一義。日本尋常校之制，其所教者有十七事，一修身，二教育，三國語，四漢文，五史志，六地理，七數學，八物理化學，九博物，十習字，十一圖畫，十二音樂，十三體操，十四西文，十五農業，十六商業，十七工藝。今請略依其制而損益之。」〔註398〕

〔註391〕梁啓超著：《飲冰室合集》文集之一，中華書局，1989年版，第10頁。
〔註392〕梁啓超著：《飲冰室合集》文集之一，中華書局，1989年版，第19頁。
〔註393〕梁啓超著：《飲冰室合集》文集之一，中華書局，1989年版，第53頁。
〔註394〕梁啓超著：《飲冰室合集》文集之一，中華書局，1989年版，第70頁。
〔註395〕梁啓超著：《飲冰室合集》文集之一，中華書局，1989年版，第130頁。
〔註396〕梁啓超著：《飲冰室合集》文集之一，中華書局，1989年版，第93～94頁。
〔註397〕梁啓超著：《飲冰室合集》文集之一，中華書局，1989年版，第63頁。
〔註398〕梁啓超著：《飲冰室合集》文集之一，中華書局，1989年版，第37頁。

五是重新解讀中國傳統政治、「三世說」與「孔子之教」。梁啓超在《古議院考》中以漢制之諫大夫、博士、議郎三職稱爲「議員」，比附其與西方議院制的關係，得出「與西國同」、「與西國略同」等結論。「《通典》云：『諫大夫掌議論，無常員，多至數十人。』漢舊儀云：『博士，國有疑事則承問，有大事則與中二千石會議。中世以後，博士多加給事中，入中朝，備顧問，稱爲腹心，上所折衷定疑。』《漢官解詁》云：『議郎，不屬署，不進事，國有大政大獄之禮，則與中二千石博士會議。』夫曰多至數十人，則其數與西國同；曰不屬署，不直事，則其職與西國同；國有大事乃承問會議，則其開院之例與西國同；或制書徵，或大臣舉，則其舉人之例亦與西國略同。雖法精密有未逮，而規模條理亦略具矣。」〔註399〕「群」是梁啓超學術思想的重要概念。無論是在《說群序》中出現的「群術」、「國群」、「天下群」，還是在《說群一群理一》中沒有具體指向的「群」，梁啓超筆下的「群術」均指向民族主義、國家主義等西方近代化概念。梁啓超以「群術」解讀「三世說」，「善治國者，知君之與民同爲一群中之一人，因以知夫一群之中所以然之理，所常行之事，使其群合而不離，萃而渙，夫是之謂群術。天下之有列國也，己群與他群所由分也。據亂世之治群多以獨，太平世之治群必以群。以獨術與獨術相遇，猶可以自存；以獨術與群術相遇，其亡可翹足而待也。」〔註400〕以「獨術」指「據亂世」，以作爲西理的「群術」指向「太平世」，梁啓超首次將專制、民主區分民族主義、國家主義的存在形式，重新解讀中國古代「三世說」。梁啓超對於「三世說」的重新解讀也見於《論君政民政相嬗之理》，「多君者，據亂世之政也；一君者，升平世之政也；民者，太平世之政也。」〔註401〕維新變法失敗後，梁啓超提出西方文明是緣於宗教改革，由是以進化主義、平等主義、兼善主義、強立義義、博包主義、重魂主義解讀「孔子之教」，其重新解讀的過程即是梁啓超改革「孔子之教」本有的保守義義、專制主義、獨善主義、文弱主義、單狹主義、愛身主義的過程，「孔子之教」披上西方文明的外衣。

2. 康有為講學記之以西化儒

與論文之以西化儒論述的豐富性相比，僅出現在《南海師承記》中的以

〔註399〕梁啓超著：《飲冰室合集》文集之一，中華書局，1989年版，第95頁。
〔註400〕梁啓超著：《飲冰室合集》文集之二，中華書局，1989年版，第4頁。
〔註401〕梁啓超著：《飲冰室合集》文集之二，中華書局，1989年版，第7頁。

西化儒則顯得比較單薄，但康有爲對西方以繪圖的教育方式給予稱許，進一步充實論文之以西化儒的內容。「夫天下極深之宣，一繪以顯淺之圖，則婦孺能明，庸愚索解。泰西教童子，自五歲至八歲，即以器學示之，如拋球之類；自八歲至十二歲，即以印圖示之；自十二歲至十六歲，自十六歲至二十三歲，仍習其業，朝夕講求，凡一切物體皆能繪以圖，或懸諸壁，或置之案，昭然森列，舉目周知。昔美國芝加高大會之役，盡將羅馬宮室、日耳曼宮室、巴比倫宮室、埃及宮室、紅皮土番宮室、苗瑤洞之宮室，種種色色，光怪陸離，卟括天下之奇觀矣，故圖表之學，泰西最盛。卑斯麥破法國，每兵一地圖置於身。昔年劉永福征倭，全軍十四萬人，只有南梁某繪得一圖，之卑斯麥之兵相雲懸遠。故曩者割巴面爾與俄國，舉朝君臣大夫士庶皆愕震駭，未知何地，圖學之講求，流弊如此，泰西強而中國弱，固其宜也。」〔註 402〕

3. 康有為專著之西化儒

康有爲在《日本書目志》《日本變政考》不僅再次褒西抑中，而且將重心置於以日爲師。可以說，以日爲師就是康氏撰寫上述 2 種專著的根本原因。

（1）褒西抑中

重視三權鼎立：「泰西以財富兵力橫行地球，越數萬里而滅人國、削人土。今欲行新法，非定三權，未可行也。」〔註 403〕以西洋士人之學、新法之書優於本土：「今中國，亦汲汲思自強而攻其舊矣，而尊資使格、耆老在位之風未去，楷書割截之文、弓刀步石之制未除，補綴其一二，以具文行之，譬補漏糊紙於覆屋破船之下，亦終必亡而已矣。……然泰西之強，不在軍兵炮械之末，而在其士人之學、新法之書。凡一名一器，莫不有學：……吾中國今乃始捨而自講之，非數百年不能至其域也。……則欲譯泰西諸學之要書，亦必待之百年而後可，彼球數十國之狡焉思啓者豈能久待乎？」〔註 404〕以西洋史學優於中國史學：「吾中國談史裁最尊，而號稱正史、編年史者，皆爲一君之

〔註 402〕康有爲撰，姜義華、張榮華編校：《康有爲全集》（第二集），中國人民大學出版社，2007 年版，第 230 頁。

〔註 403〕康有爲撰，姜義華、張榮華編校：《康有爲全集》（第四集），中國人民大學出版社，2007 年版，第 115 頁。

〔註 404〕康有爲撰，姜義華、張榮華編校：《康有爲全集》（第三集），中國人民大學出版社，2007 年版，第 263 頁。

史，一國之史，而千萬民風化俗尙不詳焉。而談風俗者則鄙之，與小說等。豈知與民俗，惟纖瑣乃詳盡，而後知其教化之盛衰，且令天下述而鑒觀焉。史乎！史乎！豈爲一人及一人所私之一國計哉！……吾史遺民史久矣哉！」〔註 405〕以西洋教育強於中國：「泰西之強，吾中人皆謂其船械之精、軍兵之煉也，不知其學校教育之詳也。」〔註 406〕

（2）**以日爲師**

康有爲指出，「日本之變法也，精與粗而並舉，小與大而皆立，自官制、兵制、祿制、學制、禮制、賦制、刑制諸法度，莫不屢變屢易，精益求精。」〔註 407〕因此，以日爲師涉及下述各個方面：

一是政治上以日爲師。「日本變法之始，先正定官制，可謂知本矣。……故今日最急之務，當仿日本成法，設集議院以備顧問，然後一切新政，皆有主腦矣。」〔註 408〕

二是經濟上以日爲師。「泰西諸國皆有日本公司巨商行焉，中國之大、人民之富，乃無一商能行於泰西者，……泰西之爲商也，有學校、有日報、有專書以教之，有商會以講之，有比較會以勵之，有官、有兵、有巡捕、有保險、有鐵船以保護之，有遊歷使臣領事以查考之，……而吾中人反是。」〔註 409〕

三是軍事上以日爲師。「吾讀列國陸軍制，日本參用法、德軍制，其卒皆知算數、圖繪、天文、地理、格致、醫學，雖極粗淺，然較之吾舊法爲將帥而不識丁者，相去如何也？……此兵書蓋寡，蓋日人之驟強，在變舊俗、開新學，人人發憤，有飛揚拔扈之氣，無委靡苟安之習。」〔註 410〕

四是法律上以日爲師。「考日本之能治西民，蓋自變律始。累遣學生出使，考查西律，斟酌厥宜而施行之。及其施行，經幾許艱阻，而後永定焉。

〔註 405〕康有爲撰，姜義華、張榮華編校：《康有爲全集》（第三集），中國人民大學出版社，2007 年版，第 337 頁。

〔註 406〕康有爲撰，姜義華、張榮華編校：《康有爲全集》（第三集），中國人民大學出版社，2007 年版，第 408 頁。

〔註 407〕康有爲撰，姜義華、張榮華編校：《康有爲全集》（第四集），中國人民大學出版社，2007 年版，第 227 頁。

〔註 408〕康有爲撰，姜義華、張榮華編校：《康有爲全集》（第四集），中國人民大學出版社，2007 年版，第 135 頁。

〔註 409〕康有爲撰，姜義華、張榮華編校：《康有爲全集》（第三集），中國人民大學出版社，2007 年版，第 390 頁。

〔註 410〕康有爲撰，姜義華、張榮華編校：《康有爲全集》（第三集），中國人民大學出版社，2007 年版，第 524 頁。

日本爲東方舊國，欲與吾同，舊律與吾同，其變易新法之斟酌考求而施行之，順逆難易，亦當與吾同。」〔註 411〕

五是教育上以日爲師。「日本之驟強，由興學之極盛。其道有學制，有書器，有譯書，有遊學，有學會，五者皆以智其民者也。」〔註 412〕

4. 康有為治經之以西化儒

（1）《中庸注》之以西化儒

一是宣揚西洋自由、平等。《中庸》云：「忠恕違道不遠，施諸己而不願，亦勿施於人。」康有爲注云：「人莫不愛己，己欲立而立人，己欲達而達人。己所不欲，勿施於人。張子所謂：『以愛己之心愛人，則盡仁。』孔子告子貢以一言行終身者『推己及人』，乃孔子立教之本。與民同之，自主平等，乃孔子立治之本。故子思特揭之。」〔註 413〕

二是宣揚西方進化論。《中庸》云：「故天之生物，必因其材而篤焉。故栽者培之，傾者覆之。」康有爲注云：「天之生人，一視無私，而有富貴貧賤、愚智壽夭、安樂患難、諸夏夷狄之萬殊迥別，惟有因之而已。……物競天擇，優勝劣敗。孔子發天因之理以勸之，競於大德，而後克天休也。」〔註 414〕

（2）《孟子微》之以西化儒

以西方進化、平等、民權、民主、公理之說釋《孟子》，是康有爲在《孟子微》中以西化儒的主要表現。

一是以平等、進化、民主之說解讀儒學。如《滕文公上》一段，康有爲注云：「蓋天之生物，人爲最貴，有物有則，天賦定理，人人得之，人人皆可平等自立。故可以全世界皆善，愷悌慈祥，和平中正，無險詖之心，無愁欲之氣。建德之國，妙音之天，蓋太平大同世之人如此。堯、舜者，太平大同之道也。孔子立三世，有撥亂，有升平，有太平。家天下者，莫如文王，以文明勝野蠻，撥亂升平之君主也。公天下者，莫如堯、舜，選賢能以禪讓，

〔註 411〕康有爲撰，姜義華、張榮華編校：《康有爲全集》（第三集），中國人民大學出版社，2007 年版，第 357 頁。

〔註 412〕康有爲撰，姜義華、張榮華編校：《康有爲全集》（第四集），中國人民大學出版社，2007 年版，第 169 頁。

〔註 413〕康有爲撰，姜義華、張榮華編校：《康有爲全集》（第四集），中國人民大學出版社，2007 年版，第 374 頁。

〔註 414〕康有爲撰，姜義華、張榮華編校：《康有爲全集》（第四集），中國人民大學出版社，2007 年版，第 366～367 頁。

太平大同之民主也。」〔註 415〕

二是以西洋電之說、以太之說、進化之說、平等之說解讀儒學。如《公孫丑上》一般，康有爲注云：「不忍人之心，仁也，電也，以太也，人人皆有之，故謂人性皆善。……人道之仁愛，人道之文明，人道之進化，至於太平大同，皆從此出。……蓋言性惡者，亂世之治，不得不因人慾而治之。故其法檢制壓伏爲多，荀子之說是也。言性善者，平世之法，令人人皆有平等自立，故其法進化向上爲多。孟子之說是也。各有所爲，而孟子之說遠矣，待人厚矣，至平世之道也。人人有是四端，故人人可平等自立。」〔註 416〕

三是以西洋人道之公理、獨立、平等之說釋讀儒學。如《萬章上》一段，康有爲注云：「以仁爲任，民智未開則覺其愚，……人人既是天生，則直隸於天，人人皆獨立而平等，人人皆同胞而相親如兄弟。」〔註 417〕

四是以西洋進化之說、資生之說、均貧富之說釋儒學。如《盡心上》一段，康有爲注云：「愚謂生人皆同胞同與，只有均愛，本無厚薄。愛之之法，道在平均。雖天之生人，智愚強弱之殊，質類不齊，競爭自出，強勝弱敗，物爭而天自擇之，安能得平？……蓋均無貧、安無傾，近美國大倡均貧富產業之說，百年後必行孔子均義，此爲太平之基哉！」〔註 418〕

五是以西洋之民權之說、君主立憲制、民權共政之體釋讀儒學。如《梁惠王下》一段，康有爲注云：「皮孟子特明升平授民權、開議院之制，蓋今之立憲體，君民共主法也。……然斟酌於君民之間，升平之善制也。」〔註 419〕

六是以西洋民主之制、選舉之制釋讀儒學。如《盡心下》一段，康有爲注云：「此孟子立民主之制、太平法也。……今法、美、瑞士及南美各國皆行之，近於大同之世，天下爲公，選賢與能也。孟子已早發明之。」〔註 420〕

〔註 415〕康有爲撰，姜義華、張榮華編校：《康有爲全集》（第四集），中國人民大學出版社，2007 年版，第 413 頁。

〔註 416〕康有爲撰，姜義華、張榮華編校：《康有爲全集》（第四集），中國人民大學出版社，2007 年版，第 414 頁。

〔註 417〕康有爲撰，姜義華、張榮華編校：《康有爲全集》（第四集），中國人民大學出版社，2007 年版，第 417 頁。

〔註 418〕康有爲撰，姜義華、張榮華編校：《康有爲全集》（第四集），中國人民大學出版社，2007 年版，第 420 頁。

〔註 419〕康有爲撰，姜義華、張榮華編校：《康有爲全集》（第四集），中國人民大學出版社，2007 年版，第 421 頁。

〔註 420〕康有爲撰，姜義華、張榮華編校：《康有爲全集》（第四集），中國人民大學出版社，2007 年版，第 421 頁。

七是以西洋之進化釋儒學以及中國史、世界史。如《梁惠王上》一段，康有爲注云：「此言能仁而不嗜殺者，能一天下。……將來必混合地球，無復分別國土，乃爲定於一大一統之徵，然後太平大同之效乃至也。」〔註 421〕

八是以亞里士多德釋讀孟子，以整個古希臘史釋讀孟子闢楊、墨之背景。如《滕文公下》一段，康有爲注云：「數論、時論、尼犍、耆那，佛氏號四大外道而闢之，若孟子之闢楊、墨矣。……而亞利士滔圖兼及物理學，而攻詭辨之教，懷疑之教，與孟子略同矣。」〔註 422〕

（3）《禮運注》之以西化儒

一是以進化論釋儒學。康有爲在序中說：「讀至《禮運》，……是書也，孔氏之微言眞傳，萬國之無上寶典，而天下群生之起死神方哉！……今者中國已小康矣，……豈止大同而已哉」〔註 423〕

二是以平等之說釋儒學。如「昔者，仲尼與於蠟賓」一段，康有爲注云：「孔子以群生同出於天，……不能遽行其大道。」〔註 424〕

三是以民主釋儒學。如「孔子曰：嗚呼哀哉一段」，康有爲注云：「孔子以大同之道不行，……猶可一變至道也。」〔註 425〕

（4）《春秋筆削大義微言考》之以西化儒

康有爲以《春秋》三世（據亂、升平、太平）分別對應立君主、君民共主、民主的，他亦以此解讀《春秋》，並最終歸依於社會漸進、君主立憲、民權平等追求。因此，進化、平等、民權等仍然是康有爲實現以西化儒的主要方面。如卷 1、結尾以平等、進化解讀《春秋》，「蓋亂世之法，……而稱天王也。……每變一世，……乃能至太平也。……其他一切進化之法，……皆今日所當有事也。」〔註 426〕「人道有正道，……又有升平、太平。……雖法制

〔註 421〕康有爲撰，姜義華、張榮華編校：《康有爲全集》（第四集），中國人民大學出版社，2007 年版，第 451 頁。

〔註 422〕康有爲撰，姜義華、張榮華編校：《康有爲全集》（第四集），中國人民大學出版社，2007 年版，第 493～494 頁。

〔註 423〕康有爲撰，姜義華、張榮華編校：《康有爲全集》（第四集），中國人民大學出版社，2007 年版，第 553～554 頁。

〔註 424〕康有爲撰，姜義華、張榮華編校：《康有爲全集》（第四集），中國人民大學出版社，2007 年版，第 554 頁。

〔註 425〕康有爲撰，姜義華、張榮華編校：《康有爲全集》（第四集），中國人民大學出版社，2007 年版，第 557 頁。

〔註 426〕康有爲撰，姜義華、張榮華編校：《康有爲全集》（第六集），中國人民大學出

不同，然各得其所，……終於太平爲民主。」〔註427〕卷8、9、10均以進化解讀《春秋》，「然地勢雖殊，……無覆文明、野蠻之別矣。」〔註428〕「孔子貴進化而惡退化，……則孔子進之。」〔註429〕卷11以平等釋讀《春秋》，「太平之世，……亦可謂升平之世矣。」〔註430〕

（5）《論語注》之以西化儒

由於「仁」是孔子思想的核心，在以進化、平等、民主、自由等西理解釋儒學的基礎上，康有爲在《論語注》中增加了博愛。

一是以博愛解讀《論語》。如《八佾》中一段，康有爲注云：「蓋人者仁也，……和節皆無所施。」〔註431〕如《泰伯》中一段，康有爲注云：「仁者公德，……無可辭避。」〔註432〕

二是以進化解讀《論語》。如《八佾》中一段，康有爲注云：「文明既進，……非尚質退化者也。」〔註433〕

三是以平等解讀《論語》。如《學而》中一段，康有爲注云：「子贛不欲人加，亦不加人，蓋倡自由平等之學。」〔註434〕

四是以君主立憲、共和、進化解讀《論語》。如《爲政》中一段，康有爲注云：「所謂乾元用九，……故無爲而治也。」〔註435〕「人道進化皆有定位，……

版社，2007年版，第15～17頁。

〔註427〕康有爲撰，姜義華、張榮華編校：《康有爲全集》（第六集），中國人民大學出版社，2007年版，第310頁。

〔註428〕康有爲撰，姜義華、張榮華編校：《康有爲全集》（第六集），中國人民大學出版社，2007年版，第236頁。

〔註429〕康有爲撰，姜義華、張榮華編校：《康有爲全集》（第六集），中國人民大學出版社，2007年版，第268頁。

〔註430〕康有爲撰，姜義華、張榮華編校：《康有爲全集》（第六集），中國人民大學出版社，2007年版，第298～299頁。

〔註431〕康有爲撰，姜義華、張榮華編校：《康有爲全集》（第六集），中國人民大學出版社，2007年版，第394頁。

〔註432〕康有爲撰，姜義華、張榮華編校：《康有爲全集》（第六集），中國人民大學出版社，2007年版，第438頁。

〔註433〕康有爲撰，姜義華、張榮華編校：《康有爲全集》（第六集），中國人民大學出版社，2007年版，第395頁。

〔註434〕康有爲撰，姜義華、張榮華編校：《康有爲全集》（第六集），中國人民大學出版社，2007年版，第386頁。

〔註435〕康有爲撰，姜義華、張榮華編校：《康有爲全集》（第六集），中國人民大學出版社，2007年版，第387頁。

蓋推進化之理而爲之。」〔註 436〕

五是以民主自由解讀《論語》。如《先進》中一段，康有爲注云：「兼人，……非其時、非其人而妄行服從亦不可也。」〔註 437〕

第二，儒西並尊的開始

與一般研究者以康有爲撰寫於 1901～1902 年的《大同書》爲以西學西理爲「普世價值」的判斷相反，有研究者以該書的結尾及其書中出現的「抑西」論、西不如中論、儒西並尊論、儒西並抑論且其仍然依存的以西化儒論，指出《大同書》標誌康有爲完成以西化儒之旅的同時，轉向儒西並尊的中西學格式之中〔註 438〕。

1.《大同書》的主體是中學中理

康有爲在《大同書》中主要以升平世、太平世、大同世爲主體，不以升平世爲歸宿，體現他對於西學西理、中學中理有別於在此之前的價值判斷。「耶穌以尊天愛人爲誨善，以悔罪末斷爲悚惡，太平之世，自能愛人，自能無罪；知天演之自然，則天不尊，知無量衆魂之難立待於空虛，則不信末日之斷，耶穌之教，至大同則滅矣。回教言國，言君臣、夫婦之綱統，一入大同即滅，雖有魂學，皆稱天而行，粗淺不足徵信，其滅更先。大同太平則孔子之志也，至於是時，孔子之三世之說已盡行，惟《易》之陰陽消息，可傳而不顯矣，蓋病已除矣，無所用藥，岸已登矣，筏亦當捨。故大同之世，惟神仙與佛學二者大行。蓋大同者，世間法之極；而仙學者長生不死，尤世間法之極也；佛學者不生不滅，不離乎世而出乎世間，尤出乎大同之外也。至是則去乎人境而入乎仙、佛之境，於是仙、佛之學方始乎。仙學太粗，其微言奧理無多，令人醉心者有限；若佛學之博大精向，至於言語道斷，心行路絕，雖有聖哲無所措手，其所包容尤爲深遠。況又有五勝三明之妙術，神通運用，更爲靈奇。故大同之後，始爲仙學，後爲佛學，下智爲仙學，上智爲佛學。仙、佛之後則爲天遊之學矣，吾別有書。」〔註 439〕

〔註 436〕康有爲撰，姜義華、張榮華編校：《康有爲全集》（第六集），中國人民大學出版社，2007 年版，第 393 頁。

〔註 437〕康有爲撰，姜義華、張榮華編校：《康有爲全集》（第六集），中國人民大學出版社，2007 年版，第 468 頁。

〔註 438〕張耀南著：《中國儒學史　近代卷》，北京大學出版社，2011 年版，第 267～279 頁。

〔註 439〕康有爲著：《大同書》北京古籍出版社，1956 年版，第 301 頁。

2.《大同書》之抑西論

康有爲在《大同書》中反映的抑西論主要有下述3個方面：

（1）抑西方價值觀

抑西方「人人自立」之論，「歐美人人自立，然老而貧者，子更不養，窮獨無告；老而富者，親戚毒之以分其產，寡得保首領以沒者。是故貧賤而壽，則有溝壑斷棄之憂；富貴而壽，則有死喪疾病之苦。」〔註440〕抑西方「國家主義」，「泰西兵禍尤劇。自埃及、巴比倫、西里亞、啡尼基、希臘各國相爭互攻，時戰時和，與我春秋同，今不詳及。……統歐洲自羅馬以還，大戰八百餘，小戰勿論，其膏塗原野，慘狀何可言耶！」〔註441〕抑西方「人人平等」之論，「而至今美國之人，不肯與黑人齒，不許黑人同席而食，同席而坐，不許黑人入頭等之舟車，不許黑人入客店。黑人之被選舉爲小吏者，美國人猶共擠之。黑人之有學行者，總統禮之，美國人猶非笑之。」〔註442〕抑「男女平等」之論，「夫國之有代議員者，原取諸民，一以明公共平等之義，一以選才識通達之人。夫以才識論，則數萬萬之女子，夫豈無人；以公共平等論，則君與民具當平，況男子之與女子乎！」〔註443〕

（2）抑西方政治

康有爲指出西方政治宜於據亂世，殊非人類政治的終極目標。「今立憲之政體，其行政之諸長皆出於全國政黨競爭，大昏博夜，喧走道途，號召徒黨，密謀相攻，或至動兵行刺。若議舉之先，兆人萬眾旁皇奔走，大羅酒食以媚庶人，所取既未必公，即公亦出大爭，壞人心術，侵人根種，此大不可。大同之世，無有國爭，無秘謀，大舉須假權於行政之長及立統領之人。萬幾、百政、法律、章程，皆由大地大眾公議，餘事則各度小政府專行，事事皆由公舉。」〔註444〕

（3）抑西方進化論

康有爲以指斥西方競爭說，近自天演之說鳴，競爭之義視爲至理，故國與國陳兵相視，以吞滅爲固然。人與人機詐相陷，以欺凌爲得計。百事萬業，

〔註440〕康有爲著：《大同書》北京古籍出版社，1956年版，第49頁。
〔註441〕康有爲著：《大同書》北京古籍出版社，1956年版，第66～67頁。
〔註442〕康有爲著：《大同書》北京古籍出版社，1956年版，第118頁。
〔註443〕康有爲著：《大同書》北京古籍出版社，1956年版，第130頁。
〔註444〕康有爲著：《大同書》北京古籍出版社，1956年版，第260頁。

皆祖競爭，以才智由競爭而後進，器藝由競爭而後精，以爲優勝劣敗乃天則之自然，而生計商業之中，尤以競爭爲大義。此一端之說耳，豈徒壞人心術，又復傾人身家，豈知裁成天道、輔相天宜者哉！

3.《大同書》之西不如中論

如西洋學說近乎「升平」不如中土學說之「三世說」，「歐美略近升平，而婦女爲人私屬，其去公理遠矣，共於求樂之道亦未至焉。神明聖王孔子早慮之，憂之，故立三統三世之法，據亂之後，易以升平、太平，小康之後，進以大同。」〔註 445〕如西洋號稱之「平等」不如中土之「階級」，「歐洲號稱文明，而貴族、僧族、士族、平民族、佃民族、奴族，雖經今千年之競爭在戮，而諸級未能盡去，至今貴族、平民兩爭峙焉。……大抵愈野蠻，則階級愈多，愈文明，則階級愈少，此其比例也。中國有一事過絕大地者，其爲寡階級乎！……孔子首掃階級之制，譏世卿，立大夫不世卿、士無官之義。經秦漢滅後，貴族掃盡，人人平等，皆爲齊民。」〔註 446〕如西洋立於法律的人之養子不如孔子學說的「孝」，「今歐美人之養子，亦賴其國律有養子之責，故不得已而養之。假無國律，必皆如法之婦人，無有願出力以養子者。……中國無此律，而愛子尤摯，育子尤多，而一生所得功業盡遺其子，蓋報與不報之異也。……吾從中國也，吾從孔子也！」〔註 447〕

4.《大同書》之儒西並尊論

如論弭兵之法，「然則欲弭兵而去國，天下爲一，大地大同，豈非仁人結想之虛願哉？……孔子之太平世，佛之蓮花世界，列子之甀瓶山，達爾文之烏托邦，實境而非空想焉。」〔註 448〕如論中西有無族制之得失，「就收族之道，則西不如中；就博遍之廣，則中不如西。是二道者，果孰愈乎？夫行仁者，小不如大，狹不如廣。以是決之，則中國長於自殖其種，自親其親，然於行仁狹矣，不如歐美之廣大矣。」〔註 449〕

5.《大同書》之儒西並抑論

如論「去類界愛眾生」，「盡古今諸聖聰明才力之所營者，不過以愛其人

〔註 445〕康有爲著：《大同書》北京古籍出版社，1956 年版，第 8 頁。
〔註 446〕康有爲著：《大同書》北京古籍出版社，1956 年版，第 45～46 頁。
〔註 447〕康有爲著：《大同書》北京古籍出版社，1956 年版，第 178～179 頁。
〔註 448〕康有爲著：《大同書》北京古籍出版社，1956 年版，第 69 頁。
〔註 449〕康有爲著：《大同書》北京古籍出版社，1956 年版，第 173 頁。

類，保其人類，私其人類而止。若摩西、摩訶末者，以立國爲事，自私其鄉國，率人以食人，其爲隘陋殘忍，不待擯斥。即中國諸聖乎，耶穌乎，詐樂阿士對乎，索格拉底乎，言論心思之所注，亦不過私其同形之人類，於天生萬億兆物之中，僅私一物，愛一物，保一物。」〔註 450〕

6.《大同書》之以西化儒論

如以平等自由之說解讀孔子，「遂至於全中國絕無階級，以視印度、歐洲辨族分級之苦，其平等自由之樂有若天堂之視地獄焉，此眞孔子之大功哉！」〔註 451〕「方今各國，奴隸之制盡解，賣家人口之風已禁，即俄最多奴，亦已除免。我國孔子創無奴之義，光武實施免奴之制，實於大地首行之，其於平等之道有光哉！」〔註 452〕如以女子之平等自立解讀孔子，「孔子之著《春秋》也，於魯女曰伯姬，曰季姬，於夫人曰成風，曰齊姜，明著其姓字，何嘗如歐美從夫之姓，亦何有以夫姓冠其本姓，如近世之陳女配李姓即稱爲李陳氏者哉！此孔子立女子之平等自立之大義也，而何可背之哉！」〔註 453〕

7. 梁啟超之儒西並尊論

與康有爲以《大同書》開始全面呈現儒西並尊論所體現的具體化不同，此期梁啓超的儒西並尊論多及於教育方面，且比較概念化。如《變法通議　學校餘論》:「自古未有不通他國之學，而能通本國之學者，亦未有不通本國之學，而能通他國之學者。」〔註 454〕「故今日欲備人才，必以通習六經經世之義，歷代掌故之跡，知其所以然之故，而參合於西政，以求致用者爲第一等。」〔註 455〕《變法通議·論譯書》:「中學西學之不能偏廢也」〔註 456〕。如《論中國宜講求法律之學》:「今泰西諸國，非不知公之爲美也。其仁人君子，非不竭盡心以求大功也，而於國與國家與家人與人，各私其私之根原，不知所以去之，是以揆諸吾聖人大同之世，所謂至繁至公之法律，終莫得而幾也。故吾願發明西人法律之學，以文明我國國，又願發明吾聖人法律之學，以文明

〔註 450〕康有爲著：《大同書》北京古籍出版社，1956 年版，第 287～288 頁。
〔註 451〕康有爲著：《大同書》北京古籍出版社，1956 年版，第 45～46 頁。
〔註 452〕康有爲著：《大同書》北京古籍出版社，1956 年版，第 110 頁。
〔註 453〕康有爲著：《大同書》北京古籍出版社，1956 年版，第 136 頁。
〔註 454〕梁啓超著：《飲冰室合集》文集之一，中華書局，1989 年版，第 61 頁。
〔註 455〕梁啓超著：《飲冰室合集》文集之一，中華書局，1989 年版，第 63 頁。
〔註 456〕梁啓超著：《飲冰室合集》文集之一，中華書局，1989 年版，第 65 頁。

我地球，文明之界無盡，吾之願亦無盡也。」〔註 457〕《上南皮張尚書書》:「今海內大吏，求其通達西學深見本原者，莫吾師若，求其博綜中學精研究體要者，尤莫吾師若，故爲今之計，莫若用政治學院之意以提倡天下，因兩湖之舊而示以所重，以六經諸子爲經，而以西人公理公法之書輔之，以求治天下之道。」〔註 458〕又如《西學書目表後序》:「要之捨西學而言中學者，其中學必爲無用；捨中學而言西學者，其西學必爲無本。無用無本，皆不足以治天下。」〔註 459〕

如果說，細分西漢以前的儒學並以此爲眞儒學，是康有爲對中法戰爭至甲午國恥期間重建今文經學的沿承與強化，是康有爲旨在從儒學內部爲發動維新變法尋找「託古改制」的理論武器，那麼，在政治與思想、經濟與軍事、文化與教育等領域皆採取以西化儒的中西學格式，康有爲則借助其筆下的文字不僅成功發動維新變法，而且使西洋文明深入人心。康、梁以西化儒對於包括儒家經典在內的中國本土文化的巨大衝擊與重建今文經學帶來的子學大解放，以及梁啓超倫理學、史學、子學新變第一期，康有爲與梁啓超一起，使本來處於危機中的傳統儒學終將無法收復失地。

第四節　出亡海外後期

1903～1913 年，黃節、鄧實不僅加入出亡海外後期的康有爲、梁啓超以儒（中）並存嬗變「九江學派」的行列，而且，黃、鄧與梁一起推動「九江學派」在倫理、史學、子學等領域的巨變。與此同時，即使黃、鄧與康、梁在儒西並存、批判中國舊史與重視子學等方面具有相同點，但是，種族革命與平滿漢之界是橫跨於彼此的鴻溝，故其所論的主旨多有不同。

一、平滿漢之界與種族革命

即使梁啓超在一定時期內對孫中山革命派頗有好感，但在康有爲的痛斥下仍然堅守其制定的平滿漢之界的策略。反之，1902 年以創辦《政藝通報》被推向時代前沿的黃節、鄧實，開始走上推翻清王朝的革命道路。相對於維新變法的宏偉藍圖來說，平滿漢之界是康、梁維新事業的冰山一角，對於

〔註 457〕梁啓超著：《飲冰室合集》文集之一，中華書局，1989 年版，第 94 頁。
〔註 458〕梁啓超著：《飲冰室合集》文集之一，中華書局，1989 年版，第 105～106 頁。
〔註 459〕梁啓超著：《飲冰室合集》文集之一，中華書局，1989 年版，第 129 頁。

黃、鄧而言，推翻異族統治者則是其最主要的事業，因此，種族革命極大影響黃、鄧的學術思想。

1. **康、梁平滿漢之界**

1901 年梁啓超在《南海康先生傳》中以「滿漢不分，居民同治」作爲康南海之中國政策，而且強調仇滿的危害，「近年聯漢撲滿之議頗行，先生以爲驟生此界，是使中國分裂，而授外國以漁人之利也。苟能使去專制之秕政，進人民之公益，則漢人自居國民之大多數，兩利俱存，何必仇滿。」〔註 460〕1908 年康有爲在《海外亞美歐非澳五洲二百埠中華憲政會僑民公上請願書》一文中提出「九願」，其三爲「盡除滿、漢之名籍，而定國名曰中華」。康有爲嚴斥種族革命之論，「今革命之說紛紜，皆起於滿、漢之別異，夫漢乃劉氏之朝號，僅與李唐、趙宋、朱明同科，劉氏亡則漢不存，改玉改步，易姓易朝，已往之跡久矣，與今中國人無與。及國朝入關定鼎以來，同爲清朝，一朝之時，不能容兩朝號。曰漢固無可解，即滿州本國故號，已爲清朝，應同除去。乃昔誤法金元之失策，不知上師北魏之宏規，仍存滿、漢之名籍，致生今日之內訌，商民等私竊憂之。」〔註 461〕「自滿、漢及蒙、回、藏既同隸一國，並當同爲中華國人，不得殊異。」〔註 462〕有感於光緒的知遇之恩，是康有爲持平滿之界、反對種族革命的主要原因。1908 年，康有爲在《祭清光緒帝文》一文中將維新變法的功績冠於光緒，「惟我聖主之大仁兮，捨身救中國之民。惟我聖主之至明兮，通時變而決維新。惟我聖主之英武兮，掃二千年舊弊之霾霧。惟我聖主之大公兮，開萬億世憲政之公道。」〔註 463〕1910 年，康有爲撰寫《請查拿亂首歐榘甲等稟》，不僅與傾向革命的門人歐榘甲楚河漢界，而且欲將其整治於法。1911 年，康有爲在《救亡論》一文中列舉「革命後中國民生慘狀」，一是生計之敗，二是盜賊之多，三是殺戮流離之慘〔註 464〕。以上事實有力地說明，康有爲是支持平滿漢之界與反對種族

〔註 460〕梁啓超著：《飲冰室合集》文集之六，中華書局，1989 年版，第 85 頁。

〔註 461〕康有爲撰，姜義華、張榮華編校：《康有爲全集》（第八集），中國人民大學出版社，2007 年版，第 412 頁。

〔註 462〕康有爲撰，姜義華、張榮華編校：《康有爲全集》（第八集），中國人民大學出版社，2007 年版，第 413 頁。

〔註 463〕康有爲撰，姜義華、張榮華編校：《康有爲全集》（第九集），中國人民大學出版社，2007 年版，第 14 頁。

〔註 464〕康有爲撰，姜義華、張榮華編校：《康有爲全集》（第九集），中國人民大學出版社，2007 年版，第 225～226 頁。

革命的。

師從康有爲至出亡海外前期，1896 年撰寫的《變法通議》可以說是梁啓超嚴格執行康有爲平滿漢之界策略的文章。梁啓超在《變法通議》中設有《論變法必自平滿漢之界始》一處，不僅指出平滿漢之界的意義，強調反其道行之的危害，而且列舉實行平滿漢之界的措施。「自漢以後，支那之所以漸進於文明，成爲優種人者，則以諸種之相合也。惟其相合，故能並存。」〔註 465〕因此，「平滿漢之界，誠支那自強之第一階梯也。」〔註 466〕梁啓超認爲，若持種族之爭，則滿漢陷入長期動亂，「夫以黃色種人與白色種人相較，其爲優爲劣，在今日固有問矣。至其末後之戰，勝敗如何，則未能懸定也。」〔註 467〕爲平滿漢之界，梁啓超提出以下措施：一是散籍貫，二是通婚姻，三是並官缺，四是廣生計。持大同理想的梁啓超還將平滿漢之界拓展至平黃種人之界。「然則吾之所願望者，又豈惟平滿漢之界而已，直當凡我黃種人之界而悉平之，而支那界，而日本界，而高麗界，而蒙古界，而暹羅界，以迄亞洲諸國之界，太平洋諸島之界，而悉平之，以與白色種人相馳驅於九萬里周徑之戰場，是則二十世紀之所當有事也。」〔註 468〕與此同時，梁啓超鮮明反對革命之論。「今我國之志士，有憤嫉滿人之深閉固拒，思倡爲滿漢分治之論，倡爲革命之論者，雖然，其必有益於支那乎，則非吾之所敢言也。何也？凡所謂志士者，以保全本國爲主義也。今我國民智未開，明自由之眞理者甚少，若倡革命，則必不能如美國之成就，而其糜爛將有甚于法蘭西西班牙者，且二十行省之大，四百餘州之多，四百徵兆民之眾，家揭竿而戶竊號，互攻互爭互殺，將爲百十國而有未定也。而何能變法之言，即不爾，而群雄乘勢剖而食之，事未成而國已裂矣，故革命者最險之著，而亦最下之策也。」〔註 469〕1898 年梁啓超撰寫《戊戌政變記》，將《光緒聖德記》作爲附錄三，顯示此期他與康有爲的一致性。

即使恪守康有爲平滿漢之界的思想，但是，自 1901 年開始撰寫了一系列史學、政學著述的梁啓超，不僅早在《變法通議》中就顯示出作爲黃種人、漢族的自信，而且留意歷史與人種之關係和時代特徵，從而爲平滿漢之界

〔註 465〕梁啓超著：《飲冰室合集》文集之一，中華書局，1989 年版，第 78 頁。
〔註 466〕梁啓超著：《飲冰室合集》文集之一，中華書局，1989 年版，第 81 頁。
〔註 467〕梁啓超著：《飲冰室合集》文集之一，中華書局，1989 年版，第 78～79 頁。
〔註 468〕梁啓超著：《飲冰室合集》文集之一，中華書局，1989 年版，第 83 頁。
〔註 469〕梁啓超著：《飲冰室合集》文集之一，中華書局，1989 年版，第 80～81 頁。

注入豐富的內容。梁啓超在《變法通議》中說：「分割以後，則漢人滿人雖同爲奴隸，然漢人人數太多，才智不少，尚可謀聯合以爲恢復獨立之事，滿人則既寡且愚且弱，雖不遭報復於漢人，亦長爲白種人之牛馬而已。」〔註470〕1897年梁啓超在《記自強軍》中說，「黃種之聰明材力，堅定耐苦，無一事弱於白種。」〔註471〕1902年梁啓超在《論中國學術思想變遷之大勢》中指出，在胚胎時代，「中國種族不一，而其學術思想之源泉，則皆自黃帝子孫來也。……上古之歷史，至黃帝而一變，……黃帝時代，其文學之發達，不能到此位，固無待言，要其進步之信而有徵者四事，曰制文字，曰定曆象，曰作樂律，曰興醫藥，是也。黃帝四征八討㠂至海，南至江，西至流沙，北逐葷粥，蓋由經驗之廣，交通之繁，屢戰異種之民族而吸收之，得智識交換之益，故能一洗混沌之陋，而燦然揚光華也。」〔註472〕對於歷史與人種的關係，梁啓超有下述言論，一是1901年在《中國史敘論》中置有《人種》一節，指出中國史範圍之各人種，不下數十，而苗種、漢種、圖伯特種、蒙古種、匈奴種、通古斯族爲最著名關係者，僅就漢種而言其種界亦不能斷定〔註473〕；二是1902年在《新史學》中設有《歷史與人種之關係》一節，強調歷史與人種的緊密關係，主張人種五種說。「舍人種則無歷史。」〔註474〕「然今所通行，則五種之說，所謂黃色種白色種棕色種黑色種紅色種是也。」〔註475〕三是1902年在《保教非所以尊孔論》中將「保種」納入「保國」的範圍，「竊以爲我輩自今以往，所當努力者，惟保國而已。若種與教，非所亟亟也。何則，彼所云種種者，保黃種乎？保華種乎？其界限頗不分明，若云保黃種也，彼日本亦黃種。今且浡然興矣，豈其待我保之？若云保華種也，吾華四萬萬人，居全球人數三分之一，即爲奴隸爲牛馬，亦未見其能滅絕也。國能保則種自莫強，國不存則雖保此奴隸牛馬，使孳生十倍於今日，亦奚益也。故保種之事，即納入於保國之範圍中，不能別立名號者也。」〔註476〕

1905年，梁啓超以政治角度立言，以開明專制適用於今日之中國爲主

〔註470〕梁啓超著：《飲冰室合集》文集之一，中華書局，1989年版，第79頁。
〔註471〕梁啓超著：《飲冰室合集》文集之二，中華書局，1989年版，第32頁。
〔註472〕梁啓超著：《飲冰室合集》文集之七，中華書局，1989年版，第5頁。
〔註473〕梁啓超著：《飲冰室合集》文集之六，中華書局，1989年版，第5～7頁。
〔註474〕梁啓超著：《飲冰室合集》文集之九，中華書局，1989年版，第11頁。
〔註475〕梁啓超著：《飲冰室合集》文集之九，中華書局，1989年版，第12頁。
〔註476〕梁啓超著：《飲冰室合集》文集之九，中華書局，1989年版，第50～51頁。

旨，撰寫《開明專制論》。針對種族革命論者對於種族、專制國家的認識，梁啓超有下述論述：一是將競爭分爲 2 類。「競爭有二，一異種類之競爭，二同種類之競爭，二者常並時而行。」〔註 477〕二是將國家分爲 2 類，並指出今日之中國未可稱爲專制國。「國家之種類，大別凡二，一曰非專制的國家，二曰專制的國家。」〔註 478〕專制的國家「一曰君主的專制國家，二曰貴族的專制國家，三曰民主的專制國家」〔註 479〕。「今日之中國未可稱爲專制國。」〔註 480〕三是指出種族革命、政治革命的正確途徑。「欲爲種族革命者，宜主專制而勿主共和。欲爲政治革命，宜以要求而勿以暴動。」〔註 481〕在此基礎上，1905 年梁啓超撰寫《申論種族革命與政治革命之得失》，繼續以政治方面分析種族革命、共和立憲皆不可，並以此作爲解決問題的先導。梁啓超對種族革命有下述判斷：一是否定種族革命是政治革命之目的、手段論。「種族革命，實不可以達政治革命之目的者也。隨而反其斷案曰：故種族革命，吾輩所不當以爲手段者也。」〔註 482〕二是指斥種族革命之復仇論。「論者斷斷自辨，謂彼之排滿，非狹隘的民族復仇主義。以吾觀之，彼實始終未嘗能脫此範圍。」〔註 483〕三是以爲滿洲殊非純粹的異族。「吾所主張，則謂滿洲於我，不能謂爲純粹的異民族也。」〔註 484〕對於種族革命論者提出的滿族在競爭中占優之問題，梁啓超主張以君主立憲解決。「固認滿洲已同化於我民族，間有一二未同化者，而必終歸於同化。故一旦立憲而行自由競爭，則惟有國民個人之競爭，而決無復兩民族之競爭。論者所謂某族佔優勢者，其實不足以成問題也。」〔註 485〕

正是由於既有身爲漢族、黃種人的自信，也將種族置於人類歷史的考察範圍，即使黃節、鄧實也提倡民族主義與尚武精神，但梁啓超所倡論的民族主義，所闡述的時代特徵，所呈現的中國武士道，是具有世界性的，均高於黃、鄧。梁啓超指出，「民族主義者，世界最光明正大公平之主義也，不使他

〔註 477〕梁啓超著：《飲冰室合集》文集之十七，中華書局，1989 年版，第 14 頁。
〔註 478〕梁啓超著：《飲冰室合集》文集之十七，中華書局，1989 年版，第 17 頁。
〔註 479〕梁啓超著：《飲冰室合集》文集之十七，中華書局，1989 年版，第 17 頁。
〔註 480〕梁啓超著：《飲冰室合集》文集之十七，中華書局，1989 年版，第 20 頁。
〔註 481〕梁啓超著：《飲冰室合集》文集之十七，中華書局，1989 年版，第 75 頁。
〔註 482〕梁啓超著：《飲冰室合集》文集之十九，中華書局，1989 年版，第 16～17 頁。
〔註 483〕梁啓超著：《飲冰室合集》文集之十九，中華書局，1989 年版，第 35 頁。
〔註 484〕梁啓超著：《飲冰室合集》文集之十九，中華書局，1989 年版，第 35 頁。
〔註 485〕梁啓超著：《飲冰室合集》文集之十九，中華書局，1989 年版，第 34 頁。

族侵我之自由，我亦毋侵他族之自由。其在於本國也，人之獨立，其在於世界也，國之獨立。使能率由此主義，各明其界限以及於未來永劫，豈非天地間一大快事？」〔註 486〕梁啓超認爲，「今日之中國，過渡時代之中國也。……過渡時代者，實千古英雄豪傑之大舞臺也。」〔註 487〕由於將民族置於一個獨立國家的考慮範圍，以及對於時代特徵有深度認識，無論是 1896 年撰寫的《三先生傳》，還是 1902～1909 年期間撰寫的《張博望班定遠合傳》《趙武靈王傳》《袁崇煥傳》《中國殖民八大偉人傳》《意大利建國三傑》《英國巨人克林威爾》《鄭和傳》《王荊公》等，梁啓超筆下即是世界上之大人物，多具有過渡時代人物的冒險性、忍耐性、別擇性，就是一個國家、民族得以屹立於近世的民族精神。反之，由於黃、鄧欠缺世界眼光，執以《春秋》「攘夷」傳統，他們所主張的民族主義是一種狹隘的民族主義，他們所展示的尚武精神其實就是遺民精神。鄧實在《國學今論》中指出，「宋學嚴彝夏內外之防則有民族之思想，大死節復仇之義則尚武之風，民族主義立尚武之風行，則中國或可不亡，雖亡而民心未死，終有復興之日，是則漢學宋學之眞也。」〔註 488〕出現於《黃史列傳》的李用、陳子壯、張家玉、屈大均等與《宋遺儒略論》，黃節塑造的在很大程度上其實就是以「五胡之亂，十六州之割，兩河三鎭之亡」爲歷史舞臺的宋明遺民，黃節就是以此作爲黃種人之國魂與漢族之民族意識。

2. 種族革命

1902～1911 年以《政藝通報》《國粹學報》爲陣地，撰寫與刊載一系列關涉史學與論學之文章，並最終形成一股浩大的時代思潮，以武力推翻清王朝，是黃節、鄧實學術人生的重要時期，也是二人種族革命思想展現最爲充分的時期。

即使黃節在《春秋攘夷大義發微》一文中指出，「夫內夏外夷之辨，《春秋》持之至嚴，自董仲舒……於是《春秋》華夷之限遂至大潰。……非吾種人，蓋必不可進也。雖然《春秋》嚴華夷之限則吾種人而有夷狄之行，亦夷狄之不必其居夷地也。」〔註 489〕但是，黃節、鄧實殊非一般意義上以嚴守《春

〔註 486〕梁啓超著：《飲冰室合集》文集之六，中華書局，1989 年版，第 20 頁。
〔註 487〕梁啓超著：《飲冰室合集》文集之六，中華書局，1989 年版，第 27～28 頁。
〔註 488〕黃節、鄧實主編：《國粹學報》（三），廣陵書社，2006 年版，第 74 頁。
〔註 489〕黃節、鄧實主編：《國粹學報》（五），廣陵書社，2006 年版，第 2171 頁。

秋》「尊王攘夷」傳統而推翻清王朝，而是以異族統治漢族、黃種之中國歷史作爲種亡、國亡、學亡。黃節在《〈國粹學報〉敘》中說：「一國則必有其立國之精神焉，……滅之則必滅其種族而後可，滅其種族則必滅其國，學而後可。……學亡則亡國，國亡則亡族，吾國之國體則外族專制之國體也，吾國之學說則外族專制之學說也。」〔註490〕「於吾中國者，外族專制之國而非吾民族之國也。學於吾中國者，外族專制之學而非吾民族之學也，而吾之國之學之亡也，殆久矣乎。」〔註491〕鄧實在《國學微論》中說：「夫儒之眞安在仲尼有言誦詩三百可以授政，《春秋》經世先王之志，……《春秋》嚴內夏外夷之大防，小戎則赴商秦風，則同仇風雨而不已雞鳴，歲寒然後知松柏，語曰士可殺不可辱，孔子曰朝聞道夕死可矣，是則吾儒所以致命，遂志殺身成仁，愛國保種存學救世不刊之大義也。」〔註492〕因此，種族革命承載著黃、鄧興種、興國、興學的重任。

最能反映黃節種族革命思想的是其從1897年開始撰寫並刊載於《國粹學報》的《黃史》。從《黃史》之《總敘》《種族書》《禮俗書》《物土書》《地平書》到其《列傳》，都體現黃節明夷夏之辨，飽含其種族之痛。黃節在《總敘》中說：「西方哲儒論史學之關係有國家與人種兩端。……悲夫，吾國種族史之亡而社會無傳記也。」〔註493〕「史亡則有國亡，種亡之慘乃取官書正史而讀之，手之所披目之，所接人曾錯出，其有籍通而降者，又竄亂十九。」〔註494〕從《種族書》《禮俗書》《物土書》到《地平書》，都反映黃節「統於黃帝以迄今日，以述吾種人興替之跡」〔註495〕的撰述主旨。黃節自言：「諸夏親？不可棄也，吾爲此懼，作《種族書》。」〔註496〕從「吾民族來自西方，吾質諸古書尤信」〔註497〕之「種源」，到「吾種人自崑崙東下，宅於黃河流域，繁殖四千，爲文明之裔而當考其種所自出」〔註498〕之「種別」，到「吾族立國聲教所至實踰崑崙五千里而有餘也。……吾舊族來自崑崙，黃帝眷懷祖國，嘗踰崑

〔註490〕黃節、鄧實主編：《國粹學報》（三），廣陵書社，2006年版，第7頁。
〔註491〕黃節、鄧實主編：《國粹學報》（三），廣陵書社，2006年版，第6頁。
〔註492〕黃節、鄧實主編：《國粹學報》（三），廣陵書社，2006年版，第56頁。
〔註493〕黃節、鄧實主編：《國粹學報》（三），廣陵書社，2006年版，第405頁。
〔註494〕黃節、鄧實主編：《國粹學報》（三），廣陵書社，2006年版，第407頁。
〔註495〕黃節、鄧實主編：《國粹學報》（三），廣陵書社，2006年版，第407頁。
〔註496〕黃節、鄧實主編：《國粹學報》（三），廣陵書社，2006年版，第411頁。
〔註497〕黃節、鄧實主編：《國粹學報》（三），廣陵書社，2006年版，第413頁。
〔註498〕黃節、鄧實主編：《國粹學報》（三），廣陵書社，2006年版，第413頁。

崙而西」〔註 499〕之「立國」，到「稱中國又爲最通稱矣」〔註 500〕之「國名」，黃節不僅在《種族書》中正黃種之源，而且以異族入侵爲「氏族變」，以亡夷夏之分之和親爲「通種」，以「《春秋》內外之義最霾於今者，曰尊禮重信親德而亡種族之別」〔註 501〕，提出嚴防女眞人，明辨日本與華夏雖同種之別，痛斥「明人夢夢西方白種之侵入則若荷蘭之於臺灣，葡萄牙之於濠鏡，皆發於有明季年」〔註 502〕，體現黃節明辨「華夷」的決心。正是由於「種類不同，宗教不同，禮俗不同，語言文字不同者哉」〔註 503〕，黃節以《禮俗書》展現黃種禮俗之美，「吾述禮俗而遠及太古，將觀縷而不切於事情，故其所爲禮俗則美矣。」〔註 504〕「無教化之民也，沿之而爲俗尙之而爲禮，微黃帝興，彼赫胥無懷之民，吾又安知其果有異於是邪？……黃帝帝行天下，方制萬里經土設井以塞訟端，於斯之時，民之區於八家者。……黃帝乃爲禮以善俗禮之著也」〔註 505〕，以《物土書》展現神州瑰瑋，「吾爲援溯古初以迄近代，敘帝王之政及後世言物土之學，以著於篇，以實此神州瑰瑋，作《物土書》」〔註 506〕，以《地平書》展現黃種周官地制，「竊原周官制地之法，博採儒先之說，以釋其數而求其平後王有起明其數以復其制，必亦有取乎是者，作《地平書》。」〔註 507〕

可以說，《種族書》《禮俗書》《物土書》《地平書》就是唐玨、謝翔、徐光啓、陳子壯、張家玉、陳邦彥、鄺露、徐孚遠、劉因、李用、張斐、王通、金履祥、李世熊、呂大圭等被置於《黃史列傳》的先賢爲之奮鬥的精神家園，黃節不僅使以上人物各有一傳，而且搜集宋亡有著述遺存的遺民 50 多人，撰寫《宋遺儒略論》，「自有宋之亡，仗節死義之士遠軼前古。論者以爲程朱諸賢講道論德之風有以致此，理或然與，然以君臣之義範圍一世，概論死節者誠未知其椎心泣血繼之，以死尤有國恥之痛存焉。何以明其然也？夫死者已矣，吾論生者如上所述，類無一命之寄而皆卓然不屈，恥爲臣虜。凡五十餘人，……

〔註 499〕黃節、鄧實主編：《國粹學報》（三），廣陵書社，2006 年版，第 417 頁。
〔註 500〕黃節、鄧實主編：《國粹學報》（三），廣陵書社，2006 年版，第 419 頁。
〔註 501〕黃節、鄧實主編：《國粹學報》（三），廣陵書社，2006 年版，第 424 頁。
〔註 502〕黃節、鄧實主編：《國粹學報》（三），廣陵書社，2006 年版，第 434 頁。
〔註 503〕黃節、鄧實主編：《國粹學報》（三），廣陵書社，2006 年版，第 410 頁。
〔註 504〕黃節、鄧實主編：《國粹學報》（三），廣陵書社，2006 年版，第 444 頁。
〔註 505〕黃節、鄧實主編：《國粹學報》（三），廣陵書社，2006 年版，第 445 頁。
〔註 506〕黃節、鄧實主編：《國粹學報》（七），廣陵書社，2006 年版，第 3208 頁。
〔註 507〕黃節、鄧實主編：《國粹學報》（七），廣陵書社，2006 年版，第 3319 頁。

發明經訓，足爲後世取法。」〔註 508〕此外，黃節撰寫《元魏至元之學者傳》以體現人心之升降，「吾視元之儒者又在在而有也，故自元以來，吾取其有著述之可見者，以道其實而著於篇，五代而上，其著述多佚則刺取言行，後之君子讀之亦可以見其時人心學術之升降矣。」〔註 509〕因此，出現於黃節筆下的人物畫廊皆能從正反兩面展現何謂黃種之靈魂，何謂人心之升降。

與黃節更多地是以史著宣揚種族革命不同，鄧實是以論文呈現其種族革命思想。鄧實在《國學原論》中指出，「嘗考神州種族，厥有二種，一曰本族，是曰黎民，一曰客族，是曰百姓。」〔註 510〕鄧實認爲，本族之黎民在春秋以前創中國鬼神學派，「故鬼神一派之學，其原雖始於黎民，至夏中葉而大盛矣，此春秋以前中國之鬼神學派也。」〔註 511〕鄧實在《國學微論》中指出，神州學術始於鬼神術數，「神州學術，其起原在乎鬼神術數而已，鬼神術數之學，其職掌在乎史官而已。」〔註 512〕鄧實在《國學今論》中論及順康之世的六先生與漢宋學之眞，「故六先生（按：指顧炎武、黃宗羲、王夫之、孫夏峰、李二曲、顏元）之學派不同，而其以經世有用實學爲宗則同，其讀書通大義，不分漢宋則同，其懷抱國仇，痛心種族至死不悔則同。」〔註 513〕「漢學宋學皆有其眞，得其眞而用之皆可救今日之中國，夫漢學解釋理欲則發明公理，輟拾遺經則保存國學，公理明則壓制之禍免而民權日伸，國學存則愛國之心有以附屬而神州或可再造。宋學嚴彝夏內外之防則有民族之思想，大死節復仇之義則尙武之風，民族主義立尙武之風行，則中國或可不亡，雖亡而民心未死，終有復興之日，是則漢學宋學之眞也。」〔註 514〕

二、倫理學、史學、子學新變第二期

由於種族革命是黃節、鄧實尤其是鄧實學術人生的主要內容，1911 年辛亥革命爆發成爲黃、鄧學術生涯的轉折點。即使不同於鄧實自此以後沉迷於收藏書籍、古玩而不問政事，兼及從政與主講清華、北大的黃節也難以在倫

〔註 508〕黃節、鄧實主編：《國粹學報》（十一），廣陵書社，2006 年版，第 5955～5956 頁。
〔註 509〕黃節、鄧實主編：《國粹學報》（九），廣陵書社，2006 年版，第 4789 頁。
〔註 510〕黃節、鄧實主編：《國粹學報》（三），廣陵書社，2006 年版，第 16 頁。
〔註 511〕黃節、鄧實主編：《國粹學報》（三），廣陵書社，2006 年版，第 19 頁。
〔註 512〕黃節、鄧實主編：《國粹學報》（三），廣陵書社，2006 年版，第 27 頁。
〔註 513〕黃節、鄧實主編：《國粹學報》（三），廣陵書社，2006 年版，第 59～60 頁。
〔註 514〕黃節、鄧實主編：《國粹學報》（三），廣陵書社，2006 年版，第 74 頁。

理學、史學等領域再有創獲。反之，維新變法失敗後，梁啓超甚少將其學術思想深陷於政治，故除史學以外，與黃、鄧相比，梁啓超的倫理學、子學新變不僅延續於嬗變「九江學派」的每一期，而且其倫理學、史學、子學論述的廣度、深度都遠高於黃、鄧。

1. **倫理學新變**

與梁啓超的倫理學新變分爲前、中、後 3 期不同，黃節的倫理學研究集中體現於《黃史》中的《禮俗書》《倫理書》。由於黃節是以復興古學應對西學東漸、列強侵入與反對異族統治，因此，雖然黃節是結合西方禮俗討論中國自黃帝以來的禮俗，是以西方倫理學的內容分析儒家倫理，但其所論無不呈現黃節對中國本土倫理的高度認同。這與梁啓超此期的倫理學新變是具有一致性的。

（1）梁啓超的倫理學新變

如果說，出亡海外前期梁啓超的倫理學新變主要表現在指斥中國舊道德、主張以學習西方新道德以實現「新民」，那麼，除 1903 年《論中國國民之品格》一文仍然嚴厲指斥中國人之品格，「我國民之品格，一埃及印度人之品格也，其缺點多矣，不敢枚舉，舉其大者。一愛國心之薄弱，一獨立性之柔脆，一公共心之缺乏，一自治力之欠闕。」〔註 515〕「此數者，皆人道必不可缺之德，國家之元氣，而國民品格之所以成具者也。四者不備，時曰非人，國而無人，時曰非國，非人非國，外人之輕侮又烏足怪也？」〔註 516〕梁啓超開始注意從本土文化中挖掘中國武士道與以先儒德育爲鑒，並最終在《中國道德之大原》中形成他對於中西道德的系統認識。

一是弘揚中國武士道與以先儒德育爲鑒。梁啓超在 1899 年撰寫的《自由書》不僅稱許日本武士道，而且指出中國缺乏尚武精神。1904 年，梁啓超在《中國之武士道》中仍然以「武士道」爲日本國魂，但他強調說：「雖然，此武士道者，寧於東洋爲日本所專有之一物哉？吾中國者，特有之而不知尊重以至於銷滅而已。」〔註 517〕因此，梁啓超「既述春秋戰國以迄漢初，我先民之以武德著聞於太史者，爲中國之武士道一卷」〔註 518〕。梁啓超就是以孔

〔註 515〕梁啓超著：《飲冰室合集》文集之十四，中華書局，1989 年版，第 2～4 頁。
〔註 516〕梁啓超著：《飲冰室合集》文集之十四，中華書局，1989 年版，第 5 頁。
〔註 517〕梁啓超著：《飲冰室合集》專集之二十四，中華書局，1989 年版，第 2 頁。
〔註 518〕梁啓超著：《飲冰室合集》專集之二十四，中華書局，1989 年版，第 17 頁。

子、曹沫、弘演、先軫等近 80 人展現中國之武士道，「欲發吾宗之家實以示子孫，今而後吾知吾國尚武之風，零落數千年，至是而將復活，而能振吾族於蕉顇凌夷之中。」〔註 519〕1905 年梁啓超以「於泰西名著，萬未閱一，憑藉譯本，斷章零句，深懼滅裂以失其眞」〔註 520〕爲由，抄錄王陽明、二程、劉宗周、呂坤等中國先儒學說，並以「啓超謹案」撰寫案語，撰寫《德育鑒》。梁啓超不僅挖掘先哲德育之精髓，而且揚言：「我先民所以詔我者，實既足以供我受用而有餘。」〔註 521〕足見梁啓超對於中國古代德育的自信。

二是對於中西道德系統的認識。1912 年梁啓超撰寫的《中國道德之大原》，可視爲此期他對於中西道德的總結，其主要內容有四：一是對於本國道德之自信。「今之言道德者，或主提倡公德，或主策勵私德，或主維持舊德，或主輸進新德。其言固未嘗不各明一義，然吾以爲公私新舊之界，固不易判明，亦不必強生分別。自主觀之動機言之，凡德皆私德也。自客觀影響所及言之，凡德皆公德也。德必有本，何新非舊，德貴時中。何舊非新，惟既以德牖民，則擇途當求簡易。」〔註 522〕二是對於「新民」的更爲辨正的認識。「吾以爲吾國人之種性，其不如人之處甚多，吾固承之而不必深爲諱也。然而人各有短長，人性有然，國性亦然。吾之所蘊積，亦實有優異之點，爲他族所莫能逮者。吾又安可以自蔑。」〔註 523〕「國民既有一種特異之國性，以界他國而自立於大地，其養成之也固非短時間少數人所能有功。其毀壞之也亦非短時間少數人所能爲力。」〔註 524〕三是指斥西方倫理學之不足，「西哲倫理之學，非不微妙直捷，纖悉周備，然義由外鑠，受用實難。吾以爲道德最高之本體，固一切人類社會所從同也。至其具象的觀念，及其衍生之條目，則因時而異，因地而異。」〔註 525〕四是以報恩、明分、慮後爲中國「社會賴之以維持不敝者」〔註 526〕與兼論西方報恩、明分、慮後。梁啓超指出，「夫報恩之義，所以聯屬現社會與過去之社會，使生固結之關係者，爲力最偉焉。吾國所以能綿歷數千年使國性深入而鞏建者，皆恃此也。」

〔註 519〕梁啓超著：《飲冰室合集》專集之二十四，中華書局，1989 年版，第 2 頁。
〔註 520〕梁啓超著：《飲冰室合集》專集之二十六，中華書局，1989 年版，第 2 頁。
〔註 521〕梁啓超著：《飲冰室合集》專集之二十六，中華書局，1989 年版，第 2 頁。
〔註 522〕梁啓超著：《飲冰室合集》文集之二十八，中華書局，1989 年版，第 13 頁。
〔註 523〕梁啓超著：《飲冰室合集》文集之二十八，中華書局，1989 年版，第 12 頁。
〔註 524〕梁啓超著：《飲冰室合集》文集之二十八，中華書局，1989 年版，第 13 頁。
〔註 525〕梁啓超著：《飲冰室合集》文集之二十八，中華書局，1989 年版，第 14 頁。
〔註 526〕梁啓超著：《飲冰室合集》文集之二十八，中華書局，1989 年版，第 14 頁。

〔註 527〕「吾國倫常之教，凡以定分，凡以正則也，而社會之組織，所以能強固緻密搏之不散者，正賴此矣。」〔註 528〕「我國最尊現實主義者也，而又最重將來。夫各國之教祖，固未有不以將來爲教者矣。然其所謂將來者，對於現世而言來世也，其爲道與現社會不相屬，我國教義所謂將來，則社會聯鎖之將來也。」〔註 529〕

與此同時，梁啓超聯繫比較西方之報恩、慮後，「此義（按：指報恩）在今世歐美之倫理學者，未嘗不大聲疾呼，思以厲末俗，而爲效蓋寡，蓋報恩之義未深入人心也。」〔註 530〕「今日歐西社會受病最深者，一曰個人主義，二曰現在快樂主義。兩者相合，於是其人大率以有家爲累，以慮後爲迂。」〔註 531〕尤爲重要的是，梁啓超在論述「明分」時對於平等、進取與保守有了嶄新的認識，「我國德教所尊論也。而或者疑定分則顯懸階級，與平等之義不相容；安分則畸於保守，與進取之義尤相戾。殊不知平等云者，謂法律之下無特權已耳。若夫人類天然之不平等，斷非以他力所能劃除。……苟人人不安於其本分，而日相率以希翼於非分，勢必至盡荒其天職，而以互相侵軼爲事，則社會之紐絕矣。」〔註 532〕梁啓超以報恩、明分、慮後作爲中國道德之本源，且揚言道：「故吾願世之以德教爲己任者，毋鶩玄遠之談，毋銜新奇之說，毋養一指而遺肩，毋厭家雞而羨野鶩。」〔註 533〕這與他在 1912 年以國語、國教、國俗作爲國性具象，而撰寫的《國性篇》所體現的對於本國文化的自信是一致的，「吾儕爲外界所厭迫所簸扇，而吾數千年傳來國性之基礎，岌岌乎若將搖落焉，此吾所爲慄然懼也。」〔註 534〕

（2）黃節的倫理學新變

黃節的倫理學新變有二：一是細分中國禮俗與尊中抑西、尊漢抑夷。稱許自黃帝以來的中國禮俗，以此應對西學東漸對中國禮俗的衝擊，是黃節在《黃史》中專設《禮俗書》的主要原因。「無教化之民也，沿之而爲俗尙之而

〔註 527〕梁啓超著：《飲冰室合集》文集之二十八，中華書局，1989 年版，第 16 頁。
〔註 528〕梁啓超著：《飲冰室合集》文集之二十八，中華書局，1989 年版，第 19 頁。
〔註 529〕梁啓超著：《飲冰室合集》文集之二十八，中華書局，1989 年版，第 19 頁。
〔註 530〕梁啓超著：《飲冰室合集》文集之二十八，中華書局，1989 年版，第 16 頁。
〔註 531〕梁啓超著：《飲冰室合集》文集之二十八，中華書局，1989 年版，第 19 頁。
〔註 532〕梁啓超著：《飲冰室合集》文集之二十八，中華書局，1989 年版，第 16～17 頁。
〔註 533〕梁啓超著：《飲冰室合集》文集之二十八，中華書局，1989 年版，第 20 頁。
〔註 534〕梁啓超著：《飲冰室合集》文集之二十九，中華書局，1989 年版，第 85 頁。

爲禮，微黃帝興，彼赫胥無懷之民，吾又安知其果有異於是邪？……黃帝帝行天下，方制萬里經土設井以塞訟端，於斯之時，民之區於八家者。……黃帝乃爲禮以善俗禮之著也，……中原禮樂混於彝俗，……今欲進西方禮俗以變易吾國。」〔註535〕黃節從婚姻、喪禮、立君、朝儀、拜跪、祭祀、飲食、居處、冠服、文質、歌舞等11方面細述中國古代禮俗，除以進化論分析「文質」而指斥中國古代「文質」論，「由斯而談，吾國遂以野爲質，華爲文，而於文明進化之說背馳」〔註536〕，黃節在相關論述中體現其尊中抑西、尊漢抑夷的態度。其中，尊中抑西有四：一是尊中國婚姻而反對西方婚姻自由，「彼其所謂婚姻自由，男女主之而父母諧之，教主證之，非苟焉而已，吾國無其禮而欲變其俗，於戲！無寧修周官舊俗之爲愈與，又無寧而有取於閃匿特之俗之尤愈與。」〔註537〕二是反對君權專制而主張西方民主國源自中國古禮，「吾國君權專制而至於上下隔閡也，其由失古之禮與。」〔註538〕「今西方民主國絢其美治，以爲創於孟德斯鳩盧騷諸人，而用媿吾國，於戲！」〔註539〕三是以爲周制朝儀即西方平等之治，「周制三朝，一曰燕朝，一曰治朝，一曰外朝，……觀外朝之政而及萬民之詢，治朝之治而及萬民之逆，燕朝之會而及庶民。若西方平等之治，恐無以加於成周者矣。」〔註540〕四是主張復黃裳而反對歐制，「彼無人心者猶愛舊俗如此也，今憤世之士剪髮易服以從歐制，時曰趨新。」〔註541〕尊漢抑夷有三：一是以爲黃裳之失始於異族。二是反對拜跪且以此始於異族統治，「周制常朝王立於寢門之外，與君臣相揖而已。……今考元制有拜，……恥夫恥夫，此膝一屈，不可復申，今尤有足痛者，若今之所謂拜跪已非周官九拜之儀，而固女眞本俗之制矣。……自是以後，漢制蕩然，周官九拜之數不可復覩。」〔註542〕三是古樂失於異族，「然則胡樂亦古所不棄與，……痛國樂已亡，謹求於古而得《鹿鳴》一篇。」〔註543〕

二是以東方倫理要籍之綱目分析中國倫理與主張廢三綱。黃節所論之東

〔註535〕黃節、鄧實主編：《國粹學報》（三），廣陵書社，2006年版，第445頁。
〔註536〕黃節、鄧實主編：《國粹學報》（三），廣陵書社，2006年版，第469～471頁。
〔註537〕黃節、鄧實主編：《國粹學報》（三），廣陵書社，2006年版，第446頁。
〔註538〕黃節、鄧實主編：《國粹學報》（三），廣陵書社，2006年版，第448頁。
〔註539〕黃節、鄧實主編：《國粹學報》（三），廣陵書社，2006年版，第450頁。
〔註540〕黃節、鄧實主編：《國粹學報》（三），廣陵書社，2006年版，第450～452頁。
〔註541〕黃節、鄧實主編：《國粹學報》（三），廣陵書社，2006年版，第468頁。
〔註542〕黃節、鄧實主編：《國粹學報》（三），廣陵書社，2006年版，第452～453頁。
〔註543〕黃節、鄧實主編：《國粹學報》（三），廣陵書社，2006年版，第472～473頁。

方倫理學之範圍，與梁啓超以日本中學所教倫理道德之要其目一致，「東方倫理學之範圍有對於自身之倫理，對於家族之倫理，對於社會之倫理，對於國家之倫理，對於人類之倫理，對於萬有之倫理，斯蓋備於倫理者矣。」〔註 544〕對於倫理學涵蓋的 6 個方面內容，黃節不僅重點論述前 2 個內容，而且將日本中學所教倫理道德之屬於「對於自己之倫理」的「健康、生命、生命、情感、意識、職業、財產」易作「身體、精神、生活、財產、職業」，在屬於「對於家族之倫理」的「父母、兄弟、姐妹、子女、夫婦、親族、祖先、婢僕」的基礎上增加「婦姑」，將「親族」易作「族屬」。

與梁啓超將倫理作爲一門普通學科不同，黃節將倫理學與哲學、心理學區分開來。「人與人接而有倫理，其生於自然者乎，人與萬類接而有倫理，其亦生於自然者乎。故人之爲言仁也。從之爲言應也，從之爲言多也。」〔註 545〕「倫理者，無靜獨也。何謂無靜獨，無主靜，無愼獨之謂也。倫理之派別，有直覺，有實驗，是故無靜無獨。對於自己之倫理謂之靜獨，可乎。曰不可也。以身爲主而以倫理爲客則如吾國之所謂修身，有靜獨者矣，以倫理爲主而身爲客則是吾身之對於倫理也，無時而無感動，無時而無對待倫理之所以別乎哲學心理學而成科者，蓋以此與。」〔註 546〕

除身體、精神、生命、兄弟、姐妹、祖先、族屬以外，黃節是以「他日倫理之大進」的角度分析中國倫理之財產、職業、父母、子女、夫婦、婦姑、奴婢等。「財產自有主權，政府不得而侵他人，不得而過問，若是者何也？對於自己倫理以內之事也。」〔註 547〕「人之對於自己而各有職業，而積小而成大群，而群治進矣。人之對於自己而各放棄共職業，則積小已而成大君，而群治退矣。」〔註 548〕「神州家族倫理，今以男統則恒尊父。……此尊父而屈母也。」〔註 549〕「吾述父母對於子女之倫理而更得一義，他日倫理大明，欲新家族道德必自父子平等，始必自男女平等始。」〔註 550〕「他日神州倫理進化當實行一夫一妻之制，而後示以婦無二適文，其或以有義則合，無義則

〔註 544〕黃節、鄧實主編：《國粹學報》（三），廣陵書社，2006 年版，第 477 頁。
〔註 545〕黃節、鄧實主編：《國粹學報》（三），廣陵書社，2006 年版，第 477 頁。
〔註 546〕黃節、鄧實主編：《國粹學報》（三），廣陵書社，2006 年版，第 501 頁。
〔註 547〕黃節、鄧實主編：《國粹學報》（三），廣陵書社，2006 年版，第 510 頁。
〔註 548〕黃節、鄧實主編：《國粹學報》（三），廣陵書社，2006 年版，第 511 頁。
〔註 549〕黃節、鄧實主編：《國粹學報》（三），廣陵書社，2006 年版，第 525 頁。
〔註 550〕黃節、鄧實主編：《國粹學報》（三），廣陵書社，2006 年版，第 534 頁。

去。」〔註551〕「他日神州倫理大明，善處於婦姑之間。」〔註552〕「他日倫理得大進化，對於奴婢者復有兩事在實行，一妻之制而先之，以吾甄之法去奴。」〔註553〕

《禮俗書》之反對君權，《倫理書》之主張夫婦平等、父子平等，「廢三綱」成爲黃節闡述中國倫理的主要因由。「自漢宋以降，儒者之所謂修身直愛及獨身爾，斯無怪其然也。彼其於家族，國家則縛束之以三綱，而於社會，人類萬有則隨三綱之潛勢以爲轉移，故若自一身以外皆非權力所能及，即非其責任所各與。悲夫，以是之故，儒者所謂修身，無不衍有厭世之想，雖孔子亦不免也。何爲其然也，三綱者，輔翼專制者也，專制者，破壞倫理者也。」〔註554〕「今欲大廢三綱，必自掃除專制而立道德之法律。」〔註555〕

2. 史學新變

此期由黃節、鄧實完成的「九江學派」的史學新變，雖然成果不算豐富，但仍然成爲梳理「九江學派」史學嬗變的組成部分。黃節在《黃史　總敘》中從下述2個方面嚴斥中國舊史：一是欠缺種族史。「西方哲儒論史學之關係有國家與人種兩端。……悲夫，吾國種族史之亡而社會無傳記也。……吾讀舊史四千年來，其心於種族之變遷與其盛衰大概者，惟二子（許善心著《梁史》、魏收歲史）之書而已。……吾四千年史氏有一人之傳記而無社會之歷史，雖使種界常清而群治不進。」〔註556〕二是史亡則國亡。「史亡則有國亡，種亡之慘乃取官書正史而讀之，手之所披目之，所接人曾錯出，其有籍通而降者，又竄亂十九。」〔註557〕與梁啓超以中國舊史爲一家一姓之譜牒不同，黃節認爲舊史仍有可取之處。「吾觀夫六經諸子則吾群治之進退，有可以稱述者矣。不寧惟是史遷所創若河渠平準與夫刺客遊俠貨殖諸篇，其於民物之盛衰，風俗道藝之升降，靡不悉書，……吾國四千年舊史，皆一家一姓之譜牒，斯言也，毋亦過當，與又不寧惟是而已。」〔註558〕

〔註551〕黃節、鄧實主編：《國粹學報》（三），廣陵書社，2006年版，第537頁。
〔註552〕黃節、鄧實主編：《國粹學報》（三），廣陵書社，2006年版，第538頁。
〔註553〕黃節、鄧實主編：《國粹學報》（四），廣陵書社，2006年版，第1810頁。
〔註554〕黃節、鄧實主編：《國粹學報》（三），廣陵書社，2006年版，第478頁。
〔註555〕黃節、鄧實主編：《國粹學報》（三），廣陵書社，2006年版，第479頁。
〔註556〕黃節、鄧實主編：《國粹學報》（三），廣陵書社，2006年版，第405頁。
〔註557〕黃節、鄧實主編：《國粹學報》（三），廣陵書社，2006年版，第407頁。
〔註558〕黃節、鄧實主編：《國粹學報》（三），廣陵書社，2006年版，第406頁。

黃節厲斥中國舊史，源自他對史學重要性的體認，「大哉，史夫！」〔註 559〕鄧實在《國學微論》中亦不僅高度重視史學，而且嚴斥中國舊史。「夫史爲古今天下學術一大總歸，文書之庫而知識之府，故史之權於通國爲獨重，而史之識亦於通國爲獨高。」〔註 560〕「悲夫，中國之無史也。非無史，無史材也。非無史材，無史志也。非無史志，無史器也。非無史器，無史情也。非無史情，無史名也。非無史名，無史祖也。嗚呼，無史祖史名史情史器史志史材，則無史矣，無史則無學矣，無學則何以有國也。」〔註 561〕與此同時，鄧實主要沿承江都汪氏、龔自珍、章學誠等史論，「三子者，近世所號三通儒也，其學皆能成一家言者，而言若是，是亦可觀矣。」〔註 562〕

3. 子學新變

以研究子學復興民族文化，甚至是鄧實以爲的國粹，是梁啓超、鄧實此期研究子學的主旨。與梁啓超紮實、具體且留下豐富的子學研究著述相比，鄧實的子學新變更多的是以論文形式出現的。

（1）梁啓超的子學新變

如果說，梁啓超流亡海外前期子學研究新變主要體現於形成了成因研究、分期研究、地理研究、聯繫比較研究等研究方法，那麼，流亡海外後期梁啓超的子學新變不僅更多地反映於以世界眼光研究子學，而且體現在以研究子學復興民族文化的主旨上。

一是以世界眼光研究子學。梁啓超認爲，「近世法學者稱世界四法系，而吾國與居一焉。其餘諸法系，或發生早於我，而入已中絕，或今方盛行，而導源甚近。然則我之法系，其最足以自豪於世界也。」〔註 563〕這決定 1904 年梁啓超撰寫的《中國法理學發達史論》自然將儒家、道家、法家的法理學研究置於世界大舞臺。如論述法之起因時，梁啓超指出，「荀子社會學之巨擘也，其示人類在衆生界之位置，先別有生物於無生物，次別有知物於無知物，次別有理性物於無理性物，謂人類者，其外延最狹，而其內包最廣，與歐西學者之分類正同。彼之所以謂理性，荀子所謂義也，亦謂之普通性，亦謂之

〔註 559〕黃節、鄧實主編：《國粹學報》（三），廣陵書社，2006 年版，第 406 頁。
〔註 560〕黃節、鄧實主編：《國粹學報》（三），廣陵書社，2006 年版，第 29～30 頁。
〔註 561〕黃節、鄧實主編：《國粹學報》（三），廣陵書社，2006 年版，第 35～38 頁。
〔註 562〕黃節、鄧實主編：《國粹學報》（三），廣陵書社，2006 年版，第 29 頁。
〔註 563〕梁啓超著：《飲冰室合集》文集之十五，中華書局，1989 年版，第 42 頁。

大我。」〔註 564〕論述儒家最崇信自然法時，梁啓超指出，「歐西之言自然法者，亦分二宗，一曰有爲之主宰者，二曰莫爲之主宰者。而我國儒家之自然法，則謂有主宰者也。」〔註 565〕「歐洲十七八世紀之學者，主張自然法說，隨即主張民意說。惟儒家亦然。」〔註 566〕「蓋歐洲之自然法學派，謂人民宜爲立法者，儒家則謂惟知人民眞公意所在之人，宜爲立法者，而能知人民眞公意所在者，惟聖人，故惟聖人宜爲立法者也。故同主張人民公意說，而一則言主權在民，一則言主權在君，其觀察點之異，在此而已。」〔註 567〕「儒家中惟荀子之說，微有異同。荀子不認有自然法者也，隨而不取法原本天之說，而惟以人定法爲歸。」論述道家之自然法時，梁啓超指出，「道家亦認有自然法者也。雖然，其言自然法之淵源，與自然法之應用，皆與儒家異。……儒家所以營營焉經畫人定法者，曰惟信有自然法故，道家所以屑屑然排斥人定法者，亦曰惟信有自然法故。故道家對於法之觀念，實以無法爲觀念者也，既以無法爲觀念，則亦無觀念之可言。」〔註 568〕

梁啓超認爲，「今舉中國皆楊也，有儒其言而楊其行者，有楊其言而楊其行者，甚有墨其言而楊其行者，亦有不知儒不知楊不知墨而楊其行於無意識之間者。嗚呼！楊學遂亡中國，楊學遂亡中國。今欲救之，厥惟墨學，惟無學別墨而學眞墨。作《子墨子學說》。」〔註 569〕即使專門研究墨學，但是，以世界眼光觀察墨學仍然是梁啓超在 1904 年撰寫《子墨子學說》的主要方法。如論述墨子天志思想時，梁啓超指出，「子墨子之所以言天志者，凡以爲兼愛說之前提云爾。所謂天志者，極簡單而獨一無二者也，曰愛人利人是已。……與泰西之梭格拉底康德，其學說同一基礎者也，所謂道德者何？兼愛主義是已。所謂幸福者何？實行主義是已。而所以能調和之者，惟恃天志。」〔註 570〕論述墨子以利爲手段者時，梁啓超指出，「凡事利余於害者謂之利，害余於利者謂之不利。此與近儒邊沁氏比較苦樂以爲道德之標準者正同，但墨子專言利害問題，邊氏更推原苦樂以鵠利害，其言尤親切有味耳。既持此論以作教

〔註 564〕梁啓超著：《飲冰室合集》文集之十五，中華書局，1989 年版，第 47 頁。
〔註 565〕梁啓超著：《飲冰室合集》文集之十五，中華書局，1989 年版，第 56 頁。
〔註 566〕梁啓超著：《飲冰室合集》文集之十五，中華書局，1989 年版，第 62 頁。
〔註 567〕梁啓超著：《飲冰室合集》文集之十五，中華書局，1989 年版，第 63 頁。
〔註 568〕梁啓超著：《飲冰室合集》文集之十五，中華書局，1989 年版，第 66～67 頁。
〔註 569〕梁啓超著：《飲冰室合集》專集之三十七，中華書局，1989 年版，第 1 頁。
〔註 570〕梁啓超著：《飲冰室合集》專集之三十七，中華書局，1989 年版，第 10 頁。

育，則其比較不可不明，其算數不可不審，故邊氏有計質計量種種精密之法，而墨子節用節葬非樂非攻諸篇，所反覆申辨者，皆於其利害之大小三致意也。」〔註 571〕論述墨子之政術時，梁啓超指出，「墨子之政術，民約論派之政術也。泰西民約主義，起於霍布士，盛於陸克，而大成於盧梭，墨子之說，則視霍布士爲優，而精密不逮陸盧二氏。」〔註 572〕在撰寫《墨子之論理學》時，梁啓超指出，「墨子全書，殆無一處不用論理學之法則，至專言其法則之所以成立者，則惟經說上、經說下、大取、小取、非命諸篇特詳。今引而釋之，與泰西治此學者相印證焉。」〔註 573〕

1912 年，梁啓超撰寫《管子傳》，直言以世界眼光觀察管子。「據管子以傳管子，以今日之人之眼光觀察管子，以世界之人之眼光觀察管子。」〔註 574〕梁啓超設初政、法治主義、官僚政治、內政之條目、教育、經濟政策、外交、軍政等專題論述管子，隨處可見其將管子置於 20 世紀世界之大舞臺。如論及管子之初政時，梁啓超指出，「首在用人各當其材，挈裘振領之效，既可睹矣，管子則不名一長而能盡眾長，其居之不疑也。若此，西人言政治家莫貴乎有自信力，管子其自信力極強者哉。」〔註 575〕論及自由民權之學說時，梁啓超指出，「而馬氏霍氏之與吾管子，則地之相去數萬里，世之相後數千載，不期而若合符契，而其立說之偏至，又不能如吾管子之中正者也。」〔註 576〕在論及管子之官制時，梁啓超指出，「泰西之社會，以人爲單位。泰東之社會，以家爲單位。蓋家族政治，實東方之特色也。……管子則起點於家，等而上之，累數級而分爲二十一鄉五屬，此亦群治根本之異點也。管子之治，寓兵於民，故自治制亦兼軍政民政二事，所謂武政聽屬文政聽鄉是也。」〔註 577〕

二是以研究子學復興民族文化。1904 年，梁啓超撰寫《子墨子學說》，並附有《墨子之論理學》，梁啓超直言以世界眼光觀察子學的原因。「近世泰西文明導源於古學復興時代，循此例也，故今者以歐西新理比附中國舊學，其非無用之業也明矣。本章所論墨子之論理，其能否盡免於牽合附會之誚，蓋

〔註 571〕梁啓超著：《飲冰室合集》專集之三十七，中華書局，1989 年版，第 29 頁。
〔註 572〕梁啓超著：《飲冰室合集》專集之三十七，中華書局，1989 年版，第 37 頁。
〔註 573〕梁啓超著：《飲冰室合集》專集之三十七，中華書局，1989 年版，第 56 頁。
〔註 574〕梁啓超著：《飲冰室合集》專集之二十八，中華書局，1989 年版，第 3 頁。
〔註 575〕梁啓超著：《飲冰室合集》專集之二十八，中華書局，1989 年版，第 11 頁。
〔註 576〕梁啓超著：《飲冰室合集》專集之二十八，中華書局，1989 年版，第 2 頁。
〔註 577〕梁啓超著：《飲冰室合集》專集之二十八，中華書局，1989 年版，第 40 頁。

未敢自信，但勉求忠實，不誣古人，不自欺，則著者之志也。」〔註 578〕可以說，以研究子學復興復興民族文化，高揚民族精神，就是此期梁啓超子學研究的主旨。

墨子、管子是梁啓超心儀的先秦人物，梁啓超給予墨、管其人其學極高評價。1904 年梁啓超撰寫《中國之武士道》，將墨子寫入其中。「墨子聖人也，其教澤遠矣，救世之患，急人之難，無所爲而爲之。孟子稱墨子摩頂至踵以利天下。誠哉其然哉。墨學非攻而尚武，……可見墨子以戰死爲光榮，而謂求學之目的，即在於是矣，故門弟子百數，皆可赴湯蹈火，其所以爲教者使然也。故欲備軍國民資格者，不可不學墨。」〔註 579〕1904 年梁啓超在《子墨子學說》中以「千古之大實行家」〔註 580〕稱許墨子，以墨學可救今日之中國，「綜觀墨學實行之大綱，其最要莫如輕生死，次則忍苦痛。……欲救今日之中國，捨墨學之忍苦痛則何以哉？捨墨學之輕生死則何以哉？」〔註 581〕1912 年梁啓超在《管子傳》中以管子諸種思想均居於世界之先，「今天下言治術者，有最要之名詞數四焉。曰國家思想也，曰法治精神也，曰地方制度也，曰經濟競爭也，曰帝國主義也。此數者皆近二三百年來之產物，新萌芽而新發達者，歐美人所以雄於天下者，曰惟有此之故。中國人所以弱於天下者，曰惟無此之故。中國人果無此乎？曰惡。是何言！吾見吾中國人之發達是而萌芽是，有更先於歐美者，謂余不信，請語管子。」〔註 582〕因此，梁啓超認爲，「管子者，中國之最大政治家，而亦學術思想界一鉅子也。」〔註 583〕「如管子者，可以光國史矣。」〔註 584〕

正是由於以歐西新理比附中國舊學，激發梁啓超對於本土學術文化的昂揚自信。1904 年，梁啓超在《中國法理學發達史論》中說：「我國自三代以來，純以禮治爲尚，及春秋戰國之間，社會之變遷極劇烈，然後法治思想乃始萌芽。……故我國當春秋戰國間，法理學之發達臻於全盛。」〔註 585〕1904 年，

〔註 578〕梁啓超著：《飲冰室合集》專集之三十七，中華書局，1989 年版，第 55 頁。
〔註 579〕梁啓超著：《飲冰室合集》專集之二十四，中華書局，1989 年版，第 25～26 頁。
〔註 580〕梁啓超著：《飲冰室合集》專集之三十七，中華書局，1989 年版，第 4 頁。
〔註 581〕梁啓超著：《飲冰室合集》專集之三十七，中華書局，1989 年版，第 48 頁。
〔註 582〕梁啓超著：《飲冰室合集》專集之二十八，中華書局，1989 年版，第 1 頁。
〔註 583〕梁啓超著：《飲冰室合集》專集之二十八，中華書局，1989 年版，第 1 頁。
〔註 584〕梁啓超著：《飲冰室合集》專集之二十八，中華書局，1989 年版，第 85 頁。
〔註 585〕梁啓超著：《飲冰室合集》文集之十五，中華書局，1989 年版，第 42 頁。

梁啓超在《墨子之論理學》中說：「墨子之論理學，其不能如今世歐美治此學者之完備（按：8種），固無待言。雖然，即彼士亞里士多德，其缺點亦多矣，寧獨墨子，故我國有墨子，其亦足以豪也。」〔註586〕

（2）鄧實的子學新變

鄧實以漢朝爲分水嶺，將中國古代學術分爲前後2期，前期爲周秦學派，即子學、古學、國粹，周秦學派之春秋以前爲鬼神術數，後期爲儒學。「本朝學術曰漢學曰宋學曰今文學，其範圍仍不外儒學與六經而已，未有能出乎孔子六藝之外而更立一學派也，有之自今日之周秦學派始。」〔註587〕「神州學術，春秋以前歸於鬼神術數。春秋以降歸於史，漢以後歸於儒，歸於儒而無所復歸矣。」〔註588〕「漢以後神州之學術，在乎儒者之一家而已。儒者之學術，其大者在乎六經而已。」〔註589〕「鬼神術數——史官文化」成爲鄧實分析子學的視角，其子學新變亦由此而來。與此同時，以研究子學復興國粹，即是鄧實關注子學的因由。

一是以研究子學復興國粹。鄧實在《古學復興論》中指出，「曰十五世紀爲歐洲古學復興之世，而二十世紀則爲亞洲古學復興之世。夫周秦諸子則猶之希臘七賢也，土耳其毀滅羅馬圖籍猶之嬴秦氏之焚書也，舊宗教之束縛貴族封建之壓制猶之漢武之罷黜百家也。嗚呼，西學入華，宿儒瞠目，而考其實際多與諸子相符，於是乎周秦學派遂興，吹秦灰之已死，揚祖國之耿光亞洲古學復興，非其時邪？」〔註590〕針對千年來子學滅絕的史實，鄧實將其由指向漢武帝，並以子學亡即假求於外國。「蓋古學之亡久矣，雖然學以立國，無學則何以一日國於天地，於是本國無學則勢不能不求諸外國，而外學之來有其漸矣。」〔註591〕鄧實指出，西學東漸的過程，亦是子學復興的過程，並具體分析子學復興的原因有二，「雖然外學日進而本國舊學有之古學亦漸興。乾嘉以還，學者稍稍治諸子之書，……道咸至今，學者之愛讀諸子，尊崇諸子不謀而合，學風所轉各改其舊日，歧視之觀其解釋諸子之書亦日多一日，或甄明訓故，或論斷得失，或發揮新理，……夫以諸子之學而興，西來之學

〔註586〕梁啓超著：《飲冰室合集》專集之三十七，中華書局，1989年版，第63頁。
〔註587〕黃節、鄧實主編：《國粹學報》（三），廣陵書社，2006年版，第79～80頁。
〔註588〕黃節、鄧實主編：《國粹學報》（三），廣陵書社，2006年版，第39～40頁。
〔註589〕黃節、鄧實主編：《國粹學報》（三），廣陵書社，2006年版，第39頁。
〔註590〕黃節、鄧實主編：《國粹學報》（三），廣陵書社，2006年版，第112～113頁。
〔註591〕黃節、鄧實主編：《國粹學報》（三），廣陵書社，2006年版，第114頁。

其相因緣而並興者，是蓋有故焉。一則諸子之書其所含之義理於西人心理倫理名學社會歷史政法一切聲光化電之學無所不包，……故治西學者無不兼治諸子之學，一則儒教之外復有他教，六經之外復有諸子，而一尊之說破矣。此孔老墨優劣之比較，孟荀優劣之比較，及其他九流優劣之比較，紛然並起，而近人且有訂孔之篇，排孔之論也。」〔註 592〕

鄧實清醒意識到相較於漢以後的儒家文化，作爲子學的周秦學派僅爲中國古代學術文化一小部分，但他將子學、古學稱之爲國粹。「古學雖微，實吾國粹。孔子之學，其爲吾舊社會所信仰者，固當發揮而光大之，諸子之學湮歿千餘年，其有新理實用者亦當勤求而搜討之。……孔子之學固國學，而諸子之學亦國學也，同一神州舊學，乃保其一而遺其一可乎？」〔註 593〕

二是以「鬼神術數——史官文化」的角度研究子學。這主要表現在下述 2 個方法：第一，以鬼神術數爲中心論述子學。鄧實在《國學微論》中以神州鬼神術數之學破於老子，「鬼神術數之學於炎黃極盛，於周至老子而盡破。……由天定而術數之說破矣。鬼神術數之說既破，於是而芻狗萬物，芻狗百姓，幷天下之文物典禮而空之，老子之學可謂矯枉而過其正者矣。雖然，老子蓋亦未忘乎生民之故而不得已有所作也。」〔註 594〕以孔子之學不言鬼神，「孔子之學，其導源於史者爲多。雖然史掌鬼神，而孔子則不言鬼神。……此孔學之與史官同源而異流也。蓋孔子之道，以宗法爲根據，忠孝爲本原，立君父爲至尊，無上之禮，故不得不去鬼神以獨尊其君父。」〔註 595〕第二，以諸子九流皆出於史官。鄧實在《國學微論》中指出，「諸子九流之學，溯其所自皆出於周官之典守，其於老孔墨三宗之同出於史官者，未有異也。……不特諸子九流之學同出於史之官守也，且同出於其官守之史官。……周秦諸子爲古今學術一大總歸，而史又爲周秦諸子學術一大總歸。」〔註 596〕

三、儒西並尊

1903～1913 年，梁啓超、黃節、鄧實的倫理學、史學、子學新變其實在一定程度上已經反映他們儒西並尊的思想。此外，康有爲、梁啓超以遊記、

〔註 592〕黃節、鄧實主編：《國粹學報》（三），廣陵書社，2006 年版，第 116 頁。
〔註 593〕黃節、鄧實主編：《國粹學報》（三），廣陵書社，2006 年版，第 116 頁。
〔註 594〕黃節、鄧實主編：《國粹學報》（三），廣陵書社，2006 年版，第 30～31 頁。
〔註 595〕黃節、鄧實主編：《國粹學報》（三），廣陵書社，2006 年版，第 31～32 頁。
〔註 596〕黃節、鄧實主編：《國粹學報》（三），廣陵書社，2006 年版，第 35～38 頁。

論文、專著等形式撰文體現其儒西並尊，黃節、鄧實則以辦報、編書等形式呈現他們對於儒西學的態度。

第一，康有為的儒西並尊

或在論述中獨尊西洋文明，或獨尊中國文化，或儒西並尊，是康有爲此期儒西並尊的主要存在形式，而每種形式都有豐富的文字記載。

1. 尊西洋文明

（1）尊議院制

1903 年康有爲在《與某華僑筆談》中指出，「今日變法救此奇危，必先假君權行之乃速，……今人不知新理者無庸言，稍有所知，即拾歐美之糟粕而亡施之，亂次以濟，其害亦甚，日後亦於明治二十二年乃開議院，我國須於光緒五十年乃能開之，但於復辟之後先下明諭，布告天下，使天下人民知有參政之權而早學習之。」〔註 597〕

（2）尊地方自治

1903 年康有爲在《與某華僑筆談》中指出，「地方自治乃是公理常事，即壓制如俄，尚行地方自治。」〔註 598〕

（3）尊西洋技藝

1904 年梁啓超在《歐洲十三國遊記序》中指出，「汽船也，汽車也，電線也，之三者，縮大地、促交通之神具也。」〔註 599〕

2. 尊中國文化

（1）尊儒

1904 年康有爲在《德國遊記》中指出，「觀此乃歎孔子之粹美也。即佛、梵尚不至釀大爭亂焉，勝於耶、回矣。蓋立教太強，強則必爭，種禍之因在此。孔子之道寬柔以教，故失之弱；然因乎人情，而又爲三統三世以待其變，其茲可久乎！」〔註 600〕

〔註 597〕康有爲撰，姜義華、張榮華編校：《康有爲全集》（第七集），中國人民大學出版社，2007 年版，第 197 頁。

〔註 598〕康有爲撰，姜義華、張榮華編校：《康有爲全集》（第七集），中國人民大學出版社，2007 年版，第 197 頁。

〔註 599〕康有爲撰，姜義華、張榮華編校：《康有爲全集》（第七集），中國人民大學出版社，2007 年版，第 344 頁。

〔註 600〕康有爲撰，姜義華、張榮華編校：《康有爲全集》（第七集），中國人民大學出版社，2007 年版，第 411 頁。

（2）尊中理

1904 年康有爲在《意大利遊記》中指出，「今歐洲新理，多皆國爭之具，其去孔子大道遠矣。一二妄人，好持新說，以炫其博。迷於一時之權利，而妄攻道德。乃輒敢攻及孔子，以爲媚外之倡。必欲使己國數千年文明盡倒，國教俱無，而後快其猖狂欲之私，以助其成名之具，無論其力未能也。」〔註 601〕

（3）尊中國文字

1903 年康有爲在《與某華僑筆談》中指出，「至中國變法後，民智日新，則自能以中國文字而明新理，不必依傍歐人，且強莫與京。兵力所至，文學力所至，即文字所至，斷無學用英文之理。……若論各國文字，至簡莫若中國，勝於各國遠甚。若以音氏之斟酌增損，以僕所考各國文字，莫如中國矣。」〔註 602〕

（4）尊中國工藝

1903 康有爲在《中國商務公司緣起》中指出，「天愛中國人，而與之以絕好奇質之土，以爲磁器，冠絕萬國，此則中國之萬丈白金山也。……中國磁泥既爲冠絕大地，近爲法國、日本所爭，中國除古瓷外，乃絕不銷流者。中國尋常之磁，畫花既極粗俗蠢舊而不堪入目，繪事但繪李白、董賢、郭子儀等人物，而別無新品，色水又不過紅白而絕無新色，質又粗厚，故令人一見而生厭也。」〔註 603〕

3. 儒西並尊

最能反映康有爲儒西並尊思想的著述是 1904 年撰寫的《物質救國論》，體現康有爲物質論與道德哲學相結合。其主要表現有三：

一是尊西洋之物質工藝與中土之政法與文明，「蓋深知彼己之短長，極校國力之厚薄，乃知強弱之故，不在人民之多寡、土地之大小，而在物質工藝之興盛與否也。故遍觀各國，有物質學者盛強，無物質學者衰微。……俄本野蠻，政法皆無，所乏非獨物質也。若中國則數千年之政法、本自文明，所乏者獨物質耳。若能如彼得之聚精會神，北一國之官民，注全力以師各國之

〔註 601〕康有爲撰，姜義華、張榮華編校：《康有爲全集》（第七集），中國人民大學出版社，2007 年版，第 374 頁。

〔註 602〕康有爲撰，姜義華、張榮華編校：《康有爲全集》（第七集），中國人民大學出版社，2007 年版，第 197 頁。

〔註 603〕康有爲撰，姜義華、張榮華編校：《康有爲全集》（第七集），中國人民大學出版社，2007 年版，第 218 頁。

長技，則中國之盛強，遠過於俄彼得，又可斷斷也。」〔註 604〕

二是**尊西洋之物質、工藝兵炮、形而下者與尊本土的形而上者**，「故合種種而論之，我國人今之敗於歐人者，在此一二百年間。而所最大敗遠不如之者，即在一二百年間新發明之工藝、兵炮也。……然則吾國人之所以遜於歐人者，但在物質而已。物質者，至粗之形而下者也。吾國人能講形而上者，而缺於形而下者。然則今而欲救國乎？專從事於物質足矣。於物質之中，先從事於其工藝、兵炮之至精者，亦可支持焉。若捨工藝、兵炮而空談民主、革命、平等、自由，則使舉國人皆盧騷、福祿特爾、孟的斯鳩，而強敵要挾，一語不遂，鐵艦壓境，陸軍並進，挾其一分時六百響之炮，何以禦之？……則所謂舉國四萬萬之盧騷、福祿特爾、孟的斯鳩或康德、斯賓塞、倍根、笛卡兒，進而人人爲柏拉多、亞里士多圖、耶蘇與佛，無數無量，亦皆供人宰割之具、奴虜之用而已。」〔註 605〕

三是**尊西洋之物質、物質學與尊本土的文明**，「歐人之強也，數百年來，學校之間，說三變矣。自古文學復倡後，始則爲人道學，近數十年來則爲國民學，終則爲物質學。……而以今日中國之所最乏者，則在物質也。無物質之實用，而徒張國民之虛氣以當大敵，亦猶制梃以撻秦楚也，必不能也。蓋精神之本，又在人道學之道德禮義，而不能以國民虛矯之氣當之也。……以中國之人道學固備矣，且有過於歐人矣。……其所絕無而最缺，而不能以立國者，則在物質之一事也，故吾之於物質學，最爲深切而諄諄也。」〔註 606〕

康有爲儒西並尊另有下述表現：一是**中西宗教並尊**，1904 年康有爲在《意大利遊記》中指出，「佛兼愛眾生，而耶氏以鳥獸爲天之生以供人食，其道狹小，不如佛矣，他日必以此見攻。……耶教以天爲父，令人人有四海兄弟之愛心。此其於歐美及非亞之間，其補益於人心不鮮。但施之中國，則一切之說，皆我舊教之所有。」〔註 607〕二是**中西書並尊**，1903 年康有爲在《答某君書》中指出，「至今所讀之書目，有各國新理之書，在東讀之，最

〔註 604〕康有爲撰，姜義華、張榮華編校：《康有爲全集》（第八集），中國人民大學出版社，2007 年版，第 65 頁。

〔註 605〕康有爲撰，姜義華、張榮華編校：《康有爲全集》（第八集），中國人民大學出版社，2007 年版，第 67～68 頁。

〔註 606〕康有爲撰，姜義華、張榮華編校：《康有爲全集》（第八集），中國人民大學出版社，2007 年版，第 72～73 頁。

〔註 607〕康有爲撰，姜義華、張榮華編校：《康有爲全集》（第七集），中國人民大學出版社，2007 年版，第 398 頁。

便者也。……但無忘本原之學，勿全隨之轉也。」〔註 608〕**三是中西歷史人物並尊**，1904 年康有爲在《意大利遊記》中指出，「其（按：指奧古士多）功業才學，博人兼賅，無不絕倫者。歐洲古今帝王中，雖前之亞力山大，後之拿破崙，尚非其比。中國惟唐太宗可與伯仲，然事成功定，唐太宗較勝愷撒一籌。」〔註 609〕

有必要指出的是，康有爲在此期出現以儒化西的思想傾向，「夫孔子之道，本於天而不遠人。人之性出於天，故因人性以爲道。……苟非若婆羅門之去肉出家、墨子之非樂不歌，則普大地萬國之人，雖欲離孔教須臾而不能也。……苟非生於空桑、長於孤島無人之地，則是道也，凡普大地萬國之人，雖欲離孔教須臾而不能也。非惟中國爲然也，惻隱羞惡，知慮進取，人之性也，擴而充之，以爲仁義智勇之德，雖禽獸亦有是一二焉，但不能合而擴充焉。則是道也，凡普大地萬國之人，雖欲離孔教須臾而不能也。」〔註 610〕

其次，梁啟超的儒西並尊

除與康有爲相似的儒西並尊的諸種表現以外，梁啓超在儒西並抑、儒西異同等方面使儒西並尊獲得深化。

1. 儒西並抑

梁啓超的儒西並抑主要表現在 1903 年撰寫的《新大陸遊記》。**一是揭示美國政治制度的不足**，「美國政治家之貪黷，此地球萬國所共聞也。」〔註 611〕「且美國政治家之種類，與歐洲亦異，歐洲政黨所競爭者，大率在政府之諸大臣、國全之諸議員而已。而美國大小官吏率由民選，且任期甚短。故選舉頻繁，一投身政黨，勢不得不以全力忠於本黨，終歲爲此僕僕，毫無趣味，故上流人士多厭之。除一黨中數十重要人物之外，其餘黨員皆碌碌之輩也。而此重要人物者，又勢不得不藉彼碌碌輩以爲後援。而此碌碌輩果何所利而爲一競供奔走乎？既無社交之特權，亦非有可歆之名譽，然則所藉以爲餌，官職而已。官職所以能爲餌者，廉俸而已。故美國殆無無俸之官，此即所以

〔註 608〕康有爲撰，姜義華、張榮華編校：《康有爲全集》（第七集），中國人民大學出版社，2007 年版，第 228 頁。

〔註 609〕康有爲撰，姜義華、張榮華編校：《康有爲全集》（第七集），中國人民大學出版社，2007 年版，第 365 頁。

〔註 610〕康有爲撰，姜義華、張榮華編校：《康有爲全集》（第九集），中國人民大學出版社，2007 年版，第 343～344 頁。

〔註 611〕梁啓超著：《飲冰室合集》專集之二十二，中華書局，1989 年版，第 140 頁。

驅策中下等人之具也。」〔註 612〕二是指斥中國民族與政治的不足，一曰有族民資格而無市民資格，二曰有村落思想而無國家思想，三曰只能受專制不能享自由，四曰無高尚之目的〔註 613〕。

2. 儒西異同

（1）法學之異同

1904 年梁啓超在《中國法理學發達史論》中指出，「夫立法者既不可不以自然法爲標準矣，自然法既出於天意矣，而人民之公意，即天意之代表也。故達於最後之斷案，則曰：人民公意者，立法者所當以爲標準也。歐洲十七八世紀之學者，主張自然法說，隨即主張民意說，惟儒家亦然，故《記》、《大學》曰：民之所好好之，民之所惡惡之。《孟子》曰：所欲與之聚之，所惡勿施爾也。經傳中說此義者，不可枚舉。民意之當重何以若是，則以其與天意一體而爲自然法所從出也。若夫人民公意於何見之，則儒家之所說，與十七八世紀歐洲學者之所說異。」〔註 614〕

（2）生死觀之異同

1904 年梁啓超在《余之死生觀》中指出，「孔教不甚言靈魂，顧亦言死後而有不死者存。不死者何？一曰家族之食報，二曰名譽之遺傳。所謂積善之家必有餘慶，積不善之家必有餘殃，又曰君子疾沒世而名不稱焉是也。此二義者，似彼此渺不相屬，其與佛教、景教及近世泰西哲學家言之論死生問題者，更渺不相屬。雖然，吾以爲此所謂不死者，究無二物也。物何名？亦曰精神而已。」〔註 615〕

（3）武士道之異同

1904 年梁啓超在《中國之武士道》中指出，「要而論之，則國家重於生命，朋友重於生命，職守重於生命，然諾重於生命，恩仇重於生命，名譽重於生命，道義重於生命，是即我先民腦識中最高尚純粹之理想，而當時社會上普通之習性也。嗚呼！橫絕四海結風雷以爲魂，壁立萬仞鬱河嶽而生

〔註 612〕梁啓超著：《飲冰室合集》專集之二十二，中華書局，1989 年版，第 140～141 頁。

〔註 613〕梁啓超著：《飲冰室合集》專集之二十二，中華書局，1989 年版，第 121～125 頁。

〔註 614〕梁啓超著：《飲冰室合集》專集之十五，中華書局，1989 年版，第 62～63 頁。

〔註 615〕梁啓超著：《飲冰室合集》專集之十七，中華書局，1989 年版，第 6 頁。

色，以視被日本人所自侈許曰武士道、武士道者，何遽不逮耶！何遽不逮耶！」〔註616〕

3. 儒西並尊

（1）政體之儒西並尊

1905年梁啓超在《開明專制論》中提出「開明專制救中國」，打破民主一定優於專制的觀念。「專制者不獨君主國，而民主國亦有非立憲者（有立憲之名，無立憲之初，則等於非立憲也），故以論理學律之實多刺謬者也。吾之分類法，與前此東西學者之分類，皆有異同，其下『專制的』與『非專制的』之定義，亦異於先輩。……由此觀之，專制者非必限於一人而已。或一人或二人以上，純立於制者之地位，而超然不為被制者，皆謂之專制。」〔註617〕在此基礎上，梁啓超區分民主、專制實施之難易後指出，「今日之中國可謂之不完全之專制，蓋體用兩不備也，故今日之中國未可稱為專制國。」〔註618〕因此，民主、專制之實行與否，必須惟適是求，儒西並尊，「儒家之開明專制論，純以人民利益為標準，其精神實與十七八世紀歐洲之學說同。」〔註619〕「法家之開明專制論，其精神則與十五六世紀歐洲之學說同。現今歐洲學者，則謂國家一面為人民謀利益，一面為自身謀利益，是調和儒法之說也。其言若國家人民利益衝突時，毋寧犧牲人民以衛國家，似頗傾於法家。但何以重視國家如是之甚，則以國家為人民所託命也，是仍傾於儒家也。故曰調和也。」〔註620〕

（2）德育之儒西並尊

1905年梁啓超在《德育鑒》中指出，其例言云：「本編所鈔錄，全屬中國先儒學說，不及泰西。非敢賤彼貴我也，淺學如鄙人，於泰西名著萬未規一，憑藉譯本，斷章零句，深懼滅裂以失其真，不如己已。抑象山有言：東海西海有聖人出焉，此心同也，此理同也。治心治身本源之學，我先民所以詔我者，實既足以供我受用而有餘。」〔註621〕與此同時，梁啓超提出「道德之根本則無古無今無中無外而無不同」的觀點，否定西洋道德進化論，「如人民服

〔註616〕梁啓超著：《飲冰室合集》專集之二十四，中華書局，1989年版，第20頁。
〔註617〕梁啓超著：《飲冰室合集》文集之十七，中華書局，1989年版，第17～18頁。
〔註618〕梁啓超著：《飲冰室合集》文集之十七，中華書局，1989年版，第20頁。
〔註619〕梁啓超著：《飲冰室合集》文集之十七，中華書局，1989年版，第30頁。
〔註620〕梁啓超著：《飲冰室合集》文集之十七，中華書局，1989年版，第30～31頁。
〔註621〕梁啓超著：《飲冰室合集》專集之二十六，中華書局，1989年版，第2頁。

從政府，道德也，人民反抗政府，亦道德也，則因其政府之性質如何，而所以爲道德者異。緘默謹言，道德也，游說雄辯，亦道德也，則因其發言之目的如何，而所以爲道德者異。寬忍包荒，道德也，競爭權利，亦道德也，則因其所對之事件如何，而所以爲道德者異。節約儉苦，道德也，博施揮霍，亦道德也，則因其消費之途徑如何，而所以爲道德者異。諸如此者，其種類恒河沙數，累萬紙而不能盡也。所謂道德進化論者，皆謂此爾。雖然，此方圓長短之云，而非規矩尺度之云也。若夫本原之地，則放諸四海而皆準，俟諸百世而不惑。」〔註 622〕

最後，黃節、鄧實的儒西並尊

即使黃節以「物競天擇」之理，說明學習西方文明是國家、民族進步的律梁。「吾東方民族文明所自出既不能發明而光大事，又不能吸收外界之文明，譬之動植物焉，無複雜則無競爭，無競爭則其種不進，不受人事之淘汰亦必受天然之淘汰，終不能自存於種族之間。此物競天擇之大例，無可幸逃者也。」〔註 623〕但是，黃節將有用的西學視作國粹，鄧實提出「師彝之長技以治彝」的口號，且黃、鄧是以周秦子學爲古學、國粹，因此，黃、鄧之儒西並尊與康、梁有其異同之處。

1. 尊有用之西學

（1）尊西洋科技

鄧實認爲，只要有利於我，凡西方軍械技術、選兵、練兵、養兵之法、堅船利炮、理化工藝、自然科學、實用科學等皆可爲我所用。「天下好洋物矣，若其利國利民而無害，如輪如路如礦如雷，放而行之可也；若其病國病民而有害，如酗如酖如玩好如服妖，則屛諸四彝不與同中國可也。」〔註 624〕黃節以宜於我用爲據，主張學習西方文明，並將此納入國粹，體現國粹學派會通中西的學術特色。「天演家之擇種留良，國粹保存主義也，譬如有地焉蓬蒿棘榛鬱勃蹊徑甚矣，其荒也，有人焉爲之芟夷，而蘊祟之繚以周垣，樹以嘉木，不數年蔥蘢蔚森矣。……是故本我國之所有，而適宜焉者，國粹也；取外國之宜於我國，而吾足以行焉，亦國粹也。」〔註 625〕

〔註 622〕梁啓超著：《飲冰室合集》專集之二十六，中華書局，1989 年版，第 2 頁。
〔註 623〕鄧實、黃節主編：《政藝通報》第 4 年，《政藝通報》社，第 608 頁。
〔註 624〕鄧實輯：《光緒壬寅政藝叢書》，文海出版社，1976 年影印本，第 883 頁。
〔註 625〕鄧實、黃節主編：《政藝通報》第 4 年，《政藝通報》社，第 181 頁。

（2）尊西方民主制度與日本政體

鄧實筆下的西方民主制度，包含西方民主政治制度、法律制度與社會學、民族學等知識。一方面，鄧實認為，「戰則民主國無不勝，萬惡君主國無不敗者，蓋民主國以全國之民為其國之主人，其戰也，合全國之人而戰；君主國以皇帝一人為其國之主人，其戰也，以皇帝之一人而戰，以全國戰則萬眾一心，有進而無退，以一人戰則其軍士從驅迫而來，遇敵即潰耳。」〔註 626〕對於西方民主制度的嚮往，使鄧實致力於比較系統地介紹西方憲法、議院、行政、法院、人權等，試圖使西方民主制度深入人心。另一方面，鄧實對於中國實行西方民主制度採取相當謹慎甚至否定的態度。「小國或可行，大國萬萬不可行，人群進化之最後期可行，人群進化之初祖期萬萬不可行。」〔註 627〕因此，若於此意，西方民主制度並不適用於中國的國情。

黃節以日本自明治維新後迅速崛起為例，指出日本取法國制度之長，為己所用的辯證態度，使學習西方民主制度變得有章可循。「日本得列於文明國之內，其原因乃在法典，而法典一書，全以法國法典為模範，編纂者大都留學於法，乃受法國法律專家之感化者，至若行政組織，則又純乎學自法國者也。……日本所得法國之制度類，皆酌量改易，而獨於行政一端，則無毫末刪改。不寧惟是，即文學技術，亦可謂純乎法蘭西所胚胎。」〔註 628〕同時，黃節相當重視民權，認為中國要取法美國，實行自治制度。「今日之世界，一權利競爭之世界也。故其國民權利思想愈發達，則國愈強，反是者則必為人所制，而陷於危亡。」〔註 629〕「美國被得孟箸公民自治制二十有二條，自家族學校以至州邑、聯邦不紊，而詳其於政治之原理，地方之制度有足以餉我國民者。」〔註 630〕

2. 反思中學

（1）是將子學納入國學

鄧實認為，國學包含經學、史學、子學、掌故學、理學、辭章學。尤其值得注意的，是鄧實將秦以前的學術稱為健全的國學，秦以後則為君學。「天下學術有三焉，一曰君學，一曰國學，一曰群學。為君之學，其功在一人；

〔註 626〕鄧實、黃節主編：《政藝通報》第 4 年，《政藝通報》社，第 5 頁。
〔註 627〕鄧實輯：《光緒壬寅政藝叢書》，文海出版社，1976 年影印本，第 108 頁。
〔註 628〕鄧實、黃節主編：《政藝通報》第 4 年，《政藝通報》社，第 1388 頁。
〔註 629〕鄧實、黃節主編：《政藝通報》第 1 年，《政藝通報》社，第 182 頁。
〔註 630〕鄧實、黃節主編：《政藝通報》第 2 年，《政藝通報》社，第 136 頁。

爲國之學，其功在一國；爲群之學，其功在天下。」〔註 631〕非常明顯，國學、群學是鄧實稱頌的學術，學之有無國界是其主要區別。

（2）**中學獨立、復興古學**

所謂中學獨立，包含語言文字獨立、學術獨立等，既是對前期學習西方文明的反思，也是在辯證地看待中學方面踏出的重要一步。鄧實指出，「黃帝制文字、創曆象、立算數、明醫、作律，爲吾國學術之族祖。」〔註 632〕「仁、義、禮、詩、書、樂，黃帝之所孕育而堯、舜、禹、湯、文武、周公、孔子之所發明而光大之者也。」〔註 633〕立足於民族本位，推崇以黃帝爲主體的「三代」文明，鄧實所論既一致於黃節頌揚的黃帝一族的歷史，也與其對先秦之學的認識與反對封建專制相一致。

源自對文藝復興是歐洲、日本走向繁興的原因的認同，黃節主張復興古學。「昔者歐洲十字軍東征，馳貴族之權，削封建之制，載吾東方之文物以歸，於時意大利文學復興，達泰氏以國文著述，而歐洲教育遂進文明。昔者日本維新，歸藩覆幕，舉國風靡，於時歐化主義浩浩滔天，三宅雄次郎、志賀重昂等，撰雜誌，倡國粹保全，而日本主義率以成立。嗚呼！學界之關係於國界也如是哉！」〔註 634〕效法文藝復興，促使中國學術繁興，是黃節復興古學的主要意圖。「古之爲邦，有長久之策，故復殷以下，數百年四海嘗一統也。後之爲邦，行苟且之政，故魏晉以下，數百年九州無定主也。」〔註 635〕「預舉東西諸國之學以爲客觀，而吾爲主觀研究之，期光復乎吾巴克之族，黃帝堯舜禹湯文武周公孔子之學而已。」〔註 636〕恢復殷制，復興「三代」文明與孔子之學，黃節復興古學的手段與鄧實倡行古學獨立如出一轍。

第五節　歸國後至 1929 年

以人倫關係爲基石的倫理學沒有成爲此期梁啓超學術研究的中心，反之，歸國後至 1929 年，梁啓超在史學、子學研究領域多有創獲。與此同時，

〔註 631〕鄧實、黃節主編：《國粹學報》，廣陵書社，2006 年版，第 3033 頁。
〔註 632〕鄧實輯：《光緒癸卯政藝叢書》，文海出版社，1976 年影印本，第 177 頁。
〔註 633〕鄧實輯：《光緒癸卯政藝叢書》，文海出版社，1976 年影印本，第 177 頁。
〔註 634〕鄧實、黃節主編：《國粹學報》，廣陵書社，2006 年版，第 16 頁。
〔註 635〕鄧實、黃節主編：《國粹學報》，廣陵書社，2006 年版，第 1423 頁。
〔註 636〕鄧實、黃節主編：《國粹學報》，廣陵書社，2006 年版，第 16 頁。

梁啓超與康有爲一起將儒西關係引向以儒化西的方向。

一、史學、子學新變第三期

出亡海外後期，梁啓超史學研究成果不多，因此，若僅就梁啓超本人來說，歸國後至 1929 年是梁啓超史學新變的第二期。反之，梁啓超在甲午戰敗至出亡海外前期、出亡海外後期以及歸國後至 1929 年，均有比較豐富的子學研究成果，呈現梁啓超子學研究的完整軌跡。

第一，史學新變

1901 年《中國史敘論》、1902 年《新史學》是梁啓超在甲午戰敗至出亡海外前期留下的史學專著，批判中國舊史，建設中國新史，是梁啓超闡述的中心內容。20 多年過去，正如梁啓超在《中國歷史研究法》中所說：「近今史學之進步有兩特徵：其一爲客觀的資料整理，其二爲主觀的觀念之革新——以史爲人類活動之再現，而非其殭跡之展覽，爲全社會之業影，而非一人一家之譜錄。」〔註 637〕批判中國舊史殊非近今史學界的任務，反之，以建設新國新史爲中心，進一步提出、完善與之相關的理論，且以此理論產生新史之作，是梁啓超以爲的「我學界今日最迫切之要求也已」〔註 638〕。

1. 進一步提出、完善與建設中國新史的相關理論

（1）史的界定與目的

相對於甲午戰敗至出亡海外前期梁啓超更多地是以「進化論」爲中心提出史的界定來說，他在《研究文化史的幾個重要問題》中指出歷史的進化是有限制性的。「我以爲歷史現象可以確認爲進化者有二：一、人類平等及人類一體的觀念。二、世界各部分人類心能所開拓出來的『文化共業』，永遠不會失掉，所以我們積儲的遺產，的確一天比一天擴大。」〔註 639〕因此，梁啓超在《中國歷史研究法》中以「供人之讀」爲視角在下述 4 方面對史作出界定：一是史的範圍。梁啓超指出，「凡活動的事項——人類情感理智意志所產生者，皆活動之相，即皆史的範圍也。」〔註 640〕二是史必須具有延續性。「史也者，則所以累代人相續作業之情狀者也。」〔註 641〕三是史有其因果關係。「而

〔註 637〕梁啓超著：《飲冰室合集》專集之七十三，中華書局，1989 年版，第 1 頁。
〔註 638〕梁啓超著：《飲冰室合集》專集之七十三，中華書局，1989 年版，第 1 頁。
〔註 639〕梁啓超著：《飲冰室合集》文集之四十，中華書局，1989 年版，第 6～7 頁。
〔註 640〕梁啓超著：《飲冰室合集》專集之七十三，中華書局，1989 年版，第 1 頁。
〔註 641〕梁啓超著：《飲冰室合集》專集之七十三，中華書局，1989 年版，第 2 頁。

因果關係，至復賾而難理，一果或出數因，一因或產數果，或潛伏而易代乃顯，或反動而別證始明，故史家以爲難焉。」〔註 642〕有必要指出的是，梁啓超在《研究文化史的幾個重要問題》中否定歷史裏頭有因果律，「我們既承認歷史爲人類自由意志的創造品，當然不能又認他受因果必然法則的支配。」〔註 643〕四是歷史是現代一般人活動之資鑒。「今日所需之史，則『國民資治通鑒』，或『人類資治通鑒』而已。」〔註 644〕

1927 年梁啓超在《中國歷史研究法（補編）》中論到史的目的，「歷史的目的在將過去的眞事實予以新意義或新價值，以供現代人活動之資鑒。」〔註 645〕如何求得眞事實、予以新意義、新價值與供吾人活動之資鑒，梁啓超分別提出具體的研究方法。如求得眞事實可用鉤沉法、正誤法、新注意、搜集排比法、聯絡法，如予以新價值有兩種：一是有一時的價值，二是有永久的價值，「史家的責任，貴在把種種事實擺出來，從新估定一番。」〔註 646〕

（2）新史家之職與史家四長

以史的界定爲依據，梁啓超在《中國歷史研究法》中指出新史家之職有五：一是確定與開拓史的範圍。「今後史家一面宜將其舊領土一一劃歸各科學之專門，使爲自治的發展，勿侵其權限，一面則以總神經系——總政府自居，凡各活動之相悉攝取而論列之，乃至前此亙古未入版圖之事項——例如吾前章所舉隋唐佛教元明小說等，悉存納焉，以擴吾疆宇，無所讓也。」〔註 647〕二是忠實於客觀。「宜於可能的範圍內，裁抑其主觀而忠實於客觀，以史爲目的而不以爲手段。夫然後有信史有信史然後有良史也。」〔註 648〕三是重新估價史蹟。「吾儕今日對於此等史蹟，殆有一大部分須爲之重新估價，而不然者，則吾史乃立於虛幻的基礎之上，而一切研索推論，皆爲枉費。」〔註 649〕四是史必須可讀。「故眞史當如電影片，其本質爲無數單片，人物逼眞，配景完整，而復前張後張緊密銜接，成爲一軸，然後射以電光，顯其體態。」

〔註 642〕梁啓超著：《飲冰室合集》專集之七十三，中華書局，1989 年版，第 3 頁。
〔註 643〕梁啓超著：《飲冰室合集》文集之四十，中華書局，1989 年版，第 3 頁。
〔註 644〕梁啓超著：《飲冰室合集》專集之七十三，中華書局，1989 年版，第 3 頁。
〔註 645〕梁啓超著：《飲冰室合集》專集之九十九，中華書局，1989 年版，第 5 頁。
〔註 646〕梁啓超著：《飲冰室合集》專集之九十九，中華書局，1989 年版，第 10 頁。
〔註 647〕梁啓超著：《飲冰室合集》專集之七十三，中華書局，1989 年版，第 31 頁。
〔註 648〕梁啓超著：《飲冰室合集》專集之七十三，中華書局，1989 年版，第 32～33 頁。
〔註 649〕梁啓超著：《飲冰室合集》專集之七十三，中華書局，1989 年版，第 33 頁。

〔註650〕五是史家通識與專門知識必須兼擅。「治專門史者，不惟須有史學的素養，更須有各該專門學的素養。……作普通史者須別具一種通識，超出各專門事項之外而貫穴乎其間，夫然後甲部分與乙部分之關係見，而整個的文化，始得而理會也，是故此種事業，又當與各種專門學異其範圍，而由史學專門家任之。」〔註651〕

以史的目的爲依據，梁啓超在《中國歷史研究法（補編）》中提出「史家四長」。一是史德。梁啓超指出，「所謂史德，乃是對於過去毫不偏私，善惡褒貶，務求公正。」〔註652〕誇大、附會、武斷等最常犯的毛病要極力去除。二是史學。「凡做史學的人，必先有一種覺悟曰：貴專精不貴雜博。」〔註653〕「有了專門的學問，還要講點普通常識。」〔註654〕梁啓超認爲，勤於抄錄、練習注意、逐類搜求等是求專精下工夫的方法。三是史識。「史識是講歷史家的觀察力。」〔註655〕梁啓超指出，觀察的程度由全部到局部、由局部到全部，要養成正確精密的觀察力，不要爲因襲傳統的思想所蔽、不要爲自己的成見所蔽。四是史才。史才專門講作史的技術〔註656〕，梁啓超指出，以剪裁、排列而達到組織，以簡潔、飛動而體現文采，其中，將前人記載，聯絡鎔鑄，套入自己的話裏；用綱目體，最爲省事；多想方法，把正文變爲圖表等屬於組織的方法。

（3）**史料與史蹟**

梁啓超高度重視史料與獲取眞實史料的困難。「史學所以至今未能完成一科學者，蓋其得資料之道，視他學爲獨難。史料爲史之組織細胞。」〔註657〕梁啓超認爲，獲取史料的途徑有二：一是在文字記錄以外者，二是在文字記錄者。其中，在文字記錄以外者有3類：一是現存之實錄，二是傳述之口碑，三是遺下之古物。文字記錄的史料則包括舊史、關係舊史的文件、史部以外的群籍、類書及古逸書輯本、古逸書及古文件之再現、金石及其他鏤文、外國人著述。梁啓超尤其重視外國史學著述，「五六十年以前歐人之陋於東學，

〔註650〕梁啓超著：《飲冰室合集》專集之七十三，中華書局，1989年版，第34頁。
〔註651〕梁啓超著：《飲冰室合集》專集之七十三，中華書局，1989年版，第35頁。
〔註652〕梁啓超著：《飲冰室合集》專集之九十九，中華書局，1989年版，第14頁。
〔註653〕梁啓超著：《飲冰室合集》專集之九十九，中華書局，1989年版，第17頁。
〔註654〕梁啓超著：《飲冰室合集》專集之九十九，中華書局，1989年版，第17頁。
〔註655〕梁啓超著：《飲冰室合集》專集之九十九，中華書局，1989年版，第20頁。
〔註656〕梁啓超著：《飲冰室合集》專集之九十九，中華書局，1989年版，第24頁。
〔註657〕梁啓超著：《飲冰室合集》專集之七十三，中華書局，1989年版，第36頁。

一如吾華人之陋於西學。其著述之關於中國之記載及批評者，多可發噱。最近則改觀矣，其於中國古物，其於佛教，其於中國與外國之交涉，皆往往有精詣之書，爲吾儕所萬不可不讀。蓋彼輩能應用科學方法以治史，善蒐集史料而善駕馭之，故新發明往往而有也。雖然，僅能爲窄而深之局部的研究，而未聞有從事於中國通史者，蓋茲事艱巨原不能以責望於異國人矣。」〔註 658〕史料以眞爲尚，梁啓超指出鑒別史料之法有五：一是舉出一極有力之反證，此爲最直捷之法〔註 659〕。二是對於無明確之反證以折之者，第一步只宜消極的發表懷疑，以免爲眞相之蔽。第二步遇有旁生的觸發，則不妨換一方向從事研究，立假說以待後來之再審定〔註 660〕。三是同一史蹟，而史料矛盾，以最近者爲最可信〔註 661〕。四是鑒別間接史料的方法有二：一是年代愈早者，則其可信據之程度愈強〔註 662〕，二是晚出或再現的史料，則要察其人的史德、史識與其所處地位〔註 663〕。五是鑒別僞書的方法 12 種：一、其書前代從未著錄或絕無人徵引而忽然出現者。二、其書雖前代有著錄，然久經散佚，乃忽有一異本突出，篇數及內容等與舊本完全不同者。三、其書不問有無舊本，但今本來歷不明者。四、其書流傳之緒，從他方面可以考見，而因以證明今本題某人舊撰爲不確者。五、眞書原本，經前人稱引，確有左證，而今本與之歧異者，則今本必僞〔註 664〕。六、其書題某人撰，而書中所載事蹟在本人後者，則其書或全僞或一部分僞。七、其書雖眞，然一部分經後人竄亂之跡既確鑿有據，則對於其書之全體須愼加鑒別。八、書中所言確與事實相反者，則其書必僞。九、兩書同載一事絕對矛盾者，則必有一僞或兩俱僞〔註 665〕。十、故後人僞作之書，有不必從字句求枝葉之反證，但一望文體即能斷其僞者。十一、若某書中所言其時代之狀態，與情理相去懸絕，即可斷爲僞。十二、若某書中所表現之思想與其時代不相銜接者，即可斷爲僞〔註 666〕。梁啓

〔註 658〕梁啓超著：《飲冰室合集》專集之七十三，中華書局，1989 年版，第 60～61 頁。
〔註 659〕梁啓超著：《飲冰室合集》專集之七十三，中華書局，1989 年版，第 72 頁。
〔註 660〕梁啓超著：《飲冰室合集》專集之七十三，中華書局，1989 年版，第 73 頁。
〔註 661〕梁啓超著：《飲冰室合集》專集之七十三，中華書局，1989 年版，第 75 頁。
〔註 662〕梁啓超著：《飲冰室合集》專集之七十三，中華書局，1989 年版，第 81 頁。
〔註 663〕梁啓超著：《飲冰室合集》專集之七十三，中華書局，1989 年版，第 82 頁。
〔註 664〕梁啓超著：《飲冰室合集》專集之七十三，中華書局，1989 年版，第 85 頁。
〔註 665〕梁啓超著：《飲冰室合集》專集之七十三，中華書局，1989 年版，第 86 頁。
〔註 666〕梁啓超著：《飲冰室合集》專集之七十三，中華書局，1989 年版，第 87 頁。

超還指出，「書愈古者，僞品愈多，大抵戰國秦漢之交有一大批僞書出現。《漢書・藝文志》所載三代以前書，僞者殆不少。新莽時復有一大批出現。」〔註 667〕「僞書有經前人考定已成鐵案者，吾儕宜具知之，否則徵引考辨，徒費精神。」〔註 668〕由於對僞書廣有研究，1927 年梁啓超撰寫《古代眞僞及其年代》，詳細闡述考辨僞書的必要性、僞書的來歷、辨別僞書的方法等，將上述的辨僞方法歸納爲從傳授統緒上、從文義內容上進行辨別。

與從甲午戰爭到出亡海外前期全面否定中國舊史不同，此期梁啓超對於中國舊史是多有肯定的。梁啓超認爲，「舊史中能寫出背景者，則《史記・貨殖列傳》實其最好模範。」〔註 669〕「史蹟複雜，苟不將其眉目理清，則敘述愈詳博，而使讀者愈不得要領。此當視作者頭腦明晰之程度何如，與其文章技術之運用何如也。此類記述之最好模範，莫如《史記・西南夷列傳》。」〔註 670〕「自《史記》創立十表，開著作家無量法門，鄭樵圖譜略益推廣其價值。《史記》惟表年代世次而已，後人乃漸以應用於各方面。如顧棟高之《春秋大事表》，將全部《左傳》事蹟，重新組織一過，而悉以表體行之，其便於學者滋多矣。」〔註 671〕無論是寫出之背景，還是清理複雜的史蹟，梁啓超認爲中國舊史均有其成功的典範，而梁啓超對其的重視在於從史蹟中尋繹歷史的因果關係。「史家最要之職務，在覷出此社會心理之實體，觀其若何而蘊積，若何而發動，若何而變化，而更精察夫個人心理之所以作成之表出之者，其道何由，能致力於此，則史的因果之秘密藏，其可以略觀矣。」〔註 672〕爲此梁啓超還具體指出下述治史者研究因果的態度及其程度的方法與表現：一、當畫出一『史蹟集團』爲研究範圍。二、集團分子之整理與集團實體之把捉。三、當注意集團外之關係。四、認取各該史蹟集團之『人格者』。五、精研一史蹟之心的基件——必須認取其『人格者』耶。六、精研一史蹟之物的基件。七、度量心物兩方面可能性之極限。八、觀察所緣〔註 673〕。只是在

〔註 667〕梁啓超著：《飲冰室合集》專集之七十三，中華書局，1989 年版，第 83 頁。
〔註 668〕梁啓超著：《飲冰室合集》專集之七十三，中華書局，1989 年版，第 84 頁。
〔註 669〕梁啓超著：《飲冰室合集》專集之七十三，中華書局，1989 年版，第 105 頁。
〔註 670〕梁啓超著：《飲冰室合集》專集之七十三，中華書局，1989 年版，第 105 頁。
〔註 671〕梁啓超著：《飲冰室合集》專集之七十三，中華書局，1989 年版，第 106 頁。
〔註 672〕梁啓超著：《飲冰室合集》專集之七十三，中華書局，1989 年版，第 114～115 頁。
〔註 673〕梁啓超著：《飲冰室合集》專集之七十三，中華書局，1989 年版，第 118～123 頁。

《中國歷史研究法（補編）中，梁啓超以徹底否定歷史裏頭有因果律而使上述論述成爲體現他史學思想的一個進程。

2. 人的專史、文物的專史和梁啟超與之相關的新史之作

（1）人的專史的理論和梁啓超與之相關的新史之作

梁啓超關於人的專史的理論有三：一是 7 種人可作與 2 種人不可作。所謂 7 種人可作是指：一是思想及行爲的關係方面很多，可以作時代或學問中心的。如杜甫；二是一件事情或一生性格有奇特處，可以影響當時與後來，或影響不大而值得表彰的，如魯仲連；三是在舊史中沒有記載，或有記載而太過簡略的，如墨子、荀子、王充、劉知幾、鄭樵；四是從前史家有時因爲偏見，或者因爲挾嫌，或完全挾嫌，造事誣衊，如范曄，或不認識他的價値，或把他的動機看錯了，如王安石、李斯；爲一種陳舊觀念所束縛，帶起著色眼鏡看人，把前人的地位身份全看錯了，如曹操；五是皇帝的本紀及政治家的列傳，有許多過於簡略，如秦王、漢祖等；六是有許多外國人，不管他到過中國與否，只要與中國文化上政治上有密切關係，如釋迦牟尼、馬可波羅；七是近代的人學術事功比較偉大的〔註 674〕。以下 2 種人不能作傳：一是帶有神話性的，如黃帝；二是資料太缺乏的，如屈原、吳道子。

有必要指出的有二：一是上述所列的例證源自梁啓超的自述，可知他對於可作、不可作專史的 9 種人群不僅具有科學性的判斷，而且他心中自有一本屬於中外的人的專史。二是上述理論來自梁啓超長期以來對於人的專史的關注，與其自覺參與與之相關的新史寫作密不可分。從 1901 年撰寫《南海康先生傳》開始，孔子、老子、墨子、管子、陶淵明、張騫、班超、李牧、趙武靈王、王安石、王陽明、戴震、袁崇煥、鄭和、霍布士、斯片挪莎、盧梭、亞里士多德、頡德、培根、笛卡兒、達爾文、孟德斯鳩、邊沁、康德、伯倫、噶蘇士、瑪志尼、加富爾、加里波、羅蘭夫人、克林威爾等中外歷史人物成爲梁啓超關注的對象，或以學問爲中心，或以一件事件、一生事蹟爲中心，無論是對於中外學問家的嚮往，還是對於中國武士道的渴望，梁啓超均將他們寫入人的專史，因此，梁啓超的新史之作即是對於 9 種人群的可作、不可作的理論實踐。値得注意的是，雖然梁啓超認爲屈原存世史料缺乏，屬於不可作專史的 2 種人群之一，但是，1922 年梁啓超撰寫《屈原研究》，不僅

〔註 674〕梁啓超著：《飲冰室合集》專集之九十九，中華書局，1989 年版，第 42～49 頁。

以屈原作品梳理他走過的地方，分析屈原所處的時代能產生偉大作品的根源、屈原 25 篇作品的性質與其藝術特色，而且以自殺爲出發點，從其作品指出屈原是一位有潔癖的人，屈原爲情而死，具有極高寒的理想，極熱烈的感情〔註 675〕。梁啓超上述對於屈原的研究，雖其不以爲屬於屈原的專史，但若換一種敘述模式，筆者以爲即奠定屈原傳撰寫的紮實基礎。因此，由於史料不足的不可作其實是可以由於作者的見識而出現突破的。

二是 4 種不同身份的人的專史的做法。爲文學家作傳：第一要轉錄他本人的代表作品，第二若是不登本人著作，則可轉載旁人對於他的批評，但必擇純客觀的論文〔註 676〕。二、爲政治家作傳：第一要登載他的奏議同他的著作；第二若是政論家同時又是文學家，而政論文比文學重要〔註 677〕。三、爲方面多的政治家作傳：應當平均敘述〔註 678〕。四、爲方面多的學者作傳：亦應當平均敘述〔註 679〕。1923 年梁啓超撰寫《陶淵明》，其專史的主人公屬於比較純粹的文學家，梁啓超將《擬古》《飲酒》《移居》《歸園田居》等陶淵明的代表作置於其中。1908 年梁啓超撰寫《王荊公》，主人公王安石屬於政治家兼文學家，梁啓超摘錄王安石如《上仁宗皇帝言事書》《進戒疏》《論館職劄子》等政論文，兼錄王安石《憶昨詩示諸外弟一首》《讀孟嘗君傳》《讀刺客傳》《答韶州張殿丞書》等文學作品，充分體現梁氏提出的主次原則。1901 年梁啓超撰寫《李鴻章》，其傳主是梁啓超筆下有多方面才華的政治家，梁啓超以兵家、洋務派、外交家等論述李鴻章，屬於梁氏所說的平均敘述。1901 年梁啓超撰寫《南海康先生傳》，梁氏以教育家、宗教家、哲學等展現康有爲作爲學者的多方面才華。因此，爲不同身份的人撰寫專史所恪守的原則，梁啓超是從其實踐中提練出來的理論。

三是合傳、年譜的做法。梁啓超認爲，合傳這種方法，應用得再進步的，要算清代邵廷采、章學誠、魏源幾家〔註 680〕。梁啓超將合傳分爲下述 2 大種：一是人物或二人或二人以上可以作篇合傳，又可分爲 4 小類：1.同時代的人，事業性質相同或相反，如王安石、司馬光。1902 年梁啓超撰寫《近

〔註 675〕梁啓超著：《飲冰室合集》文集之三十九，中華書局，1989 年版，第 54 頁。
〔註 676〕梁啓超著：《飲冰室合集》專集之九十九，中華書局，1989 年版，第 51 頁。
〔註 677〕梁啓超著：《飲冰室合集》專集之九十九，中華書局，1989 年版，第 52 頁。
〔註 678〕梁啓超著：《飲冰室合集》專集之九十九，中華書局，1989 年版，第 53 頁。
〔註 679〕梁啓超著：《飲冰室合集》專集之九十九，中華書局，1989 年版，第 54 頁。
〔註 680〕梁啓超著：《飲冰室合集》專集之九十九，中華書局，1989 年版，第 57 頁。

世文明初祖二大家之學說》，將培根、笛卡兒學說寫入其中；1902 年，梁啓超將瑪志尼、加富爾、加里波與張騫、班超合傳，分別撰寫《意大利建國三傑傳》、《張博望班定遠合傳》。2.不同時代的人，事業相同，性質相同，如漢武帝、唐太宗。1904 年梁啓超撰寫《中國殖民八大偉人傳》，即屬此例。3.專在局部方面，或同時，或先後，同作一種工作，如劉知幾、鄭樵、章學誠。4.本國人與外國人性質相同，事業相同，如孔子與蘇格拉底。二是代表社會一部分現象的普通人物，可分 5 類：1.凡學術上宗教上、藝術上，成一宗派者，如姚江王門弟子。1923 年梁啓超撰寫《陽明先生傳及陽明先生弟子錄序》，即屬此例。2.凡一種團體，於時代有極大關係者，如元祐慶元黨案。3.不標名號，不見組織，純爲當時風氣所鼓蕩，無形之中，演成一種團體活動，如清談。4.某種階級，或某種閥閱，在社會上極占勢力，如六朝門第。5.社會上一部分人的生活，如有資料，應當搜集起來，如藏書家、印書家。

梁啓超指出，年譜的種類有四：1.自傳的或他傳的，他傳的又可分爲：同時人當然是和譜主有關係的人，或兒子，或門人，或朋友親故，這類人做的年譜，和自傳的年譜價值相等，如《王陽明年譜》。2.創作的或改作的，如《朱子年譜》有李方子、李默洪等 4 種。3.附見的或獨立的。4.平敘的或考訂的分 3 類：一是譜主事蹟太少，要從各處鉤稽的，如王國維作《太史公繫年考略》；二是舊有的記載把年代全記錯了，如 1923 年梁啓超撰寫《陶淵明》，其中有《陶淵明年譜》、《陶集考證》；三是舊有的記載故意誣衊或觀察錯誤的，如 1908 年梁啓超撰寫《王荊公》〔註 681〕。關於年譜的具體撰寫，梁啓超提出下述建議：一是關於記載時事——譜主的背景，梁啓超主張應該很簡切〔註 682〕，且須察其與時事的關係〔註 683〕，並不必問他的功罪〔註 684〕，如撰寫顧炎武、曾國藩、李鴻章、王安石等人的年譜。與此同時，對於政治家兼學問家，如王陽明，「我們若替他做年譜，對於時事的記載，或許可以簡略些。」〔註 685〕「文學家和時勢的關係，有濃有淡，須要依照濃淡來定時事的詳略，這是年譜學的原則，伸腰有時不依原則，也有別的用處。」

〔註 681〕梁啓超著：《飲冰室合集》專集之九十九，中華書局，1989 年版，第 69～70 頁。
〔註 682〕梁啓超著：《飲冰室合集》專集之九十九，中華書局，1989 年版，第 71 頁。
〔註 683〕梁啓超著：《飲冰室合集》專集之九十九，中華書局，1989 年版，第 72 頁。
〔註 684〕梁啓超著：《飲冰室合集》專集之九十九，中華書局，1989 年版，第 73 頁。
〔註 685〕梁啓超著：《飲冰室合集》專集之九十九，中華書局，1989 年版，第 74 頁。

〔註 686〕如《元遺山年譜》。二是關於記載當時的人，梁啓超認爲，「年譜由家譜變成，一般人做年譜，也很注意譜主的家族，家族以外師友生徒親故都不爲做年譜的人所注意，這實在是一般年譜的缺點。」〔註 687〕因此，梁啓超指出《李恕谷年譜》不足與稱許《王陽明年譜》，認爲《朱舜水年譜》「把朱舜水交往的人都記得很詳細。」〔註 688〕三是關於記載文章，梁啓超認爲，「記載譜主文章的標準，要看年譜體裁是獨立的，還是附見的。附見文集的年譜，不應載文章，獨立成書的年譜，非載重要的文章不可。重要不重要之間，又很成問題。」〔註 689〕「記載文章的體例，《顧亭林年譜》最好。整篇的文章並沒有採錄多少，卻在每年敘事既完之後，附載那年所做詩文的篇目。」〔註 690〕四是關於考證，梁啓超指出有下述 3 種情況：一是在年譜之外別做一部考異，二是把考證的話附在正文中，或用夾註，或低二格，三是把前人做的年譜原文照抄，遇有錯誤處則加按語說明〔註 691〕。五是關於批評，梁啓超認爲，「本來做歷史的正則，無論那一門，都應據事直書，不必多下批評。一定要下批評，已是第二流腳色。」〔註 692〕因此，梁啓超批評《王荊公年譜》《章實齋年譜》。六是關於附錄，梁啓超認爲有其必要。

（2）文物的專史的理論和梁啓超與之相關的新史之作

梁啓超將政治專史、經濟專史、文化專史等都視作文物的專史。梁啓超指出政治專史由 3 部分組成：一是政治史，二是講政治上的制度變遷，三是講政權的運用，其中政治史分爲五步：一是研究民族，二是研究國土，三是研究時代，四是研究家族與階級，五是有些西洋有，中國沒有的〔註 693〕。1902 年梁啓超撰寫《中國專制政治進化史論》、1922 年撰寫《先秦政治思想史》等屬於政治專史。梁啓超將消費、生產且與生產有關的水利、交通等作爲經濟專史的內容，且具體指出，「消費方面可分食衣住三項，要做一個民族的經濟史，看他自開化以來的食衣住如何變遷，最爲重要，但做歷史再沒有比這個

〔註 686〕梁啓超著：《飲冰室合集》專集之九十九，中華書局，1989 年版，第 74 頁。
〔註 687〕梁啓超著：《飲冰室合集》專集之九十九，中華書局，1989 年版，第 75 頁。
〔註 688〕梁啓超著：《飲冰室合集》專集之九十九，中華書局，1989 年版，第 77 頁。
〔註 689〕梁啓超著：《飲冰室合集》專集之九十九，中華書局，1989 年版，第 77 頁。
〔註 690〕梁啓超著：《飲冰室合集》專集之九十九，中華書局，1989 年版，第 78 頁。
〔註 691〕梁啓超著：《飲冰室合集》專集之九十九，中華書局，1989 年版，第 79 頁。
〔註 692〕梁啓超著：《飲冰室合集》專集之九十九，中華書局，1989 年版，第 80 頁。
〔註 693〕梁啓超著：《飲冰室合集》專集之九十九，中華書局，1989 年版，第 125～127 頁。

困難的，因爲資料極其缺乏。」〔註 694〕「進一步到生產方面，生產的種類，分考慮簡歐漁獵、畜牧、農耕、礦業、家族手工業和現代工業，每一種須一專史，中間看那一種最發達，歷史也跟著詳細一點。」〔註 695〕「此外和生產事業極有關係的有三種：就是水利、交通、商業，不能不做專史。」〔註 696〕梁啓超將語言史、文字史、神話史、宗教史、學術思想史、史學史等作爲文化專史的組成部分，梁啓超具體談到宗教史、史學史的做法，「做中國宗教史，依我看來，應該這樣做：某地方供祀某種神最多，可以研究各地方的心理。某時代供祀某種神最多，可以研究各時代的心理。這部分的敘述纔是宗教史最主要的。至於外來宗教的輸入及其流傳，只可作爲附屬品，此種宗教史做好以後，把國民心理的眞相，可以多看出一點，比較很泛膚的敘述各教源流，一定好得多哩。」〔註 697〕「中國史學史，最少應對於下列各部分特別注意：一、史官，二、史家，三、史學的成立及發展，四、最近史學的趨勢。」〔註 698〕1902 年梁啓超撰寫《論中國學術思想變遷之大勢》、1920 年《清代學術概論》、1924 年《中國之美文及其歷史》《中國近三百年學術史》等屬於文化的專史。

此外，梁啓超對文物專史的做法有下述概括性論述：一、「文物專史的時代不能隨政治史的時代以劃分時代。」二、「文物專史的時代不必具備，普通史上下千古，文物專史則專看這種文物某時代最發達，某時代有變遷，其他時代或沒有或無足重輕，可以不敘。」三、「凡做一種專史，要看得出那一部分是他的主系，而特別注重，詳細敘述，不惟前面所講道術史有主系，無論甚麼事情的活動何種文物都有一二最緊要的時代。」四、「文物專史又須注重人的關係，我所講的文物專史，有一部分與社會狀況制度風俗有關，與個人的關係少。」五、「文物專史要非常的多圖表，無論何種專史都須要，尤其是做文物專史要用最大精力。」〔註 699〕

〔註 694〕梁啓超著：《飲冰室合集》專集之九十九，中華書局，1989 年版，第 129 頁。
〔註 695〕梁啓超著：《飲冰室合集》專集之九十九，中華書局，1989 年版，第 132 頁。
〔註 696〕梁啓超著：《飲冰室合集》專集之九十九，中華書局，1989 年版，第 133 頁。
〔註 697〕梁啓超著：《飲冰室合集》專集之九十九，中華書局，1989 年版，第 143 頁。
〔註 698〕梁啓超著：《飲冰室合集》專集之九十九，中華書局，1989 年版，第 153 頁。
〔註 699〕梁啓超著：《飲冰室合集》專集之九十九，中華書局，1989 年版，第 172～176 頁。

第二，子學新變

形成以成因研究、分期研究、地理研究、聯繫比較研究等子學研究方法，以研究子學復興民族文化爲主旨，以世界眼光研究子學，分別是從甲午戰爭至出亡海外前期、出亡海外後期梁啓超子學新變的主要表現。歸國後至 1927 年，以研究子學復興民族文化仍然是梁啓超子學研究的主旨，這在他 1920 年的《墨經校釋》中的自序有充分說明，「蓋嘗論之，《墨經》殆世界最古名學書之一也。歐洲之邏輯，創自阿里士多德，後墨子可百歲，然代有增損改作，日益光大，至今治百學者咸利賴之。」〔註 700〕與此同時，梁啓超通過前期墨子、管子研究的積累，形成從傳記到學說，從注經到學案，兼及典籍、學派、年表，以中西學釋子學等具有系統性、科學性的研究方法。

1. 從傳記到學說

1920 年梁啓超撰寫《老子哲學》，奠定從傳記到學說的子學研究模式。老子是梁啓超以爲的存世史料缺乏且多有僞造的學問家，因此，在《老子哲學》第一部分梁啓超設以《老子的傳記》。梁啓超指出，「研究歷史的人，找不到完備正確的史料，是件最苦的事。像老子恁麼偉大的人物，我們要考他的履歷，就靠的是《史記　老莊申韓列傳》裏頭幾百字，還敘得迷離倘怳，其餘別的書講老子言論行事，雖也不少，但或是寓言，或是後人假造，都沒有充當史料的價值。」〔註 701〕梁啓超以《史記》相關記載不僅確定老子的姓名、國籍、官履、與孔子的關係等，而且指出，老子一生最注意有二：一是楚人，二是任守藏史。「南方人性質，活潑進取，這是歷史上普遍現象，所以老子學術，純帶革命的色彩。」〔註 702〕在《老子哲學》的第二部分中，梁啓超以本體論、名相論、作用論平均敘述老子的學說。

2. 從注經到學案

從前期《子墨子學說》到此期《墨經校釋》《墨子學案》，可以窺見梁啓超對於墨子其人其學的重視。梁啓超在《墨經校釋》的自序中指出注解的方法與特色，「經文不逾六千言，爲條百七十有九，其於智識之本質，智識之淵源，智識之所以濬發運用，若何而得眞，若何而墮謬，皆析之極精，而出之極顯，於是特之以辨名實御事理，故每標一義訓，其觀念皆穎異而刻入，與

〔註 700〕梁啓超著：《飲冰室合集》專集之三十八，中華書局，1989 年版，第 2 頁。
〔註 701〕梁啓超著：《飲冰室合集》專集之三十五，中華書局，1989 年版，第 1 頁。
〔註 702〕梁啓超著：《飲冰室合集》專集之三十五，中華書局，1989 年版，第 2 頁。

二千年來俗儒之理解過殊別，而與今世西方學者所發明，往往相印，旁及數學、形學、光學、力學，亦間啓其扃祕焉。」〔註 703〕胡適在《墨經校釋後序》中強調梁啓超新穎的校改，指出其以「凡經說每條之首一字，必牒舉所說經文此條之首一字以爲標題，此字在經文中可以與下文連讀成句，在經說中，決不許與下文連讀成句」爲公例，校改了許多舊注〔註 704〕。

1922 年，梁啓超以總論、墨學之根本觀念——兼愛、墨子之實利主義及其經濟學說、墨子之宗教思想、墨子新社會之組織法、實行的墨家、墨家之論理學及其他科學、結論等 8 章分述墨子學說。梁啓超將兼愛作爲墨學的根本思想，將兼愛、非攻作爲評述墨子之實利主義及經濟學說的依據與實質，以天志、明鬼、非命評述墨子宗教思想的內容與實質，以尙賢、尙用作爲墨子新社會之組織法的特色，由此構成梁啓超筆下的《墨子學案》。梁啓超既將墨子的主要思想分述其中，也賦予其與嶄新的東西方學術專有名詞互爲聯繫的一面，由此強調他撰寫《墨子學案》的下述主旨：「墨學精神，深入人心。至今不墜，因以形成吾民族特性之一者，蓋有之矣。」〔註 705〕

3. 兼及典籍、學派與年表

典籍是學術研究的藍本。1923 年梁啓超撰寫《先秦政治思想史》，將先秦政治分爲部落期、封建期、霸政期〔註 706〕，不僅指出其資料情況有二：一是第一期可據者最少，第二期資料宜較多又實不然，第三期當時或甚豐富〔註 707〕，二是「先秦諸子及載記中關於春秋以前事語之記述尙不少，吾儕對於此等資料信任之程度，第一須辨原書之眞僞，其僞者宜絕對排棄。第二雖眞書所稱道，仍須細加甄別，因先秦著作家託古之風甚熾也。」〔註 708〕而且指出道家、墨家、法家三家資料的下述情況：「但老子五千言之著者果爲誰氏？莊子三十三篇之著者果爲何人？今尙爲學界懸案未決之問題。」〔註 709〕「墨子五十三篇中，雖間有後人附益，然面目大致可見。」〔註 710〕「今所在了諸家書，當以愼子尹文子韓非子爲斯學代表，管子商君書，雖非管仲商鞅

〔註 703〕梁啓超著：《飲冰室合集》專集之三十八，中華書局，1989 年版，第 2 頁。
〔註 704〕梁啓超著：《飲冰室合集》專集之三十八，中華書局，1989 年版，第 100 頁。
〔註 705〕梁啓超著：《飲冰室合集》專集之三十九，中華書局，1989 年版，第 3 頁。
〔註 706〕梁啓超著：《飲冰室合集》專集之五十，中華書局，1989 年版，第 15 頁。
〔註 707〕梁啓超著：《飲冰室合集》專集之五十，中華書局，1989 年版，第 16 頁。
〔註 708〕梁啓超著：《飲冰室合集》專集之五十，中華書局，1989 年版，第 18 頁。
〔註 709〕梁啓超著：《飲冰室合集》專集之五十，中華書局，1989 年版，第 66 頁。
〔註 710〕梁啓超著：《飲冰室合集》專集之五十，中華書局，1989 年版，第 66 頁。

所作，然皆戰國末治法家言者之所推演薈集，其價值亦與儒家之《戴記》埒也。」〔註 711〕1926 年梁啓超撰寫《要籍解題及其讀法》，具體指出《荀子》一書中最重要之諸篇，《韓非子》書中疑僞之諸篇、最重要之諸篇與次要諸篇。與此同時，梁啓超撰寫《韓非子顯學篇釋義》《史記中所述諸子及諸子書最錄考釋》《漢志諸子略各書存佚眞僞表》。此外，1927 年，梁啓超撰寫《荀子評諸子語稿解》，釋讀《非十二子篇》《天論篇》《解蔽篇》。由門人吳其昌記的《莊子天下篇釋義》《荀子正名篇》，反映梁啓超以《天下篇》《正名篇》爲莊、荀學術的內核。「《天下》篇不獨以年代之古見貴而已，尤有兩特色：一曰保存佚說最多，……二曰批評最精到且最公平，對於各家皆能攝其要點，而於其長短不相掩處，論斷俱極平允，可作爲研究先秦諸子學之嚮導，故此篇可認爲國學常識必讀之書。」〔註 712〕「《正名》篇爲荀子學說中堅之所在，無論讀荀子，必須特別重視。即常人不治荀子者，亦有一讀之必要。」〔註 713〕

學派是個體研究的延續與深化。老子、墨子分別是道家、墨家創始人，老、墨之後皆有其沿承者。1921 年梁啓超撰寫《墨子學案》，將「墨者及墨學別派」作爲附錄一。同年，梁啓超撰寫《老孔墨以後學派概觀》，將關尹、楊朱、莊子、屈原等作爲老子所衍生之學派。「老學之正統派，或當推關尹列禦寇，惜其著述今皆不傳，僅從莊子中見其崖略。其後蛻變衍生者，有極端個人享樂主義之楊朱一派，有出世間法之莊周一派，有自然斷滅主義之彭蒙田駢愼到一派。」〔註 714〕

年表屬於人物研究的形式。1921 年梁啓超在《老孔墨以後學派概觀》附「先秦諸子表」。1927 年梁啓超以「列國紀年及重要時事」、「學者年代及其事蹟之可考見者」爲綱，撰寫《先秦學術年表》。梁啓超對此表較爲自信：「紀先秦年代唯一之憑藉資料唯《史記　六國表》，盡人皆知。然《六國表》有極重大之謬誤兩事。……今本表悉依紀年改之，……首列西紀者取其數百年銜接不斷續，便於記憶計算。次列孔子卒後年數者，欲使學者於學術發展之年代次第，得一較明確之觀念耳。」〔註 715〕

〔註 711〕梁啓超著：《飲冰室合集》專集之五十，中華書局，1989 年版，第 67 頁。
〔註 712〕梁啓超著：《飲冰室合集》專集之七十七，中華書局，1989 年版，第 2 頁。
〔註 713〕梁啓超著：《飲冰室合集》專集之一百，中華書局，1989 年版，第 4 頁。
〔註 714〕梁啓超著：《飲冰室合集》專集之四十，中華書局，1989 年版，第 2 頁。
〔註 715〕梁啓超著：《飲冰室合集》專集之七十六，中華書局，1989 年版，第 1 頁。

4. 以中西學釋子學

（1）以西學釋子學

一是以西學釋老子。梁啓超以本體論闡述老子哲學，其以一元、二元、多元、唯心、唯物等爲內容的「本體」之說即源自印度人、歐洲人的本體論研究。梁啓超認爲，羅素說老子的「生而不有爲而不恃長而不宰」，是專提倡創造的衝動，所以老子的哲學，是最高尚而且最有益的哲學。我想羅素的解釋很對〔註 716〕。「諸君聽了老子這些話，總應該聯想起近世一派學說來。自從達爾文發明生物進化的原理，全世界思想界起一個大革命，……但後把那『生存競爭優勝劣敗』的道理，應用在人類社會學上，成了思想的中堅，結果鬧出許多流弊。這回歐洲大戰，幾乎把人類文明都破滅了。……歐洲人近來所以好研究老子，怕也是這種學說的反動罷。」〔註 717〕

二是以西學釋墨子。1920 年梁啓超著《墨經校釋》，將西方實用主義、心理學、論理學、民約說、物理學、幾何學、經濟學、力學等名詞置於詮釋墨經之中。如釋「義，利也」，梁啓超云：「墨子之意，能適用即是善，不適用則非善，有利則義，不利等於不義。此近世歐美實用主義之精神也。」〔註 718〕如釋「夢，臥而以爲然也。」梁啓超云：「夢者，知無知而自以爲有知也。此諸條皆屬心理學範圍，雖然特別奧義，而界說甚精確。」〔註 719〕釋「君，臣萌通約也」，梁啓超云：「言國家之起原，由於人民相約置君，君乃命臣，與西方近世民約說頗相類。」〔註 720〕釋「化，徵易也」，梁啓超云：「徵，驗也，謂驗其變易。……此當時物理學之發軔也。」〔註 721〕釋「厚，有所大也」，梁啓超云：「以幾何學名詞釋《墨經》，點謂之端，線謂之尺，面謂之區，體謂之厚，體有長短廣狹厚薄，其有厚薄，所以別於面也，以厚得名，故謂之厚，體有容積，故曰『有所大』。經說以『區無所大』，爲釋者，正以明體之所以異於面也。」〔註 722〕〔註 723〕釋「賈無貴，說在反其賈。」梁啓超云：「以下

〔註 716〕梁啓超著：《飲冰室合集》專集之三十五，中華書局，1989 年版，第 16 頁。
〔註 717〕梁啓超著：《飲冰室合集》專集之三十五，中華書局，1989 年版，第 18 頁。
〔註 718〕梁啓超著：《飲冰室合集》專集之三十八，中華書局，1989 年版，第 6 頁。
〔註 719〕梁啓超著：《飲冰室合集》專集之三十八，中華書局，1989 年版，第 12 頁。
〔註 720〕梁啓超著：《飲冰室合集》專集之三十八，中華書局，1989 年版，第 17 頁。
〔註 721〕梁啓超著：《飲冰室合集》專集之三十八，中華書局，1989 年版，第 21 頁。
〔註 722〕梁啓超著：《飲冰室合集》專集之三十八，中華書局，1989 年版，第 28～29 頁。
〔註 723〕梁啓超著：《飲冰室合集》專集之三十八，中華書局，1989 年版，第 30 頁。

兩條皆論經濟學，此論價格之眞義。」〔註 724〕釋「均之絕不，說在所均。」梁啓超云：「此條言力學之理。」〔註 725〕

（2）以佛學釋子學

一是以佛經釋老、莊。梁啓超認爲，佛學之名相、本體與老子之本體論頗爲相似，「佛說卻和這些完全不同，佛說以爲什麼神咧非神咧物咧心咧空咧有咧，者是名相上的話頭，一落名相，便非本體。本體是要離開一切名相總能證得的。《大乘》起信論說得最好。」〔註 726〕「佛經上常說『不可思議』，尋常當作『不能彀思議』解，是錯了。他說的是『不許思議』，因爲一涉思議便非本體，所以起信論說『離念境界唯證相應』。老子說的，也很有這個意思。」〔註 727〕釋《天下篇》，梁啓超云：「吾儕可以不捨離現實而與此眞我契合者，則大乘佛教所說是也，而莊子之學則近於大乘者也。」〔註 728〕釋《知北遊》「物物者與物無際，而物有際者，所謂物際者也，不際之際際之不際者也。」梁啓超云：「此數語非以佛教唯識宗之教理不能說明之。」〔註 729〕

二是以佛經釋墨子。如釋「知，接也。」梁啓超云：「此條言知識之第二要件，須藉感覺，接者，感受也。即佛典『受想行識』之『受』貌狀態也。」〔註 730〕釋「堅（白不）相外也」，梁啓超云：「堅，即佛典所謂『質礙』。凡物之形質在空間占一位置者也。」〔註 731〕

二、以儒化西

第一，康有為的以儒化西

儒學是不僅是治中國之藥方，而且是治萬國、平天下之藥方，從原來在《大同書》中的反對「西學」單獨成爲「普世價値」，繼而在此期肯定「中學」可以單獨成爲「普世價値」，是康有爲以儒化西的總的指導思想。其主要表現有四：

〔註 724〕梁啓超著：《飲冰室合集》專集之三十八，中華書局，1989 年版，第 71 頁。
〔註 725〕梁啓超著：《飲冰室合集》專集之三十八，中華書局，1989 年版，第 84 頁。
〔註 726〕梁啓超著：《飲冰室合集》專集之三十五，中華書局，1989 年版，第 5 頁。
〔註 727〕梁啓超著：《飲冰室合集》專集之三十五，中華書局，1989 年版，第 8 頁。
〔註 728〕梁啓超著：《飲冰室合集》專集之四十，中華書局，1989 年版，第 8 頁。
〔註 729〕梁啓超著：《飲冰室合集》專集之四十，中華書局，1989 年版，第 15 頁。
〔註 730〕梁啓超著：《飲冰室合集》專集之三十八，中華書局，1989 年版，第 4 頁。
〔註 731〕梁啓超著：《飲冰室合集》專集之三十八，中華書局，1989 年版，第 34 頁。

1. **儒教優於佛、耶、回**

1913 年康有爲在《擬中華民國憲法草案》中指出，「夫古文明國，若埃及、巴比倫、亞述、希臘、印度，或分而不能合，或寡而不能眾，小而不能大，或皆亡而利亦滅。其有萬里之廣土，四萬萬之眾民，以傳至今日者，惟有吾中國耳。所以至此，皆賴孔教之大義結合之，用以深入於人心。故孔教與中國，結合二千年，人心風俗，渾合爲一，如晶體然，故中國不泮然而瓦解也。若無孔教之大義，俗化之固結，各爲他俗所變、他教所分，則中國亡之久矣。……且夫佛、耶、回教，皆全地大教，而久行於中國者也。回教既非宜於今進化之世矣；佛、耶二教雖美，而尊天養魂，皆爲個人修善罪之義，未有詳人道政治也，則於國無預也。惟孔教本末精粗，四通六闢，廣大無不備，於人道尤詳悉，於政治尤深博。故於立國爲尤且。……在外人於孔教猶特尊之，乃吾國人於自產之教主，受晶體之遺化，乃不思保全之乎？」〔註 732〕

康有爲在 1923 年撰寫的《長安演講錄》中，以佛、耶、回融會於儒教。「孔教中庸，以智、仁、勇三達德爲要。大概佛家言廣大圓明，智也；耶言博愛，仁也；回教勇猛嚴敬，勇也。知各教不外智、仁、勇，則吾人之求智、仁、勇以立道德之基，以宏道德之量，不可不夠也。」〔註 733〕

2. **孔子之教為東亞的「共同價值」**

1913 年康有爲在《〈中國學會報〉題詞》中指出，「孔子爲中國改制之教主，爲創教之神明聖王。孔子以前之道術，則孔子集其大成；孔子以後之教化，則吾中國人飲食男女、坐作行持、政治教化、矯首頓足，無一不在孔子範圍中也。豈惟中國，東亞皆然。若日本之強，以歐美之政治、物質爲其皮膚，以孔子之教爲其神骨者也。今日本人家誦《論語》，國尊儒學至矣，是以有乃木之感。」〔註 734〕

3. **孔子之道為「普世價值」**

1913 年康有爲在《以孔教爲國教配天議》中指出，「《論語》曰：仁者愛

〔註 732〕康有爲撰，姜義華、張榮華編校：《康有爲全集》（第十集），中國人民大學出版社，2007 年版，第 82 頁。

〔註 733〕康有爲撰，姜義華、張榮華編校：《康有爲全集》（第十一集），中國人民大學出版社，2007 年版，第 287 頁。

〔註 734〕康有爲撰，姜義華、張榮華編校：《康有爲全集》（第十集），中國人民大學出版社，2007 年版，第 17 頁。

人，泛愛眾。韓愈《原道》，猶言博愛之謂仁。《大學》言平天下，曰絜矩之道。《論語》子貢曰：我不欲有之加諸我也，吾亦欲無加諸人。豈非所謂博愛、平等、自由而不侵犯人之自由乎？《論語》、《大學》者，吾國貫角之童，負床之孫，所皆共讀而共知之。昔日八股之士，發揮其說，鞭闢其義，際極人天，是時歐人學說未出未發，患國人不力行也。乃今得博愛、平等、自由六字，奉爲西來初地之祖訣，以爲新道德，品而以爲中國所無也。眞所謂家有錦衣，而寶人之敝屣也。夫《論語》《大學》，孔子之學也，非僻書也，而今妄人不學無知，而欲以新道德爲舊道德也。……以《論語》《大學》《中庸》之未知未讀，而妄攻孔子爲舊道德，妄攻中國無新道德，之人也，妄人也，之說也，瞽說也，豈足較哉？然而竟有惑焉者。舉國之人飲狂泉，則以不狂爲狂，普爲謬譬之言，今爲實事也。嗟夫！吾四萬萬同胞，得無誤飲狂泉乎？盍醒乎來！……凡五洲萬國，教有異，國有異，而惟爲僧出家者不行孔子夫婦之一道而已。此外乎，凡圓顱方趾號爲人者，不能出孔子之道外者也。」〔註 735〕

4. 直言「以儒化西」

1923 年康有爲在《答培山儒會書》中指出，「彼歐人者，向溺於邊沁功利之說、赫胥黎天演優勝劣敗之義。乃自德國死人千萬，慘傷滿目，乃知其歐美學說之不足。而求之萬國，惟有孔子仁讓之說，足以救之。故近者歐美大尊孔學，此亦見聖道之至，所謂闇然日章，凡有血氣，莫不尊親也。」〔註 736〕

第二，梁啟超的以儒化西

1.「以儒化西」的發生

1915 年，梁啓超撰寫《孔子教義實際裨益於今日國民者何在欲昌明之其道何由》中，以儒學「推之天下」，「措諸四海」。「更以近世通行語說明之，則孔子教義第一作用，實在養成人格。讀者若稍治當代教育史，當能知英國之教育常以養成人格爲主要精神。而英之所以能久霸於大地，則亦以此。而人格之綱領節目及其養成之程度，惟孔子所教爲大備，使人能率循之以自淑而無所假於外，此孔子之聖所以爲大爲至也。問者曰：斯固然矣，然遂得謂

〔註 735〕康有爲撰，姜義華、張榮華編校：《康有爲全集》（第十集），中國人民大學出版社，2007 年版，第 92～93 頁。

〔註 736〕康有爲撰，姜義華、張榮華編校：《康有爲全集》（第十一集），中國人民大學出版社，2007 年版，第 263 頁。

實際裨益於今日乎？答曰：社會凡百事物，今大與古異，東亦與西異，獨至人之生理與其心理則常有其所同然者存，孔子察之最明，而所以導之者最深切。故其言也，措諸四海而皆準，俟諸百世而不惑。豈惟我國，推之天下可也；豈惟今日，永諸來劫可也。夫古今東西諸哲之設教者，曷嘗不於此三致意，然盛美備善則未或逮孔子。故孟子稱孔子集大成，而釋之以始條理終條理，觀其養成人格之教，眞可謂始終條理而集大成者也。吾儕誦法孔子，則亦誦法此而已矣；昌明孔子之教，則亦昌明此而已矣。」〔註 737〕

2.「以儒化西」的形成

1919 年，梁啓超開始爲期一年的歐遊，歸國後撰寫《歐遊心影錄》。收入《飲冰室合集》爲其節錄，合 8 章，其中《歐遊中之一般觀察及一般感想》一章分上、下篇，上篇闡述西學之破產，下篇談論中學之將興，反映梁啓超以儒化西思想的形成。

科學萬能是梁啓超闡述西學破產的關鍵環節。其主要表現有二：一是科學昌明致宗教、哲學不可信。「科學昌明以後，第一個致命傷的就是宗教，人類本從下等動物蛻變而來，那裡有什麼上帝運動，還配說人爲萬物之靈嗎？宇宙間一切現象不過物質和他的運動，那裡有什麼靈魂，更那裡有什麼天國？講到哲學，從前康德和黑格爾時代，在思想界儼然有一種權威像是統一天下。自然學漸昌，這派唯心論的哲學便四分五裂。後來岡狄的實證哲學和達爾文的種源論同年出版，舊哲學更是根本動搖。老實說一句，哲學家簡直是投降到科學家的旗下了。依著科學家的新心理學，所謂人類心靈這件東西，就不過物質運動現象之一種，精神和物質的對待就根本不成立，所謂宇宙大原則是要用科學的方法試驗得來，不是用哲學的方法冥想得來的。這些唯物派的哲學家，託庇科學宇下建立一種純物質的純機械的人生同，把一切內部生活、外部生活，都歸到物質運動的『必然法則』之下。這種法則，其實可以叫做一種變相的運命前定說，不過舊派的前定說，說運命是由八字裏帶來或是由上帝注定，這新派的前定說，說運命是由科學的法則完全支配。所憑藉的論據雖然不同，結論卻是一樣。」〔註 738〕

二是科學萬能破壞西方自由、道德、權威。「如此說來，這不是道德標準

〔註 737〕梁啓超著：《飲冰室合集》文集之三十三，中華書局，1989 年版，第 65 頁。
〔註 738〕梁啓超著：《飲冰室合集》專集之二十三，中華書局，1989 年版，第 10～11 頁。

應如何變遷的問題，眞是道德這件東西能否存在的問題了。現今思想界最大的危機，就在這一點。宗教和舊哲學既已被科學打得個旗靡轍亂，這位『科學先生』便自當仁不讓起來，要憑他的試驗發明個宇宙新大原理。卻是那大原理且不消說，敢是各科各科的小原理，也是日新月異，今日認爲眞理，明日已成謬見。新權威到底樹立不來，舊權威卻是不可恢復了。」〔註 739〕

徹底解放思想是梁啓超談論中學將興的前提。「提倡思想解放，自然靠這些可愛的青年。但我也有幾句忠告的話，『既解放便須徹底，不徹底依然不算解放』。就學問而論，總要拿『不許一毫先入爲主的意見束縛自己』這句話做個原則。中國舊思想的束縛固然不受，西洋新思想的束縛也是不受。……我們須知拿孔、孟、程、朱的話當金科玉律說他神聖不可侵犯，固然不該，拿馬克思、易卜生的話當做金科玉律說他神聖不可侵犯，難道又是該的嗎？我們又須知，現在我們所謂新思想，在歐洲許多已成陳舊，被人駁得個水流花落，就算他果然很新，也不能說『新』便是『眞』呀！我們又須知，泰西思想界現在依然是渾沌過渡時代，他們正在那裡橫衝直撞尋覓曙光。許多先覺之士，正想把中國、印度文明輸入，圖個東西調和。……須如老吏斷獄一般，無論中外古今何種學說，總拿他做供詞證詞，助我的判斷，不能把判斷權逕讓給他。這便是徹底解放的第一義。」〔註 740〕

正是在徹底解放思想的前提下，梁啓超指出以中化西是中國學人的責任。「什麼責任呢？是拿西洋的文明來擴充我的文明，又拿我的文明去補助西洋的文明，叫他化合起來成一種新文明。」〔註 741〕與此同時，梁啓超以「四步走」提出實現中國學人責任的具體路徑。「第一步，要人人存一個尊重愛護本國文化的誠意。第二步，要用那西洋人研究學問的方法去研究他，得他的眞相。第三步，把自己的文化綜合起來，還拿別人的補助他，叫他起一種化合作用，成了一個新文化系統。第四步，把這新系統往外擴充，叫人類全體得著他好處。」〔註 742〕其中第四步，即以儒化西，是梁啓超建設文化

〔註 739〕梁啓超著：《飲冰室合集》專集之二十三，中華書局，1989 年版，第 11～12 頁。
〔註 740〕梁啓超著：《飲冰室合集》專集之二十三，中華書局，1989 年版，第 27～28 頁。
〔註 741〕梁啓超著：《飲冰室合集》專集之二十三，中華書局，1989 年版，第 35 頁。
〔註 742〕梁啓超著：《飲冰室合集》專集之二十三，中華書局，1989 年版，第 37～38 頁。

的根本目標。

3.「以儒化西」的強化

1920 年，梁啓超出版《孔子》專書，指出康德思想不足以解釋孔子，由此反對以西化儒，即中西學框架彼此不相容，且中學反映面廣於西學。「有人拿康德講的感覺無思想是瞎的，思想無感覺是空的這兩句話來解釋他，果然如此，那思與學都是用來求智謨了。我說不然。孔子說的思，算得是求智識的學問；說的學，只是實行的學問，和智識沒有什麼關係。」〔註 743〕

1921 年，梁啓超在《歷史上中華國民事業之成敗及今後革進之機運》一文中稱許中國文化的世界性，成爲梁啓超以儒化西的理論基礎。「中國文化本最富於世界性，今後若能吸收世界的文化以自榮衛，必將益擴其本能而增豐其內容，還以貢獻於世界，則二十世紀之中國國民，必在人類進化史上占重要之職役。」〔註 744〕

1922 年，梁啓超出版《先秦政治思想史》，多次論及中國政治思想的世界性。「歐洲迄今大小數十國，而我國久已成爲一體。蓋此之由。雖然，此在過去爲然耳。降及近世，而懷抱此種觀念之中國人，遂一敗塗地。蓋吾人與世界全人類相接觸，不過在最近百數十年間，而此百數十年，乃當國家主義當陽稱尊之唯一時代。吾人逆潮流以泳，幾滅頂焉。吾人當創巨痛深之餘，曷嘗不竊竊致埋怨於先民之詒我慼。然而平陂往復，理有固然，自今以往，凡疇昔當陽稱尊之學說，皆待一一鞫訊之後而新賦予以評價。此千年間潦倒沉淪之超國家主義——即平天下主義、世界主義、非向外妒惡對抗主義——在全人類文化中應占何等位置，正未易言。」〔註 745〕

1923 年，梁啓超在《治國學的兩條大路》《東南大學課皆告別辭》中再次闡述以儒化西的觀點。「我們的祖宗遺予我們的文獻寶藏，誠然足以傲世界各國而無愧色，但是我們最特出之點，仍不在此。其學爲何？即人生哲學是。」〔註 746〕「因此我可以說爲學的首要，是救精神饑荒。救濟精神饑荒的方法，我認爲東方的——中國與印度——比較最好。東方的學問，以精神爲出發

〔註 743〕梁啓超著：《飲冰室合集》文集之三十三，中華書局，1989 年版，第 11～12 頁。

〔註 744〕梁啓超著：《飲冰室合集》文集之三十六，中華書局，1989 年版，第 34 頁。

〔註 745〕梁啓超著：《飲冰室合集》專集之五十，中華書局，1989 年版，第 2～3 頁。

〔註 746〕梁啓超著：《飲冰室合集》文集之三十九，中華書局，1989 年版，第 114 頁。

點；西方的學問，以物質爲出發點。救知識饑荒，在西方找材料；救精神饑荒，在東方找材料。東方的人生觀，無論中國印度，皆認物質生活爲第二位，第一就是精神生活，物質生活僅視爲補助精神生活的一種工具，求能保持肉體生存爲已足，最要在求精神生活的絕對自由。精神生活貴能對物質界宣告獨立，至少要不受其牽掣。……東方的學問道德，幾全部是教人如何方能將精神生活對客觀的物質或己身的肉體宣告獨立，佛家所謂解脫，近日所謂解放，亦即此意。……西方言解放，尚不及此。所以就東方先哲的眼光看去，可以說是淺薄的，不徹底的。東方的主要精神，即精神生活的絕對自由。」〔註747〕

1923 年，梁啓超在《研究文化史的幾個重要問題——對於舊著〈中國歷史研究法〉之修補及修正》一文中，以直覺論、互緣化、循環論等三大中式思想挑戰西方思維之歸納研究法、因果律、進化論，爲以儒化西提供研究方法論的支撐。茲以梁啓超以直覺論駁斥歸納研究法作一闡述，梁啓超指出，「歸納法最大的工作是求『共相』，把許多事物相異的屬性剔去，相同的屬性抽出，各歸其類，以規定該事物之內容及行歷何如。這種方法應用到史學，卻是絕對不可能。爲什麼呢？因爲歷史現象只是『一躺過』，自古及今從沒有同鑄一型的史蹟。這又爲什麼呢？因爲史蹟是人類自由意志的反影，而各人自由意志之內容絕對不會從同。所以史家的工作和自然科學家正相反，專務求『不共相』。……因此我想歸納研究法之在史學界，其效率只到整理史料而止，不能更進一步。然則把許多『不共相』堆迭起來，怎麼能成爲一種有組織的學問，我們常說歷史是整個的又作何解呢？你根問到這一點嗎？依我看，什有九要從直覺得來，不是什麼歸納演繹的問題。這是歷史哲學裏頭的最大關鍵。」〔註748〕

1927 年，梁啓超在前期以儒家文化具有世界性的基礎上，進一步指出儒學涵蓋面大於西學。「單用西方治哲學的方法研究儒學，研究不到儒家的博大精深處。」〔註749〕「西方所謂愛智，不過儒家三德之一，即智的部分。所以儒家哲學的範圍，比西方哲學的範圍，闊大得多。」〔註750〕

〔註747〕梁啓超著：《飲冰室合集》文集之四十，中華書局，1989 年版，第 11～12 頁。
〔註748〕梁啓超著：《飲冰室合集》文集之四十，中華書局，1989 年版，第 1～2 頁。
〔註749〕梁啓超著：《飲冰室合集》專集之一百三，中華書局，1989 年版，第 5 頁。
〔註750〕梁啓超著：《飲冰室合集》專集之一百三，中華書局，1989 年版，第 3 頁。

第六節　尊儒——康有爲、梁啓超、黃節、鄧實儒西學關係的主線

在「九江學派」嬗變朱次琦學說的成員中，只有康有爲完整經歷了援西入儒、以西化儒、儒西並尊、以儒化西等4個中國近代學人應對「西學東漸」的進程。梁啓超失其比較鮮明的「援西入儒」，黃節、鄧實則只在儒西並尊中大放異彩。無論對中國古代學術文化採取何種態度，對於生於斯長於斯的本國學術，除某個時期的偏頗之論以外，康、梁、黃、鄧自始至終都是以比較客觀的態度給以高度評價的。因此，尊儒是他們嬗變「九江學派」，而又不能抹掉的底色，也是分析其儒西關係的主線。

一、康有爲、梁啓超之尊本土學術文化

雖然梁啓超以嶺南近代粵人與中原關係所及最大而最遠者〔註751〕稱許康有爲，但他本人又何嘗不是。這決定康、梁不僅終其一生關注本國學術文化，而且注視鄉土學術，由此構成他們尊本土學術文化的主要內容。

第一，尊中國古代學術文化

處於以西化儒期間的康、梁，他們對於儒家最核心的政治思想、倫理思想的認識是有失公允的，即使是在以儒化西期間，康、梁對於儒西學關係的認識也是欠缺科學性的。解決儒西學關係殊非康、梁的時代使命。難能可貴的是，即使自身就是「西學東漸」的重要推手，在經歷國土淪喪，王朝覆滅，儒學不僅失其獨尊地位，而且漸行漸遠之時，康、梁仍然對中國古代學術文化充滿昂揚的自信。

1.「中國」之可尊

（1）中國國土、人種、國性、歷史之可尊

1886年康有爲在《康子內外篇·肇域篇》中以世界地理大勢上論中國國土，「中國在崑崙山爲東龍，先聚氣於中原，自漢以後，然後跨江以至閩粵，跨海以至日本。蓋地球之遠，固如是也。波斯、猶太於崑崙爲西龍，故其文物次於另。歐洲最遠，故最遲，至羅馬而乃盛也。」〔註752〕

1888年康在爲在《與潘文勤書》中從地域、人口、歷史等角度論中國之

〔註751〕梁啓超著：《飲冰室合集》文集之六，中華書局，1989年版，第60頁。

〔註752〕康有爲撰，姜義華、張榮華編校：《康有爲全集》（第一集），中國人民大學出版社，2007年版，第112頁。

可尊，「夫以中國二萬里之地，四萬萬之人，二帝三王所傳禮治之美，列祖列宗締構人心之固，君權之尊，四洲所未有也。使翻然圖治，此眞歐洲大國之所望而畏也。」〔註 753〕

1891 年康有為在《與洪右臣給諫論中西異學書》中指出，「我中人聰明為地球之冠，泰西人亦亟推之。……凡西人所號奇技者，我中人千數百年皆已有之。泰西各藝皆起百餘年來，其不及我中人明矣。」〔註 754〕

1899 年梁啓超在《論中國人種之將來》中指出，「他日於二十世紀，我中國人必為世界上最有勢力之人種。」〔註 755〕

1911 年梁啓超在《中國前途之希望與國民責任》中指出，「明水曰：請語吾國民之所長。滄江曰：我國民能以一族數萬萬人，團結為一個之政治團體（即國家），巍然立於世界上者數千年。此現象在我固習焉不察，或以為奇。然征諸外國史乘，實欲求倫比而不可得。此非有根基深厚之國民特性，不能倖致也。」〔註 756〕

（2）中國語言文字之可尊

1890 年康有為在《廣藝舟雙楫》中指出，「中國自有文字以後，皆以形為主，即假借、行草亦形也，惟諧聲略有聲耳。故中國所重在形。外國文字皆以聲為主，即分篆、隸、行、草亦聲也，惟字母略有形耳。中國之字，無義不備，故極繁而條理不可及；外國之字，無聲不備，故極簡而意義亦可得。蓋中國用目，外國貴耳，然聲則地球皆同，義則風俗各異。致遠之道，以聲為便。然合音為字，其音不備，牽強為多，不如中國文字之美備矣。」〔註 757〕

1902 年康有為在《大同書》中指出，擇大地各國名之最簡者如中國，採之附以音母，以成語言文字，則人用力少而所得多矣。計語言之簡，中國一物一名，一名一字，一字一音。印度、歐洲一物數名，一名數字，一字數音。故文字語言之簡，中國過於印度、歐美數倍。故同書一札，中國速於歐美、

〔註 753〕康有為撰，姜義華、張榮華編校：《康有為全集》（第一集），中國人民大學出版社，2007 年版，第 169 頁。

〔註 754〕康有為撰，姜義華、張榮華編校：《康有為全集》（第一集），中國人民大學出版社，2007 年版，第 337 頁。

〔註 755〕梁啓超著：《飲冰室合集》文集之三，中華書局，1989 年版，第 48 頁。

〔註 756〕梁啓超著：《飲冰室合集》文集之二十六，中華書局，1989 年版，第 9 頁。

〔註 757〕康有為撰，姜義華、張榮華編校：《康有為全集》（第一集），中國人民大學出版社，2007 年版，第 254 頁。

印度數倍；若以執事談言算之，中國人壽亦增於印度、歐美數倍矣。及國界已除、種界已除後，乃並本國、本種之語言而並捨之，其文字則留爲博古者之用，如今之希臘、拉丁文及古文篆隸、印之霸釐及山士語烈可也。中國文乃有韻味者，不易去也。

1924 年康有爲在《〈江南萬里樓詞鈔〉序》中指出，「大地萬國語文，皆用拼音。惟中國語文，雖然諧聲而用單文，故有屬對。夫一陰一陽之謂道，中國文詞窮奇偶駢儷之工，整齊綺麗之極，萬國無比焉。」〔註 758〕

（3）**中國學校、宋畫之可尊**

1926 年康有爲在《與劉太希函》中指出，「德之榾損伯大學，英之劍橋，法之維曼，皆在西曆千二百年後。而白鹿洞乃創自唐代，實爲環球最古之大學。」〔註 759〕

1921 年康有爲在《贈劉海粟創辦美術學校序》中指出，「吾藏宋時油畫，已開歐人之先。氣運既生動，寫形復畢肖，其美至矣，感人深矣。吾遍觀各國畫院，周遊大地，觀古文明國突厥、波斯、印度之畫，皆?象析滯而無神韻，不足與於斯文。即歐土自十五紀前，只寫神畫，亦復鈍滯少生氣，無秀韻。蓋自十五紀前，大地之畫，無召喚國宋畫者。」〔註 760〕

2. 孔子、孟子其人其學之可尊

（1）**孔子其人其學之可尊**

1894 年康有爲在《桂學問答》中指出，「孔子所以爲聖人，以其改制，而曲成萬物，範圍萬世也。其心爲不忍人之仁，其制爲不忍人之政。仁道本於孝悌，則定爲人倫；仁術始於井田，則推爲王政。」〔註 761〕

1896 年梁啓超在《變法通議》中指出，「不寧惟是，中國孔子之教歷數千年，受教之人號稱四百兆，爲少也。然而婦女不讀書，去其半矣；農工商兵不知學，去其十之八九矣。……吾恐二十年以後，孔子之教將絕於天壤，此

〔註 758〕康有爲撰，姜義華、張榮華編校：《康有爲全集》（第十一集），中國人民大學出版社，2007 年版，第 330 頁。

〔註 759〕康有爲撰，姜義華、張榮華編校：《康有爲全集》（第十一集），中國人民大學出版社，2007 年版，第 449 頁。

〔註 760〕康有爲撰，姜義華、張榮華編校：《康有爲全集》（第十一集），中國人民大學出版社，2007 年版，第 154 頁。

〔註 761〕康有爲撰，姜義華、張榮華編校：《康有爲全集》（第二集），中國人民大學出版社，2007 年版，第 18 頁。

則可爲痛哭者也。」〔註 762〕

1896～1897 年康有爲在《南海師承記》中指出，「天下所宗師者，孔子也。義理制度皆出於孔子，故學者學孔子而已。孔子去今三千年，其學何在？曰在六經。夫人知之，故經學尊焉。」〔註 763〕1901 年康有爲在《中庸注》中指出，「天下之爲道術多矣，而折衷於孔子。……因使孔子之教，廣大配天地，光明並日月，仁育覆後世、充全球。」〔註 764〕

（2）孟子其人其學之可尊

1901 年康有爲在《孟子微》中指出，「夫人有患難，孰不欲人救之；人有仇讎，誰不欲人復之？有救難復仇者，民皆歸之，人人慾戴以爲主。天下歸往，謂之王矣，復何畏於大國焉！耶功專以救民爲義，摩訶末專以復仇爲義，而成兩大教主，民皆歸之。得孟子單義如此，而諸君諸國無如何，足見孟子樹義之堅，而包括之大，切於人心矣。」〔註 765〕

（3）由孔、孟爲主體構成的中國教化、儒家教義、中國文化之可尊

1895 年康有爲在《上清帝第四書》中指出，「況中國地方二萬里之大，人民四萬萬之多，物產二十六萬種之富，加以先聖義理入人之深，祖宗德澤在人之後，下知忠義無異心，上有全權而無掣肘，此地球各國之所無，而泰西諸國之所淡慕者也。」〔註 766〕

1908 年康有爲在《補奧遊記》中指出，「吾國民無級，人人平等，以地大，故官雖少尊，而人人可得科第而爲之，故自由已甚，民氣久平，不可以歐人相比例矣。夫大道大行，事理之變，皆自不平而漸底於平，如水流之就下，然但需時耳。故孔子之立升平世、太平世，乃人道之必至，而無可遁者乎！中國平等無級自由之樂，誠爲人地之最先進者哉！」〔註 767〕

〔註 762〕梁啓超著：《飲冰室合集》文集之一，中華書局，1989 年版，第 18～19 頁。

〔註 763〕康有爲撰，姜義華、張榮華編校：《康有爲全集》（第二集），中國人民大學出版社，2007 年版，第 211 頁。

〔註 764〕康有爲撰，姜義華、張榮華編校：《康有爲全集》（第五集），中國人民大學出版社，2007 年版，第 369 頁。

〔註 765〕康有爲撰，姜義華、張榮華編校：《康有爲全集》（第五集），中國人民大學出版社，2007 年版，第 460 頁。

〔註 766〕康有爲撰，姜義華、張榮華編校：《康有爲全集》（第二集），中國人民大學出版社，2007 年版，第 83 頁。

〔註 767〕康有爲撰，姜義華、張榮華編校：《康有爲全集》（第八集），中國人民大學出版社，2007 年版，第 404 頁。

1912 年康有爲在《中華救國論》中指出，「逸居無教則近禽獸，今是野蠻之國，猶有教以訓其俗，豈可以五千年文明之中國，經無量數先聖哲之化導，而等於無教乎？今以中國之貧弱，及前清之失道，人民慕歐思美，發憤革而易其政可也，然豈可並數千年之教化盡掃而棄之？」〔註 768〕

1917 年康有爲在《丁巳代擬詔書》中指出，「東西相反而相成，冰炭極反而同用。惟今中國之立國，非採東西之新法、新學、新藝，則不能圖富強；非保中國之教化、禮俗、道揆，則不能固根本。孔子不云乎，溫故而知新。調和新舊，各得其宜，勿令偏頗，以得中和。」〔註 769〕

1921 年梁啓超在《歷史上中華國民事業之成敗及今後革進之機運》中指出，「我國民能擔歷爾許艱瘁，自擴大其民族而完成之，就事業本身論，其爲一種大成功，固甚易明。究竟此種事業在人類史上有價值否耶？質言之，對於人類全體進化之貢獻能認爲一種成功否耶？吾敢直答曰：然也！人類進化大勢，皆由分而趨合，我國民已將全人類四分之一合爲一體，爲將來大同世界預築一極強之基礎，其價值一也。凡大事業必由大國民創造，取精用宏，理有固然，征諸史蹟，未始或忒。我國民植基既廣厚，將來發攄必洪大，其價值二也。夫豫章之木，生七年而後可識，及其參天蔽日，則大廈需梁棟，捨是無擇矣。我國民在世界人類史上之地位，正此類也。」〔註 770〕

3.《六經》之可尊

1896 年梁啓超在《變法通議》中指出，「宜以六經諸子爲經，而以西人公理公法之書輔之，以求古人治天下之法；以按切當今時勢爲用，而以各國近政近事輔之，以求治今日之天下所當有事。」〔註 771〕1897 年梁啓超在《湖南時務學堂約》中指出，「今宜取六經義理制度、微言大義，一一證以近事新理以發明之，然後孔子垂法萬世、範圍六合之眞乃見。」〔註 772〕

1898 年康在爲在《日本書目志》中指出，「政治之學最美者，莫如吾《六經》也。嘗考泰西所以強者，皆暗合吾經義者也。……故凡泰西之強，皆吾

〔註 768〕康有爲撰，姜義華、張榮華編校：《康有爲全集》（第九集），中國人民大學出版社，2007 年版，第 325 頁。
〔註 769〕康有爲撰，姜義華、張榮華編校：《康有爲全集》（第十集），中國人民大學出版社，2007 年版，第 399 頁。
〔註 770〕梁啓超著：《飲冰室合集》文集之三十六，中華書局，1989 年版，第 28 頁。
〔註 771〕梁啓超著：《飲冰室合集》文集之一，中華書局，1989 年版，第 63 頁。
〔註 772〕梁啓超著：《飲冰室合集》文集之二，中華書局，1989 年版，第 28 頁。

經義強之也；中國所以弱者，皆與經義相反者也。」〔註 773〕「《春秋》者，萬身之法，萬國之法也。嘗以泰西公法考之，同者十八九焉。蓋聖人先得公理，先得我心也，推之四海而準也。」〔註 774〕

康有爲將以上諸條稱爲中國稱霸的資本。1904 年康有爲在《比利時遊記》中將指出，「今者鮭格納所創之霸義既盛，則有霸資者必借大國乃行之。而地球國之至大，人民至多，能比歐土全洲者，惟有我國。而以莫大之國，又復同文、同教、同俗，結力至大且厚，然則天留我國以霸資者實自二千年之統一得之。吾國人幸生此偉大莫比之國，橫視全球，無當我者。」〔註 775〕這其實亦是 1913 年康有爲在《中國顚危誤在全法歐美而盡棄國粹學》中指出的「國魂」，「凡爲國者，必有以自立也。其自立之道，自其政治、教化、風俗，深入其人民之心，化成其神思，融洽其肌膚，鑄冶其群俗，久而固結，習而相忘，謂之國魂。因此，康、梁對民族文化充滿自信。1913 年康有爲在《〈中國學會報〉題詞》中指出，「吾中國以文明號於大地者也，吾之教化哲學，爲歐美人所稱久矣。數千年之文教，不能以數十年之貧弱屈也，吾何以能爲萬里一統之大國，吾何以能爲四萬萬人同居之大族，吾何以能保五千年之文明。若埃及乎，則文明久滅矣；希臘乎，則人種久絕矣；波斯乎，久爲回教所散矣；印度乎，久爲異教異族所範矣。惟我中國，則五千年光大宏巨，長久而無恙。自歐人後起外，大地古國乎，惟我中國而已。」〔註 776〕1921 年梁啓超在《辛亥革命之意義與十年雙十節之樂觀》中指出，「因爲我們自古以來就有一種自覺，覺得我們這一族人像同胞兄弟一般，拿快利的刀也分不開。又覺得我們這一族人在人類全體中關係極大，把我們的文化維持擴大一分，就是人類幸福擴大一分。這種觀念，任憑別人說我們是保守也罷，說我們是驕慢也罷，總之我們斷斷乎不肯自己看輕自己，確信我們是世界人類的優秀分子，不能屈服在別的民族底下。這便是我們幾千年來能穀自立的根本精神。」〔註 777〕

〔註 773〕康有爲撰，姜義華、張榮華編校：《康有爲全集》（第三集），中國人民大學出版社，2007 年版，第 328 頁。

〔註 774〕康有爲撰，姜義華、張榮華編校：《康有爲全集》（第三集），中國人民大學出版社，2007 年版，第 357 頁。

〔註 775〕康有爲撰，姜義華、張榮華編校：《康有爲全集》（第七集），中國人民大學出版社，2007 年版，第 491 頁。

〔註 776〕康有爲撰，姜義華、張榮華編校：《康有爲全集》（第十集），中國人民大學出版社，2007 年版，第 16 頁。

〔註 777〕梁啓超著：《飲冰室合集》文集之三十一，中華書局，1989 年版，第 2～3 頁。

第二，尊廣東古代學術文化

雖然闡述廣東古代學術文化不是康、梁撰寫學術著述的主要內容，但是，由師徒二人組成的廣東古代學術文化論，內容豐富，觀點鮮明，無一不體現康、梁對廣東古代學術文化由衷的熱愛。

1. 廣東地理位置之可尊

首次既分析廣東地理位置在晉唐、宋、明、清、近代各個時期的地位，也以世界眼光分析廣東地理位置在世界史上的過去與未來，就是梁啓超。梁啓超認爲，晉迄唐代安史之亂前，粵人握東西交通之海運者垂 500 餘年，這是廣東交通的發達期；安史之亂後，廣東交通進入中衰期；宋代是廣東交通的復蘇期；宋以後是廣東交通的過渡期；從明弘治 11 年迄今以來既是廣東交通的憂患期，廣東在全國乃至世界上的地位也爲之一大變〔註 778〕。一方面，梁啓超重點指出從明代以來廣東地理位置在全國政治、文化的重要性。「與北部之燕京，中部之金陵，同一形勝，而支流之紛錯過之，其兩面環海，海岸線與幅員比較，其長率爲各省之冠，其與海外各國交通，爲歐羅巴、阿美利加、澳大利亞三洲之孔道，五嶺亙其北，以界於中原，故廣東包廣西而以自捍，亦政治上一獨立區域也。」〔註 779〕「海道既通，風氣漸被，迄同光以後，而賈馬許鄭之學萌芽間出，加以海疆多事，濠鏡香港兩地爲泰西入中國孔道，彼族頗以其學設塾以教我子弟，將收以爲用，而耳目沾被，聾瞶稍開，於是今日海內之論人才者，靡不於吾粵觀聽焉。」〔註 780〕另一方面，梁啓超不僅詳細舉例說明廣東是回教、耶穌教的景教、迦特力教、婆羅的士坦教與佛教傳入中國的第一站，西方的曆算、語學、醫學及其他科學與中國的「四大發明」分別是通過廣東引入國內與傳入世界的〔註 781〕，而且，中國殖民八大偉人之中就有 6 人是粵人〔註 782〕，因此，廣東對中國文化與世界文化的發展有巨大貢獻。全地球最重要之地點僅 10 數，而廣東居一焉〔註 783〕；「今之廣東，依然爲世界交通第一等孔道」〔註 784〕，這是梁啓超對廣東地理

〔註 778〕梁啓超著：《飲冰室合集》文集之十九，中華書局，1989 年版，第 76～88 頁。
〔註 779〕梁啓超著：《飲冰室合集》文集之十，中華書局，1989 年版，第 84 頁。
〔註 780〕梁啓超著：《飲冰室合集》文集之三，中華書局，1989 年版，第 25 頁。
〔註 781〕梁啓超著：《飲冰室合集》文集之十九，中華書局，1989 年版，第 89～91 頁。
〔註 782〕梁啓超著：《飲冰室合集》專集之八，中華書局，1989 年版，第 1 頁。
〔註 783〕梁啓超著：《飲冰室合集》文集之十九，中華書局，1989 年版，第 76 頁。
〔註 784〕梁啓超著：《飲冰室合集》文集之十九，中華書局，1989 年版，第 92 頁。

位置的現在與未來的準確判斷。

2. 廣東人習性之可尊

重商性、海洋性是廣東文化的特色。置身歐美各國後，康、梁從粵人這2種習性得出粵商可用、粵人大有可爲的結論，並以此助他們未竟之維新事業。康有爲認爲，「吾粵際海無涯，自漢時與諸蕃互市，環行海外諸國，多吾粵人。故粵人之善商業、務工藝、履巨海、涉洪濤而交於諸蕃，殆天性。」〔註785〕「某等生長粵地，涉歷外洋近二十年，竊見洋人通商，惟粵最先，風氣之開，實自粵始。倘鐵路之事用粵人力理，定見易於成功。蓋富商大賈，粵省爲多，集股興工，眾擎易舉。且與洋商交接，熟知商務情形。」〔註786〕「鄙意大舉必從閩、粵發難，以長江響應而掣中原之肘。緣粵多人才而民強悍，且風氣已開，各府縣皆有倜儻之土豪。若能收羅而撫之，則此輩俱爲我用。」〔註787〕梁啓超也指出，「中國人工作之勤，工價之廉，而善於經商，久爲西人所側目，他日黃種之能與白種抗衡者殆恃此也，然於中國人之中，具此美質者，亦惟廣東人爲最。」〔註788〕

梁啓超認爲，民族意識之發現與確立是民族成立的唯一要素，而廣東民族意識始見於漢文帝時南越趙佗自稱「蠻夷大長」〔註789〕，由於言語異、風俗異、性質異等，廣東人頗有獨立之想，有進取之志〔註790〕，加之自香港隸屬於英，白人之足跡益繁，故廣東言西學最早，其民習與西人遊，故不惡之，亦不畏之，故中國各部之中，其具國民之性質，有獨立不羈氣象者，惟廣東人爲最〔註791〕。

3. 廣東先賢之可尊

（1）廣東儒學家之可尊

從兩漢之際陳元古文經學、唐代惠能禪宗、明代陳湛心學、清初馮潛修、

〔註785〕康有爲撰，姜義華、張榮華編校：《康有爲全集》（第五集），中國人民大學出版社，2007年版，第125頁。

〔註786〕康有爲撰，姜義華、張榮華編校：《康有爲全集》（第五集），中國人民大學出版社，2007年版，第129頁。

〔註787〕康有爲撰，姜義華、張榮華編校：《康有爲全集》（第五集），中國人民大學出版社，2007年版，第161頁。

〔註788〕梁啓超著：《飲冰室合集》專集之一，中華書局，1989年版，第29頁。

〔註789〕梁啓超著：《飲冰室合集》專集之四十二，中華書局，1989年版，第1～2頁。

〔註790〕梁啓超著：《飲冰室合集》文集之十，中華書局，1989年版，第90頁。

〔註791〕梁啓超著：《飲冰室合集》專集之一，中華書局，1989年版，第29頁。

馮敏昌理學與陳昌齊諸子學、道光年間由阮元創立的學海堂漢學、咸同年間陳澧溝合漢宋學、朱次琦去漢宋學之別，到光緒年間至民國時期簡朝亮、康有爲、黃遵憲、朱執信等諸種學說，廣東千年儒學史在很大程度上就是由以上諸人的學術思想推進的，康、梁對其均有論述。康有爲將《後漢書　陳元傳》載入《新學僞經考》，雖然旨在批判陳元治《左傳春秋》〔註 792〕，但無疑再次奠定了陳元在廣東經學史上的開創性地位。康有爲將惠能、陳獻章作爲廣東 2 個人物〔註 793〕，梁啓超則視惠能、陳獻章、湛若水爲嶺南能動全國之關係者〔註 794〕。康有爲指出從陳獻章之後，嶺南始講心學與學術始正、人才始盛，廣東學派遂以此開〔註 795〕，但白沙心學不及陽明開化〔註 796〕，另開一派的湛若水在禮學上與陳獻章分道揚鑣，與陽明分庭抗禮〔註 797〕。梁啓超也指出，「吾粵自明之中葉，陳白沙、湛甘泉以理學倡，時稱新會學派，與姚江並名。」〔註 798〕

康有爲將馮潛齋、馮敏昌、何樸園、康贊修、朱次琦等作爲清代傳承白沙心學的嶺學巨儒，以理學、文學、氣節標榜「嶺學」〔註 799〕，這與黃節在《嶺學》一文中以陳、王、湛 3 家之學作爲「嶺學」正宗是相一致的，而關於「嶺學」也引起了程美寶等學者的關注〔註 800〕。梁啓超則以「惠門四子」與陳昌齊作爲清代廣東漢學的開端，認爲清代諸子學研究的先驅——陳昌奇，是「粵中第一學者」〔註 801〕。與朱次琦、黃節、鄧實厲斥阮元很不相

〔註 792〕康有爲撰，姜義華、張榮華編校：《康有爲全集》（第一集），中國人民大學出版社，2007 年版，第 446 頁。

〔註 793〕康有爲撰，姜義華、張榮華編校：《康有爲全集》（第二集），中國人民大學出版社，2007 年版，第 260 頁。

〔註 794〕梁啓超著：《飲冰室合集》文集之六，中華書局，1989 年版，第 60 頁。

〔註 795〕康有爲撰，姜義華、張榮華編校：《康有爲全集》（第二集），中國人民大學出版社，2007 年版，第 256、288 頁。

〔註 796〕康有爲撰，姜義華、張榮華編校：《康有爲全集》（第二集），中國人民大學出版社，2007 年版，第 288 頁。

〔註 797〕康有爲撰，姜義華、張榮華編校：《康有爲全集》（第二集），中國人民大學出版社，2007 年版，第 256 頁。

〔註 798〕梁啓超著：《飲冰室合集》文集之四十一，中華書局，1989 年版，第 78 頁。

〔註 799〕康有爲撰，姜義華、張榮華編校：《康有爲全集》（第九集），中國人民大學出版社，2007 年版，第 22、99 頁。

〔註 800〕程美寶：《「嶺學」正統性之分歧——從孫璞論阮元說起》，《嶺嶠春秋——廣府文化與阮元論文集》，中山大學出版社，2003 年版，第 231 頁。

〔註 801〕梁啓超著：《飲冰室合集》文集之四十一，中華書局，1989 年版，第 78 頁。

同，康、梁都高度重視阮元創學海堂對廣東漢學的貢獻。康有爲認爲從阮元創學海堂後，由惠士奇開之的廣東經學才眞正成爲一種學風，嶺南始知經學〔註 802〕，漢學以阮元爲最〔註 803〕。梁啓超則細數自阮元建學海堂後，廣東近代出現侯康、桂文燦、譚瑩、吳蘭修、林伯桐、李黼平、張維屏、鄒伯奇、梁廷楠、黃培芳等人才之盛，並指出，「昔乾嘉間，漢學彬彬於江浙，而吾粵靡一人焉。咸同以後，口馬鄭手說文者如鯽矣，非粵民愚於乾嘉而智於咸同也」〔註 804〕。咸同以後，梁啓超將陳澧、朱次琦作爲嶺南 2 大師，以康有爲是近代今文經學的中心〔註 805〕，黃遵憲有史才，朱執信能以學術助革命〔註 806〕。

（2）廣東詩人之可尊

將漢代楊孚作爲廣東古詩之開端，以張九齡爲唐代廣東詩歌之崛起，以余靖、崔與之、李昴英爲宋代廣東詩人之「三傑」，以「南園前五子」、「南園後五子」、鄺露、屈大均、陳恭尹爲明代廣東詩人的核心，以程可則、梁佩蘭、黎簡、馮敏昌、宋湘、朱次琦、梁鼎芬作爲清代廣東重要詩人，康有爲就是以此論廣東古詩。從漢到明季，康有爲認爲，「自楊儀郎、張曲江祖軔而後，學如萌芽。然自五代、宋、元，僅僅有餘、崔二公支柱其間，……先生（按：指李行時）與孫、王五子，乃厲高蹈，結抗風，南園之風遂驚天下。學者聞風並興，非獨歐、虞、鄺、梁、黎諸公聯軌詩壇，抗衡上國也。隸終明季，粵中詩社之盛，與雲間幾復千里相應，黎、鄺、屈、陳猶歌泱泱之大風，以表南海焉。」〔註 807〕從清初到道光以後，康有爲指出，「吾粵國初最盛名者，陳、屈、梁三家。乾隆時，順德黎二樵集陶、謝、李、杜、韓、蘇、黃創立家數，雖當時袁子才、趙甌北輩學蘇、陸，洪北江學唐人，魏樹蕃學山谷用僻典，亦不能出其右。吾粵同時又有程周亮，有名於世，故洪北江詩云：獨得古人雄直氣，嶺南猶似勝江南。道光後，考據出而詩學衰，能成詩

〔註 802〕康有爲撰，姜義華、張榮華編校：《康有爲全集》（第二集），中國人民大學出版社，2007 年版，第 260 頁。

〔註 803〕康有爲撰，姜義華、張榮華編校：《康有爲全集》（第二集），中國人民大學出版社，2007 年版，第 259 頁。

〔註 804〕梁啓超著：《飲冰室合集》文集之一，中華書局，1989 年版，第 42 頁。

〔註 805〕梁啓超著：《飲冰室合集》專集之三十四，中華書局，1989 年版，第頁。

〔註 806〕梁啓超著：《飲冰室合集》文集之四十一，中華書局，1989 年版，第 78 頁。

〔註 807〕康有爲撰，姜義華、張榮華編校：《康有爲全集》（第一集），中國人民大學出版社，2007 年版，第 14 頁。

家者無一人焉。南海朱九江詩全學杜、韓，詩皆三十歲以前所作，此外雷州陳一山、番禺梁星海二家頗好。」〔註 808〕

康、梁是「詩界革命」的發動者，梁啓超更是其詩論的總結者。康有爲、黃遵憲與其門人楊惟徽以及嘉應詩人健生、梁啓超等是廣東新派詩的主要詩人。梁啓超認爲，發於眞性情，故詩外常有人，這是康有爲詩歌殊非尋常之處〔註 809〕。康、梁都激揚「近世詩界三傑」之一的黃遵憲。康有爲指出《日本雜事詩》「其於民俗、物產、國政、人才，了如豁如，如家人子之自道其空人產也。……誦是詩也，不出戶牖，不泛海槎，有若臧旻之畫、張騫之鑿矣」〔註 810〕，《人境廬詩草》則「上感國變，中傷種族，下哀生民，博以寰球之遊歷，浩渺肆恣，感激豪宕，情深而意遠，益動於自然，而華嚴隨現矣。」〔註 811〕梁啓超則從「其意象無一襲昔賢，其風格又無一讓昔賢」〔註 812〕、「《人境廬》集中，……體殆備矣，維綺語絕少概見」〔註 813〕、「公度之詩，詩史也」〔註 814〕，將康有爲的論述上升爲「詩界革命」的詩論，以「能鎔鑄新理想以入舊風格者」〔註 815〕推舉黃遵憲。梁啓超還稱許黃遵憲門人楊惟徽「其理想風格，皆茹今而孕古，人境有傳人矣」〔註 816〕，以及嘉應詩人健生「之五古，酷肖《人境廬》」〔註 817〕。

〔註 808〕康有爲撰，姜義華、張榮華編校：《康有爲全集》(第二集)，中國人民大學出版社，2007 年版，第 222 頁。

〔註 809〕梁啓超著：《飲冰室合集》文集之四十五（上），中華書局，1989 年版，第 16 頁。

〔註 810〕康有爲撰，姜義華、張榮華編校：《康有爲全集》(第四集)，中國人民大學出版社，2007 年版，第 1 頁。

〔註 811〕康有爲撰，姜義華、張榮華編校：《康有爲全集》(第八集)，中國人民大學出版社，2007 年版，第 409 頁。

〔註 812〕梁啓超著：《飲冰室合集》文集之四十五（上），中華書局，1989 年版，第 7 頁。

〔註 813〕梁啓超著：《飲冰室合集》文集之四十五（上），中華書局，1989 年版，第 27 頁。

〔註 814〕梁啓超著：《飲冰室合集》文集之四十五（上），中華書局，1989 年版，第 51 頁。

〔註 815〕梁啓超著：《飲冰室合集》文集之四十五（上），中華書局，1989 年版，第 2 頁。

〔註 816〕梁啓超著：《飲冰室合集》文集之四十五（上），中華書局，1989 年版，第 70 頁。

〔註 817〕梁啓超著：《飲冰室合集》文集之四十五（上），中華書局，1989 年版，第 99 頁。

（3）廣東書法家之可尊

《廣藝舟雙楫》是康有為的書論著作，明代朱完、清代謝蘭生、馮敏昌、黎簡、宋湘、朱次琦、吳榮光、黃子高、陳澧等廣東書法家，康有為也有論述。康有為不僅指出「計白當黑」是朱完的書論，還指出以隸筆為篆〔註 818〕是其書得意之處。康有為認為黃子高的書法在朱完之下，「道光間，香山黃子高篆法茂密雄深，迫眞斯相，自良後碑刻，罕見儔匹。雖博大變化，不逮完白，而專精之至，亦拔戟成隊。」〔註 819〕在闡述朱次琦執筆法時，康有為溯源朱次琦的書學傳承並提及陳澧。「將冠，學於朱次琦，執筆主平腕豎鋒，虛拳實指，蓋得之謝蘭生，為黎山人二樵之傳。後見陳蘭甫京卿，謂《醴泉》難學，歐書惟有小歐《道因碑》可步趨耳，習之果茂密，乃知陳京卿得力在此也。」〔註 820〕除朱完、朱次琦以外，吳榮光是康有為激賞之人。「吾粵吳荷屋（按：即吳榮光），帖學名家，其書為吾粵冠，然竊其筆法，亦似得《張黑女碑》。」〔註 821〕而蘇珥、張錦芳、黎簡、馮敏昌、宋湘、吳榮光、謝蘭生、朱次琦正是康有為珍視的廣東書家。「吾粵書家有蘇古儕、張藥房、黎二樵、馮魚山、宋芷灣、吳荷屋、謝蘭生諸家，而吾為深美，抗衡中原，實無多讓……先師朱九江先生於書道用工至深，其書導源於平原，蹀躞於歐、虞，而別出新意。」〔註 822〕

二、黃節、鄧實之尊本土學術文化

康、梁、黃、鄧都是廣東近代學術不能繞開的人物，這決定他們在以尊本土學術文化為主的同時，對廣東學術文化也具有一定的關注度。

第一，尊中國古代學術文化

1. 中國國土、人種、語言、倫理、風俗、歷史、物土之可尊

黃節在《國粹學報敘》中指出，「吾登高西望，帕米爾高原而東，喜馬拉

〔註 818〕康有為撰，姜義華、張榮華編校：《康有為全集》（第一集），中國人民大學出版社，2007 年版，第 270 頁。
〔註 819〕康有為撰，姜義華、張榮華編校：《康有為全集》（第一集），中國人民大學出版社，2007 年版，第 271 頁。
〔註 820〕康有為撰，姜義華、張榮華編校：《康有為全集》（第一集），中國人民大學出版社，2007 年版，第 297 頁。
〔註 821〕康有為撰，姜義華、張榮華編校：《康有為全集》（第一集），中國人民大學出版社，2007 年版，第 255 頁。
〔註 822〕康有為撰，姜義華、張榮華編校：《康有為全集》（第一集），中國人民大學出版社，2007 年版，第 301 頁。

山脈而北，滔滔黃河，悠悠大江，熙熙乎！田疇都市，宅於是間者，乃不國乎？」〔註 823〕

黃節在《黃史》中指出，「吾種人自崑崙東下，宅於黃河流域，繁殖四千，爲文明之裔而當考其種所自出。」〔註 824〕「然則附於崑崙諸族後之稱爲塞種者，則西行而開泰西之文明，是故以西洋歷史之第一期不能不首列吾東方諸國。」〔註 825〕「歐亞洲種族凡六，而吾黃族實居其一。四千年歷史之人種爲最貴矣。」〔註 826〕

黃節在《黃史》中指出，「吾族文字相肖至如十五字頭一百五音之下各加一音，合讀成字，所謂託芯書者，又與吾族諧聲之法相旁通矣。」〔註 827〕

鄧實在《國學通論》中指出，「夫中國之地理，便於農，而儒重農，中國之風俗原於文而儒重文，中國之政體本於宗法而儒重君父則儒教之行中國固由乎地理風俗與政體者矣，此其所以行之二千年其於人心之微未有背也。」〔註 828〕

黃節在《黃史》中指出，「吾爲援溯古初以迄近代，敘帝王之政及後世言物土之學，以著於篇，以實此神州瑰瑋，作《物土書》。」〔註 829〕

2. 中學之可尊

（1）孔子之學可尊

黃節在《國粹學報》敘中指出，「而吾巴克之族猶足以自立，黃帝堯舜湯文武周公孔子之學，猶足以長存，則奈何其不國也，奈何其不學也。」〔註 830〕

鄧實在《古學復興論》中指出，「孔子之學，其爲吾舊社會所信仰者，固當發揮而光大之，……孔子之學固國學。」〔註 831〕

（2）儒學、經學之可尊

鄧實在《國學通論》中指出，「今夫儒之所學亦何損於人國哉？」〔註 832〕

〔註 823〕黃節、鄧實主編：《國粹學報》（三），廣陵書社，2006 年版，第 6 頁。
〔註 824〕黃節、鄧實主編：《國粹學報》（三），廣陵書社，2006 年版，第 413 頁。
〔註 825〕黃節、鄧實主編：《國粹學報》（三），廣陵書社，2006 年版，第 415 頁。
〔註 826〕黃節、鄧實主編：《國粹學報》（三），廣陵書社，2006 年版，第 425 頁。
〔註 827〕黃節、鄧實主編：《國粹學報》（三），廣陵書社，2006 年版，第 415 頁。
〔註 828〕黃節、鄧實主編：《國粹學報》（三），廣陵書社，2006 年版，第 55 頁。
〔註 829〕黃節、鄧實主編：《國粹學報》（七），廣陵書社，2006 年版，第 3208 頁。
〔註 830〕黃節、鄧實主編：《國粹學報》（三），廣陵書社，2006 年版，第 6 頁。
〔註 831〕黃節、鄧實主編：《國粹學報》（三），廣陵書社，2006 年版，第 116 頁。
〔註 832〕黃節、鄧實主編：《國粹學報》（三），廣陵書社，2006 年版，第 55 頁。

鄧實在《國學通論》中指出，「能通經以致用，如《易》則施孟，梁邱皆能以占變知來，《書》則大小夏侯歐陽，兒寬皆能以《洪範》匡世主。《詩》則申公轅固生韓嬰王吉韋孟匡衡，皆以三百五篇當諫書。《春秋》則董仲書？不疑之決獄。《禮》則魯諸生賈誼韋元成之議制度，而蕭望之等皆以《孝經》、《論語》保傅輔道。則經學之必非無用也。」〔註 833〕

（3）眞儒學之可尊

鄧實在《國學通論》中指出，「夫儒之眞安在仲尼有言誦詩三百可以授政，《春秋》經世先王之志，大易類族辨物之大經《春秋》嚴內夏外夷之大防小戎則赴商秦風，則同仇風雨而不已，雞鳴歲寒然後知松柏，語曰士可殺不可辱，孔子曰朝聞道夕死可矣，是則吾儒所以致命，遂志殺身成仁，愛國保種存學救世不刊之大義也。」〔註 834〕

鄧實在《國學眞論》中指出，「其烏知乎，國學之自有其眞哉，是故有眞儒之學焉，有僞儒之學焉。眞儒之學只知有國，僞儒之學只知有君。知有國則其所學者上上千載洞流索源考郡國之利病，哀民生之憔悴，發憤著書以救萬世，其言不爲一時，其學不爲一人，是謂眞儒之學。若夫僞儒者，所讀不過功令之書，所業不過利祿之術，苟以頌德歌功，緣飾經術以取媚時君，固寵圖富貴而已。」〔註 835〕「此秦以前之學，無愧其爲國學之眞也。」〔註 836〕

（4）子學之可尊

鄧實在《古學復興論》中指出，「諸子之學湮歿千餘年，其有新理實用者亦當勤求而搜討之。……而諸子之學亦國學也，同一神州舊學，乃保其一而遺其一可乎？」〔註 837〕

（5）中學之可尊

黃節在《國粹學報》敘中指出，「而吾之國之學何以遜於泰西之國之學，則昏然而皆莫能言。嗚呼，微論泰西之國之學果足以裨吾與否，而此昏然莫能言之，故則足以自亡其國而有餘，是亦一國之人之心死也。」〔註 838〕

鄧實在《古學彙刊發刊辭》中指出，「夫一國有一國之歷史風俗民性材質，

〔註 833〕黃節、鄧實主編：《國粹學報》（三），廣陵書社，2006 年版，第 43 頁。
〔註 834〕黃節、鄧實主編：《國粹學報》（三），廣陵書社，2006 年版，第 56 頁。
〔註 835〕黃節、鄧實主編：《國粹學報》（七），廣陵書社，2006 年版，第 3025 頁。
〔註 836〕黃節、鄧實主編：《國粹學報》（七），廣陵書社，2006 年版，第 3026 頁。
〔註 837〕黃節、鄧實主編：《國粹學報》（三），廣陵書社，2006 年版，第 116 頁。
〔註 838〕黃節、鄧實主編：《國粹學報》（三），廣陵書社，2006 年版，第 7 頁。

貿然棄置而徒挾一虛文之法理，謂視天下如運諸掌其謬解蔽痼與。」〔註 839〕「固非謂世界之學盡在於是，然考古以知今，聞一以知十，當亦爲學者所不廢，同人等問相求，不與聞政治孜孜抱此殘缺守而勿失，他日當有能光大而發揮之演，而爲政術尚而爲風俗者，得失雖微，其於國家興廢強弱之所由係，於是編不毋小補乎？」〔註 840〕

鄧實在《古學彙刊序例》，「今雖烽煙未靖，海國多風，士方棄書，人不悅學，然在昔五季俶擾，群經方以雕棄，金人內侵，金石尚而成錄，昔人有云：自古泯棼之會，元黃戈馬之秋，物則民彝小可以一朝絕不絕則宜有所寄寄，斯鉅者宜在修學好古之儒。……予性鈍拙寂寞自甘荒江閉門孜孜以從事於古人書者，素矣，憂患餘生，百爲皆絕，懷鉛握槧只覺舊業之可樂，非敢以比閏前修，然使民國之成古學復興，及身親見跂予望之。」〔註 841〕「本編宗旨在發明絕學，廣羅舊聞，故所刊錄專主經史雜記之有關係而資考訂者，欲使讀者得此，足以增益見聞，助長學識。全編當無一無與味之作，無一尋常經見之書。」〔註 842〕

（6）中國文物之可尊

《國粹學報》收入鄧實《愛國隨筆》3 篇，其一有《譯漢文書爲歐文之來書》《發見佛教古蹟》《德國學者掘取陝西古器》《巴黎博物院之東方美術品》《日本樂器多傳自中國》等文章組成，其二由《丹麥文學士仿刻大秦景教碑運歸歐洲》《皖撫採訪皖省遺書金石以備設圖書館》《安徽古學保存會之發起》《後漢畫像石談》《唐開成二年碑發見於海島》《古苗王之遺物發見》等組成〔註 843〕，其三由《俄克特密哲之蒙古掘地記》《佛教遺跡之發見》《珍奇之佛像佛畫經文》《日本大谷光瑞之新疆掘地記》等組成，反映鄧實對失落他國的中國文物的高度重視。其中，鄧實在《日本樂器多傳自中國》中指出，「今吾國古樂淪亡，故觀彼邦之樂器有足資吾人參考者，即以絲？之器言之，彼邦自古通行者有琴和琴箏琵琶月琴一？琴箜篌等，其沿革略可考焉。」〔註 844〕

〔註 839〕鄧實、繆荃孫編：《古學叢刊》，廣陵書社，2006 年版，第 4 頁。
〔註 840〕鄧實、繆荃孫編：《古學叢刊》，廣陵書社，2006 年版，第 5 頁。
〔註 841〕鄧實、繆荃孫編：《古學叢刊》，廣陵書社，2006 年版，第 7～8 頁。
〔註 842〕鄧實、繆荃孫編：《古學叢刊》，廣陵書社，2006 年版，第 8 頁。
〔註 843〕黃節、鄧實主編：《國粹學報》（十），廣陵書社，2006 年版，第 5583～5585 頁。
〔註 844〕黃節、鄧實主編：《國粹學報》（八），廣陵書社，2006 年版，第 4131 頁。

鄧實在《東學西漸》（日本槐南陳人原著寂照譯並論）中指出，「譯者按：槐南氏爲日本漢學家，故其持論如此。近日吾國後進之士亦頗有主張棄漢文而採歐字者。……吾國古學之一枝一節，斯固不可掩之事也，且吾國學術欲求其眞，尤當分別深觀。」〔註 845〕

（7）中國古籍之可尊

鄧實在《禁書目錄四種合刻跋》中指出，「近者庚子之變，聯軍入闕，上自宮府所藏，下及私家所守已散棄如糞土，而日本獨知收拾綑載以去，新學之士方謂是陳年故幣，不適於用者，棄之可無惜，然則今日之書籍不禁而禁，不焚而焚，更後數十年，其海內之無書尤可決也。余於是目不禁重有慨焉。」〔註 846〕

黃節在《版籍考》中指出，「書益多則益易得，而讀者不知愛，實斯亦國學之一大變也。……故後世藏書之家倍於古人，則或剽竊古人爲己有而讀書者之精審宏博，宋不如唐，唐不如漢。嗚呼，學術興衰萬端，此亦其一也。版籍之興第一期則爲刊石，第二期則爲鏤板，至於活版行用爲第三期，言學術者於此瞻興衰焉。」〔註 847〕

（8）中國美術之可尊

鄧實在《美術叢書　原序》中指出，「言美術者必曰東方，蓋神州立國最古，其民族又具優秀之性，故技巧之精，牡丹青之美，文藝篇章之定力，代有名家，以成絕詣，固非白黑紅棱，諸民可與倫比，此吾黃民之特長而可以翹然示異於他國者也。」〔註 848〕「古物既盡，學無所師，百工技藝，日趨於僿陋，而文化日退，而西方之民得吾所有，方日日集會以相研究，則他日吾黃民之長，安知不爲他人所有也。」〔註 849〕「蓋吾國開化最早，爲列邦文藝之祖。」〔註 850〕「蓋畫爲神州美術之最優者，近來歐美美術名家，競相蒐羅我國畫呂，庋藏富貴，視同拱璧。」〔註 851〕

〔註 845〕黃節、鄧實主編：《國粹學報》（十二），廣陵書社，2006 年版，第 7111～7112 頁。
〔註 846〕黃節、鄧實主編：《國粹學報》（九），廣陵書社，2006 年版，第 4937 頁。
〔註 847〕黃節、鄧實主編：《國粹學報》（十），廣陵書社，2006 年版，第 5487 頁。
〔註 848〕黃賓虹、鄧實編：《美術叢書》，鳳凰出版社，2013 年版，第 1 頁。
〔註 849〕黃賓虹、鄧實編：《美術叢書》，鳳凰出版社，2013 年版，第 2 頁。
〔註 850〕黃賓虹、鄧實編：《美術叢書》，鳳凰出版社，2013 年版，第 2 頁。
〔註 851〕黃賓虹、鄧實編：《美術叢書》，鳳凰出版社，2013 年版，第 2 頁。

第二，尊廣東古代學術文化

1. 廣東地理位置之可尊

1904～1909 年，廣東出現第一批鄉土教材〔註 852〕，黃節《廣東鄉土歷史教科書》就是其中一種。黃節在《廣東鄉土歷史教科書》中指出，「廣東之治亂得失，不惟關中國之大局而已，抑於世界上有影響也夫。是故凱中國者未有不摯凱廣東，則吾人之愛中國者亦未有不摯愛廣東。」〔註 853〕由於諳於廣東史地，黃節也注意糾正前人之成說，如黃節認爲「廣東省地在《禹貢》揚梁荊三州徼外」〔註 854〕，而殊非《史記集解》引張晏說的「揚州之南越」。

2. 廣東儒學家之可尊

（1）陳、王、湛三家之學之可尊

所謂陳、王、湛三家之學，是指陳獻章「白沙學派」、以揭陽薛侃和博羅楊起元爲代表的王陽明傳人和湛若水「甘泉學派」。黃節在《嶺學源流》一文中棄漢、唐廣東古文經學、宋明時期廣東程朱理學和清代廣東漢學、今文經學等學術傳統，獨尊陳、王、湛三家之學，以篤守理學、重視講學和名節道德作爲三家之學的主要特徵，並以此闡述其嶺學源流。

黃節指出，「白沙授之甘泉，門戶益盛，受業著藉者四千餘人，稱爲廣宗。」〔註 855〕「嘉隆之間，白沙之學幾爲甘泉所掩。」〔註 856〕「夫自白沙而後，有明一代嶺學之盛始。自甘泉湛學之盛，由於講學。是故當時大師輩源流雖異，而名節道德自有可風。」〔註 857〕「諸子抗節，振世之志則固可以風一國者也。」〔註 858〕黃節以此評價陳獻章門人林光、張詡、李子長。

〔註 852〕如：黃映奎《廣東鄉土史教科書》（1904 年）、黃佛頤《廣東鄉土史教科書》（1906 年）、梁致祥《廣東高等學堂輿地課本》（1906 年）、黃培坤、岑錫祥《廣東鄉土地理教科書》（1908 年）、黃節《廣東鄉土歷史教科書》（1907 年）、《廣東鄉土地理教科書》（1909 年）、《廣東鄉土格致教科書》（1909 年）、林宴瓊《潮州鄉土教科書》（1909 年）、翁輝東、黃人雄《潮州鄉土地理教科書》（1909 年）。

〔註 853〕黃節著：《廣東鄉土歷史教科書》，上海國學保存會，1907 年鉛印，中山圖書館藏，第 1 頁。

〔註 854〕黃節著：《廣東鄉土歷史教科書》，上海國學保存會，1907 年鉛印，中山圖書館藏，第 22 頁。

〔註 855〕鄧實、黃節主編：《國粹學報》（九），廣陵書社，2006 年版，第 4481 頁。

〔註 856〕鄧實、黃節主編：《國粹學報》（九），廣陵書社，2006 年版，第 4487 頁。

〔註 857〕鄧實、黃節主編：《國粹學報》（九），廣陵書社，2006 年版，第 4490 頁。

〔註 858〕鄧實、黃節主編：《國粹學報》（九），廣陵書社，2006 年版，第 4481 頁。

黃節指出，「嶺海之士，學於文成者，自方西樵始，及文成開府贛州，從學者甚眾。文成言：『潮在南海之涯，一郡耳。一郡之中，有薛氏之兄弟子侄，既足盛矣，而又有楊氏之昆季。其餘聰明特達，毅然任道之器，以數十。』乃今之著者，唯薛氏學者。」〔註 859〕南海方獻夫、梁焯、揭陽薛侃和歸善（今惠州）楊起元等分別遊學王陽明、羅汝芳〔註 860〕。

（2）朱次琦其人其學之可尊

黃節在《嶺學源流》中指出，「南海朱九江先生，於舉國爭言著書之日，乃獨棄官講學，舉修身讀書之要以告學者。其言修身之要，曰敦行孝悌、崇尙名節、變化氣質、檢攝威儀。其言讀書之要，曰經學、史學、掌故之學、性理之學、詞章之學，其學不分漢宋，而於白沙陽明之教皆有所不取，斯則國朝嶺學之崛起者也。」〔註 861〕「九江而後，嶺南講學之風寖衰。近十年來，西方學說輸入我國，吾粵被之獨早。學者怵於萬有新奇之論，既結舌而不敢言，其言者不出於錮蔽即出於附會，錮蔽非附會尤失。嗜新之士復大倡功利之說以爲用，即是在是循是而叫囂不已。吾恐不惟名節道德掃地而盡，即寸札短文求之弱冠，後生將亦有不能辨者。嗚呼！國學之亡可立，而待寧獨嶺南一隅而爲是衰也。」〔註 862〕

（3）李用、廖燕、陳子壯、張邦彥、陳邦彥等人物之可尊

黃節在《黃史　李用張斐傳》中指出，「李昴英聞其賢，就見與語終日，出，語人曰：『吾今乃見有道君子矣。』」〔註 863〕黃節在《黃史　廖燕傳》中指出，「惜夫！柴舟（按：廖燕，字柴舟）以彼其才而不獲用於世也。朱藻曰：『予獨喜其懷有用之才，雖不得稍展其志，然曾不以貧賤富貴動其心，而又能著書立言以相深於道。』悲夫！則眞知柴舟者爾。……黃史氏曰：於箋紙中而得見柴舟之影照，則憬然曰：其爲人也，卓立人表，淩厲激宕，不可一世之概者邪。」〔註 864〕黃節在《黃史　陳子壯張家玉陳邦彥傳》中指出，「讀

〔註 859〕黃宗羲著，沈芝盈點校：《明儒學案》，中華書局，2008 年版，第 654 頁。

〔註 860〕黃節指出，楊起元之學出於羅汝芳，羅汝芳之學出於顏鈞，顏鈞之學出於徐樾，徐樾之學出於林春，林春之學出於王艮，王艮之學出於王陽明。

〔註 861〕鄧實、黃節主編：《國粹學報》（九），廣陵書社，2006 年版，第 4491 頁。

〔註 862〕鄧實、黃節主編：《國粹學報》（九），廣陵書社，2006 年版，第 4491～4492 頁。

〔註 863〕鄧實、黃節主編：《國粹學報》（七），廣陵書社，2006 年版，第 3387 頁。

〔註 864〕鄧實、黃節主編：《國粹學報》（三），廣陵書社，2006 年版，第 548～549 頁。

三子傳則□禍之中於吾粵，其始末蓋可知已。以三子之忠且勇，然卒敗以死，李成棟一庸材乃能橫制三子之命，何哉？」〔註 865〕

3. 廣東古籍之可尊

1912～1914，鄧實、繆荃孫收入以清人爲主的前人遺著與近人新著 62 種 116 卷，分經、輿地、掌故、金石、雜記、詩文諸類，「旨在發明絕學，廣羅舊聞」，且所收文章皆有解題，延續《國粹學報》保存國粹之精神。其中，陳澧《讀詩日錄》、鄧實《吾炙集小傳》收入其中。冒廣生撰寫《讀詩日錄》題解云：「陳蘭甫先生碩學通儒，海內無間。此編從其次孫公輔太守同年處借鈔，編首有先生書『精語時時讀之』六字，蓋即《東塾讀書記》中所謂乃知詩教所關係者，如此也。」〔註 866〕鄧實在《吾炙集小傳》中，將錢曾、黃翼、鄧漢儀、龔鼎孳、沈祖孝、唐允甲、趙嶷、朱一是、錢澄之、胡徵、梅磊、杜紹凱、黃師正、王潢、何雲、許友等殊非粵人以重點闡述其著述爲主而寫入其中。

由黃賓虹、鄧實編纂的《美術叢書》計收書 281 種，所收各書以談論書畫爲主，尤以論畫者爲多。此外，凡關於雕刻摹印、筆墨紙硯、磁銅玉石、詞曲傳奇等一切珍玩的論者，黃、鄧二人亦廣爲搜輯，故《美術叢書》堪稱集美術論著之大成。陳澧《摹印述》、鄧實《附錄》《談藝錄》、梁九圖《談石》收入其中。鄧實在《談藝錄》末中指出，「余少好爲考古之學，凡前賢手牘有涉及藝事者，瀏覽所及，輒隨手擇抄，投置篋，衍積久成帙，喜其於考古之學足資參證。今特爲編次，刊行之所錄多明季清初諸老之作。蓋我國藝術極盛時代後有所得當續錄也。」〔註 867〕

有必要指出的是，上述關於康有爲、梁啓超對待儒西學關係的態度，筆者是在參照張耀南《中國儒學史》（近代卷）的研究成果基礎上的提煉、整合與稍作推進。

〔註 865〕鄧實、黃節主編：《國粹學報》（五），廣陵書社，2006 年版，第 1960 頁。
〔註 866〕鄧實、繆荃孫編：《古學叢刊》（四），廣陵書社，2006 年版編，第 2067 頁。
〔註 867〕黃賓虹、鄧實編：《美術叢書》（二），鳳凰出版社，2013 年版，第 1979 頁。

第五章　「九江學派」是廣東儒學近代轉型的縮影

在 1858 年朱次琦建立「九江學派」之前，廣東儒學既在封建社會內部走過千年，形成根深蒂固的實學、經學、理學傳統，也經歷了耶穌會挾其科學東來的明清之際「西學東漸」與正在經歷晚清更大規模的「西學東漸」和太平天國對廣東儒學的首次衝擊，廣東傳統儒學與儒學傳統正在悄然發生艱難的巨變。朱次琦建立「九江學派」的初衷就是維護廣東實學、經學、理學傳統，簡朝亮也了此乃師心願，成爲廣東儒學傳統比較著名的最後守護者。只是另一門人康有爲及其再傳弟子梁啓超均別出廣東近代新實學、新經學與新理學。「九江學派」由此成爲廣東儒學傳統近代轉型的縮影。

第一節　「九江學派」是廣東實學近代轉型的縮影

實學是廣東儒學在發展過程中所形成的一種學術思潮與理論形態，它對廣東古代文明的發展產生過積極的影響，也成爲廣東古代文化向現代文明轉型的中介與橋樑，對廣東近代化起到重要的推動作用。在康有爲登上歷史舞臺之前，廣東實學完整經歷道德實踐之學、經世實學、啓蒙實學、實測實學、考據實學〔註 1〕等中原實學發展的諸種形態，而正統儒學仍然是廣東實學的本質。朱次琦、簡朝亮既強化廣東實學就是理學、孔學的傳統指向，也以道德實踐之學、經世實學強化廣東實學作爲正統儒學的表現形式。康有爲則將傳統經世實學與近代西學相結合，既以孔學、理學、佛學爲虛實相兼之學，將

〔註 1〕苗潤田主編：《儒學與實學》，導言，中華書局，2003 年版，第 14 頁。

廣東實學拓展至周公之學、子學，也以啓蒙實學、實測實學、殊非傳統的道德實踐之學、經世實學、考據實學顚覆廣東實學的表現形式，廣東實學近代轉型由此發生。梁啓超則既將實學與理學相對立，也使實學脫離包括理學、孔學在內的任何一種學術，將本來紛繁複雜的實學指向實實在在的純學術研究，標誌廣東實學傳統近代轉型的階段性終結。

一、朱次琦、簡朝亮強化廣東實學傳統

即使在不同時代、不同學者、不同語境之下，廣東實學有其不同的指向與表現形式，但是，在康有爲結束晚清廣東經世實學之前，廣東實學家對於「實學即理學」、「實學即儒學」的體認，廣東實學所具有的重視儒家道德實踐與經世致用傾向，都說明廣東實學沒有超出儒家思想自我調節的最大範圍，廣東實學都是一種儒學內部的自我批評與反思。朱次琦、簡朝亮就是以實學的指向與表現形式強化廣東實學的傳統。

第一，朱次琦、簡朝亮強化廣東實學的傳統指向

北宋以後由於程、朱宣稱「惟理爲實」，陸九淵以孟子學說、踐履學說爲實學，中原由此開始出現的大規模使用「實學」概念，而此時處於學習中原理學階段的廣東一直在南宋崔與之筆下才出現與「實學」相關的「經濟學」概念，如「須知經濟學，無不墮秦灰」〔註2〕，「胸中經濟學，爲國好加餐」〔註3〕、「胸藏經濟方，醫國收全功」〔註4〕等。崔與之疏離程朱義理而重視事功，故其詩歌中頻繁出現的「經濟學」，指的就是實際、有用的學問，崔與之開廣東事功實學的先河。一直到明代廣東理學家筆下，作爲一門學科的將儒學指向反對佛、老空寂的「實學」的概念才大規模出現，而所有的明代廣東理學家均認爲實學即儒學、實學即理學，是儒家的經世致用之學。孔學雖無實學之名，但其切於人倫日用、修己以治人的學術特徵就有實學之實。程朱、陸王都以「內聖外王」的理學、心學爲實學，且以孔學正脈自居，故承接孔子道統的宋明理學就是「明體達用」的實學，由此實學都指向理學、孔

〔註2〕崔與之撰，張其凡、孫志章整理：《宋丞相崔清獻公全錄》卷八，廣東人民出版社，2008年版，第101頁。

〔註3〕崔與之撰，張其凡、孫志章整理：《宋丞相崔清獻公全錄》卷八，廣東人民出版社，2008年版，第101頁。

〔註4〕崔與之撰，張其凡、孫志章整理：《宋丞相崔清獻公全錄》卷八，廣東人民出版社，2008年版，第100頁。

學就並不奇怪。明清代廣東理學家亦將實學指向理學、孔學，朱次琦、簡朝亮則強化明代廣東理學家對於實學即儒學、理學的體認，認爲程朱理學就是實學，孔子之學也是實學。

1. 朱次琦、簡朝亮強化廣東實學就是理學的傳統

宗於程朱理學的丘濬、鍾芳、霍韜、黃佐，都是以「實」闡述其筆下學術的重要概念。丘濬說：「誠者，眞實?妄之謂。」〔註 5〕鍾芳說：「理勝則實，致用有餘，辭盛則虛，本體終昧。」〔註 6〕霍韜說：「身心性情之實學，經綸康濟之實功，莫之或知也。……好實學則人將反躬也，好實行則人將易轍也。」〔註 7〕黃佐說：「物者何？實理之備於我者也。實理生於心者謂之性，有是性則具是形。」〔註8〕自創心學派的陳獻章、湛若水與廣東陽明後學方獻夫、薛侃則明確將心學指向實學，而其實學其實就是虛與實的相結合。陳獻章說：「文章、功業、氣節，果皆自吾涵養中來，三者皆實學也。」〔註 9〕湛若水說：「夫曰德業合一矣，而必曰始之以德何也？曰此聖門實學也。」〔註10〕方獻夫說：「人皆稱先生（按：指王陽明）撥亂反正之才而不知先生之有本也，非誠有古人成敗利鈍，非所計者之心，其安能之此？足以見儒者之用，而先生之實學也。」〔註11〕薛侃說：「講學貴任尤貴虛，立論貴精又貴通。」〔註12〕不入學術門戶之別的陳遇夫亦以實學指向理學，「而理學諸賢於撥亂反濟時，忠誠許國，鮮如公（按：指崔與之）比，故特記之。見實理學自有實經濟，且以開有明陳、湛、邱、楊諸君之之先。」〔註 13〕廣東近代漢學家陳澧以平實稱許朱熹，「宋儒好講『一貫』，惟朱子之說平

〔註 5〕丘濬著，周偉民、王瑞明、崔曙庭等點校：《丘濬集》（第一冊），海南出版社，2006 年版，第 139 頁。

〔註 6〕鍾芳著，周濟夫點校：《鍾筠溪集》卷九，海南出版社，2006 年版，第 173 頁。

〔註 7〕霍韜著：《渭厓文集》（一），廣西師範大學出版社，2015 年版，第 208 頁。

〔註 8〕黃佐著：《庸言》卷一，《續修四庫全書》子部，儒家類，上海古籍出版社，2002 年版，第 238～239 頁。

〔註 9〕陳獻章著，孫通海點校：《陳獻章集》卷一，中華書局，2008 年版，第 66 頁。

〔註10〕湛若水著：《湛甘泉先生文集》（四），廣西師範大學出版社，2014 年版，第 1356 頁。

〔註11〕方獻夫著：《西樵遺稿》卷八，廣西師範大學出版社，2014 年版，第 514 頁。

〔註12〕薛侃著，陳椰點校：《薛侃集》卷九，上海古籍出版社，2014 年版，第 336 頁。

〔註13〕陳遇夫著：《正學續》，論略，中華書局，1985 年版，第 5 頁。

實。」〔註14〕

朱次琦以實學統領「四行」、「五學」，故作爲「五學」之一且與理學有緊密關係的「性理之學」就指向實學。朱次琦沒有明確指出何謂性理之學，簡朝亮、康有爲則有說明。簡朝亮說：「《近思錄》，性理之著也，《學案》、《人譜》諸書皆足箴也。」〔註15〕康有爲說：「性理必以孔孟爲宗，……讀儒者之書，最足醒心，爲置於嚴師諍友之旁。如《顏氏家訓》、《溫公家範》、《公是弟子記》、《近思錄》等，……性理之學，無非自治其身心，蓄積既富，不加刻責。」〔註16〕故朱次琦對性理之學是有特指的，而殊非明代廣東諸儒對理學的泛泛而談。朱、康、簡都賦予性理之學以實學之義。朱次琦說：「性理，非空言也。」〔註17〕「吾以爲性理之書，誼如懿戒，足以自箴矣。」〔註18〕康有爲說：「性理非高談太極、舍人事而不言也。」〔註19〕一方面，簡朝亮以性理之學通於兵學，「性理之學則求其可箴於今者，其義皆經之所儲，其人多史之所書。經史之間，時或兼之，破竹之勢也。……《論語》曰孟子之反不伐，明其能治性也。《蜀志》曰關羽、張飛皆稱萬人之敵，爲世虎臣，然羽剛而自矜，暴而無恩，以短取敗，理數之常也。明其不能治性也，故性理之學通於兵學。」〔註20〕另一方面，簡朝亮以朱熹理學爲實學，「朱子之言理也，《六經》之實理也，行之皆實事也。」〔註21〕

2. 朱次琦、簡朝亮強化廣東實學就是孔學的傳統

明清廣東諸儒都是以傳承孔子學說自居的，故其所宗尚的學術就是孔學，只是他們一般都是以儒學、聖賢之學代而言之，但既然實學是他們對筆下學術的一致體認，即實學就是指向孔學。丘濬說：「臣竊以謂儒者之學，有

〔註14〕陳澧著，黃國聲主編：《陳澧集》（二），上海古籍出版社，2008 年版，第 21 頁。

〔註15〕簡朝亮著，梁應揚注：《讀書堂集》卷一，1930 年版，第 26 頁。

〔註16〕康有爲撰，姜義華、張榮華編校：《康有爲全集》（第一集），中國人民大學出版社，2007 年版，第 211 頁。

〔註17〕朱次琦著，簡朝亮編纂，關殊鈔點校：《朱九江先生集》卷首，旅港南海九江商會，1962 年版，第 15 頁。

〔註18〕朱次琦著，簡朝亮編纂，關殊鈔點校：《朱九江先生集》卷首，旅港南海九江商會，1962 年版，第 15 頁。

〔註19〕康有爲撰，姜義華、張榮華編校：《康有爲全集》（第一集），中國人民大學出版社，2007 年版，第 211 頁。

〔註20〕簡朝亮著，梁應揚注：《讀書堂集》卷一，1930 年版，第 26 頁。

〔註21〕簡朝亮著，梁應揚注：《讀書堂集》卷一，1930 年版，第 30 頁。

體有用，體雖本乎一理，用則散於萬事，要必析之極其精而不亂，然後合之盡其大而無餘。」〔註 22〕湛若水說：「吾儒學要有用，自綜理家務至於兵農錢穀水利政之類，無一不是性分內事，皆有至理，處處皆是格物工夫，以此涵養成就，他日用世鑿鑿可行。」〔註 23〕薛侃說：「老子比莊、列更著實，但有退避意，便落自私自利，不如聖人無意無必，所以不可以治天下國家。」〔註 24〕方獻夫說：「至於《六經》、《語》、《孟》之言一而已，到這裡眞是見得前古聖賢言語句句是實。」〔註 25〕鍾芳說：「夫吾儒之道，體用皆實學，成則動罔不善。」〔註 26〕霍韜說：「今表章四箴及心箴以訓示百僚，禮部不日題本並前《大學》講章頒布天下學校，俾天下士知實學本源。」〔註 27〕黃佐說：「聖賢之學，用世而已。」〔註 28〕陳遇夫說：「經者，聖人之意也。……《春秋》撥亂經世，於是有書有不書，以與顯其義。」〔註 29〕陳澧說：「孔子只教人老實」〔註 30〕，「《論語》之言『仁』，至平至實」〔註 31〕。

在朱次琦之前，馮敏昌是明確以實學指向孔學的廣東儒家的重要一人。馮敏昌在《論聖門實學》中說：「夫聖人之道，平易近人，只在日用常行上見。總之順理成章，至公無我，可以處處推廣，世世通行而又知權達變，無歉於己而有濟於人，此之謂仁耳。」〔註 32〕但馮敏昌所認爲的「求實」，主要是指向治學、修身而避開直面社會現實的經世精神，故既有別於明代廣東儒家對「實學」的理解，也迥異於朱次琦對「實學」的追求。受顧炎武「經學即理

〔註 22〕丘濬著，周偉民、王瑞明、崔曙庭等點校：《丘濬集》（第一冊），海南出版社，2006 年版，第 4 頁。

〔註 23〕湛若水著：《湛甘泉先生文集》（一），廣西師範大學出版社，2014 年版，第 210 頁。

〔註 24〕薛侃著，陳椰點校：《薛侃集》卷一，上海古籍出版社，2014 年版，第 15 頁。

〔註 25〕方獻夫著：《西樵遺稿》卷八，廣西師範大學出版社，2014 年版，第 513 頁。

〔註 26〕鍾芳著，周濟夫點校：《鍾筠溪集》卷六，海南出版社，2006 年版，第 102 頁。

〔註 27〕霍韜著：《渭厓文集》（四），廣西師範大學出版社，2015 年版，第 1593 頁。

〔註 28〕黃佐著：《庸言》卷八，《續修四庫全書》子部，儒家類，上海古籍出版社，2002 年版，第 329 頁。

〔註 29〕陳遇夫著：《正學續》（一），中華書局，1985 年版，第 16 頁。

〔註 30〕陳澧著，黃國聲主編：《陳澧集》（二），上海古籍出版社，2008 年版，第 21 頁。

〔註 31〕陳澧著，黃國聲主編：《陳澧集》（二），上海古籍出版社，2008 年版，第 20 頁。

〔註 32〕毛慶耆主編：《嶺南學術百家》，廣東人民出版社，2004 年版，第 480 頁。

學」而治《六經》的影響，朱次琦以回到儒學的源頭尋找修己治人之道，將實學指向孔學。「學孔子之學，無漢學，無宋學也。修身讀書，此其實也。」〔註 33〕故「四行修身之實」、「五學治學之實」就成爲朱次琦學術思想的兩翼，而合而言之則是其自言的孔子之學。簡朝亮則在此基礎上，十分注意以實學解讀孔子最重要的著述——《論語》，如簡朝亮認爲《論語》首言學，不言性，但朱熹以性而釋之，亦是實學，「實學，則以天性踐形，何空言之有？……孟子道性善，言必稱堯舜，其實學何如也？學不知性，有趨異學而野心者矣。」〔註 34〕在解釋「道千乘之國：敬事而信，節用而愛人，使民以時」時，簡朝亮說：「其敬事，而行其信、其節、其愛、其時者，皆實心存實事中也，非特論其所存而已。」〔註 35〕簡朝亮認爲「忠恕」是「孔子之言一也，實也。朱子由是申之，自體而用焉，其實理也，行之皆實事也。」〔註 36〕

第二，朱次琦、簡朝亮強化廣東正統實學的表現形式

明末清初、嘉道之際，廣東出現 2 次「西學東漸」，嘉道年間廣東更出現漢學大興，由此啓蒙實學、實測實學、考據實學成爲廣東實學新變。朱次琦、簡朝亮隻字不及啓蒙實學、實測實學，反對純粹的考據實學，而強化道德實踐之學、經世實學。道德實踐之學、經世實學體現於廣東實學的整個進程，以經學、史學爲載體的經世致用更是廣東實學的主體部分，由此經世致用成爲廣東實學的主體精神。朱次琦、簡朝亮以道德實踐之學、經世實學化解晚清儒學缺失、政治腐敗，以期重振作爲維護封建統治的工具的廣東儒學傳統，使廣東實學朝著正統儒學的方向發展。

1. 朱次琦強化廣東道德實踐之學

儒學是崇實黜虛、修己以治人的學問，必然有眞儒、假儒之別，而這種眞、假儒之別涵蓋了詩賦、道德、實幹等領域。只有眞儒之學才是實學，這是廣東儒學家對眞儒之學的一致體認。丘濬說：「心有不誠，則所以修身者無

〔註 33〕朱次琦著，簡朝亮編纂，關殊鈔點校：《朱九江先生集》卷首，旅港南海九江商會，1962 年版，第 15 頁。

〔註 34〕簡朝亮撰，趙友林、唐明貴校注：《論語集注補正述疏》（上），華東師範大學出版社，2013 年版，第 57 頁。

〔註 35〕簡朝亮撰，趙友林、唐明貴校注：《論語集注補正述疏》（上），華東師範大學出版社，2013 年版，第 78 頁。

〔註 36〕簡朝亮撰，趙友林、唐明貴校注：《論語集注補正述疏》（上），華東師範大學出版社，2013 年版，第 268 頁。

實德；所以尊賢者無實禮；所以敬大臣者，貌敬而心不孚，言入而實不繼，皆爲虛文矣。」〔註 37〕霍韜說：「仕以稱職爲難，學以實用爲貴，是故天民不苟仕，眞儒不飾名。」〔註 38〕黃佐說：「古之學道所以修德也，非徒空言而已。」〔註 39〕薛侃說：「高者非眞隱，通者非眞仕。勿助勿忘中，眞儒事何事。」〔註 40〕鍾芳說：「夫言之精者爲文，文者道其實者也。……夫政校之於文，有濟時之益，又非空言比，謂其繫民命輕重也。」〔註 41〕陳澧說：「夷船夷炮環珠口，紳衿翰林謁中堂。中堂絕不道時事，但講算術聲琅琅。四元玉鑒精妙極，近來此秘無人識。中堂眞有學問人，不作學政眞可惜。」〔註 42〕湛若水、陳遇夫則對「眞儒」進行分類，體現他們對眞儒的追蹤。湛若水說：「上儒終日乾乾與天偕行，古之人有行之者顏子矣，中儒敬直義言，行地無疆，古之人有行之者閔冉、雍開矣，下儒必信必果，徑徑如也，古之人有行之者申棖矣。今之上儒，古之下儒也。」〔註 43〕陳遇夫說：「事功之儒，有義有利。文史之儒，有醇有雜。若史書之所謂儒林，則皆章句之儒也。以傳正學，其道德之儒乎？」〔註 44〕

孔子所說的「德之不修，學之不講，是吾憂也」，即是朱次琦開館講學、著書立說而弘揚實學的緣由。朱次琦以「四行」修身之每一目對準道德虛無之世道，「今之學者，聞古之孝悌，則曰吾心固如此也，其事則不能矣，及其有失也，則曰事如此，吾心不如此也，然則汝心則是，汝事則非，孰使汝心不能達於事邪？抑汝心未誠耳。」〔註 45〕「今天下之士，其風好利而鮮名

〔註 37〕丘濬著，周偉民、王瑞明、崔曙庭等點校：《丘濬集》（第一冊），海南出版社，2006 年版，第 139 頁。

〔註 38〕霍韜著：《渭厓文集》（三），廣西師範大學出版社，2015 年版，第 1103 頁。

〔註 39〕黃佐著：《庸言》卷一，《續修四庫全書》子部，儒家類，上海古籍出版社，2002 年版，第 229 頁。

〔註 40〕薛侃著，陳椰點校：《薛侃集》卷十，上海古籍出版社，2014 年版，第 366 頁。

〔註 41〕鍾芳著，周濟夫點校：《鍾筠溪集》卷三，海南出版社，2006 年版，第 38～39 頁。

〔註 42〕陳澧著，黃國聲主編：《陳澧集》（一），上海古籍出版社，2008 年版，第 633 頁。

〔註 43〕湛若水著：《湛甘泉先生文集》（一），廣西師範大學出版社，2014 年版，第 101 頁。

〔註 44〕陳遇夫著：《正學續》，論略，中華書局，1985 年版，第 2 頁。

〔註 45〕朱次琦著，簡朝亮編纂，關殊鈔點校：《朱九江先生集》卷首，旅港南海九江商會，1962 年版，第 15 頁。

節。二百年於茲矣，學者不自立，非君子人也。」〔註 46〕「今之學者，輒曰不羈，威儀鮮自力。」〔註 47〕故「四行」修身指向的就是言行一致、表裏如一的德行之實。「五學」治學章亦講求眞知灼見、有補於世的學問，「夫經明其理，史證其事，……掌故者，……本經史之用以參成法，……性理，非空言也，……君子之學，以告當世，以傳來者，書以明之，詩以歌之，非文章不達也，皆及物者也。」〔註 48〕合而言之，「四行」的尊德性、「五學」的道問學就是廣東理學家所理解的眞儒之學，也是對實學的本質就是崇實黜虛、修己以治人的經世學問的強化。

2. 朱次琦、簡朝亮強化廣東經世實學

經學、史學是廣東古代學術的重要組成部分，經世實學是其一致的指向。經學致用、史學致用不僅是廣東古代學術擁有生生不息的動力，而且體現了儒學作爲維護封建王朝統治的產物。朱次琦、簡朝亮就是以此堅守封建傳統，成爲廣東經學致用、史學致用的比較重要的最後守護者。

（1）朱、簡強化廣東經學致用

崔與之、區仕衡、丘濬、霍韜、鍾芳、黃佐、湛若水、薛侃、黎遂球、屈大均、陳遇夫、陳昌齊、陳澧等宋明清廣東儒家或都論到經學致用，或以著述體現經學致用。崔與之說：「《大易》機緘露，《中庸》氣脈回。」〔註 49〕伍崇曜認爲《理學簡言》體現區仕衡的救世苦心〔註 50〕。屈大均說：「然《衍義補》一書，尤足徵經世宏抱。」〔註 51〕鍾芳說：「學不爲世用，則如無學。」〔註 52〕黃佐說：「君子之道，體用合一，爲學所以爲政也。」〔註 53〕湛若水

〔註 46〕朱次琦著，簡朝亮編纂，關殊鈔點校：《朱九江先生集》卷首，旅港南海九江商會，1962 年版，第 15 頁。

〔註 47〕朱次琦著，簡朝亮編纂，關殊鈔點校：《朱九江先生集》卷首，旅港南海九江商會，1962 年版，第 15 頁。

〔註 48〕朱次琦著，簡朝亮編纂，關殊鈔點校：《朱九江先生集》卷首，旅港南海九江商會，1962 年版，第 15 頁。

〔註 49〕崔與之著：《崔清獻公集》卷五，中華書局，1985 年版，第 43 頁。

〔註 50〕區仕衡著：《理學簡言》，《廣州大典》第四輯，《嶺南遺書》第二冊，第 29 頁。

〔註 51〕屈大均撰：《廣東新語》（上），中華書局，2010 年版，第 328 頁。

〔註 52〕鍾芳著，周濟夫點校：《鍾筠溪集》卷六，海南出版社，2006 年版，第 94 頁。

〔註 53〕黃佐著：《庸言》卷七，《續修四庫全書》子部，儒家類，上海古籍出版社，2002 年版，第 308 頁。

說：「吾儒開物成務之學，異於佛老者此也。」〔註 54〕薛侃說：「先師投戈講學，執戈亦是講學。」〔註 55〕黎遂球在《易爻總論》中說：「是故其爲書繼文王之志孝也。……是故爻也者，其爲周公之書也，夫而予之有史也。」〔註 56〕屈大均說：「後人以《春秋》言治亂，不若以《易》言治亂之尤長。故《易史》不可以不作。」〔註 57〕陳遇夫說：「古人以經爲學，自正心修身以至治國平天下，皆出於此（按：指《六經》）。漢初諸儒猶存此意，降至後世，所以通經，特晰其理而已，非古人窮經致用之學。」〔註 58〕陳昌齊說：「經之用，妙手權，惟能守也，後能通，自得之則資深而左右逢源，自在深造之以道者。」〔註 59〕陳澧說：「然天之生才使之出而仕，用也；使之隱而著述，亦用也。」〔註 60〕

朱次琦、簡朝亮強化廣東經學致用傳統，以此體現儒學作爲封建統治主導思想的地位。朱次琦說：「《六經》者，古人已然之跡也。《六經》之學，所以踐?也。……讀書者，何也？讀書以明理，明理以處事，先以自治其身心，隨而應天下國家之用。古之學者，六藝而已，於《易》驗消長之機，於《書》察治亂之跡，於《詩》辨邪正之介，於《禮》見聖人行事之大經，於《春秋》見聖人斷事之大權。」〔註 61〕簡朝亮在《尚書集注述疏後序》中說：「《書》以道政事，今從事在《書》，不曰是亦爲政乎？」〔註 62〕簡朝亮在《論語集注補正述疏序》中說：「習見之典，分讀之音，有不可闕則錄之，斯備始學者也。學先讀經，繼而讀注則巡經，讀疏則巡注，其曲達者相依以達，然後又反而

〔註 54〕湛若水著：《湛甘泉先生文集》（一），廣西師範大學出版社，2014 年版，第 221 頁。

〔註 55〕薛侃著，陳椰點校：《薛侃集》卷九，上海古籍出版社，2014 年版，第 352 頁。

〔註 56〕黎遂球著：《周易爻物當名》，《續修四庫全書》16，經部，易類，上海古籍出版社，2002 年版，第 12 頁。

〔註 57〕屈大均撰：《廣東新語》（上），中華書局，2010 年版，第 325 頁。

〔註 58〕陳遇夫撰：《正學續》（一），中華書局，1985 年版，第 3 頁。

〔註 59〕許衍董等編纂：《廣東文徵》（第一冊），廣東文徵編印委員會刊行，1986 年版，第 120 頁。

〔註 60〕陳澧著，黃國聲主編：《東塾集》（一），上海古籍出版社，2008 年版，第 257 頁。

〔註 61〕朱次琦著，簡朝亮編，關殊鈔點校：《朱九江先生集》卷首，旅港南海九江商會，1962 年版，第 16～17 頁。

〔註 62〕簡朝亮著，梁應揚注：《讀書堂集》卷五，廣州松桂堂，1930 年刻本，第 12～13 頁。

讀經，將自得也。……疏中旁及諸經，推孔子博文也。引史可節，今亦或詳，須事明爾。」〔註 63〕簡朝亮在《孝經集注述疏序》中說：「《孝經》者，導善而救亂之書也。……惟《經》則教以孝，而大亂消焉。……惟《孝經》以童蒙始學摘全句，蓋欲其易知也。今之所草，其亦將備始學者歟。」〔註 64〕簡朝亮在《禮記子思子言鄭注補正序》中說：「是故《禮》說之要，實通時務。」〔註 65〕故無論是以經世致用體作爲注解《尚書》、《論語》、《孝經》、《禮記》的主旨，刊印上述經學著述的原由，還是音、義結合的注經方法以備始學者，簡朝亮都是將經學生涯與用世之心勾連在了一起。

（2）朱、簡強化廣東史學致用

以嘉道之際爲分水嶺，廣東史學致用分爲前後兩期。前期廣東史家主要以方志、當代史表現他們對於鄉土政事、王朝統治的「內憂」，後期廣東史家在此基礎上增加以域外史、邊疆史等參與由「外患」引起的廣東近代社會變遷，朱次琦、簡朝亮則以方志、當代史、邊疆史強化廣東史學致用傳統，以維護封建王朝統治。

西晉王範《交廣春秋》、黃恭《交廣春秋補遺》等開廣東方志之先河，惜已佚。1304 年由陳大震、呂桂孫編纂的《南海志》殘留 5 卷，開創廣東志書致用的傳統。1557 年本《廣東通志》是黃佐集黎民表、歐大任、黎民懷、黃在中、黃在素、黃在宏等眾人之力歷時 3 年著畢的志書，該書體現黃佐所說的「一方文獻庶幾確備矣」〔註 66〕的徵實原則。積 23 年完成的《粵大記》既體現郭棐所說的「不虛不隱」〔註 67〕的徵實原則，也由於著重於以人物列傳導揚風俗民氣與以社會現狀、民生邊防呈現廣東歷史發展進程的得失，體現郭棐致力於尋找治亂興廢的原由並以此強調以史爲鑒。1599～1601 年，郭棐、王學曾、袁昌祚合撰明代第 3 本《廣東通志》，不僅詳細記述廣東歷史沿革、經濟文化、民俗民風，邊防軍事等，而且設「罪放」、「貪酷」二門，體現郭棐褒貶兼重的史家精神。1819～1822 年，數 10 名廣東學者參與編纂的《廣東

〔註 63〕簡朝亮撰，趙友林、唐明貴校注：《論語集注補正述疏——附〈讀書堂答問〉》（上），華東師範大學出版社，2013 年版，第 9 頁。

〔註 64〕簡朝亮撰，周春健校注：《孝經集注述疏——附〈讀書堂答問〉》，華東師範大學出版社，2011 年版，第 3～5 頁。

〔註 65〕簡朝亮著，梁應揚注：《讀書堂集》卷五，廣州松桂堂，1930 年刻本，第 33 頁。

〔註 66〕黃佐編纂：《廣東通志》，大東圖書公司影印本，1997 年版，第 2 頁。

〔註 67〕郭棐著，王元林注：《嶺海名勝記校注》，三秦出版社，2012 年版，第 5 頁。

通志》，既詳細記載從洪武年間到嘉道以來捍衛粵中經濟命脈的桑園圍歷次潰堤所造成的災害與整治措施及日常管理等，也將美國、比利時、墨西哥等 17 國的政治、經濟、軍事、殖民地等寫入其中，體現廣東史家的經世精神。從 1827 年編纂《香山縣志》到 1839 年編纂《新會縣志》，黃培芳在志書中形成一套以「防夷」爲核心的廣東海防戰略。1850～1854 年，朱次琦任職山西，將山西風土史地寫入《晉乘》，惜已佚。1875 年朱次琦撰寫《九江儒林鄉志》的採訪條款，故由輿地、建置、經政、古蹟、金石、藝文、列傳等 21 卷組成的《九江儒林鄉志》受其史學思想的影響。如馮栻宗在《九江儒林鄉志・凡例》中所強調的「人物列傳，豈敢妄爲？……凡新舊府縣志暨黎志所有者，悉登之，餘則會商定論，視縣志加詳。……鄉志事屬於公，更非一人之私，故亦不諱」〔註 68〕的徵實原則，《九江儒林鄉志》以一卷專論江防水利和廣東南海九江水患的致用精神，就是朱次琦所倡導的史學致用。

廣東當代史的撰寫見於丘濬、陳建、尹守衡、屈大均、梁廷枏等明清廣東史家，史學經世就是其一致精神。丘濬直言《世史正綱》是「曉當世之學生小子也」〔註 69〕，故《世史正綱》並不重於闡釋程朱，而旨在對各條史事後予以個人評論，以現實政治爲史學依歸，呈現丘濬天下國家治平的理想，成爲明中葉王洙《宋史質》、柯維騏《宋史新編》、王惟儉《宋史記》等民族史學漸興的前奏。1552 年，陳建撰寫明代第一本編年體開國史專著——《皇明啓運錄》。在黃佐的鼓勵下，陳建續寫從 1392 年洪武至 1521 年的明朝歷史，而成《皇明資治通紀》。《明史竊》是尹守衡歸隱鄉土後於 1630 年積 30 年完成的明代廣東以紀、志、世家、列傳、敘傳勾連上至明太祖下迄明世宗的又一種當代史著。主張「寓褒貶於史」的屈大均積一生心力將崇禎、弘光、隆武、永曆 4 朝抗清志士的事蹟載入《皇明四朝成仁錄》，借南明史事，張揚民族節義。1848 年，梁廷枏將鴉片戰爭寫入《夷氛聞記》，不僅詳細敘述鴉片戰爭發生的原因、經過與其影響，而且重在反思其失敗的原因。梁廷枏既指斥時人對林則徐的流言蜚語，也對當時流行的款夷、以夷制夷、師夷長技以制夷 3 種制夷策給予批判，認爲依靠自己的力量使敵人畏懼而威服，這才是理想的制夷方略〔註 70〕。歸隱鄉土期間，朱次琦撰寫《國朝名臣言行錄》、《國

〔註 68〕馮栻宗編纂：《九江儒林鄉志》，旅港南海九江商會，1986 年重刊，第 2 頁。
〔註 69〕丘濬著：《世史正綱》卷首，1488 年刊本，第 1 頁。
〔註 70〕王金鋒：《梁廷枏的反侵略海防思想探析》，《聊城大學學報》2006 年第 4 期。

朝逸民傳》、《論國朝儒宗》，「國朝」即是其生活的清朝，反映朱次琦是有志於撰寫當代史，惜已佚。

由於編纂 1822 年本《廣東通志》《學海堂集》《皇清經解》和積極參與兩次鴉片戰爭，作爲嘉道年間廣東學術中心的學海堂人甚少關注發生於嘉道之際的西北邊陲危機，例外的也許是朱次琦。1827 年，朱次琦以詩作《有感》7 首、《重有感》4 首，表達他對西北邊疆安危的擔憂。1852 年，朱次琦出使蒙古幕南，將他的見聞寫入《紀蒙古》，反映廣東史家追步錢大昕、張穆、何秋濤等關注蒙古史的努力，惜已佚。《紀蒙古》成爲日後李光廷著《庫爾哈喇嗚沿革考》《塔爾巴哈臺沿革考》《漢西域圖考》、李文田著《塞北路程考》《元史地名考》《元秘史注》《元聖武親征錄校正》《朔方備乘》《西遊錄注》與陳垣著《元西域人華化考》的先導，西北邊疆史由此成爲廣東史學的新成員與一大觀。

長期以來，廣東實學都是以儒家學說爲主幹，注重學以致用，學貴力行，正統儒學都是廣東實學最強勢的傳統，朱、簡就是其守護者。無論實學是否指向理學、孔學，實學的表現形式是否牢固地體現爲道德實踐之學、經世實學，由於實學是與切實、有用聯繫在一起，故實學總是與代表社會進步、時代前進的方向發展的。從朱次琦學術成熟的咸同年間到簡朝亮學術思想全面形成的甲午戰爭前後，廣東政治、經濟、軍事發生千年未有之變化，實學就成爲他們傳承廣東正統儒學、維護封建治的最具有時代進步的學術精神。雖然朱次琦、簡朝亮從主觀上沒有將實學與廣東近代化相接軌，但朱、簡從客觀上對實學不遺餘力的推崇，成爲將康有爲、黃節、鄧實等推向甲午前後廣東歷史最前沿的動力。

二、康有爲與廣東實學近代轉型的發生

由於已經經歷明末清初的「西學東漸」、太平天國對廣東儒學的首次衝擊與正在經歷發生於嘉道之際的「西學東漸」，在康有爲登場之前，廣東實學已經發生啓蒙實學、實測實學、考據實學等新變，與廣東傳統實學一脈相連的孔學、理學亦變得百孔千瘡。但總體而言，廣東實學、孔學、理學都在堅守其作爲維護封建王朝統治的儒學傳統，故廣東近代實學的這些變化在很大程度上都屬於正統儒學範圍內的自我調整，只有在康有爲筆下，廣東實學的本質與其表現形式才全面發生近代轉型。

第一，康有為嬗變廣東實學的傳統指向

明代廣東儒家都將實學指向理學、孔學，朱次琦、簡朝亮就是其傳統在近代的傳承者。嘉道年間廣東漢學興起，實學即指向一種實事求是、考證辨僞的學問，即漢學。如陳澧在《書僞韓文公與大顛書後》中說：「總之，責韓公不當與大顛來往則可，必欲以僞爲眞，則雖歐公、朱子，不能掩後人眼目也。」〔註 71〕漢宋學都是正統儒學的表現形態，故廣東實學仍在正統儒學範圍內遊走。如陳澧是以鄭玄及孔學的，「孔子刪述《六經》，而鄭康成氏爲之注，其細者，訓詁名物，其巨者，帝王之典禮，聖賢之微言大義，燦然具備。」〔註 72〕表面來看，除 1888 年前《實理公法全書》以外，康有爲較少談到「實」、「實學」、「實測」、「實理」等概念，但其實康有爲終其一生都在下述 2 方面致力於廣東傳統實學的嬗變。一是以虛實相兼看待孔學、理學，二是以周公之學、子學爲實學。率先見於《教學通義》的「私學」在康有爲發動維新變法的經濟、教育內容中均有體現，以及成爲康有爲及其門人被逐出時代中心時所經營的事業。康有爲就是以此嬗變廣東實學的傳統指向，將廣東實學帶到一個走入西方社會的嶄新領域。

1. 孔學、理學、佛學是虛實相兼之學

一方面，康有爲沿承朱次琦以「五學」指向孔學的做法，以《詩》爲詞章，《禮》爲掌故，《書》爲史學，後世之學統出孔門〔註 73〕。康有爲對於源出於孔學的經史學、掌故學、詞章學的理解是指向實學的，如他將《詩》《書》《禮》《樂》爲先王典章，故爲經，而經者，經綸之謂，非所尊也，此四者皆爲士人日用〔註 74〕；以通本朝之掌故而所以治〔註 75〕；以宣德行爲言語，故言語在政事、文學之上〔註 76〕，文貴適用，又宜閱世〔註 77〕，故孔學就是一

〔註 71〕陳澧著，黃國聲主編：《陳澧集》（一），上海古籍出版社，2008 年版，第 87 頁。

〔註 72〕陳澧著，黃國聲主編：《陳澧集》（一），上海古籍出版社，2008 年版，第 113 頁。

〔註 73〕康有爲撰，姜義華、張榮華編校：《康有爲全集》（第一集），中國人民大學出版社，2007 年版，第 37 頁。

〔註 74〕康有爲撰，姜義華、張榮華編校：《康有爲全集》（第一集），中國人民大學出版社，2007 年版，第 37 頁。

〔註 75〕康有爲撰，姜義華、張榮華編校：《康有爲全集》（第一集），中國人民大學出版社，2007 年版，第 24 頁。

〔註 76〕康有爲撰，姜義華、張榮華編校：《康有爲全集》（第一集），中國人民大學出版社，2007 年版，第 55 頁。

門實學。只是康有爲以章學誠「六經皆史」說看待「經」，將經學從神壇、史料拉向日常生活。另一方面，康有爲創造性地以孔子之國號解釋「儒」，將義理、制度的任務都賦予了孔學〔註 78〕。康有爲筆下的義理之學涵蓋人事之宜、天道之條，其義理就是虛實相兼。但康有爲認爲義理之學雖析於宋賢，宋賢之義特義理之一端〔註 79〕。究其原因是宋代義理失卻孔子言魂魄之義，康有爲認爲，孔子以實理治天下，又以虛理治鬼神〔註 80〕。康有爲以孔子爲儒教教主，而「孔子之學，專講人事」〔註 81〕，「孔子之制，皆爲實事」〔註 82〕，但康有爲又將天下所宗師的孔子之經分爲魂氣、知氣、精氣、神氣〔註 83〕4 等，故所謂學者學孔子而已〔註 84〕之學其實是虛實相兼的。

與廣東理學家都認爲理學是孔學的正脈不同，康有爲認爲理學獨體現孔學之一部分，故康有爲對於理學的體認是消極的。如他一方面認爲朱熹理學是實學，朱、陸分得孔學一部分，「朱子沉潛，一近聖人實學，有似荀子。陸子高明，一近聖人大義，有似孟子。要之，教人以實學爲上，故朱子後學，成材較多，而明儒一代學問，皆宗陸子。」〔註 85〕「朱子曰：《曲禮》將上堂，聲必揚；將入戶，視必下。皆韻語。……大抵古人之教務實，必親切明著，條理極析，務爲有用。」〔註 86〕另一方面，康有爲認爲理學是儒道釋相

〔註 77〕康有爲撰，姜義華、張榮華編校：《康有爲全集》（第一集），中國人民大學出版社，2007 年版，第 215 頁。

〔註 78〕康有爲撰，姜義華、張榮華編校：《康有爲全集》（第二集），中國人民大學出版社，2007 年版，第 196 頁。

〔註 79〕康有爲撰，姜義華、張榮華編校：《康有爲全集》（第一集），中國人民大學出版社，2007 年版，第 345 頁。

〔註 80〕康有爲撰，姜義華、張榮華編校：《康有爲全集》（第二集），中國人民大學出版社，2007 年版，第 175 頁。

〔註 81〕康有爲撰，姜義華、張榮華編校：《康有爲全集》（第二集），中國人民大學出版社，2007 年版，第 139 頁。

〔註 82〕康有爲撰，姜義華、張榮華編校：《康有爲全集》（第五集），中國人民大學出版社，2007 年版，第 388 頁。

〔註 83〕康有爲撰，姜義華、張榮華編校：《康有爲全集》（第二集），中國人民大學出版社，2007 年版，第 283 頁。

〔註 84〕康有爲撰，姜義華、張榮華編校：《康有爲全集》（第二集），中國人民大學出版社，2007 年版，第 211 頁。

〔註 85〕康有爲撰，姜義華、張榮華編校：《康有爲全集》（第二集），中國人民大學出版社，2007 年版，第 107 頁。

〔註 86〕康有爲撰，姜義華、張榮華編校：《康有爲全集》（第一集），中國人民大學出版社，2007 年版，第 60 頁。

兼的，故宋儒以虛說理〔註 87〕，向來言理虛測〔註 88〕。雖然康有爲以虛實相兼檢驗筆下的學術，但他推崇實測，如他說：「積理有二：一讀書，通古義；一閱世，達今情。」〔註 89〕其門人也說的「先生就物說理」〔註 90〕，而康有爲就物說理其實是得益於最極物理者的西學。

佛學是明清廣東儒家維護儒學作爲實學本質而指斥的對象，康有爲則以孔學、佛學、宋明理學爲治學之體，而佛學的虛實相兼其實影響康有爲對孔學、宋明理學的判斷，或者說三者之間互爲影響。康有爲認爲，佛氏空寂，亦言若不普度眾生，誓不成佛。未有以是爲美者〔註 91〕。佛學的虛空性、宗教性必然促使康有爲將宗教性的東西賦予孔學，故孔學具有虛空的性質就是自然的，而作爲孔學義理一部分的理學，也必然具有虛無性。與此同時，康有爲闢僞經、明改制，均旨在以孔學爲工具發動維新變法，而維新變法體現的就是孔子面向社會現實的改制精神，孔學就必然具有實學的特徵。康有爲有時是以此指斥朱熹理學的，「惟於孔子改制之學，未之深思，析義過微，而經世之業少，注解過多。」〔註 92〕但無論是康有爲以孔學、理學、佛學爲虛，還是以其爲實，其孔學、理學、佛學作爲實學的本質都大異於明清廣東儒學家以理學、孔學爲實學而攻擊佛、道虛空的理解。

2. 實學是周公之學、子學

在康有爲以虛實相兼指向孔學、理學時，廣東實學作爲修己治人的學問的本質已經朝維新變法一途發生巨變，當康有爲以私學指向實學且將公私學對立統一於周公之學，並由此指出《六經》實非孔子之學之時，則是對廣東實學本質的釜底抽薪。康有爲的思想經歷從古文經學到今文經學的轉變，故在 1885 年撰寫的《教學通義》中，康有爲談到先王「六藝」爲公學，博學乃

〔註 87〕康有爲撰，姜義華、張榮華編校：《康有爲全集》（第二集），中國人民大學出版社，2007 年版，第 300 頁。

〔註 88〕康有爲撰，姜義華、張榮華編校：《康有爲全集》（第二集），中國人民大學出版社，2007 年版，第 142 頁。

〔註 89〕康有爲撰，姜義華、張榮華編校：《康有爲全集》（第一集），中國人民大學出版社，2007 年版，第 215 頁。

〔註 90〕康有爲撰，姜義華、張榮華編校：《康有爲全集》（第二集），中國人民大學出版社，2007 年版，第 300 頁。

〔註 91〕康有爲撰，姜義華、張榮華編校：《康有爲全集》（第一集），中國人民大學出版社，2007 年版，第 345 頁。

〔註 92〕康有爲撰，姜義華、張榮華編校：《康有爲全集》（第一集），中國人民大學出版社，2007 年版，第 46 頁。

世事之學爲私學，由此形成的公私學就是周公之學。康有爲認爲農、圃之學、百工之學、禮學、樂學、兵學、御學等私學在周公時代都有專官，學有專精，但由於自夷、懿以後官守漸失，作爲守官之專學的私學亦不復存在，而《六經》益重，然《六經》之治失而《六經》殊非孔子之學。在康有爲的視界裏，公學是身心之虛學，但公學務於有用，私學是世事之實學，公私學相兼，私與私不相通〔註 93〕，由此反映康有爲虛實學相兼與重視官司一人一家所傳守的私學的獨特性。自《教學通義》以後，「私學」作爲一種學術的概念甚少在康有爲的著述中出現，但私學所蘊涵的內容不僅在康有爲的著述中普遍存在，而且康有爲賦予其具有近代氣息的內容，如 1888 年前後撰寫的《筆記》中的農學、圃業、匠學等其實都已經是中西學結合，1898 年維新變法章程所提到的設立農務、商學、路、礦、茶務、蠶桑等速成學堂等也是指向周公時代的學有專官。與此同時，康有爲將 1860～1890 年清政府所推行的「洋務運動」從官辦實業移至鼓勵社會各階層自謀生計，這其實就是周公時代的一人一家所傳守的私學，只是從學有專官到一人一家之學，康有爲都將它匯入歐西文明。故維新變法的此舉就是康有爲對 14 年前「私學」的回應。

實學有通經、修德的自身規定，故長期以來實學與儒學建立了血緣關係，而子學被排在實學之外。隨著嘉道之際以後「西學東漸」的深入進行，在儒學飽受西學衝擊之時，張維屏、陳澧、鄒伯奇等學海堂人開始關注西學、子學。如張維屏說：「惟自後議款，中國文字既可流佈，西洋人士極力講求，孔子之道其西矣。」〔註 94〕陳澧自言：「且每一相見，論九流諸子之學，談聲音度之藝，與澧有同好焉」〔註 95〕。陳澧說：「昔吾友鄒特夫告余：《墨子》經上、經下二編有算法，此算書之最古者。」〔註 96〕以子學尤其以墨學闡述「西學中源說」，是學海堂人的普遍做法，他們既殊非以包括墨學在內的任何時一種子學爲實學，墨學亦不具有與儒學並尊的地位。雖然「西學中源說」

〔註 93〕康有爲撰，姜義華、張榮華編校：《康有爲全集》（第一集），中國人民大學出版社，2007 年版，第 21、40 頁。

〔註 94〕桂文燦撰，王曉驪、柳向春點校：《經學博採錄》卷一，華東師範大學出版社，2010 年版，第 6～7 頁。

〔註 95〕陳澧著，黃國聲主編：《陳澧集》（一），上海古籍出版社，2008 年版，第 107 頁。

〔註 96〕陳澧著，黃國聲主編：《陳澧集》（一），上海古籍出版社，2008 年版，第 119 頁。

亦是康有爲的思想，如他說：「自墨子已知光學、重學之法，張衡之爲渾儀，祖（？）之爲機船，何敬容之爲行城席之爲自鳴鐘，凡西人所號奇技者，我中人千數百年皆已有之。」〔註 97〕但康有爲不僅使子學或有實學之名，或無其名而有其實，而且將子學與孔學並列，廣東實學的傳統指向由此是發生驚天逆轉。一方面，康有爲殊非認爲所有的子學都是實學，如他說：「老氏之學，失諸虛。」〔註 98〕另一方面，康有爲不僅以墨學爲實學，而且老子、莊子、荀子、管子等都有實學之義。如他說：「墨氏之學，失諸實。」〔註 99〕「墨子專言物理。」〔註 100〕「諸子皆有改作之心，棘子成之惡文，老、莊之棄禮，墨子之尚儉，皆是。」〔註 101〕「故孔子作《春秋》，專以經世也，惟莊生知之。」〔註 102〕「荀子欲法後王，故經世之學令今可行，務通變宜民，雖舜、禹復生，無以易此。」〔註 103〕「吾讀日本所譯《土壤篇》，以其陰與《管子》合也。」〔註 104〕康有爲是以七十子後學接續孔子改制，以見其大宗，而諸子皆有改制之心，其學即爲實。《土壤篇》是極具物理的著作，康有爲將《管子》作爲其同類，《管子》即爲實學。

第二，康有為嬗變廣東實學的表現形式

道德實踐之學、經世實學是廣東實學最爲主要的 2 種形式，啓蒙實學、實測實學、考據實學則是明末清初以後廣東實學增加的主要形式。一方面，康有爲重視廣東正統實學，但其筆下的「道德」、「經學」殊非廣東傳統儒家

〔註 97〕康有爲撰，姜義華、張榮華編校：《康有爲全集》（第一集），中國人民大學出版社，2007 年版，第 337 頁。
〔註 98〕康有爲撰，姜義華、張榮華編校：《康有爲全集》（第二集），中國人民大學出版社，2007 年版，第 110 頁。
〔註 99〕康有爲撰，姜義華、張榮華編校：《康有爲全集》（第二集），中國人民大學出版社，2007 年版，第 110 頁。
〔註 100〕康有爲撰，姜義華、張榮華編校：《康有爲全集》（第二集），中國人民大學出版社，2007 年版，第 284 頁。
〔註 101〕康有爲撰，姜義華、張榮華編校：《康有爲全集》（第一集），中國人民大學出版社，2007 年版，第 349 頁。
〔註 102〕康有爲撰，姜義華、張榮華編校：《康有爲全集》（第一集），中國人民大學出版社，2007 年版，第 345 頁。
〔註 103〕康有爲撰，姜義華、張榮華編校：《康有爲全集》（第一集），中國人民大學出版社，2007 年版，第 345 頁。
〔註 104〕康有爲撰，姜義華、張榮華編校：《康有爲全集》（第一集），中國人民大學出版社，2007 年版，第 194 頁。

的儒家道德、《六經》，而筆下的考據學亦不是廣東近代漢學所該有的實事求是、嚴謹客觀的治學特色。另一方面，康有爲將啓蒙實學、實測實學帶到一個將西方政治、經濟、文化與中學相結合且以西學爲用的嶄新高度。康有爲就是以此全面顛覆廣東實學的表現形式。

1. 康有為以非傳統的道德實踐之學、經世實學、考據實學攻擊廣東實學的表現形式

（1）康有爲非儒學道統內的道德實踐之學

康有爲細分諸儒，重視魁儒，指斥陋儒、迂儒，體現他對「眞儒」的重視。如康有爲說：「但儒爲教名，雖爲儒教中人，而或爲大儒，或爲小儒，或爲雅儒，或爲俗儒，或爲通儒，或爲愚儒、迂儒、陋儒，皆君子、小人之別也。」〔註105〕儒之君子、小人之別不能反映康有爲論「儒」之獨特性，以習八股文、不能言治之體爲陋儒、迂儒，並將通聖道、王制、人理、物變、習西學爲魁儒，魁儒由此成爲康有爲發動維新變法的人才要求，就是康有爲對儒的嶄新理解。「八股之文，八韻之詩，竊甲第，祭酒於鄉，此曲巷陋儒之尊大也。……老師魁學，舊輩宿齒，通義理之科，講經緯之條，天算金石，異域新學，兼綜並貫，樹論說，立德行，遍閱天下之才，老於當世之事，此大人魁儒之尊大也。」〔註106〕「不劬於聖道、王制、人理、物變，魁儒勿道也。」〔註107〕「魯兩生謂：禮、樂，百年治洽而後興。此眞迂儒不通治體之言也。夫禮樂不興，治何能洽？不待禮樂而能治洽，則禮樂何用？何必興哉？」〔註108〕

康有爲將仁、義、禮、智、信等儒家基本信條與佛教、子學、西學共享，如康有爲說：「旁及異教，佛氏之普度，皆爲仁也。」〔註109〕墨子講非攻、兼愛，康有爲說：「若其『非攻』，則孔子有之，……至於『兼愛』一義，亦出

〔註105〕康有爲撰，姜義華、張榮華編校：《康有爲全集》（第二集），中國人民大學出版社，2007年版，第150頁。

〔註106〕康有爲撰，姜義華、張榮華編校：《康有爲全集》（第一集），中國人民大學出版社，2007年版，第106頁。

〔註107〕康有爲撰，姜義華、張榮華編校：《康有爲全集》（第一集），中國人民大學出版社，2007年版，第251頁。

〔註108〕康有爲撰，姜義華、張榮華編校：《康有爲全集》（第一集），中國人民大學出版社，2007年版，第41頁。

〔註109〕康有爲撰，姜義華、張榮華編校：《康有爲全集》（第一集），中國人民大學出版社，2007年版，第342頁。

《大戴》，所謂孔子兼而無私」〔註 110〕。「夫管子之治民，曰：衣食足而知禮節，倉廩實而知榮辱。是即聖人厚生正德之經，富教之策也。」〔註 111〕「是則兼愛者，仁之極也；爲我者，義之極也。……中國之聖人以義率仁，外國之聖人以仁率義。」〔註 112〕「道出於儒」的歷史由此改寫，「道出於二」甚至三、四之時代隨即到來。與此同時，康有爲嬗變儒家傳統教義的輕重之別與根本指向。康有爲將智、仁對舉，極大提高智在儒家倫理中的地位。「惟其智者，故能慈愛以爲仁，斷制以爲義，節文以爲禮，誠實以爲信。……有智而後仁、義、禮、信有所呈，而義、禮、信、智以之所爲，亦以成其仁，故仁與智所以成終成始者也。」〔註 113〕即使孔孟均言「樂」，但「樂」在後世傳統儒家教義中所佔的比重並不大，反之，康有爲在「六藝」中獨稱「樂」，「然所謂學六藝者，亦不過學樂，誦《詩》，舞《勺》《象》，學射、御，學禮容，舞《大夏》也。」〔註 114〕康有爲重視樂舞、樂聲、樂儀之學，以樂養德，以樂涵養性情，變化氣質，由此變易自孔子開始的儒家道德對於人的精神世界、日常生活的諸種合乎道義的束縛，使以溫、良、恭、儉、讓、愼獨、忠孝、剛節爲標榜的儒家形象增添「樂」的元素，而這種精神世界的自由是與康有爲的宗教信仰相通的，也通向康有爲的大同理想，這就是梁啓超所說的「快樂主義哲學」。

從將變制、習西學賦予「眞儒」到將儒學、佛教、子學、西學之「道」混爲一談與對儒道的人爲變更，康有爲所強調的道德實踐之學即是對儒家傳統道德的踐踏。

（2）康有爲非傳統經學的經世實學

無論是主張通經還是專經，廣東儒學家所習的經典都是《六經》，故所謂的經學致用就是挖掘儒家經典的要義以實現對當下社會的政治、經濟、文化

〔註 110〕康有爲撰，姜義華、張榮華編校：《康有爲全集》（第一集），中國人民大學出版社，2007 年版，第 326 頁。
〔註 111〕康有爲撰，姜義華、張榮華編校：《康有爲全集》（第一集），中國人民大學出版社，2007 年版，第 97 頁。
〔註 112〕康有爲撰，姜義華、張榮華編校：《康有爲全集》（第一集），中國人民大學出版社，2007 年版，第 107 頁。
〔註 113〕康有爲撰，姜義華、張榮華編校：《康有爲全集》（第一集），中國人民大學出版社，2007 年版，第 108 頁。
〔註 114〕康有爲撰，姜義華、張榮華編校：《康有爲全集》（第一集），中國人民大學出版社，2007 年版，第 22 頁。

的治理，以此維護封建統治。康有爲亦主張經學致用，如他說：「凡六藝之學，皆以致用。」〔註 115〕即使康有爲在開館長興學堂時以「顧炎武先生日課門生四人，登堂讀《十三經》及《史》《漢》、六朝史、人二十篇」爲讀書方法教導門人，但很有可能康有爲是提倡專經的。康有爲既知曉通經已殊非天下大勢，「天下萬里通經者蓋已寡也」〔註 116〕，也以爲古人治教其實是重視專門學問，以便民爲由的，「古人之治教，務使學者誦一王之典，以施於用而已。『六經』者，皆王教之典籍也。……故學切而有用，治以日興也。」〔註 117〕「夫聖人之作經，猶生民之立君，非以稱尊，以便民也。」〔註 118〕康有爲本人在《六經》中亦尤重《春秋》，「惟《春秋》獨爲孔子之作，欲窺孔子之學者，必於《春秋》。」〔註 119〕

康有爲以闢僞經、明改制使廣東傳統經學發生巨變。康有爲以劉歆以後二千年之經學皆爲新學、僞學，孔子之經名存實亡，而專輯西漢以前之說爲「五經」之注，這是對源起於兩漢之際的廣東經學的全盤否定。康有爲將改制之義賦予《六經》，「孔子之爲萬世師，在於制作『六經』，其改制之意，著於《春秋》。」〔註 120〕孔子改制之義即發動向西方學習，實行君主立憲的維新變法，數千年來的孔子形象、孔子學說由此出現逆轉。康有爲以西漢之前「五經」注爲經，以孔子微言大義之改制爲緯，從儒家之本經到釋義，都是對儒學傳統的反動。這一切源自康有爲的治國救民之志，康有爲極其厭惡學與用相離，「所用者在此，所尊高者在彼，此儒術所以誚迂，疏而無用，而不知非先王之制也。且治國如治家，然米、鹽、醋、醬纖悉皆備，而後可以爲理也，不如儒者無家國之任，惟高陳大道也。禮、樂、射、防禦、書、數，切於民用者也，而不下究於民。《易》《春秋》，大儒卿士之學，而責之童子，是用者不學，

〔註 115〕康有爲撰，姜義華、張榮華編校：《康有爲全集》（第一集），中國人民大學出版社，2007 年版，第 346 頁。

〔註 116〕康有爲撰，姜義華、張榮華編校：《康有爲全集》（第一集），中國人民大學出版社，2007 年版，第 41 頁。

〔註 117〕康有爲撰，姜義華、張榮華編校：《康有爲全集》（第一集），中國人民大學出版社，2007 年版，第 41 頁。

〔註 118〕康有爲撰，姜義華、張榮華編校：《康有爲全集》（第一集），中國人民大學出版社，2007 年版，第 51 頁。

〔註 119〕康有爲撰，姜義華、張榮華編校：《康有爲全集》（第一集），中國人民大學出版社，2007 年版，第 39 頁。

〔註 120〕康有爲撰，姜義華、張榮華編校：《康有爲全集》（第一集），中國人民大學出版社，2007 年版，第 349 頁。

學者不用也。」〔註 121〕當以宋學義理爲體，而講西學政藝之用的治學途徑未能見其用，又不能佞佛，康有爲則專以發明孔學，而將創教、立人倫、創井田、發三統、明文質、演陰陽等精微深博的學術都置於孔子之學，很有可能就是這種經世信念，使康有爲幾經磨難仍然堅守其維新思想。

（3）康有爲非實事求是的考據實學

嘉慶中期以後，陳昌齊、馮龍官等專治漢學，成爲嘉道年間李黼平、林伯桐、曾釗、侯康、徐灝等廣東漢學家崛起的前奏。李、林二人的治經其實是以宋學爲本的，如道光本《南海縣志》的編者說：「番禺林伯桐、鶴山吳應逵皆勞門都講，經術湛深，而恪守師傳，終不出宋人窠臼。」〔註 122〕廣東近代率先以漢學爲倡的，斷自曾釗，「惟釗研求古訓，穿穴群書。文字則考之《說文》《玉篇》，訓詁則稽之《方言》《爾雅》，雖經傳簡奧，隱晦難通，而因文得義，觸類引申，皆能以經解經，確有依據。」〔註 123〕徐灝在《通介堂經說》中說：「故不爲墨守之學，凡所論辨皆實事求是，不敢好爲立異，輕詆前人。若近儒高郵王氏父子尤爲生平服膺。」〔註 124〕故曾釗、徐灝爲純粹的清代考據實學家。康有爲以無關經世的學問作爲考據學，「凡義理、經世不關施行，徒辯證者，歸考據類。」〔註 125〕由此康有爲從無用、無關大道、有失節義等方面厲斥考據學，「清談孔、孟且不可，況今之清談又地許、鄭乎？今天下人士多迂愚而無用，豈其質之下哉？殆亦高言學古爲之累也。」〔註 126〕「近世聲音訓詁之學，則所謂小言破道，足收小學之益，決不能冒大道之傳，則辨不足辨也。」〔註 127〕「惟漢學之破碎，見聞之雜博，有以累其心；

〔註 121〕康有爲撰，姜義華、張榮華編校：《康有爲全集》（第一集），中國人民大學出版社，2007 年版，第 41 頁。
〔註 122〕潘尚楫等修，鄧士憲、謝蘭生等纂：《南海縣志》卷三十一，1835 年刻本，第 21 頁。
〔註 123〕潘尚楫等修，鄧士憲、謝蘭生等纂：《南海縣志》卷三十一，1835 年刻本，第 22 頁。
〔註 124〕徐灝著：《通介堂經說》，《續修四庫全書》177，經部，群經總義類，上海古籍出版社，2002 年版，第 1 頁。
〔註 125〕康有爲撰，姜義華、張榮華編校：《康有爲全集》（第一集），中國人民大學出版社，2007 年版，第 345 頁。
〔註 126〕康有爲撰，姜義華、張榮華編校：《康有爲全集》（第一集），中國人民大學出版社，2007 年版，第 45 頁。
〔註 127〕康有爲撰，姜義華、張榮華編校：《康有爲全集》（第一集），中國人民大學出版社，2007 年版，第 343 頁。

風節之披靡，眾口之排擠，有以挫其氣；自非金剛不壞身，未有不化作繞指柔者。」〔註 128〕

即使康有爲指斥考據學，但考據學仍然是《長興學記》中「游於藝」的內容，康有爲亦以「無徵不信，則有當有據；不知無作，則當有考」〔註 129〕作爲考據學的特徵，但在具體運用時，康有爲則由於將「託古改制」強加於筆下經典，沒有摘掉「好依傍」的帽子，而偏離考據學「求眞」之本道，遭朱一新、梁啓超、錢穆等指斥。如朱一新斥其「新奇」，「以己之意見治經」〔註 130〕，梁啓超說：「而有爲好博好異之故，往往不惜抹殺證據或曲解證據，以犯科學家之大忌。」〔註 131〕錢穆說：「力反乾嘉以來考據之學，而別求一新徑。……其書亦從乾嘉考據而來，而已入考據絕境，與長興宗旨並不合，而長素不自知。」〔註 132〕康有爲失其「眞」的學術著述並不是廣東近代儒家獨有的現象，它說明廣東傳統儒學由繁興走向沒落與出現學問饑荒的極端困境。一方面，傳統經學致用仍然禁錮著康有爲「以復古求解放」的思想理路，另一方面，嶄新的時代形勢迫使他必須用還是比較稚氣的西學重新審視筆下的經學，故傳統經學已經殊非他所認爲的可以達至的經世致用了。正是由於從治經的動機到治經的方法都偏離「治經者，當以經治經」的廣東傳統經學，自康有爲以後，廣東傳統經世實學落幕，而轉爲引入歐西思想。

2. 康有為將啟蒙實學、實測實學引向一個嶄新領域

經歷明清易代的陣痛與「西學東漸」的 2 次衝擊，廣東傳統儒學本有的「修、齊、治、平」功能與程朱理學所重視的「格物致知」當有的對客觀事物的探索精神得到充分發揮，啓蒙實學、實測實學的出現就是其主要體現。無論是較多地指向社會政治層面的啓蒙實學，還是更多地指向天文、曆法、算學、地理等方面的實測實學，都屬於從方殿元、廖燕到吳榮光、黃培芳、陳澧、鄒伯奇（1819～1869）等所崇尚的社會思潮，康有爲的出現則不僅延

〔註 128〕康有爲撰，姜義華、張榮華編校：《康有爲全集》（第一集），中國人民大學出版社，2007 年版，第 236 頁。

〔註 129〕康有爲撰，姜義華、張榮華編校：《康有爲全集》（第一集），中國人民大學出版社，2007 年版，第 345 頁。

〔註 130〕康有爲撰，姜義華、張榮華編校：《康有爲全集》（第一集），中國人民大學出版社，2007 年版，第 321 頁。

〔註 131〕梁啓超著：《清代學術概論　儒家哲學》，天津古籍出版社，2004 年版，第 70 頁。

〔註 132〕錢穆著：《中國近三百年學術史》，商務印書館，2005 年版，第 641～642 頁。

續廣東儒家從儒學內部的質疑與開火，而且將西學引入儒學，由此使啓蒙實學、實測實學出現歷史性大轉換。

（1）康有爲將啓蒙實學引向輸入歐西文明

在康有爲之前，重新估定儒家傳統是廣東啓蒙實學的主流，指斥科舉制藝、否定孔孟程朱、提倡社會變革等是其主要表現，而以重振儒學來維護封建統治是廣東啓蒙實學的主旨。方殿元以《升平十二策》尖銳抨擊科舉取士，「父教其子，兄教其弟，師教其徒，皆曰：『試藝者，朝廷之所重也。』語之以古文章，則曰不足以取富貴；語之以德行治術，群以爲迂。其甚者，一選於庠，輒矜大，傲宗黨，凌孤獨，走勢利。一旦鄉舉之，禮部舉之，遂居爲民上矣。及其爲民上，又盡棄其試藝。」〔註 133〕廖燕以《明太祖論》反對八股文與科舉制度，「明太祖制義取士，與秦焚書之術無異。特明巧而秦拙耳，其欲愚天下之心則一也。」〔註 134〕陳澧撰寫《科場議》3 篇，從不知先儒注經、諸史治亂興亡之事、束縛心思耳目等指斥時文，認爲仍用時文而援據諸儒之說、引證諸史之事以補其不足爲上策，故必須改變重視首場而不閱次場、第三場的習慣，也要將首場重視以《四書》題八股文、八股詩易作以《五經》爲第一場〔註 135〕。簡朝亮亦以《揭曉後覆梁星海書》抨擊科舉制藝過於重視首場。「今鄉試十四藝，謄錄首場，次場僞二十字，幻僞爲幼，三場草書。首場首藝開講百餘言閱之，首藝十之八九及十三藝皆不閱，自數生平勞而無獲。」〔註 136〕廖燕重評經史，他指出宋高宗是殺害岳飛的兇手而殊非秦檜，其主旨是「實欲金人殺之而已，得安其身於帝位也。」〔註 137〕反駁朱熹以「治」解釋「予有亂臣十人」，指出這是武王伐紂後深有「慚德自罪之意」〔註 138〕。吳榮光提出 3 個否定：否定非先王之法不敢道、否定漢儒五行生剋說、否宋儒太極說，動搖漢宋哲學根基。方殿元在《建德國記》中構建一個歷代儒家所

〔註 133〕毛慶耆主編：《嶺南學術百家》，廣東人民出版社，2004 年版，第 372 頁。

〔註 134〕廖燕著，林子雄點校：《廖燕全集》（上），上海古籍出版社，2014 年版，第 12 頁。

〔註 135〕陳澧著，黃國聲主編：《陳澧集》（一），上海古籍出版社，2008 年版，第 77～81 頁。

〔註 136〕簡朝亮著，梁應揚注：《讀書堂集》卷二，廣州松桂堂，1930 年版，第 3 頁。

〔註 137〕廖燕著，林子雄點校：《廖燕全集》（上），上海古籍出版社，2014 年版，第 11 頁。

〔註 138〕廖燕著，林子雄點校：《廖燕全集》（上），上海古籍出版社，2014 年版，第 49 頁。

虛擬的「世外桃源」——建德國，以表達對現實社會的不滿，成爲康有爲構建大同理想前廣東學人的一次有意義嘗試。黃培芳倡導整頓吏治、改革選官制度，認爲社會變革勢在必行，他指出：「因則循，循則疲，疲則玩，玩則事生焉。」〔註 139〕「當事勢已窮，雖聖人亦不能不變。」〔註 140〕

無論是早年成立戒纏足會以向廣東風俗開火，是對科舉制藝的厲斥，如康有爲說：「然士皆溺於科舉，得者若昇天，失者如墜淵，於是驅天下之人習哇濫之文。」〔註 141〕是提出以毀滅家族爲關鍵的大同理想，還是 40 歲以前將西學、佛學置於傳統儒學的自我解讀，康有爲的出現都濃縮了幾代廣東啓蒙實學家的事業，而康有爲如一個幽靈般的存在所爆發的巨大威力就體現於維新變法。沿承黃培芳的求變主題，康有爲以廣開言路、精簡機構、任用新人、在紫禁城開懋勤殿等作爲變革政治的措施；以工商立國、鼓勵民辦企業、設鐵路、農工商總局、重視農業、倡辦實業等建設經濟；以廢八股、興西學、創辦京師學堂、設譯書局、派遣留學與獎勵著作、發明等改革教育；以用西洋軍事訓練、裁軍、重視民兵、製造槍炮、建武備學堂等爲軍事措施。這場涉及政治、經濟、教育、軍事等方面的維新變法，雖然持續 103 天，但自此以後求變、民主、向西方學習等深入人心，1905 年清政府自行實行「新政」即有其內容，辛亥革命受其影響，五四運動受其推動，維新變法由此成爲廣東近代最爲浩大、影響深遠的思想啓蒙運動，而遠非在此之前廣東啓蒙實學所比擬的。

（2）康有爲將實測實學引向輸入歐西文明

明末清初，隨著西學東來，屬於器物層面的地理、算學、曆法等實測之學開始引起廣東學者的關注。如郭棐在《粵大記》中以「廣東沿海圖」關注澳門地理，於商旅舟航、漁船碇泊、邊防軍事等均有實用，有「尤爲考證清以前港九地理之無上資料」〔註 142〕之譽。何夢瑤與朋友「極論西曆、平弧、三角、八線等法」〔註 143〕，並在《算迪》中記載西方數學等。而「澳門」成

〔註 139〕黃培芳著：《虎坊雜識》（卷二），清嘉慶間刻本，第 5 頁。

〔註 140〕黃培芳著：《虎坊雜識》（卷二），清嘉慶間刻本，第 9 頁。

〔註 141〕康有爲撰，姜義華、張榮華編校：《康有爲全集》（第一集），中國人民大學出版社，2007 年版，第 43 頁。

〔註 142〕郭棐撰，黃國聲、鄧貴忠點校：《粵大記》（上），中山大學，1998 年版，第 4 頁。

〔註 143〕何夢瑤撰，吳昌國校注：《醫碥》，辛序，中國中醫藥出版社，2009 年版，第 1 頁。

爲霍韜、霍與瑕、屈大均、劉世重、何松等廣東學者關注的對象〔註 144〕。嘉道年間，由於阮元的啓引，何西池、梁南溟、鄒伯奇、陳澧等也開始重視實測之學。其中，何、梁、鄒均精於算學，學海堂增設算學一科，由鄒伯奇主講，出其門下的孔繼藩、伊德齡、湯金鑄等都精於天算之學，尤工測繪。此外，陳澧、鄒伯奇重視實驗，尤重天文、地理、物理等自然科學，標誌廣東傳統知識分子開始近代轉型。如陳璞在《鄒徵君遺書序》中說：「或按其度數繪爲圖，造其器物而驗之，渙然冰釋而後已。故其解釋多前人所未發，又能證舛誤，別是非，皆以算術權衡之。」〔註 145〕可以說，鄒伯奇之所以成爲「百科全書式」的學者，測繪廣東省、南海等地圖，製造望遠鏡、顯微鏡、照相機、渾球儀、七政儀等，多源於他對實驗的重視。陳澧在《送吳子登太史序》中說：「今之工書者可以魁天下爲狀元，而算學何如也？考選舉之制知之否乎？」〔註 146〕陳澧稱許廣東同文館設算學科，也支持順德人黎召民議開算學書院。

即使陳澧、鄒伯奇也注意將西學與算學、曆法等中國傳統學科相結合，但他們殊非立足西學，借實測之學以對中西文明進行聯繫比較，由此輸入歐西文明就不是他們所考慮的問題。反之，康有爲是源於對西學的關注而重視算學、曆法、天文的，如他說：「曆象之學，始於羲、炎，先聖必不肯以曆學之難，而改便民之政。今泰西曆以日爲主，棄月不紀，曆法簡矣。」〔註 147〕中國古代儒家罕言算學、曆法，《周髀》《黃帝五家曆》《顓頊曆》《律曆數法》

〔註 144〕霍韜《興利除害事》、霍與瑕《處濠鏡澳議》等都提出必須將葡萄牙人驅逐出澳門；屈大均《廣東新語》、關注澳門的西洋建築；劉世重《澳門》、何松《澳門》以詩歌展示澳門的風物、地理，如前詩云：「窮島陰崖有浪痕，銀樓粉閣自乾坤。番童夜上三巴寺，洋舶星維十字門。斜日聽鐘才早供，妙檀羅拜又黃昏。思傳六籍數文治，令識天朝禮教尊。」見溫汝能編纂，呂永光等整理，李曲齋、陳永正審定，《粵東詩海》（下），中山大學出版社，1999 年版，第 1264 頁。後詩云：「路斷前山鎖暮煙，蓮莖關外大洋邊。插天樓矗三巴寺，入貢人來萬里船。繞渚太平酋長集，沿崖多事炮臺邊。日南忝處安居好，猶勝寰中陸地仙。」見溫汝能編纂，呂永光等整理，李曲齋、陳永正審定，《粵東詩海》（下），中山大學出版社，1999 年版，第 1527 頁。

〔註 145〕陳澧著，黃國聲主編：《東塾集》（一），上海古籍出版社，2008 年版，第 53 頁。

〔註 146〕鄒伯奇著：《鄒徵君遺書》（第一冊），南海鄒達泉拾芥園，1874 年刻本，第 35 頁。

〔註 147〕康有爲撰，姜義華、張榮華編校：《康有爲全集》（第一集），中國人民大學出版社，2007 年版，第 78 頁。

等皆疇人之書，秘府所藏，亦非學官弟子所見而能通習之也〔註 148〕，1607 年由利瑪竇、徐光啓合譯的《幾何原理》，其命運亦是如此。1857 年，偉烈亞力、李善蘭合譯的 9 卷本《幾何原理》就殊非如此。1888 年，康有爲以《幾何原本》中演繹人類公法，撰寫《實理公法全書》，將屬於自然科學領域的實測之學引向輸入歐西社會科學。從「命題」到「實理」，康有爲沿襲《幾何原本》中將公認的一些事實列成定義、公理，以構成形式邏輯方法論證問題，以求幾何定理的嚴密的邏輯體系。只是康有爲將歐幾里得論證的命題從幾何知識領域帶到分析社會現象，與實理、公法背道而馳的私法即是幾何比例之公法，而所謂公私法所展現的就是中西兩個文明的不同內容，康有爲就是在實理、公法、比例之間傳播民主、自由、平等等西方文明，鞭撻中國封建專制下的人倫關係。故康有爲只是借助《幾何原本》的邏輯體系裝新酒，但它也體現了康有爲對算學的高度重視，「凡算學大明，必其政事大修，文物大盛之際。」〔註 149〕從《康子內外篇》以演繹傳統哲學範疇加以採納西方新理，到《實理公法全書》以幾何命題、公理、定義演繹人類實理公法，到《新學僞經考》《孔子改制考》是以演繹孔子大同思想並與西方民約論、空想社會主義等糅合而成，康有爲就是以遊走於中西文明的學術視界實現對廣東理學、實學、《春秋》學的諸種反動，而將實測實學引向歐西文明就是康有爲的對廣東實測實學的嬗變。

以孔學、佛學、宋明理學爲治學之體，以西學爲用，如此的治學結構決定了康有爲不僅以虛實相兼看待孔學、理學、佛學，而且由於其筆下的孔學、理學已殊非廣東古代儒學傳統，故康有爲將維新變法的主旨都賦予了道德實踐之學、經世實學、啓蒙實學、實測實學等廣東實學傳統的諸種形式。由於是以「託古改制」，康有爲既將周公之學、子學都作爲實學，也嬗變廣東以「實事求是」爲特徵的考據實學，而所有的一切都是爲了破除封建舊制度、確立君主立憲制，就是在此根本點上，康有爲終結了廣東實學傳統。

三、梁啓超與廣東實學近代轉型的階段性終結

一方面，立足清代學術，從清學的特徵到實學與理學的關係，梁啓超均

〔註 148〕康有爲撰，姜義華、張榮華編校：《康有爲全集》（第一集），中國人民大學出版社，2007 年版，第 35～36 頁。

〔註 149〕康有爲撰，姜義華、張榮華編校：《康有爲全集》（第一集），中國人民大學出版社，2007 年版，第 111 頁。

有零星的論述，由於殊非以實學問題爲中心進行的學術研究，故有學者指出屬於前實學研究階段〔註 150〕。另一方面，梁啓超對實學所進行的上述論述，完全沒有依傍於包括孔學、理學、漢學在內的任何一種學術，而就是這種純學術研究精神，梁啓超將由康有爲終結的廣東傳統實學走向又一個嶄新的時代。

1.「崇實黜虛」是清代學術的特徵

廣東古代進步儒學家均倡導「崇實黜虛」、「經世致用」、「實事求是」等精神，這其實就是對於實學的多種釋義，自言與漢學淵源較深的梁啓超在《中國近三百年學術史》《清代學術概論》中，以從王學到宋學，從宋學到漢學，從漢學到孔孟之學，從孔孟之學到科學研究的變更過程論述清代學術。「綜觀二百餘年之學史，其影響及於全思想界者，一言而蔽之，曰『以復古爲解放』。第一步，復宋之古，對於王學而得解放。第二步，復漢唐之古，對於程朱而得解放。第三步，復西漢之古，對於許鄭而得解放。第四步，復先秦之古，對於一切傳注而得解放。夫既已復先秦之古，則非至孔孟而得解放焉不止矣。然其所以能著之奏解放之效者，則科學的研究精神實啓之。」〔註 151〕由此，梁啓超對這個時代的學術思潮作了下述概括。「這個時代的學術主潮是：厭倦主觀的冥想而傾向於客觀的考察。無論何方面的學術，都有這樣的趨勢。可惜客觀考察多半仍限於紙片上的事物，所以它的效用尚未能儘量發揮。此外還有一個支流是：排斥理論，提倡實踐。這個支流屢起屢伏，始終未能很占勢力。」〔註 152〕故「崇實黜虛」就是梁啓超所揭示的清代學術特徵。梁啓超就是以此審視清代學術大家的，如他指出黃宗羲、顧炎武、王夫之等「對於明朝之亡，認爲是學者社會的大恥辱大罪責，於是拋棄明心見性的空談，專講經世致用的務實。」〔註 153〕如論到顏李之學時，梁啓超說：「宋儒亦何嘗不經世？但顏李以爲，這不是一談便了事。心齋說：『陳同甫謂，學問以用而見其得失，口筆之得者不足恃。』……嗚呼！倘使習齋看見現代青年日日在講堂上報紙上高談什麼主義什麼主義者，不知其傷心更如何

〔註 150〕苗潤田主編：《儒學與實學》，導言，中華書局，2003 年版，第 5 頁。

〔註 151〕梁啓超著：《清代學術概論　儒家哲學》，天津古籍出版社，2004 年版，第 13 頁。

〔註 152〕梁啓超著：《中國近三百年學術史》，山西古籍出版社，2001 年版，第 1 頁。

〔註 153〕梁啓超著：《中國近三百年學術史》，山西古籍出版社，2001 年版，第 13～14 頁。

哩。」〔註 154〕梁啓超就是以「實」作爲審視清代學術的關鍵詞，將能否貫徹「實」字作爲清學是否存亡的高度，「清學以提倡一『實』字而盛，以不能貫徹一『實』字而衰。」〔註 155〕顯而易見，梁啓超是以康有爲有違客觀的今文經學研究作爲清代實學衰落的主要原因。

2. 實學是對宋明理學的反動

廣東古代儒學家都認爲實學就是理學，康有爲也認爲理學是虛實相兼，梁啓超則殊非如此。梁啓超說：「『清代思潮』果何物耶？簡單言之：則對於宋明理學之一大反動，而以『復古』爲其職志者也。」〔註 156〕清學如何成爲宋明理學的反動，梁啓超具體說道：「學派上之『主智』與『主意』，『唯物』與『唯心』，『實驗』與『冥證』，每迭爲循環。大抵甲派至全盛時必有流弊，有流弊斯有反動，而乙派與之代興；乙派之由盛而弊，而反動亦然。然每經一度之反動再興，則其派之內容，必革新焉而有以異乎其前。」〔註 157〕故實學就是對宋明理學的反動，即將實學匯入了顧炎武「捨經學無理學」之說，亦就有了顏元「以實學代虛學，以動學代靜學，以活學代死學」〔註 158〕的思想抉擇。由於梁啓超是立足清學考量宋明理學的，而其所說的清學是宋明理學的反動在很大程度上就是指清代學術前期的考證學，故梁啓超以實學是對宋明理學的反動，並不意味著他將孔學與實學對立。

一方面，啓蒙實學、實測實學是廣東實學發展到明清的產物，即使出現如方殿元、廖燕、吳榮光、黃培芳等具有啓蒙意識的思想家，但它仍不占主要地位，廣東傳統的經世實學思想仍然是支配著他們的深層思想結構，故啓蒙實學、實測實學殊非廣東實學的核心。另一方面，從針對佛道空談心性到指斥理學空談心性，而主張崇實黜虛，強調經學致用，倡導實學，就是明清廣東實學家使用「實學」概念的原由。故實學就是指明清廣東學者所強調的

〔註 154〕梁啓超著：《中國近三百年學術史》，山西古籍出版社，2001 年版，第 127～128 頁。

〔註 155〕梁啓超著：《清代學術概論　儒家哲學》，天津古籍出版社，2004 年版，第 80 頁。

〔註 156〕梁啓超著：《清代學術概論　儒家哲學》，天津古籍出版社，2004 年版，第 10 頁。

〔註 157〕梁啓超著：《清代學術概論　儒家哲學》，天津古籍出版社，2004 年版，第 14 頁。

〔註 158〕梁啓超著：《清代學術概論　儒家哲學》，天津古籍出版社，2004 年版，第 25 頁。

務實思想和治學方法，但它並不能代替早期廣東啓蒙實學，因爲講實學的雖然均主張崇實黜虛，但並非一切實學家的思想都具有啓蒙性質，如朱次琦、簡朝亮，與此同時，有些人所從事的學問雖然可以納入實學範圍，但未必就能經世致用，如曾釗的注經。梁啓超認爲道咸以後漢學末流，紛紛於不可究詰之名物制度。亦無異於空言，不能作爲經世實學。由於實學具有興利除弊、經世致用、崇實黜虛、修己治人、內聖外王的先進性，廣東實學可以由朱次琦、簡朝亮而康有爲再而梁啓超，在經歷強化廣東實學傳統、實現廣東實學近代轉型、使廣東實學進入前實學研究階段的三度更迭以後，對廣東現代文化建設與民族精神塑造，仍具有重要的借鑒意義。

第二節　「九江學派」是廣東理學近代轉型的縮影

由朱熹集其大成的儒學的第 2 種也是最後一種形態——宋明理學〔註 159〕，登上歷史舞臺的前後，廣東儒學仍然處於中原儒學南傳階段。兩宋廣東獨有區仕衡《理學簡言》存世，初顯廣東理學家對於理學的模糊體認，這種特徵在丘濬、霍韜、陳建、郭棐、屈大均、馮成修、勞潼、馮敏昌等明清廣東理學家中得到發展，形成無視理學的儒道釋相兼、理學的哲學思辨化不強等廣東理學傳統，說到底就是廣東理學的學理性不強。正是廣東理學的學理性不強，朱次琦既能沿承此理學傳統，也能以孔學本位取代廣東理學由來已久的程朱本位而啓引廣東理學傳統的近代轉型，簡朝亮則囿於乃師而未能揭開廣東理學傳統近代轉型若隱若現的面紗。反之，康有爲則以雷霆萬鈞之勢推動廣東理學傳統近代轉型的發生，並由梁啓超將理學納入純學術研究，標誌廣東理學傳統近代轉型的階段性終結。

一、朱次琦、簡朝亮沿承廣東理學傳統

在康有爲之前，從宋代區仕衡開始，廣東理學家從來都沒有細辨理學的儒道釋相兼，除鍾芳、黃佐等以外，廣東理學家的哲學思辨性也並不強，故

〔註 159〕理學也稱道學。《宋史》將周敦頤、二程、張載、邵雍、朱熹六子置於《道學傳》，將陸九淵置於《儒林傳》。據此即是將程朱理學、陸九淵心學分而別之。朱次琦推崇朱熹格致說，以朱熹即漢學而稽之者，反對《宋史》另立《道學傳》，故朱次琦推尊程朱，而本著作所指的「廣東理學」亦是指程朱理學。但考慮到朱次琦間取陸王，康有爲、梁啓超均以宋明理學爲治學之一體，故在具體的論述中亦提及陸王。

廣東理學就能在其傳統範圍內按其固定軌跡緩慢發展，廣東理學的整體水平並不高。朱次琦、簡朝亮固守程朱，他們不會也不可能在核心問題上指斥程朱，而一旦細辨理學的儒道釋相兼，其實就是肯定理學的陰儒陰佛，那是正統儒家朱、簡所無法做到的。故朱、簡就成爲廣東理學傳統的守護者。

1. 朱次琦、簡朝亮沿承廣東無視理學的儒道釋相兼

理學是儒道釋相兼，或者說是陽儒陰佛，故理學既非純儒學，也非純道學、佛學。由於廣東欠缺紮實的理學根基，或者說廣東理學家疏於以一種變化的眼光看待孔孟程朱、程朱陸王乃至儒道釋之別，故近 700 年來他們對於這一殊非複雜的問題或熟視無睹，或橫加指責，從來沒有對此進行細辨。如果說，生活在南宋末年且長期歸隱鄉土並終生不仕的區仕衡，他將經過「北宋五子」改造的理學與宋以前儒道釋混爲一談，論理學又未能抓住其發展的主要脈絡，故其《理學簡言》顯得學理不清，夾雜通用，那是理學地域化進程的必經之路，那麼，丘濬以致用層面指斥佛道亂國，如他在《論釐革時政奏》中說：「自今以後，臣下有言佛道二教可以延福祚者，請折之曰：古之帝王好佛者，無如梁武帝。崇道者，無如宋徽宗。考之史鑒，武帝餓在臺城，子孫自相魚肉，以至於亡。徽宗爲金人所執，死於五國城，親王、公主隨之北行而死於邊者四十餘人，其效何如也？」〔註 160〕霍韜無視宋學開山祖——周敦頤，循入老而近於陸的史實，指斥陸九淵爲聖門罪人，鍾芳則說：「周子無思而無不通，與老子無爲而無不爲相似，而實不同。……學者誤認以爲聖人寂然無思，相率而流於空寂之教，其害不細。」〔註 161〕黃佐認爲朱熹終生不入禪，「象山援儒掩佛，朱子終身排之。」〔註 162〕並以呂不韋、陸九淵爲儒學大盜，「吾儒而血脈則已移於禪，二人者，其古今之大盜歟。」〔註 163〕陳建以「辨」爲名的《學蔀通辨》，通篇批判佛禪、陸王，捍衛程朱。走過百年，明代廣東理學家從未正視程朱與陸王、儒與佛禪的相通性，仍然無視理學的儒道釋相兼，則是一種眞正的學術落後。在很多時候，對於

〔註 160〕丘濬著，周偉民、王瑞明、崔曙庭等點校：《丘濬集》（第八冊），海南出版社，2006 年版，第 391 頁。

〔註 161〕鍾芳著，周濟夫點校：《鍾筠溪集》（卷二十），海南出版社，2006 年版，第 439 頁。

〔註 162〕黃佐著：《庸言》卷九，《續修四庫全書》子部，儒家類，上海古籍出版社，2002 年版，第 347 頁。

〔註 163〕黃佐著：《庸言》卷九，《續修四庫全書》子部，儒家類，上海古籍出版社，2002 年版，第 346～347 頁。

一個理學根基比較薄弱的地域來說，嚴守理學本位、失卻理學本位往往就是一步之遙。明末清初郭棐、屈大均分別將闢佛宗孔的趙德、梁觀國視爲理學家，則又回到了宋代區仕衡失卻理學本位下的無視理學的儒道釋相兼，就是如此。

如果說，區仕衡、郭棐、屈大均倫類不清的理學家選擇是一種無意爲之，丘濬、霍韜、鍾芳、陳建無視理學的儒道釋相兼是嚴守理學本位的，那麼，朱次琦、簡朝亮無視廣東理學的儒道釋相兼則既殊非無意爲之，其主旨也是維護程朱的，只是以程朱去漢宋學之別，學以孔子爲宗才是其學術本位，故他們不會於理學的儒道釋相兼性問題上花大力氣，但在具體的論述中他們又必須對此作出回應，由此體現其對廣東理學傳統的沿承。

中唐韓愈攻佛、老異端，撰寫《原道》諸篇，康有爲謂其道術淺薄並面請朱次琦，朱次琦則笑責其狂，故朱次琦是推尊韓愈的。與韓愈雖然用禪宗的方法直指本心，而試圖使儒學回歸人倫日用不同，宋明理學諸儒多入於道佛，而道佛殊非儒學的「道統」，故朱次琦認爲，「古之言異學者，畔之於道外而孔子之道隱。」〔註 164〕程朱、陸王均在某種程度上染指道佛，而朱次琦在《格物說跋》中以「儒釋相附」指斥王陽明，「蕭梁之世，達摩西來，始厭棄經梵，直指本心，不立文字。陽明祖述其說，並稱佛氏之言，亦不之諱，欲使儒釋相附，害道甚矣。」〔註 165〕其實就是無視程朱、陸王比較一致的「陽儒陰佛」、「外儒而內道」的特點。一般認爲，諸葛亮在《戒子書》中所說的「澹泊以明志」源自黃老「無爲無欲」之旨，朱次琦在《澹泊齋記》中則說：「非也。嗜欲之薰心，如水之浸種，萌動坼溢，致無窮已，不自抑制，則起居服食聲色玩好之緣，雜然而至。……故自來名臣德行，建樹不必一途，要無不本於澹泊者。」〔註 166〕朱次琦認爲「澹泊」殊非指向物慾，而是慎獨，屬於儒者之德。其實孟子所說的「養心莫善於寡欲」，周敦頤說的「寡之又寡，以至於無」，既是言慎獨，也指向無欲。無欲故能安於澹泊，故「澹泊」在其源頭上就融合了儒道，而朱次琦細分其中原委則說明他無視儒道之

〔註 164〕朱次琦著，簡朝亮編纂，關殊鈔點校：《朱九江先生集》卷首，旅港南海九江商會，1962 年版，第 15 頁。

〔註 165〕朱次琦著，簡朝亮編纂，關殊鈔點校：《朱九江先生集》卷六，旅港南海九江商會，1962 年版，第 3 頁。

〔註 166〕朱次琦著，簡朝亮編纂，關殊鈔點校：《朱九江先生集》卷首，旅港南海九江商會，1962 年版，第 3 頁。

相通性。

1891年，簡朝亮兒子簡詠述出生，字師韓。1900年，簡朝亮作《謁韓文公祠》《登賢令山》《韓文公釣魚臺》等都可見他對韓愈的推崇。簡朝亮是以《五經》《四書》尋找孔子之學而著《論語集注補正述疏》的。從曾子「吾日三省吾身」開始，孔學其實就朝心學發展，漸入佛道，謝良佐就是其中一人。故謝良佐說：「獨曾子之學，專用心於內。」〔註167〕簡朝亮則反駁說：「曾子守約，孟子稱其說云：『自反而縮，雖千萬人，吾往矣。』此『自反』者，自人而已也，即自外而內也。謝氏以爲用心於內者，其本意也，與淫於老、佛者不同，而其辭則不達矣。」〔註168〕簡朝亮其實是一味推崇曾子而忽視從孔子到曾子所發生的孔子義理之學的變化，也輕視理學的儒道釋的相兼。由於墨家「兼愛」與儒家的「仁」引起包括康有爲在內的不少學者相混合，故簡朝亮在楊、墨、列等異學異端中重點指斥墨家，「彼異學爲者，通楊、墨而爲一人，其視中原之利也，陽以兼愛公之，而陰以爲我私之，其懷利而自爲無等也，皆毀乎天地間名分立人之大節，故其害中於人心，將使中國人倫蕩然而滅，則以其異端也，非聖人之道也。」〔註169〕六朝玄學流行，儒學式微，包咸《論語注》、邢昺《論語疏》都染指佛道，故簡朝亮既指斥二著，「『德者無爲』。此漢人雜黃老之文爾。邢《疏》云：『無爲清靜。』其說也，朱子本包《注》而修之，非叶《經》也。《經》言爲政，豈言無爲乎？」〔註170〕也多次指斥佛道亂經，「昔之言佛書者，由釋氏之言而文之，其佞也。」〔註171〕「夫黃老者，以老子之言推黃帝也。……此言清靜而待無爲之化焉，其弊也。至於晉人以老莊清談亂天下。」〔註172〕

〔註167〕簡朝亮撰，趙友林、唐明貴校注：《論語集注補正述疏》卷一，華東師範大學出版社，2013年版，第69頁。

〔註168〕簡朝亮撰，趙友林、唐明貴校注：《論語集注補正述疏》卷一，華東師範大學出版社，2013年版，第71頁。

〔註169〕簡朝亮撰，趙友林、唐明貴校注：《論語集注補正述疏》卷二，華東師範大學出版社，2013年版，第169頁。

〔註170〕簡朝亮撰，趙友林、唐明貴校注：《論語集注補正述疏》卷二，華東師範大學出版社，2013年版，第130頁。

〔註171〕簡朝亮著，梁應揚注：《讀書堂集》卷一，廣州松桂堂，1930年刻本，第32頁。

〔註172〕簡朝亮撰，趙友林、唐明貴校注：《論語集注補正述疏》卷二，華東師範大學出版社，2013年版，第130頁。

2. 朱次琦、簡朝亮沿承廣東理學的哲學思辨化不強

以孔孟程朱爲宗而指斥陸王，明代丘濬、霍韜、鍾芳、黃佐、陳建其實與王廷相、呂柟、羅欽順等中原碩學名儒都屬於朱學後勁，格致說、理氣論是朱學後勁修正、彌補程朱缺失而與陽明心學爭論不休的話題，也最能反映廣東理學的哲學思辨化。但是，處於陸王心學開始備受追捧而程朱空疏之失越加明顯之時，丘濬並未於太極、陰陽、理氣等抽象問題上糾纏不清，而是以「述而不作」的方式承接程朱要義，且將程朱虛理趨於實理，如丘濬將「誠」直接指向實理。「誠者何？實理也。實有是理，則實有是形，則實有是影；實有是器，則實有是聲。」〔註 173〕霍韜著《程朱訓釋》，可惜由於佚而後學無法知曉其哲學的思辨性。霍韜在《復陽明先生》《送鄒東郭之任南學士序》等直斥「致良知」入於禪與淺薄，「或謂先生張主學問有流禪之弊」〔註 174〕，「陽明之學一言蔽之曰致良知。析曰格物曰知行合一，均之致良知也，然而有聖哲之知焉，有下愚之知焉……故是修道之教不可已也。又曰陽明之學淺也。」〔註 175〕陳建則怒斥陸王並至於人身攻擊，故梁啓超說：「他著一部《學蔀通辨》，一味謾罵，甚覺無聊，自稱程朱，實於程朱沒有什麼研究。有時捏造事實，攻擊人身，看去令人討厭，然在學術史上不能不講。因爲明目張膽攻擊王學，總算他有魄力。」〔註 176〕無論是丘濬對於程朱義理「述而不作」，是霍韜直斥陸王，還是陳建對陸王近乎怒罵，都體現明代廣東理學的哲學思辨化並不強，比較例外的是鍾芳、黃佐。

一直在 1819 年阮元督粵創學海堂，以漢學爲主導的廣東學術才快速發展，羊城書院、粵秀書院、越華書院等清代廣東理學書院也漸見規模。有「嶺表二馮」之譽的馮成修、馮敏昌都早年從學於此，也長期任教於此，故程朱要義自然成爲他們講學的內容。淡化程朱陰陽、太極、理氣等形上本體化、哲學思辨化而以簡明扼要的方式將程朱落實於日常人倫就成爲他們闡述程朱的特色。如《阮通志》記錄馮敏昌建立的學規 16 條：「正學宜先講，志向宜

〔註 173〕丘濬著，周偉民、王瑞明、崔曙庭等點校：《丘濬集》(第一集)，海南出版社，2006 年版，第 26 頁。

〔註 174〕霍韜著：《渭厓文集》(四)，廣西師範大學出版社，2015 年版，第 1469 頁。

〔註 175〕霍韜著：《渭厓文集》(四)，廣西師範大學出版社，2015 年版，第 1242～1243 頁。

〔註 176〕梁啓超著：《清代學術概論　儒家哲學》，天津古籍出版社，2004 年版，第 161 頁。

先立，品行宜先教，義利宜先辨，禮儀宜先習，五經宜背誦，書理宜疏通，文體宜先正，詩賦宜究心，書藝宜得功，詩學宜兼及，訓詁宜先通，課程宜各立，應課宜自勉，出入宜節少，是非宜力戒。」〔註 177〕馮成修則以朱熹白鹿洞教條爲藍本，提出粵秀學約 11 條：端士習、立志向、崇正學、重小學、敦實行、重師友、立課程、看書理、習舉業、正文體、正題目。將程朱以淺顯易懂的言語落實於爲人爲學的各個方面，其實就是「二馮」對程朱的再闡述。

朱熹是以有宋學新經之譽的《四書集注》奠定其理學史地位的，《四書集注》也是盧挺、勞潼、曾受一等清代廣東理學家關注的著述。如盧挺著《四書示注》、勞潼著《四書擇粹》、曾受一著《四書講義》等，以上都屬於講義類著述。勞潼在《四書擇粹》的《凡例》中說：「茲書於諸儒之說，惟合予朱子者取之，不合於朱子者黜之；而合於朱子者，又必合於《章句集注》者乃取，否則，雖《或問》、《語類》、《輯略》、《精義》之言勿收也。疏略之譏，誠未能免，而採擇之際，實不敢稍有輕心，故名之曰《本注擇粹》。」〔註 178〕故所謂的「粹」是完全以《四書集注》相吻合爲標準的，且屬於朱熹《四書集注》的選本，由此從選本到主旨都可見勞潼是囿於程朱而承接程朱。

朱次琦是越華書院、羊城書院培養出來的學者。朱次琦推崇朱熹格致說，其論性、論欲等都在迴護程朱，故朱次琦首先就是一名理學家，且是咸同年間廣東理學復興的代表人物，惜其著《性學源流》《論國朝儒宗》《國朝名臣言行錄》已佚。朱次琦以「四行」、「五學」作爲禮山草堂學規，體現他以程朱理學上溯孔子義理之學的學術理想，其以實學爲根本特色的「四行」、「五學」無疑就是對程朱理學的哲學思辨的進一步淡化。以朱次琦遺文來看，其理學思想的哲學思辨性也是不強的。如朱次琦在《格物說跋》中宗主程朱格致說，反對以「良能良知」爲《孟子》的宗旨，首肯陳建《學蔀通辨》，體現朱次琦強烈的衛道本色。「格物說三篇，定古經之正詮，屏群言之底滯，匡謬正俗，辨僞得眞，使程朱確詁，復明天壤，泰山可移，此案不動矣。孟子良能良知，不過與良貴之良同義，本無深解，不聞以此爲七篇宗旨也，況摘去良能，專稱良知，謂千古聖賢傳心之秘在是乎。……此說中篇歷剖心學之誤，條辨如稼書，桴亭而出，以名通證。明如清瀾北海，而去其僑激，儒者

〔註 177〕政協欽州市委員會編：《欽州文史資料》（第四輯），廣西，1988 年，第 90 頁。
〔註 178〕毛慶耆主編：《嶺南學術百家》，廣東人民出版社，2004 年版，第 457 頁。

有用之言，所謂聞道樹教，懸日月而不刊者也。」〔註 179〕四庫管臣以《學蔀通辨》負氣毒詈，若去其僑激，也能體現陳建力排陸、王之學的魄力。朱次琦肯定張載提出的氣質之性，並以氣質之性爲惡，重視變化氣質。「張子曰：『形而後有氣質之性，善反之則天地之性存焉。』鴻範曰：『沉潛剛克，高明柔克。』變化之道也。能自克而勝氣質，則剛柔濟事則攸好德也。」〔註 180〕朱次琦以性理爲用，「性理，非空言也。……性理者，所以明吾學之大，皆吾分也。」〔註 181〕朱次琦既主張無欲、寡欲乃至制欲，細辨天理之人情，非人慾之人情。「彼漢學者，東觀不見西牆矣，人慾有公而有私也，《樂記》所謂滅天理而窮人慾者也。《漢書》黥布反，高祖陰謂布曰：『何苦而反？』布曰：『欲爲帝也。』然則布之欲也，其宜去乎？抑不去乎？」〔註 182〕以朱次琦僅存的以上所論來看，其理學思想其實並不具哲學思辨的，其根本原因在於朱次琦囿於程朱而在儒道釋之間有強調的門戶之見與正統意識，而未能揭開理學陽儒陰佛的面紗。

旨在以叶於《五經》著《論語集注補正述疏》的簡朝亮，他對程朱理學在很大程度上也是如丘濬、馮成修、勞潼、馮敏昌等廣東理學家「述而不作」的，故「述曰」成爲其學術著述的標誌性用語。如簡朝亮釋朱熹「天即理也」時說：「夫人心之性，謂理也；存而養之，謂順理也。順理即事天焉，蓋天即理也。」〔註 183〕朱熹將性分爲義理之性、氣質之性，故性理相混，「天即理」即是其「理一」、理在氣先甚至理氣隔絕的注解。儒家義理是以仁爲核心，故簡朝亮認爲張載所說的「民吾同胞，物吾同胞也」，是大異於墨子兼愛而無等差，這就是二程所謂的理一分殊〔註 184〕。簡朝亮主張性善說，認爲孟子性善說本於孔子，以氣質之性爲惡，並著重於未發之性，以性統情，這都不離程

〔註 179〕朱次琦著，簡朝亮編纂，關殊鈔點校：《朱九江先生集》卷首，旅港南海九江商會，1962 年版，第 3 頁。

〔註 180〕朱次琦著，簡朝亮編纂，關殊鈔點校：《朱九江先生集》卷首，旅港南海九江商會，1962 年版，第 15 頁。

〔註 181〕朱次琦著，簡朝亮編纂，關殊鈔點校：《朱九江先生集》卷首，旅港南海九江商會，1962 年版，第 15 頁。

〔註 182〕朱次琦著，簡朝亮編纂，關殊鈔點校：《朱九江先生集》卷首，旅港南海九江商會，1962 年版，第 16 頁。

〔註 183〕簡朝亮撰，趙友林、唐明貴校注：《論語集注補正述疏》卷三，華東師範大學出版社，2013 年版，第 221 頁。

〔註 184〕簡朝亮撰，趙友林、唐明貴校注：《論語集注補正述疏》卷四，華東師範大學出版社，2013 年版，第 379～380 頁。

朱的人性論。「蓋天命生人，人性皆善，莫不命之以五常之明德。」〔註 185〕「孟子性善之說，本乎孔子，程子明之，朱子述之。」〔註 186〕「學者察焉，將去其氣質剛柔之偏終以成德也。」〔註 187〕「蓋性發爲情，則中發爲和也。……蓋以性統情，以喜怒統愛惡，以憂統哀也。」〔註 188〕格致說是程朱、陸王爭論不休的話題，簡朝亮對其有反覆的論述，但除了以程朱格致說指斥阮元漢學、近代西學以外，其觀點都是沿承程朱的。如，《大學》言「誠意」，此其意自格物致知而來，因而誠之，非私意也〔註 189〕，「夫格物也，詳說也，多學而識之則然矣，非多學而識之者，知至也，反說約也。」〔註 190〕「時講學家若王氏守仁者，以致良知爲宗，曰『不讀書而可致也』，此所稱姚江心學也，以爲思則得之也，而不讀書者乃妄思矣，是豈孔門讀書爲學之宗乎？《大學》言明德豈不言明明德乎？夫以其明德或昏而明之，非由讀書如朱子格物致知之義不可也，姚江心學是思而不學也，天下之士從之者殆也。」〔註 191〕簡朝亮對陽明後學的指斥還顯得頗爲僑激，近似於陳建的怒罵。「而其講學宗旨，曰致良知，違朱子格物致知之義，言可不讀書而心學也，於是乎爲姚江之學者，縱其心知，蕩於天下下，甚則入而講學，出而飲酒殺人，朝而講學，夕而偷東家牆摟其處子，乃曰吾心知若斯也，其敗德甚矣。」〔註 192〕

即使最能體現簡朝亮將程朱格致說有所突破的下述論述，也未能看出其理學的哲學思辨化，簡朝亮只是以程朱格致對抗陸王心學、阮元漢學與近代西學。「學之始事，以格物致知而開之也。釋《大學》者，爭漢宋焉。鄭氏釋

〔註 185〕簡朝亮撰，趙友林、唐明貴校注：《論語集注補正述疏》卷二，華東師範大學出版社，2013 年版，第 140 頁。

〔註 186〕簡朝亮撰，趙友林、唐明貴校注：《論語集注補正述疏》卷九，華東師範大學出版社，2013 年版，第 1160 頁。

〔註 187〕簡朝亮撰，趙友林、唐明貴校注：《論語集注補正述疏》卷四，華東師範大學出版社，2013 年版，第 458 頁。

〔註 188〕簡朝亮撰，趙友林、唐明貴校注：《論語集注補正述疏》卷三，華東師範大學出版社，2013 年版，第 333 頁。

〔註 189〕簡朝亮撰，趙友林、唐明貴校注：《論語集注補正述疏》卷五，華東師範大學出版社，2013 年版，第 521 頁。

〔註 190〕簡朝亮撰，趙友林、唐明貴校注：《論語集注補正述疏》卷九，華東師範大學出版社，2013 年版，第 1032 頁。

〔註 191〕簡朝亮撰，趙友林、唐明貴校注：《論語集注補正述疏》卷一，華東師範大學出版社，2013 年版，第 167 頁。

〔註 192〕簡朝亮撰，趙友林、唐明貴校注：《論語集注補正述疏》卷三，華東師範大學出版社，2013 年版，第 388 頁。

爲知深則來物。……朱子以窮至事理釋之，……此不可易者也，其以格爲窮至者。……故物有本末，事有終始，明德新民皆物之事也。……朱子之義百世之功也。執一草一木，一言一器者，皆失其義也。昔者王姚江爲心學，以格庭竹不明，遂疵其義，非失之一草一木乎？阮文達爲漢學，其釋格物既立異以爲至止於事也，而仍採鄭說，以厲詁經之士，非失之一言乎？今之西學，凡百之藝，皆曰：此格物致知也，非失之一器乎？……格物者，非他也，《大學》之格物也。故格知者，非他也，《大學》之格物也，何爲以斤斤器物者而尊其名哉。」〔註 193〕既宗於程朱，也以是否叶於《六經》補正《論語集注》，由此體現朱次琦所說的會同《六經》《四書》以尋孔子之道，決定簡朝亮的理學思想就是沿承程朱，加之以理學爲實學的傾向使簡朝亮將丘濬開闢的以實理充實朱熹虛理的路子走下去，只是沒有仕宦經歷的簡朝亮只能以古人之史蹟將《五經》《四書》實化。

朱次琦、簡朝亮仍在中國古代傳統儒學範圍內考量問題，他們是無法繞開「道內」之程朱、鄭玄與「道外」之道釋的，但他們依然沿承廣東理學家於理學的儒道釋相兼的模糊體認，或者說其實他們是感受到孔學在後世儒學傳播中的缺失而提出以《五經》《四書》尋找孔子義理之學，但尊崇程朱使他們輕而易舉地放過問題的要害。身處廣東近代又促使朱、簡突破程朱，試圖以復興孔學實現儒學復興，而提出以「四行」、「五學」指向孔學，這種以孔學本位嬗變宋明清廣東理學家的理學本位思考，其實是踏出廣東理學近代轉型的第一步，爲康有爲登上歷史舞臺作了理論準備。

二、康有爲與廣東理學近代轉型的發生

朱次琦、簡朝亮殊非純粹的理學家，但他們推崇程朱，故他們一方面沿承廣東無視理學的儒道釋相兼、理學的哲學思辨化不強等理學傳統，另一方面，朱次琦以孔學本位思考晚清三千年學術未有之變遷，這種孔學本位的思考其初衷是強化程朱，但當「學孔子之學，無宋學，無漢學也」〔註 194〕如空谷回音傳來之時，越過程朱陸王而直接孔學就成爲廣東理學發展的下一進程。朱次琦嶄新的視界必然促使廣東理學傳統發生嬗變，只是簡朝亮亦步亦趨於乃師而沒有走下去。反之，康有爲則沿承乃師的孔學本位，大踏步往前

〔註 193〕簡朝亮著，梁應揚注：《讀書堂集》卷一，廣州松桂堂，1930 年版，第 23 頁。

〔註 194〕朱次琦著，簡朝亮編纂，關殊鈔點校：《朱九江先生集》卷首，旅港南海九江商會，1962 年版，第 15 頁。

走，反其道行之，既將程朱拓展至陸王，以孔學、佛學、宋明理學並列，將佛、老、墨作爲宋明理學的來源，也在格致說、理氣論、人性論等方面嬗變廣東理學傳統，而近承清代黃宗羲、戴震、焦循等諸儒，康有爲就是以此整理舊學而欲自創一新學派，推動廣東理學傳統近代轉型的發生。

1. 康有為細辨理學的儒道釋相兼

如果說，朱次琦旨在復興孔學而在「五學」中有意迴避儒學在不同時期的異同，朱次琦以減法刪去「道外」之道釋與「道中」之漢學，就是維護程朱，那麼，康有爲旨在探尋理學的來源，由此肯定理學來源的豐富性與複雜性，將「道外」之道釋以加法復歸於理學而無視「道中」之漢學，康有爲成爲廣東理學史上提出「宋儒自是一種學問，非孔子全體也」〔註 195〕的第一人，由此康有爲從根本上對理學作出消極性的評價。擁有近 700 年歷史的廣東理學首次在康有爲細緻論辨中揭開它與佛學、老學、墨學等緊密關係，理學作爲孔學之後學的純而又純的形象隨之打破而與佛老墨並列。康有爲以「正名」作手段，朝著「孔孟子以後無眞儒」的方向使廣東理學近代轉型踏出關鍵一步。

在佛、老、墨之間，康有爲尤重佛學，且康有爲強調佛老相通甚至相混。康有爲認爲宋明理學家多入於佛，其晚節更是從佛老而來。「宋儒皆從佛書來。」〔註 196〕「宋士大夫晚節皆依佛。宋儒皆從佛、老來。」〔註 197〕康有爲指出，宋儒對於作爲《四書》之一的《中庸》的解讀也充分體現他們是入於佛的。「宋儒合『戒愼、恐懼』，而專言『未發』，不知『未發』句，即承上『不睹、不聞』來。由何處功？本之愼獨而已。然宋儒之說實出佛氏。」〔註 198〕康有爲明確指出，周敦頤、二程、張載、陸九淵等均嗜佛，朱熹早年雖然斥佛，但「朱子四十歲餘始讀佛書」〔註 199〕，「凡人窮思，便入於佛，

〔註 195〕康有爲撰，姜義華、張榮華編校：《康有爲全集》（第二集），中國人民大學出版社，2007 年版，第 173 頁。

〔註 196〕康有爲撰，姜義華、張榮華編校：《康有爲全集》（第二集），中國人民大學出版社，2007 年版，第 254 頁。

〔註 197〕康有爲撰，姜義華、張榮華編校：《康有爲全集》（第二集），中國人民大學出版社，2007 年版，第 254 頁。

〔註 198〕康有爲撰，姜義華、張榮華編校：《康有爲全集》（第二集），中國人民大學出版社，2007 年版，第 174 頁。

〔註 199〕康有爲撰，姜義華、張榮華編校：《康有爲全集》（第二集），中國人民大學出版社，2007 年版，第 253 頁。

朱子於此，蓋近佛矣。」〔註 200〕「用佛氏說儒書，朱子有之。」〔註 201〕故康有爲總結說：「宋學皆兼禪學，即本於孟子之心學，亦聖人所有，未可厚非也。」〔註 202〕

由於「老子後學，流派甚繁」，故康有爲從老子、莊子、秦漢養生家到魏晉玄學等均論其與宋明理學的關係。康有爲認爲，周敦頤是宋明理學的開山祖，其學就近於老子。「周子頗得老學」〔註 203〕，「周子多講有無二字，恐入於老子之學，故陸子譏之。」〔註 204〕「主靜立人極句，周子最得力，諸賢亦最得力，老氏亦然。」〔註 205〕如周敦頤注解《易》就側重於言柔。康有爲指出，將性理趨於虛理，以遠人爲道而近於清淡，就是宋明理學受老莊影響的表現，由此康有爲指斥朱熹說：「名字孔子特立，老子攻名，雜採老、莊之說，謬矣。」〔註 206〕「自老子託爲至高之論以攻儒，乃有爲善無近名，名與身孰親，名者實之賓之論，而訶伯夷、伍子胥之殺身成名，此實與儒相反。朱子不察道本，震於高論而誤採之。」〔註 207〕陳摶、种放以道教《黃庭經》及練氣煉丹，康有爲認爲，周敦頤、邵雍都直取老子後學魏伯陽、陳摶，「邵子數學，出於魏伯陽，皆老子之學。」〔註 208〕康有爲指出，受老莊影響的玄學家王弼注解《易》，也影響陳摶、邵雍等理學家。「《易》與老氏同，但老言柔，而《易》言剛，則以老氏譏王氏之《易》不可也。惟陳、邵言圖書，則

〔註 200〕康有爲撰，姜義華、張榮華編校：《康有爲全集》（第一集），中國人民大學出版社，2007 年版，第 99 頁。

〔註 201〕康有爲撰，姜義華、張榮華編校：《康有爲全集》（第一集），中國人民大學出版社，2007 年版，第 343 頁。

〔註 202〕康有爲撰，姜義華、張榮華編校：《康有爲全集》（第二集），中國人民大學出版社，2007 年版，第 107 頁。

〔註 203〕康有爲撰，姜義華、張榮華編校：《康有爲全集》（第二集），中國人民大學出版社，2007 年版，第 254 頁。

〔註 204〕康有爲撰，姜義華、張榮華編校：《康有爲全集》（第二集），中國人民大學出版社，2007 年版，第 233 頁。

〔註 205〕康有爲撰，姜義華、張榮華編校：《康有爲全集》（第二集），中國人民大學出版社，2007 年版，第 253 頁。

〔註 206〕康有爲撰，姜義華、張榮華編校：《康有爲全集》（第二集），中國人民大學出版社，2007 年版，第 167 頁。

〔註 207〕康有爲撰，姜義華、張榮華編校：《康有爲全集》（第五集），中國人民大學出版社，2007 年版，第 481 頁。

〔註 208〕康有爲撰，姜義華、張榮華編校：《康有爲全集》（第二集），中國人民大學出版社，2007 年版，第 155 頁。

全老氏矣。」〔註 209〕

墨家的兼愛、尚同、非樂、尚儉等是康有爲用於比附宋明諸儒的內容，而張載、朱熹就成爲康有爲關注的主要人物。康有爲認爲，張載在《西銘》中關於「民同胞，物同與」的思想是受到墨家的影響。「世之議張子謂其近於墨氏兼愛，其云『民同胞，物同與』，以爲近於佛氏之愛物，就張子論之，其與墨子《兼愛》、《尚同》二篇相同者甚多，不必爲其迴護，然皆孔子所有也。張子未言差等，故近於墨。」〔註 210〕而朱熹非樂、尚儉則明顯近於墨，「後世儒者不明大道之統，禮樂之原，根佛氏苦行之義，蹈墨學太觳之風，王者因以束縛士人，於是高談理氣。」〔註 211〕「朱子之學短，左有墨學，有佛學，有老學，故攻人好名，非孔子之學。」〔註 212〕總體而言，康有爲認爲墨學對於宋明理學的影響在於非功利的人生旨趣與關於天理人慾的思考等。「儒者自命爲衛道，而宋人最長於割地，凡高妙者，皆付之於釋道，乃至安身立命，超然自得者，亦付之於佛。則孔子之道只有克己寡欲、劬躬勞身而已。是墨子之道所以敗也，宋賢言道之極，即入於墨，非孔子之道也。」〔註 213〕

尋找理學的來源殊非康有爲學術思考的終點，由理學來源的豐富性、複雜性探尋它與孔學的關係才是康有爲的落腳點，故康有爲是有別於宋明清廣東理學諸家而接近朱次琦的思考，只是朱次琦將道佛逐出理學，而康有爲則將佛學、老學、墨學都作爲理學的來源，由此成爲廣東理學史上比較徹底解決理學的儒道釋相兼的第一人。由於孟子與佛學在心、性善說等方面多有關係，故康有爲對同樣源出佛學的宋明理學是持肯定態度的，但與此同時，由於理學諸儒在傳承孔學的同時深受佛學、老學、墨學的影響而使孔學淪爲虛理、遠人、清淡之學，故康有爲認爲理學殊非孔學嫡派。「周、程、朱、張二千年來莫之能及也，其學爲孔子傳人，然尚非嫡派耳。」

〔註 209〕康有爲撰，姜義華、張榮華編校：《康有爲全集》（第二集），中國人民大學出版社，2007 年版，第 155 頁。

〔註 210〕康有爲撰，姜義華、張榮華編校：《康有爲全集》（第二集），中國人民大學出版社，2007 年版，第 233 頁。

〔註 211〕康有爲撰，姜義華、張榮華編校：《康有爲全集》（第三集），中國人民大學出版社，2007 年版，第 269 頁。

〔註 212〕康有爲撰，姜義華、張榮華編校：《康有爲全集》（第二集），中國人民大學出版社，2007 年版，第 288 頁。

〔註 213〕康有爲撰，姜義華、張榮華編校：《康有爲全集》（第六集），中國人民大學出版社，2007 年版，第 450～451 頁。

〔註 214〕由此康有爲對宋明理學作出否定評價。宋明理學既出自孔學也是「另一種學問」，康有爲其實是明敏地發現學術傳承、發展中必然產生的學術創新問題，但問題的關鍵是孔子是否如康有爲魂魄兼養、重視鬼神、物慾，若在源頭上就是康有爲主觀比附，其對宋明理學的指斥乃至他以孔學、佛學、宋明理學爲治學之體都是相當危險的。康有爲不僅從源頭上探尋作爲儒學大宗的宋明理學的來源，而且將佛學、老學、墨學都作爲這種正統儒學的來源，其開啓的就是包括孔學、理學、子學在內的中國傳統學術的近代轉型進程，這與西學東漸一起使儒學內外交困，難以久存。

2. 康有為嬗變廣東理學格致說、理氣論、人性論，近承黃宗羲、戴震、焦循等諸儒

心學是明代廣東的顯學，廣東理學也由於中原理學遇到陸王心學、陳湛心學的強烈衝擊而迅速發展。故雖然明代廣東理學整體上欠缺哲學思辨化，但由於與王廷相、呂柟、王陽明、羅欽順等中原碩學名儒的致書往來，鍾芳、黃佐在格致說、理氣論、人性論方面還是體現較強的思辨性。康有爲既沿承鍾、黃的哲學思辨，也以嶄新的視野提出迥異於廣東理學家的格致說、理氣論、人性論，從最核心的環節推動廣東理學傳統的近代轉型。

（1）康有爲嬗變廣東理學家的格致説

與朱次琦、簡朝亮囿於程朱格致說很不同，鍾芳、黃佐是堅持程朱格致說而修補其知行觀的二分化。如鍾芳《奉羅整庵第二書》中說：「格物致知程朱所論明白詳悉，……故愚於陽明格致之論，置之不與辨者，正執事所謂堆疊無用，知其決不能易程朱之說，而不必辨也。」〔註 215〕黃佐也說：「格物所以明善也，誠意所以誠身也。身主於心，心發於意，意萌於知，知起於物，曰：『致知在格物』，不言先者，知與意雖有先後，其實非二事也。知之不至則意不誠，而無物。」〔註 216〕針對程朱知行觀的二分化，鍾芳提出「知以利行，行以踐知」〔註 217〕、「不患不知，患不能行」〔註 218〕的「知行

〔註 214〕康有爲著：《康有爲學術文化隨筆》，中國青年出版社，1999 年版，第 9 頁。

〔註 215〕鍾芳著，周濟夫點校：《鍾筠溪集》卷十二，海南出版社，2006 年版，第 280～281 頁。

〔註 216〕黃佐著：《庸言》卷一，《續修四庫全書》子部，儒家類，上海古籍出版社，2002 年版，第 231 頁。

〔註 217〕鍾芳著，周濟夫點校：《鍾筠溪集》卷六，海南出版社，2006 年版，第 111 頁。

觀」，黃佐亦提出其重實踐的「知行」說，「知譬則目也，行譬則足也，學問思辨而後篤行，其目慎而足敏者乎。」〔註219〕「未有知而不行者，知而不行，只是未知。」〔註220〕康有爲則從下述2個方面完全跳出廣東理學家論格致說的傳統。

一、**從源頭上否定《大學》八條**。程朱、陸王及其後學者之爭都是在肯定《大學》八條的前提下進行的，將《大學》八條作爲律令也是廣東理學家縱論格致的前提。如朱次琦說：「王制，樂正崇四術，順先王詩書禮樂以造士，此古者大學之教也。」〔註221〕簡朝亮說：「詩書禮樂，王制謂之四術，此先王之教，其常例也。」〔註222〕康有爲則指出，格致說雖然出自《大學》，但《大學》殊非先王之學制，而是大司樂以樂德、樂語教國子之制，故古代大學之教僅有樂，而沒有八條之虛妙精深，家、國、天下，既未有之物，身、心、知、意，非日課之功〔註223〕。康有爲從源頭上否定由程朱確立其要義並由此引發近 700 年來程朱、陸王及其後人以格致說爲中心的大論辨，而不入程朱、陸王門戶之爭。但這種釜底抽薪之舉並未能讓康有爲尋找到一種嶄新的格致說，康有爲仍然是沿承中國古代知識分子的舊路——以復古求革新。

二、**以「扞格物慾」解釋格物**。從鄭玄、二程、朱熹到王陽明，他們對格致說的諸種解釋無論有何差異，都是儒家「道內」之別，霍韜、鍾芳、黃佐、朱次琦、簡朝亮等廣東理學家論格致亦是遵守儒家道統。深受佛教影響的康有爲則在紛繁複雜的諸種格致說中首肯司馬光以「扞格物慾」解釋格物。雖然孟子言「寡欲」，周敦頤言「寡之又寡，以至於無」，二程言「只有所向便是欲」，二程、朱熹、王陽明均儒道釋相兼，但無論是以「物即事也」釋「物」

〔註218〕鍾芳著，周濟夫點校：《鍾筠溪集》卷六，海南出版社，2006 年版，第 112 頁。

〔註219〕黃佐著：《庸言》卷一，《續修四庫全書》子部，儒家類，上海古籍出版社，2002 年版，第 234 頁。

〔註220〕黃宗羲著，沈芝盈點校：《明儒學案》（修訂本）卷五十一，中華書局，2008 年版，第 1208 頁。

〔註221〕朱次琦著，簡朝亮編纂，關殊鈔點校：《朱九江先生集》卷首，旅港南海九江商會，1962 年版，第 16 頁。

〔註222〕簡朝亮著，梁應揚注：《讀書堂集》卷一，廣州松桂堂，1930 年刻本，第 14 頁。

〔註223〕康有爲撰，姜義華、張榮華編校：《康有爲全集》（第一集），中國人民大學出版社，2007 年版，第 31 頁。

之程朱一派，還是以「吾心」釋「物」之陸王一派，其實都重視「物」，故王陽明才有困於格物之一段工夫。入於佛的司馬光以「物慾」釋「物」在很大程度上是一種佛家思維，故康有爲宗主其格物說就是格物之儒家「道外」。康有爲有時又說：「《荀子・解蔽篇》解得物字極好，物字就外物而言，此格物是扞格外物無疑矣。」〔註 224〕格外物即直指本心，故康有爲對格物之「物」的理解其實是心學、佛學相混合。

值得注意的是，即使以相對嶄新的視界看待格致說，康有爲以「3 不可解」指斥朱熹格致說其實都並不新鮮。至與窮異，事與理隔，始以至事代格物，繼以窮理代至事，愈旨愈遠，漸忘本旨；天下之物無窮，一人之知有限，即使今日格一件，明日格一件，安有至極之時；窮理之義與致知合，古無致本心良知之說，則致爲多見多聞，自是窮理。若是，則條目有七而無八，格物爲多餘〔註 225〕。康有爲所指斥的就是鍾芳、簡朝亮等廣東理學家所維護的，他們都對王陽明《大學古本》進行質疑，並在此基礎上反對「致良知」。如鍾芳說：「近來宗之刊《大學》古本傳世，然乎否也？……或曰：格物者知行兼至，行之至而知乃至也。曰：經言知止而後止，如子之言，乃謂得止而後知止乎？此謂知之至也。程子以止句『知本』爲衍文，舊本誤在經文之下，今卻以衍爲止，曰知本即知至，不假外求，於是謂不必窮理，惟求吾心至善自足，而力排多聞多見之非，誤矣。」〔註 226〕簡朝亮說：「《大學》古本，今在《禮記》注疏中，其錯簡也，朱子非於古本移而定之也。其所移者，朱子參程子定本，自爲章句焉，別古本而行。且經文一章，孔子之言，無錯簡也。朱子釋《大學》全書，其義由經文定之，考於孔子之言也。延續紛紛爭古本者，奚爲乎？」〔註 227〕反之，黃佐則肯定王陽明《大學古本》，「奚必臆繼其爲經文而重補其闕乎？釋誠意曰必愼，其獨則天德王道全矣，所謂明德新民，止於至善也。故並綱領言之，誠意在致其知者，此也，故曰此謂知本，本立則意誠矣。又奚必釋本末而遺終始乎？修身在正其心，以次及末而治

〔註 224〕康有爲撰，姜義華、張榮華編校：《康有爲全集》（第二集），中國人民大學出版社，2007 年版，第 301 頁。

〔註 225〕康有爲撰，姜義華、張榮華編校：《康有爲全集》（第一集），中國人民大學出版社，2007 年版，第 32 頁。

〔註 226〕鍾芳著，周濟夫點校：《鍾筠溪集》卷二十，海南出版社，2006 年版，第 440 頁。

〔註 227〕簡朝亮撰，趙友林、唐明貴校注：《論語集注補正述疏》（中），華東師範大學出版社，2013 年版，第 803 頁。

平，好惡不可愼，正自誠意知本而至之終之也，全篇渾然，奚必分？陽明舊本之復良有見也。」〔註228〕一方面，康有爲以扞格物慾作爲治萬物之始，由此反對程朱、陸王格物說，如認爲王陽明以吾心格物即不能格物〔註229〕，另一方面，康有爲認爲朱熹涵養雖用敬，進學在致知蓋已合扞格物慾而後致知序〔註230〕，稱許朱熹對於誠意、致知的解釋。故康有爲格致說始於佛而入於儒，或者說是儒道釋相兼。

（2）康有爲嬗變廣東理學家的理氣論

從孟子「直爲氣也，至大至剛，以直養而無害，則塞於天地之間」〔註231〕開始，「氣」就被賦予儒家仁、義的內容，理氣結合，至程朱「理」就是形而上之「道」，「氣」是形而下之「器」，朱熹並由此衍生理在氣先、理氣相分等結論，引起明中葉王廷相、羅欽順、呂柟等理學家群起而攻之，氣本論取代理本論成爲正嘉學術的內容之一。除黃佐主張氣本論以外，鍾芳、朱次琦、簡朝亮等廣東理學家都沿承程朱理本論，而即使主張氣爲形而上之「道」、「太極」的黃佐，他與理本論的廣東理學家一樣都將「理」指向事物的規律與「理」就是儒家倫理道德的基本準則。康有爲則既堅持氣本論，也賦予理、欲嶄新的內容。

一、**康有爲的氣本論**。在康有爲之前，黃佐是廣東首個提出氣本論的理學家。黃佐不僅否定朱熹「理在氣先」、「理在氣中」的矛盾，而在沿承羅欽順「理氣」不可分離並堅持「氣本論」。黃佐直接援引薛瑄、羅欽順〔註232〕的話說：「薛文清公曰：『理在氣中，決不可分先後。』又曰：『理如日光，氣如飛鳥，理乘氣，機而動，如日光載鳥皆而飛。』又曰：『太極，理也，陰陽，氣也。』如此則理氣終不能合一矣。何以明辨之？羅整庵先生欽順《困知記》曰：『……蓋通天地，亙古今，無非一氣而已。氣本一也，而一動一

〔註228〕黃佐著：《庸言》卷九，《續修四庫全書》子部，儒家類，上海古籍出版社，2002年版，第344頁。

〔註229〕康有爲撰，姜義華、張榮華編校：《康有爲全集》（第二集），中國人民大學出版社，2007年版，第289頁。

〔註230〕康有爲撰，姜義華、張榮華編校：《康有爲全集》（第一集），中國人民大學出版社，2007年版，第33頁。

〔註231〕楊伯峻譯注：《孟子譯注》，中華書局，2008年版，第62頁。

〔註232〕按：不少黃佐的研究者均將黃佐徵引羅欽順的原話誤作黃佐的論述，如陳憲猷在《嶺南學術百家》中撰寫的《黃佐》就是如此。毛慶耆主編：《嶺南學術百家》，廣東人民出版社，2004年版，第235頁。

靜，一往一來，一闔一闢，一升一降，循環無已，積微而著，由著復微，爲四時之溫涼寒暑，爲萬物之生長收藏，爲斯民之日用彝倫，爲人事之成敗得失。千條萬緒，紛紜膠轕，而卒不克亂，有莫知其所以然而然，是即所謂理也。初非別有一物。依於氣而立，附於氣以行也。……』斯論出群，疑亡矣。」〔註233〕黃佐也多次說：「蓋理即氣也，一氣渾淪名爲太極，二氣分判名爲陰陽，陰陽分老少，四象非土不成，又名爲王氣，皆自吾心名之。所謂窮理也，非謂未有天地之先畢竟是理而理在氣先，亦非氣以成形，理亦賦焉而理在氣後。」〔註234〕

雖然清代廣東理學家疏於關注理氣，但黃宗羲、戴震等清代中原名儒已經接著明中葉理學家開闢的氣本論往下說，而且自成其一家之言，影響尤大。如黃宗羲說：「自其浮沉升降者而是言，則謂之氣，自其浮沉升降不失其則者而言，則謂之理。」〔註235〕黃宗羲主張理氣一物，理氣一元。戴震則堅持氣本論，「人物之生，分於陰陽氣化。」〔註236〕康有爲認爲，「凡物皆始於氣，既有氣，然後有理。生人生物也，氣也。所以能生人生物者，理也。人日在氣中而不知，猶魚日在水中而不知也。朱子以爲理在氣之前，其說非也。」〔註237〕元即太極，即陰陽，有氣即有陰陽，萬物稟陰陽之氣而生，故「氣」是宇宙的實體萬物。先秦宋尹學派有「精氣」論，東漢王充有「元氣」論，唐代柳宗元、劉禹錫有「元氣自然論」，宋代張載有「元氣本體論」，康有爲的氣本論其實亦是「元氣本體論」。如他說：「天本元氣而生，人得元氣而生。」〔註238〕

在堅持氣本論的前提下，一方面，康有爲認爲，「理」是自然萬物之分理，是事物之條理，是人生之道理，「理」隨著時代變化而變更。「天地之理，惟

〔註233〕黃佐著：《庸言》卷九，《續修四庫全書》子部，儒家類，上海古籍出版社，2002年版，第339頁。

〔註234〕黃佐著：《庸言》卷十二，《續修四庫全書》子部，儒家類，上海古籍出版社，2002年版，第369頁。

〔註235〕黃宗羲著，沈芝盈點校：《明儒學案》（修訂本），中華書局，2008年版，第249頁。

〔註236〕戴震著，楊應芹、諸偉奇主編：《戴震全書》（第6冊），黃山書社，2010年版，第37頁。

〔註237〕康有爲撰，姜義華、張榮華編校：《康有爲全集》（第二集），中國人民大學出版社，2007年版，第133頁。

〔註238〕康有爲撰，姜義華、張榮華編校：《康有爲全集》（第一集），中國人民大學出版社，2007年版，第105頁。

有陰陽之義無不盡也，治教亦然。」〔註 239〕「天地之理，陰陽而已。」〔註 240〕「學也者，窮物理之所以然，裁成輔相，人理之當然而已，然當然之理未易言也。內外有定而無定，方圓、陰陽、有無、虛實、消長。相倚者也，猶聖人之與佛也。義理有定而無定，經權、仁義、公私、人我、禮智，相倚者也，猶中國之與泰西也。」〔註 241〕「理」的基本功能是疏導人性，「蓋天理自然也，非人道之至也，順人性而教之也，非學而爲之也。」〔註 242〕另一方面，康有爲以「智」統領仁、義、禮、信，賦予由來已久的「君子小人之辨」嶄新的內容。康有爲認爲，「惟智慧生萬理，有智而後有仁、義、禮、信。」〔註 243〕「人類之生，其性善辨，其性善思，惟其智也。……君主所以異於小人者在斯。」〔註 244〕康有爲也使「仁」混雜了西方科技文明，不忍之心，仁也，電也，以太也〔註 245〕，孟子傳仁，由撥亂至於太平，仁之至，則人人自立而大同〔註 246〕。不獨是「理」，康有爲認爲「性」亦是緣「氣」而生。「不知理與性皆人理人性，未受氣以前，何所謂性、理耶？」〔註 247〕

二、**康有爲的理欲觀**。丘濬、鍾芳、黃佐、朱次琦、簡朝亮等都將理欲隔絕，如丘濬說：「蓋天下之理二，善與惡而已矣。善者，天理之本然；惡者，人慾之邪穢。」〔註 248〕鍾芳說：「動於理則存，動於欲則亡，是故君子愼動以

〔註 239〕康有爲撰，姜義華、張榮華編校：《康有爲全集》（第一集），中國人民大學出版社，2007 年版，第 103 頁。
〔註 240〕康有爲撰，姜義華、張榮華編校：《康有爲全集》（第一集），中國人民大學出版社，2007 年版，第 105 頁。
〔註 241〕康有爲撰，姜義華、張榮華編校：《康有爲全集》（第一集），中國人民大學出版社，2007 年版，第 100 頁。
〔註 242〕康有爲撰，姜義華、張榮華編校：《康有爲全集》（第一集），中國人民大學出版社，2007 年版，第 102 頁。
〔註 243〕康有爲撰，姜義華、張榮華編校：《康有爲全集》（第一集），中國人民大學出版社，2007 年版，第 108 頁。
〔註 244〕康有爲撰，姜義華、張榮華編校：《康有爲全集》（第一集），中國人民大學出版社，2007 年版，第 20 頁。
〔註 245〕康有爲撰，姜義華、張榮華編校：《康有爲全集》（第五集），中國人民大學出版社，2007 年版，第 414 頁。
〔註 246〕康有爲撰，姜義華、張榮華編校：《康有爲全集》（第五集），中國人民大學出版社，2007 年版，第 415 頁。
〔註 247〕康有爲撰，姜義華、張榮華編校：《康有爲全集》（第一集），中國人民大學出版社，2007 年版，第 108 頁。
〔註 248〕丘濬著，周偉民、王瑞明、崔曙庭等點校：《丘濬集》（第一冊），海南出版社，2006 年版，第 13 頁。

制欲。」〔註 249〕黃佐說：「主於立德則義理勝利欲而藝亦日以進，不主於立德則利欲勝義理而藝日以不進。」〔註 250〕朱次琦主張去私欲，「然則布之欲，其宜去乎，抑不去乎？」〔註 251〕戴震、焦循等清代名儒則主張「理欲統一」，反對「存天理，滅人慾」。如戴震說：「理者，盡夫情慾之微而區以別焉。使順而達，各如其分毫釐之謂也。……情發而中節則和，如是之謂天理。」〔註 252〕「天理者，節其欲而不窮人慾也。……有而節之，使無過情，無不及情。」〔註 253〕戴震認爲理的功能是順人情，節人慾至中和則是天理。焦循說：「凡事爲皆有於欲，無欲則無爲矣。……今之言理也，離人之情慾求之，使不忍而不顧之爲理。」〔註 254〕焦循認爲欲是自然之舉，是有爲之舉，反之則反自然。康有爲沿承戴、焦「理欲統一」觀，既肯定欲是人生的本能，是凡有血氣者之行爲，也主張以禮節欲。「欲者，愛之徵也，……皆陽氣之發。」〔註 255〕「凡爲血氣之倫必有欲，有欲則莫不縱之，若無欲則惟死耳。」〔註 256〕「雖然，人之欲無窮，縱之性無限，是故聖人裁爲禮者以節之，使一入於禮之中，以制其肌膚而束其筋焉。」〔註 257〕以禮節欲則爲順人性之欲，亦是順天理之人慾，故康有爲大膽說：「理者，人之所立。故理者，人理也。故欲者，天也。……蓋天欲而人理也。」〔註 258〕

〔註 249〕鍾芳著，周濟夫點校：《鍾筠溪集》卷十二，海南出版社，2006 年版，第 269 頁。

〔註 250〕黃佐著：《庸言》卷四，《續修四庫全書》子部，儒家類，上海古籍出版社，2002 年版，第 264 頁。

〔註 251〕朱次琦著，簡朝亮編纂，關殊鈔點校：《朱九江先生集》卷首，旅港南海九江商會，1962 年版，第 16 頁。

〔註 252〕戴震著，楊應芹、諸偉奇主編：《戴震全書》（第 6 冊），黃山書社，2010 年版，第 359 頁。

〔註 253〕戴震著，楊應芹、諸偉奇主編：《戴震全書》（第 6 冊），黃山書社，2010 年版，第 162 頁。

〔註 254〕焦循撰，沈文倬點校：《孟子正義》（上冊），中華書局，1987 年版，第 503～504 頁。

〔註 255〕康有爲撰，姜義華、張榮華編校：《康有爲全集》（第一集），中國人民大學出版社，2007 年版，第 103 頁。

〔註 256〕康有爲撰，姜義華、張榮華編校：《康有爲全集》（第一集），中國人民大學出版社，2007 年版，第 103 頁。

〔註 257〕康有爲撰，姜義華、張榮華編校：《康有爲全集》（第一集），中國人民大學出版社，2007 年版，第 108 頁。

〔註 258〕康有爲撰，姜義華、張榮華編校：《康有爲全集》（第一集），中國人民大學出版社，2007 年版，第 105 頁。

（3）康有爲嬗變廣東理學家的人性論

在康有爲之前，霍韜、鍾芳、黃佐、朱次琦、簡朝亮等廣東理學家都沿承孟子性善說，如鍾芳說：「萬物所稟之性，皆自乾坤之元，本無不善。」〔註 259〕黃佐說：「人性本善，必行孝順父母。」〔註 260〕簡朝亮說：「孟子道性善，言必稱堯舜，其實學何如也？學不知性，有趨異學而野心者矣。」〔註 261〕故其論之性即是義理之性，如黃佐說：「性即理也，情無性宰則不情而爲小人矣。」〔註 262〕「盡倫所以盡性也。……此體用之所以合而天下之所有囿於吾德也。」〔註 263〕比較例外的是廖燕（1644～1705）、陳澧，廖燕獨尊孔子、子思以質言性而未言性之本，指出以質言性而殊非性之善惡，乃質之善惡，故性定原下一注腳不得，不下注腳，便是別物，非性了〔註 264〕。陳澧認爲董仲舒言性有善端，性有善質，正合孟子之旨，而孟子所謂性善者，謂人人之性皆有善也，非謂人人之性，皆純乎善也〔註 265〕。黃宗羲、焦循亦主張性善說，而戴震即提出「知即善」的人性論，都未能給由孟子、荀子引發的性善惡說多元的內容。康有爲早年既沿承源起於孔子、宓子賤、漆雕開、公孫尼子、告子的性無善惡說，與鄉人廖燕以質言性而性無善無惡隔代共鳴，也在後期的《孟子注》中沒有反對孟荀性善惡說，而入韓愈「性三品論」，體現致力於大同理想的康有爲對於人性觀的兩難抉擇，但由此也使康有爲的人性論具有包容性、多元性。

一、**性無善惡**。康有爲在 1886 年撰寫的《康子內外篇》中反對孟子性善說、荀子性惡說、漢唐將性分爲「聖人之性」、「中民之性」、「斗筲之性」

〔註 259〕鍾芳著，周濟夫點校：《鍾筠溪集》卷十二，海南出版社，2006 年版，第 253 頁。

〔註 260〕黃佐著：《庸言》卷七，《續修四庫全書》子部，儒家類，上海古籍出版社，2002 年版，第 313 頁。

〔註 261〕簡朝亮撰，趙友林、唐明貴校注：《論語集注補正述疏》（上），華東師範大學出版社，2013 年版，第 57 頁。

〔註 262〕黃佐著：《庸言》卷七，《續修四庫全書》子部，儒家類，上海古籍出版社，2002 年版，第 311 頁。

〔註 263〕黃佐著：《庸言》卷七，《續修四庫全書》子部，儒家類，上海古籍出版社，2002 年版，第 310 頁。

〔註 264〕廖燕著，林子雄點校：《廖燕全集》（上），上海古籍出版社，2005 年版，第 2～3 頁。

〔註 265〕陳澧著，黃國聲主編：《陳澧集》（二），上海古籍出版社，2008 年版，第 43～45 頁。

的「性三品論」與宋代程朱義理之性，而以告子「生之謂性」、「食色性也」爲確論，指出性受氣而生，無所謂善惡，善惡是後天之人爲。「存者爲性，發者爲情，無所謂善惡也。後有善惡之說，乃謂陽氣善者爲性，陰氣有欲爲情。……若夫性，則仁義愛惡無別也。善者，非天理也，人事之宜也。故以仁義爲善，而別於愛惡之有惡堵，非性也，習也。……孟子言性善，荀子言性惡，楊子言善惡混，韓子強爲之說曰三品，程、朱則以爲性本善，其惡者情也，皆不知性情者也。……夫性者，氣質所發，猶一子也，但於氣質中別名之耳，安所謂不備哉？……善出於性中，而性未可全爲善也。……告子曰食色性也，性猶湍水也，是也。……夫人性本有仁義，特非仁義之至耳。」〔註 266〕性是天生之質，無善惡仁義之別，故性完全屬於中性，而善惡仁義均是人爲，但善惡仁義已經不是性而是質。康有爲一直在 1891 年《長興學記》、1896 年《萬木草堂口說》等都持性無善無不善論的觀點。如他說：「告之生之謂性，自是確論。」〔註 267〕「性者，生之質也，未有善惡。」〔註 268〕

二、**性只有氣質**。程朱沿承張載將性分爲氣質之性、義理之性而重點談論未受於天之理的氣質之性，這亦是鍾芳、朱次琦、簡朝亮等廣東理學家闡述人性論的主要方面。如鍾芳反對告子論性皆主氣質，以爲徒見夫末流，而張載所論天地之性自出孟子性善說而獨得孔子「性相近也，習相遠耳」之欲人自強與同歸於善的主旨，認爲程朱將性分爲氣質之性、義理之性是如揭日月〔註 269〕。朱、簡則都將變化氣質作爲開館講學的內容。康有爲重視氣質之性，但其一個關鍵前提是反對義理之性，認爲性只有氣質，正是於此而迥異於廣東任何一名理學家。「實則性全是氣質，所謂義理，自氣質出，不得強分也。」〔註 270〕「彼昧於理者，以仁智爲理，以物爲氣質，謂理氣有異，不知

〔註 266〕康有爲撰，姜義華、張榮華編校：《康有爲全集》（第一集），中國人民大學出版社，2007 年版，第 101 頁。

〔註 267〕康有爲撰，姜義華、張榮華編校：《康有爲全集》（第一集），中國人民大學出版社，2007 年版，第 341 頁。

〔註 268〕康有爲撰，姜義華、張榮華編校：《康有爲全集》（第二集），中國人民大學出版社，2007 年版，第 166 頁。

〔註 269〕鍾芳著，周濟夫點校：《鍾筠溪集》卷十，海南出版社，2006 年版，第 209 頁。

〔註 270〕康有爲撰，姜義華、張榮華編校：《康有爲全集》（第一集），中國人民大學出版社，2007 年版，第 341 頁。

天下捨氣質，豈有異物哉！」〔註 271〕康有爲認爲性、善與情、惡都必須分開講，性只有氣質，無義理，義理是從氣質中再下工夫。由於人發於氣質必有偏處，康有爲指出荀子言性惡就是氣質之性，就是勉強學問〔註 272〕，而張載言形而有氣質之性善。反之，則天地之性存焉。既要變化善反，非性惡而何。宋儒竊荀子而反攻荀子，不細心讀書故也〔註 273〕。康有爲將變化氣質作爲開館講學的內容，將氣質分爲大過，不及，不中者〔註 274〕3 類，將變化氣質亦分爲盡其性、盡人性、盡物性 3 層，而以受天命之自然爲至性。康有爲將氣質、變化氣質別而分其等級，其實已經埋下從性無善惡到性有善惡的伏筆。

三、性有善惡。雖然康有爲早年旗幟鮮明地提出性無善惡、性只有氣質等較具系統性的人性論，但其實最晚從 1891 年開始，由於表達其大同理想，康有爲都在構建其極具包容性的人性論，而沒有完全囿於告子的人性論，沒有絕對反對孟子性善說、荀子性惡說，也重視程朱義理之性。如他說告子論性未透孔子之義，孟子性善之說，有爲而言，荀子性惡之說，有激而發〔註 275〕，程子、張子、朱子分性爲二，有氣質，有義理，研辨較精〔註 276〕。1901 年，康有爲撰寫《孟子微》，不惜委曲求全而提出性有善惡，由此打亂他早年頗具系統性的人性論，陷入人性論的兩難。一方面，康有爲將孟子性善說作爲人人可爲善，同好仁、好文明與好進化而至太平之世的因由，由此反對早年他強調的性只有質，而將質與善混合在一起，並指斥董仲舒將善質、質區別開來是泥其名〔註 277〕。另一方面，康有爲認爲告子性質說、孟子性善說、荀子

〔註 271〕康有爲撰，姜義華、張榮華編校：《康有爲全集》（第一集），中國人民大學出版社，2007 年版，第 102 頁。

〔註 272〕康有爲撰，姜義華、張榮華編校：《康有爲全集》（第二集），中國人民大學出版社，2007 年版，第 182 頁。

〔註 273〕康有爲撰，姜義華、張榮華編校：《康有爲全集》（第二集），中國人民大學出版社，2007 年版，第 232 頁。

〔註 274〕康有爲撰，姜義華、張榮華編校：《康有爲全集》（第二集），中國人民大學出版社，2007 年版，第 172 頁。

〔註 275〕康有爲撰，姜義華、張榮華編校：《康有爲全集》（第一集），中國人民大學出版社，2007 年版，第 341 頁。

〔註 276〕康有爲撰，姜義華、張榮華編校：《康有爲全集》（第一集），中國人民大學出版社，2007 年版，第 341 頁。

〔註 277〕康有爲撰，姜義華、張榮華編校：《康有爲全集》（第五集），中國人民大學出版社，2007 年版，第 427 頁。

性惡說等都是未得人性之實，反之，孔子言「性相近也，習相遠也」與「惟上智與下愚不移」能得人性之實，而實者就是將善惡分等級，善惡各有精粗之別，而能習之性皆爲中人之性，習善爲善，習惡爲惡。故性本自然，但性有善有惡，由此康有爲全面顛覆其早年的人性論，而陷入他所說的「然而論情性，竟無定也」〔註278〕之困境。其實，「無定」即是性只是中性，如王陽明所說的「無善無惡性之體」。

康有爲正視廣東理學家長期以來無視理學的儒道釋相兼，並將墨家作爲理學的來源。這種深刻、豐富的細辨其實是扭轉了宋明兩代程朱、陸王門戶之爭，無須細分程朱陸王門戶而直接孔孟。與廣東理學家有意論辨格致、理氣而維護程朱不同，康有爲是以闡述格致、理氣作爲其學術起點，而其以有意近於司馬光的格致說與氣本論的學術起點其實就迥異於廣東任何一名理學家，體現康有爲是在扭轉廣東理學傳統。人性論是康有爲構建其大同理想的理論支撐之一，並出現前後矛盾，這形象說明當一種理論用於構建一種不具科學性的學術時，其本有的眞理性的東西可能被犧牲，而以人性論來看，康有爲殊非其自言「吾學三十已成，此後不復有進，亦不必求進」。

3. 康有為嬗變廣東理學的學理支撐

宋代區仕衡無法言及陸王，以程朱爲本位的丘濬、霍韜、鍾芳、黃佐、陳建亦難以兼及陸王，近代以孔學爲本位的朱次琦就學根抵於宋明，他可以「以程朱爲主，間取陸王」〔註279〕，康有爲則獨好陸王。康有爲不僅從程朱拓展至陸王，而且將宋明理學與孔學、佛學並列，這種其實已經既失卻理學本位，也失卻儒學本位的視界對廣東理學傳統產生巨大的衝擊，故孔學、佛學、宋明理學的治學之體成爲康有爲嬗變廣東理學傳統的學理支撐。

一是孔學爲治學一體之理學新變。在康有爲之前，廣東理學家從未細問理學、孔學之別，他們很有可能是將理學作爲沿承孔學之學問，如朱次琦將漢學、宋學均指向孔學。康有爲則將孔學作爲治學之一體，反映他對孔子以後儒學發展大勢並不滿，說到底就是對屬於「道內」的宋明理學「割地」不滿意，而有別於朱次琦對「道內」的漢學與「道外」的道釋不滿。康有爲認爲孔學是魂魄兼養的，但張載、朱熹「以氣釋鬼神」，致孔學在日後失去教主

〔註278〕康有爲撰，姜義華、張榮華編校：《康有爲全集》（第五集），中國人民大學出版社，2007年版，第429頁。

〔註279〕梁啓超著：《梁啓超全集》（第一冊），北京出版社，1999年版，第483頁。

地位而讓位於佛教、耶穌。另外，康有爲認爲張載、朱熹等離開人的身體、欲望空談性慾，過分強調氣質之性且以之爲惡，使「仁」失去了求樂的元素，使「性」變得相當狹隘。由此康有爲既不滿出自孔學的宋明理學失卻孔學本來的博大精深的學術品格，也主觀地賦予孔學與一般宋明理學家迥異的要義且強化其宗教性，這對長期以來以爲推崇程朱就是固守孔學本位的廣東理學家來說，其帶來的思想衝擊是嚴峻的。

二是佛學進入治學一體之理學新變。在康有爲之前，任何一名廣東理學家談佛色變，故他們殊非嚴格意義上的理學家，但這是廣東理學家特殊的狀態。佛學旨在探尋靈魂界，注重事物的探本索源，這種具有思辨性的學問往往就是廣東理學家嚴重欠缺的。康有爲將佛學作爲治學一體，有力扭轉長期以來廣東理學的哲學思辨性不強。康有爲將「道外」之佛學作爲治學一體，其實就是沿承「陽儒陰佛」的周敦頤、二程、張載、朱熹等以儒道釋相兼創宋代新儒學。故一方面康有爲是試圖創造一種新儒學，而朱次琦「五學」仍然是舊學之殿，另一方面，康有爲將佛學作爲治學一體，體現他對儒學發展的第 2 種形態宋明理學並不滿意，康有爲是以佛學補充宋明理學的缺失，或者說是力圖去掉宋明理學的「陽儒陰佛」，使之陰陽平衡。只是程朱、陸王是將道釋混融於儒而創新儒學，康有爲將佛學作爲一個獨立部分，二者是有天淵之別的。若康有爲不能正確處理佛學、宋明理學的關係，他對廣東傳統理學的影響是致命的。

三是宋明理學進入治學一體之理學新變。一直以來，廣東理學家習慣於以程朱爲宗而指斥陸王，即使朱次琦亦「間取陸王」。康有爲將分別源出大程、小程的朱熹、陸王置於一個整體的視野，使理學擁有一種完整形態，由此既使程朱本位退出，也在很大程度上不囿於長期以來的格致說、理氣論等論辨，而以一種嶄新的學術視野看待由來已久的程朱、陸王之爭。陸九淵心學源出大程而近於孟子，陸王心學以誠意統領格物，由此人心就是宇宙，人的能動性無限擴大，其生動活潑的心學不僅解決小程、朱熹困於格物之失，獨好陸王則有助於廣東近代學者以理論創新走出社會危機與儒學危機同時到來的諸種困境。如康有爲由朱次琦啓引的「間取陸王」推動廣東理學乃至廣東學術新變，再傳弟子黃節則以陳湛取代陸王，將它作爲「嶺學」的重要組成部分，由此開啓廣東學者對於嶺南學術的溯源進程。

故無論從哪個層面來看，康有爲以孔學、佛學、宋明理學爲治學之體其實都是有意構建一種新儒學。由於深受陸王、佛學的影響，康有爲並沒有如朱次琦那樣將漢學作爲理學之稽，這決定康有爲從早期古文經學而進入今文經學乃至非傳統今文經學，由此康有爲的治學是極其容易陷入主觀而失卻科學性的。如果說，康有爲純粹以孔學、佛學、宋明理學爲治學之體而開館講學，那麼，其對廣東理學傳統的衝擊還是限制在一個狹小範圍內的，只是這種治學之體不僅體現於康有爲《新學僞經考》、《孔子改制考》，而且由於維新變法的推動而深入人心，由此促使廣東理學傳統近代轉型的發生。

三、梁啓超與廣東理學近代轉型的階段性終結

如果說，康有爲以孔學、佛學、宋明理學爲治學之體是屬於整理中國舊學而自創新學，在康有爲的視界裏，理學仍然佔據較爲重要的位置，那麼，自言與清代惠棟、戴震、段玉裁等正統派因緣較深的梁啓超，漢學就是其一生的治學之體，以漢學方法整理中國舊學並使其與政治分離而呈現純學術研究的特色，就是梁啓超迥異於康有爲的地方。梁啓超早年疏於研治理學，晚年以實事求是的方法稍治理學，而終其一生對理學的評價都並不高，故他對宋明理學的諸種反動，其實都爲理學後續研究奠定紮實的基礎，由此體現廣東理學傳統近代轉型的階段性終結。

1. 梁啟超早年疏於研治理學及其學術史意義

從簡朝亮、康有爲出生的咸豐年間到梁啓超出生的同治晚年，雖然只有10多年之隔，但是，由於唐鑒、倭仁、曾國藩等理學名家分別在1861年、1871年、1872年先後去世，咸同年間中原復興一時的理學也漸入式微。在梁啓超9歲這一年，1882年朱次琦去世，廣東理學也走入其發展的低谷。從學海堂轉赴長興學堂的梁啓超，是在康有爲捧渴之下才信奉其賦於理想、熱情、膽氣的學術新見，而一種經過變異的理學其實亦是康有爲學術之一翼，故梁啓超從康有爲那裡習來的就是廣東理學傳統的反動。而一旦步入而立之年，梁啓超與生俱來的客觀、冷靜、平實的習氣則會繞過康有爲的影響，這其實都與以主意、唯心、冥證爲特色的宋學相違背的而吻合於漢學的。故無論從身處的時代學術還是師學傳承、個性特點，都促使梁啓超疏離理學。

與一般以「復古」爲其職志的清儒相似，梁啓超終其一生都在研究先秦子學，且將孔子與諸子並列，如1904年《中國之武士道》《墨子學說》、1912年《管子傳》、1921年《老子哲學》《孔子》《墨經校釋》《老孔墨以後學派概

觀》、1922 年《墨子學案》、1923 年《先秦政治思想史》等。値得注意的是，1902 年，梁啓超在《論中國學術思想變遷之大勢》中以春秋以前胚胎時代、春秋末及戰國全盛時代、兩漢儒學統一時代、魏晉老學時代、南北朝唐佛學時代、宋元明儒佛混合時代、近二百五十年衰落時代、今日復興時代等論列中國學術大勢，但梁啓超就沒有論述宋元明儒佛混合時代。與其說這是梁啓超學術著述慣有的現象，是梁啓超出於對宋明諸儒的厭煩，不如說其實是「太無成見」的梁啓超在早年較少關注宋明理學。其實，與梁啓超同時期的廣東學者黃節、鄧實等都疏於論列理學，鄧實亦注重研治先秦子學，即使簡朝亮此時亦在著《尙書集注述疏》，將清代考證學與宋明義理之學相結合，正是這種集體性的較少關注，理學一步步遠離人們的視線。與一般學術不同，作爲統治思想的理學一旦退出人們的視野，變得可有可無，那就預示著其即將消亡。

2. 梁啟超晚年論列理學及其學術史意義

如果說，惠棟、戴震、段玉裁等清儒無法總結清代學術，那麼，經歷清朝覆亡的梁啓超則可以借總結清代學術而顯示其漢人情結，如撰寫《清代學術概論》《中國近三百年學術史》，其敬仰的漢學家戴震也成爲筆下的研究對象，如《戴東原先生傳》《戴東原哲學》等。由此，以考證學、今文經學爲內容的清學成爲梁啓超晚年學術研究的重要組成部分，而清學就是對宋明理學的反動，故論列理學就成爲梁啓超重點闡述清學時不能繞開的視角，理學由此成爲梁啓超筆下的配角。

（1）將理學的儒道釋相兼轉入純學術研究

從丘濬、霍韜、鍾芳、黃佐、陳建到朱次琦、簡朝亮，他們無視理學的儒道釋相兼其實是由於其理學本位，或以理學構建其孔學，而康爲有正視、挖掘理學的儒道釋相兼亦是旨在以理學自創新學，梁啓超則不僅沿承康有爲對於儒道釋相兼的某些觀點，如認爲周敦頤太極圖說是出自陳摶、種放而附會《易》〔註 280〕，宋儒無論那一家均與佛有因緣，但是表面排斥，宋儒道學，非純儒學，亦非純佛學，乃儒佛混合後另創新學派〔註 281〕，而且摒棄廣東學

〔註 280〕梁啓超著：《清代學術概論　儒家哲學》，天津古籍出版社，2004 年版，第 145 頁。

〔註 281〕梁啓超著：《清代學術概論　儒家哲學》，天津古籍出版社，2004 年版，第 155 頁。

者「好依傍」的習氣，以不復依傍的態度揭示理學陽儒陰佛對治經的影響以及陽儒陰佛的本質，由此申明治學應有的態度。如梁啓超說：「自宋以來，儒者多剽釋氏之言之精者以說經，其所謂學，不求之於經而但求之於理，不求之於故訓典章制度而但求之於心，好古之士，雖欲矯其非，然僅取漢人傳注之一名一物而輾轉考證之，則又煩細而不能至於道，於是有漢儒經學宋儒經學之分，一主於故訓，一主於義理也。」〔註 282〕梁啓超將漢宋經學之分溯源至宋儒入佛，這是對康有為論列理學來源視界的拓展，而這種拓展指向的就是在治學方法上道釋對儒學的影響。梁啓超認為宋學是儒佛結婚，道學和禪宗是宋元明思想全部的代表，而宋明諸儒既採佛說而損益之，所創新派既非孔孟本來面目而附其名，這種在本質從誣孔、誣佛到自誣的學術建設的表現形式其實是遏制創造與獎勵虛偽，此為宋明理學的根本缺點〔註 283〕。梁啓超不僅窺見理學的儒道釋相兼的表現、本質，而且從學術精神上對其進行指斥，其指向的亦是學術建設本身。

（2）梳理理學的發展概況及其主要問題，不入其中而高出其中

由於經過新文化運動、五四運動、整理國故等後，儒學不僅已經失去其主導地位，而且難以在中國生存，如 1927 年日本學者本田成之在《中國經學史》中所說的「像經學這一學科，將或失於中國，而被存於日本，也未可知」〔註 284〕，而就在此前後，梁啓超撰寫《中國近三百年學術史》，晚年教授演講，由周傳儒筆錄的《儒家哲學》，都可見梁啓超論列宋明理學，簡朝亮則著《毛詩說習傳》《讀書草堂明詩》《粵東簡氏大同譜》等，廣東近代最後一批學者群起而守候其實已經一去不復返的傳統儒學，具有深遠的學術史意義。

由於梁啓超是在梳理儒學變遷史與中國近三百年學術史的視界下論列理學的，故他一方面在《儒家哲學》中將北宋五子、南宋四子、明代陳獻章、王陽明等都作為重點闡述的對象，與此同時，梁啓超注意以一個群體的異同、一個學術流派的演變以及清儒對宋學的破壞、建設等「史」的視角挖掘宋明理學諸儒的學術異同，由此呈現宋明理學自身的變遷乃至被清學破壞又能繼

〔註 282〕梁啓超著：《飲冰室合集》文集 40，中華書局，1986 年版，第 42 頁。
〔註 283〕梁啓超著：《清代學術概論　儒家哲學》，天津古籍出版社，2004 年版，第 14～15 頁。
〔註 284〕陳壁生著：《經學的瓦解》，華東師範大學出版社，2014 年版，第 1 頁。

續發展的軌跡。如梁啓超認爲關學、洛學各自發達，大小程子所走之路完全不同，朱子學說得之小程者深而又兼承張載，故北宋五子各有不同。南宋四子則實爲朱派、陸派與永嘉學派，朱派一變再變而成爲考證之學，陸派傳於浙東，與永嘉學派合，二派別出清代黃宗羲、章學誠等浙東學派。陸稼書用程朱破壞陸王，毛奇齡以考證學攻擊宋學之全部，顧炎武、朱舜水則稍近朱學而攻擊陸王，顏習齋從根本上不承認宋儒、惠棟則使朱注漸衰而漢唐注疏復活，反之，孫夏峰修正王學，黃宗羲發明王學，顧炎武尊重程朱而能建設新學說，非朱非王的王夫之近於張載而自成一派，朱舜水尊崇程朱使朱子學發揚於日本等則是清儒建設宋明理學的表現。另一方面，梁啓超在《中國近三百年學術史》中以張履祥、陸桴亭、陸稼書、王白田、孫承澤、李光地、方苞等作爲清初程朱學派，並指出他們對程朱的不同貢獻，在以幾乎一面倒的清學背景下，梁啓超有力地扭轉了人們對清初程朱學派的認識。如梁啓超認爲張履祥在學術上並無新發明、新開拓，人們對其推尊太過；陸桴亭不宗陸王亦未宗於程朱，而學術態度公平中肯；陸稼書門戶之見深嚴，有衛道之功；王白田所著《朱子年譜》是以科學方法研究朱子，此爲研究朱學的唯一好書；孫承澤、李光地、方苞等均爲假道學之人，由此梁啓超對清初程朱作出消極性評價，「清初程朱之盛，只怕不但是學術界的不幸，還是程朱的不幸哩。」〔註 285〕雖然梁啓超所論未免過於主觀，但他對清初程朱理學的梳理及其重視是深具學術史意義的。

梁啓超對格致說、心體論、人性論等理學的核心問題也有論述，但梁啓超是以無復依傍的學術獨立之態而進行論述的，故他能入其中而高出其中。如梁啓超談論朱陸格致之別時說，「朱子以爲先要致知，然後實行，把做學問的工夫，分成兩橛。陽明主張言說一個知，已自有行在，……陽明教人下手方法，與朱子教人下手方法不同。」〔註 286〕梁啓超是以孔子、孟子、荀子、董仲舒、禪宗、朱、陸、王陽明等溯源數千年的心體論，並將王陽明心學作爲其集大成，由此體現梁啓超對心學的推崇，但又不失客觀。「他的思想接近原始儒家，比程朱好；他根據十分踏實圓滿，比象山素樸，但只講言法而已，

〔註 285〕梁啓超著：《中國近三百年學術史》，山西古籍出版社，2001 年版，第 106 頁。

〔註 286〕梁啓超著：《清代學術概論　儒家哲學》，天津古籍出版社，2004 年版，第 159 頁。

後面缺少哲學的根據。」〔註 287〕性之善惡是梁啓超論述的又一問題，從孔子論性之極概括到孟荀偏到性善、性惡兩端，先秦諸儒均將情性並講，而告子論性則爲之中性，漢儒主性情二元論，唐韓愈則恢復董仲舒性善中惡的三品論，宋儒均主張善惡二元，明人則不甚好論性，清儒顏習齋、戴震等則反對程朱性之二元論而回歸孟子性善說，若梁啓超的人性論以此爲其溯源的終點，他這種近乎客觀的治學態度其實已經出色地完成了對人性論幾千年的梳理，何況梁啓超還將人性論指向未來，「以前沒有拿生性學、心理學作根據，不免有懸空膚泛的毛病。東原以後，多少受心理學的影響，主張又自不同。往後再研究這個問題必定更要精密得多，變遷一定是很大的，這就在後人的努力了。」〔註 288〕

朱次琦、簡朝亮是將程朱指向孔學，康有爲是將程朱陸王指向由其創造的新學，朱、簡、康且將學術指向與政治緊密相連的維度，故他們經營一生的學術事業難以跨越時代。反之，即使論列宋明理學並不多，且「其論學術，則自荀卿以下漢、唐、宋、明、清學者掊擊無完膚」〔註 289〕，但就是這種學術本位下學術研究該有的嚴謹、科學、客觀，梁啓超對理學的儒道釋並兼與理學核心問題的闡述更能經得起歷史的推敲，梁啓超就是以這種純學術研究及其草創性的研究成果啓引後之研究者，標誌廣東理學傳統近代轉型的階段性終結。

第三節　「九江學派」是廣東經學近代轉型的縮影

沒有經歷先秦子學時代而直接進入兩漢之際古文經學時代的廣東儒學，其實是欠缺經學產生的充分條件的，這決定了廣東經學興盛期的到來會相當晚，其發展的步伐亦相當緩慢。在儒學南傳的有力推動下，廣東經學形成以《六經》《四書》爲主和以古文經學爲主、兼治今文經學與尤重《春秋》的經學體系，「九江學派」的經學既是對廣東傳統經學格局的傳承與強化，也開闢

〔註 287〕梁啓超著：《清代學術概論　儒家哲學》，天津古籍出版社，2004 年版，第 215 頁。

〔註 288〕梁啓超著：《清代學術概論　儒家哲學》，天津古籍出版社，2004 年版，第 199 頁。

〔註 289〕梁啓超著：《清代學術概論　儒家哲學》，天津古籍出版社，2004 年版，第 76 頁。

廣東近現代經學。

一、「九江學派」與廣東經學格局的近代轉型

駱偉主編的《廣東文獻綜錄》其中經學部分由群經總義類、《六經》類與《四書》類組成，以此奠定廣東《六經》、《四書》的經學體系〔註 290〕。而有必要指出的是，這份始於晉黃穎《周易黃氏注》並以嘉道以後廣東儒家著述爲中心的並不算厚重的研治《六經》《四書》的清單，是以嘉道以前廣東儒家散佚近半的著述爲前提的。與此同時，廣東經學也產生一批解讀《六經》的文字學、訓詁學、音韻類的著述，如丘濬《成語考》、黃佐《小學古訓》、陳澧《說文聲類譜》等。

第一，「九江學派」與廣東《六經》《四書》格局的近代轉型

梁啓超在《清代學術概論》中說：「綜觀二百餘年之學史，其影響及於全思想界者，一言蔽之，曰『以復古爲解放』。第一步，復宋之古，對於王學而得解放。第二步，復漢唐之古，對於程、朱而得解放。第三步，復西漢之古，對於許、鄭而得解放。第四步，復先秦之古，對於一切傳注而得解放。夫既已復先秦之古，則非至對於孔孟而得解放焉不止矣。然其所以能著著奏解放之效者，則科學的研究精神實啓之。」〔註 291〕作爲廣東經學重鎭的清代廣東經學家帶著他們以《六經》《四書》爲主的學術著述，或走完了梁啓超所說的前三步，或完整體現了梁啓超所說的「四步走」，而「九江學派」的獨特之處不僅在於它二者兼備，更在於它是以此二列行進將清代學術的二百年進程濃縮於 3 代成員合 100 多年的生命歷程裏，從而使廣東《六經》《四書》的經學體系實現近代轉型。

1. 朱次琦、簡朝亮以「三步走」維護廣東《六經》《四書》的經學體系

朱次琦「五學」治學章首列經學，涵蓋性理之學的內容，體現他所說的「會同《六經》，權衡《四書》，使孔子之道大著於天下」〔註 292〕。以朱次琦不復存在的著述之名來看，《國朝名臣言行錄》《國朝逸民傳》《性學源流》《五史徵實錄》《論國朝儒宗》《晉乘》《紀蒙古》等 7 種涉及了經史、地理等領域，

〔註 290〕駱偉主編：《廣東文獻綜錄》，中山大學出版社，2000 年版，第 1～16 頁。

〔註 291〕梁啓超著：《清代學術概論　儒家哲學》，天津古籍出版社，2004 年版，第 13 頁。

〔註 292〕朱次琦著，簡朝亮編，關殊鈔點校：《朱九江先生集》卷首，旅港南海九江商會，1962 年版，第 14 頁。

反映被錢穆稱爲「實乃爲舊學之殿」〔註293〕的朱次琦是比較純粹的理學家。在「五學」治學章的具體論述中，朱次琦高度重視顧炎武、王夫之、黃宗羲的經世致用、史學經世的精神，對陸王心學少有指斥，肯定鄭玄漢學，以朱熹作爲漢學、宋學之集大成，以去漢宋學之別而學孔子之學，而對先秦諸子學沒有任何闡述，故朱次琦實踐了梁啓超所提出的「以復古爲解放」的前三步，而他對經世致用的提倡，由於康有爲、梁啓超等頗失「爲經學而治經學」的本意而爲引入歐西思想提供了思想資源〔註294〕。

簡朝亮學說在很大程度上是結合了時代學術的逼迫形勢，在恪守朱次琦學術思想的同時發展朱次琦學說。如簡朝亮的《尙書集注述疏》《論語集注補正述疏》《孝經集注述疏》《禮記子思子言鄭注補正》《毛詩說習傳》等著述就貫徹了朱次琦提倡的以《六經》《四書》爲主導的治學原則，並充分運用朱次琦所說的「古今名家聲音訓詁，去其違而終之經誼焉可也」〔註295〕的注經方法，而呈現兼治漢宋學的特色。一方面，簡朝亮也實踐了梁啓超所提出的「以復古爲解放」的前三步，但他全面指斥西學與先秦諸子學已經完全淹蓋了他大力提倡的經世致用所該有的先進性了，另一方面，錢穆亦因簡朝亮以「補正」爲特色的經學著述而認爲他「然似未能承其（按：指朱次琦）學，仍是乾嘉經學餘緒耳。」〔註296〕其實，取漢宋學之長以達「葉於經」是簡朝亮經學生涯的目標，而所謂的「叶於經」說白了就是不能有違程朱理學與朱次琦學說，故簡朝亮的學術其實既體現了梁啓超所說的有清一代學術前期爲「考證學」，也屬於從程朱理學到朱次琦學說，再到清代學術的連接。由於簡朝亮最後一種旨在維護舊學的經學著述產生於1932年，故他成爲廣東《六經》、《四書》的經學體系的最後吶喊人與守護者。

2. 康有為、黃節、鄧實以「四步走」打亂廣東《六經》《四書》的經學體系

在康有爲之前，雖然出現洪秀全「太平天國運動」對廣東傳統儒學的打

〔註293〕錢穆著：《中國學術思想史論叢》（八），安徽教育出版社，2004年版，第323頁。

〔註294〕梁啓超著：《清代學術概論　儒家哲學》，天津古籍出版社，2004年版，第13頁。

〔註295〕朱次琦著，簡朝亮編，關殊鈔點校：《朱九江先生集》卷首，旅港南海九江商會，1962年版，第17頁。

〔註296〕錢穆著：《中國學術思想史論叢》（八），安徽教育出版社，2004年版，第322頁。

擊，一直至 19 世紀 90 年代廣東仍然固守鄉土文化、鄉土傳統〔註 297〕。而包括朱次琦、陳澧在內的一切廣東儒家的經學研究都旨在維護《六經》《四書》，廣東《六經》《四書》的經學體系固若金湯。從前期的《教學通義》《康子內外篇》《毛詩禮證》到維新變法前夕的《新學僞經考》《孔子改制考》《春秋董氏學》，到戊戌政變後的《中庸注》《孟子微》《禮運注》、《春秋筆削微言大義考》《論語注》等著述，康有爲終其一生都在顛覆廣東的經學體系，但《六經》《四書》依然是康有爲依傍的對象。與朱次琦、簡朝亮對陸王心學稍作肯定，推崇程朱，肯定許、鄭很不相同，康有爲以陸王心學爲體，貶低程朱，徹底否定劉歆、鄭玄，將孔子與先秦諸子作爲「託古改制」的人物，由此別出他與一般廣東儒家迥異的「以復古爲解放」的「四步走」，此即康有爲在一步步打亂廣東《六經》《四書》的體系。與此同時，康有爲不僅將維新變法思想注入《六經》《四書》，使儒家經典披上「託古改制」的外衣，而且使先秦諸子成爲主張「託古改制」的人物，廣東經學完全籠罩於「改制」的聲音之中，失卻其本色，廣東經學也與子學並列，而失其獨尊之位。廣東《六經》《四書》的經學體系被徹底打亂。但是，由於康有爲將維新變法的使命賦予了由他改造後的《六經》《四書》，故他筆下的經學仍是不自由的，而且，康有爲的經典詮釋「往往不惜抹殺證據或曲解證據，以犯科學家之大忌」〔註 298〕，故康有爲未能產生科學的研究方法，未能使由他引領的經學大解放找到恰當的歸宿。

黃節、鄧實沒有注解包括《六經》《四書》在內的任何儒家經典，但他們對《六經》《四書》是態度鮮明的。首先，鄧實認爲《六經》皆經孔子所修訂刪定，孔子未刪訂之《六經》則儒家與諸子共之。孔子既刪定之《六經》則惟儒者一家之學〔註 299〕。而由於世人無法知曉孔子未刪訂之《六經》，故鄧實爲平議儒學、諸子學設下伏筆，也打亂今古文經學的絕對分野。其次，黃節以「期光復乎吾巴克之族，黃帝、堯、舜、湯、文、武、周、孔之學」〔註 300〕爲「國學」，鄧實則撰寫一系列與「國學」有關的文章，無論是黃節顯得頗爲狹隘的「國學」論還是鄧實縱論「國學」古今，由於他們是旨在以復興古學

〔註 297〕易惠莉著：《鄭觀應評傳》（上），南京大學出版社，2011 年版，第 11 頁。

〔註 298〕梁啓超著：《清代學術概論　儒家哲學》，天津古籍出版社，2004 年版，第 70 頁。

〔註 299〕黃節、鄧實主編：《國粹學報》（三），廣陵書社，2006 年版，第 40 頁。

〔註 300〕黃節、鄧實主編：《國粹學報》（三），廣陵書社，2006 年版，第 8～9 頁。

而推行種族革命，故他們賦予了《六經》《四書》以張揚去外族、去專制的學術使命，而大異於朱次琦、簡朝亮、康有為弘揚的《六經》《四書》。如黃節以假借君權指斥劉歆竄亂經籍與賊天下後世〔註 301〕，鄧實對於求漢學、宋學之眞有以下論述：「漢學宋學皆有其眞，得其眞而用之皆可救今日之中國。夫漢學解釋理欲則發明公理，輟拾遺經則保存國學，公理明則壓制之禍免而民權日伸，國學存則愛國之心有以附屬而神州或可再造。宋學嚴彝夏內外之防則有民族之思想，大死節復仇之義則有尚武之風，民族主義立，尚武之風行，則中國或可不亡。雖亡而民心未死，終有復興之日，是則漢學宋學之眞也。」〔註 302〕發掘經典的「微言大義」，顯然就是黃、鄧從事學術研究的主旨，其潛藏的就是如鄧實所說的「《六經》皆先王之政典」〔註 303〕的思想。最後，黃、鄧對「會通之學」而不是經世致用的重視使他們完全跳出了朱次琦、簡朝亮、康有為等依存的對於孔學、鄭學、宋學、心學的考量而徹底打破學術門戶之別，故黃、鄧既不入朱、簡的「以復古為解放」的「三步走」，也大異於康有為的「四步走」。倡行「國學」、推行種族革命，是 1912 年之前黃節、鄧實「筆桿子」裏的事業，這使得他們從事的學術研究殊非他們所標榜的「實事求是」，故黃、鄧對於《六經》《四書》的研究也未能產生科學的研究方法。他們試圖以「國學」重整康有為打亂的廣東《六經》《四書》經學傳統，也陷入政治漩渦之中而喪失了學術的獨立。因此，黃、鄧並沒有摘掉「好依傍」的帽子，沒有完全跳出廣東《六經》《四書》的體系。

3. 梁啟超跳出廣東《六經》《四書》的經學體系

與朱次琦、簡朝亮、康有為依傍於儒家經典很不相同，梁啓超完全跳出這一千年治學的陷阱。如梁啓超所說：「萬一遍索諸《四書》《六經》而終無可比附者，則將明知為眞理而亦不敢從矣」〔註 304〕。因此，無論是縱論中國學術大勢，是闡述儒家哲學，還是梳理中國近三百年學術與清代學術，梁啓超均將《六經》《四書》乃至一切儒學傳統作為一筆學術遺產，以客觀的態度與科學的方法對其進行紮實有力的剖析與有深度的批判，正是由於這種無復依傍的純學術研究使經學可以獨立，並因學術獨立而擁有了未來。梁啓超也

〔註 301〕黃節、鄧實主編：《國粹學報》（三），廣陵書社，2006 年版，第 5 頁。
〔註 302〕黃節、鄧實主編：《國粹學報》（三），廣陵書社，2006 年版，第 74 頁。
〔註 303〕黃節、鄧實主編：《國粹學報》（三），廣陵書社，2006 年版，第 29 頁。
〔註 304〕梁啓超著：《清代學術概論　儒家哲學》，天津古籍出版社，2004 年版，第 78 頁。

清晰知曉他與康有為為人為學之大異，甚至以是否「好依傍」作為康、梁學派之分〔註305〕。與此同時，梁啓超追蹤先秦諸子學，如《管子傳》《老子哲學》《墨子學說》《墨經校釋》《墨子學案》等，梁啓超不僅平議經學與諸子學，打破自董仲舒以來「獨尊儒術」的千年經學格局，而且徹底放棄康有為強加於諸子學上的「託古改制」的枷鎖，也完全捨棄聲音訓詁、義理闡述的漢宋注經方法，使諸子學研究通向了純學術研究之路，最終實現諸子學的大解放。

廣東儒學的源頭由《六經》而至宋明一變為《四書》，失其政治建設與社會關懷，朱次琦、簡朝亮力挽狂瀾補其經世致用一課；再由今文經師康有為以經學議政而失其真；三由黃節、鄧實以「國學」論政而失之功利；四由梁啓超漸入諸子學、史學而致道術分裂，並因梁啓超提倡純學術研究而致全面摧毀。一方面，朱次琦、簡朝亮以其著述為廣東《六經》《四書》的經學體系注入力量，另一方面，康有為、黃節、鄧實、梁啓超等使廣東經學體系偏離它原來的軌道，並終使廣東《六經》《四書》的經學體系與其母體相分離而在新時代中獲得新的生命，由此推動廣東「後經學時代」的到來。

第二，「九江學派」與廣東以古文經學為主、兼治今文經學

漢、唐廣東經學在很大程度上就是《春秋》學。兩漢之際「三陳」專治《左傳》，東漢末年士燮、中唐劉軻以治《左傳》為中心而兼治《穀梁》《公羊》。與此同時，東漢董正、黃豪習《毛詩》。晉黃穎治《周易》，著《周易黃氏注》，成為廣東現存最早的經學著述。宋、明是廣東理學、心學繁興的時期，《四書》取代《六經》成為廣東儒家的新經，但廣東儒家在研治《六經》方面仍然頗有創獲。宋代陳紀治《周禮》；朱熹門人郭叔雲、蔡齊基分別著《禮經疑》《周易述解》；明代李德治《毛詩》，黎遂球著《周易爻物當名》，鄭時達輯《鄭氏易譜》，方獻夫著《周易約說》，何維柏著《易禮經疑》，形成廣東治《易》的小高潮。以上諸經均為古文經學一系，由此形成廣東古文經學的強大傳統。東漢末年虞翻講學交州，傳今文《孟氏易》，今文經學首次在廣東出現，不過粵地漢代治今文經學的學者並不多見〔註306〕。但是，一方面，從

〔註305〕梁啓超著：《清代學術概論　儒家哲學》，天津古籍出版社，2004年版，第79頁。

〔註306〕廣東省地方志史編纂委員會主編：《廣東省志·社會科學誌》，廣東人民出版社，2004年版，第34頁。

東漢楊孚到唐代張九齡，到宋代余靖、李昴英，到明代霍韜、方獻夫等，他們都宣揚「君權神授」、「天人感應」、「受命改制」等今文經學思想〔註 307〕，今文經學成爲廣東經學一條潛在主線。另一方面，從東漢末年士燮到中唐劉軻，到道光年間劉祖謨、侯康、何若瑤、溫仲和、吳儁等，他們都以治古文經學爲主而兼治今文經學，由此奠定廣東今古文經學的又一千年格局。

1. 朱次琦沿承廣東以古文經學為主、兼治今文經學的經學體系

除朱次琦身處的道咸年間以外，包括古文經學在內的廣東經學從來就欠發達，故廣東從未出現今古文經學的嚴峻對立。以《六經》的序次、《樂》之存亡等來看，朱次琦明顯是屬於古文經學家。如他說：「古之學者，六藝而已。於《易》驗消長之機，於《書》察治亂之跡，於《詩》辨邪正之介，於《禮》見聖人行事之大經，於《春秋》見聖人斷事大權。」〔註 308〕「《六經》者，古人已然之跡也。《六經》之學，所以踐?也。」〔註 309〕「樂亡而不亡也，樂章存乎《詩》，樂節存乎《禮》，孔子雅言，非不及樂也，有存乎《詩》《禮》者。」〔註 310〕以康有爲師從朱次琦期間的所學而言，朱次琦顯然也是古文經學家。「大肆力於群書，攻《周禮》《儀禮》《爾雅》《說文》《水經》之學」〔註 311〕。按理而言，道咸年間是廣東古文經學、今文經學同時復興的關鍵時期，固守古文經學的朱次琦是不僅要在二者之間作出抉擇，而且要對今文經學表明其態度的，但是，朱次琦並無隻字指斥今文經學，僅有一語指斥僞古文經學，「僞古文，亂經也。」〔註 312〕很有可能是以鄭玄漢學溝通朱熹宋學，故朱次琦隻字不及今文經學而將矛頭對準道咸廣東不講通經的漢學，這意味著沿承廣東以古文經學爲主而兼治今文經學傳統的朱次琦其實是對今古文經學傳統沒有任何質疑的，而出其門的簡朝亮、康有爲則於此作出嬗變。

〔註 307〕廣東省地方志史編纂委員會主編：《廣東省志・社會科學誌》，廣東人民出版社，2004 年版，第 34 頁。

〔註 308〕朱次琦著，簡朝亮編，關殊鈔點校：《朱九江先生集》卷首，旅港南海九江商會，1962 年版，第 16 頁。

〔註 309〕朱次琦著，簡朝亮編，關殊鈔點校：《朱九江先生集》卷首，旅港南海九江商會，1962 年版，第 16 頁。

〔註 310〕朱次琦著，簡朝亮編，關殊鈔點校：《朱九江先生集》卷首，旅港南海九江商會，1962 年版，第 17 頁。

〔註 311〕樓宇烈整理：《康南海自編年譜》（外二種），中華書局，1992 年版，第 8 頁。

〔註 312〕朱次琦著，簡朝亮編，關殊鈔點校：《朱九江先生集》卷首，旅港南海九江商會，1962 年版，第 17 頁。

2. 簡朝亮、鄧實不入廣東以古文經學為主、兼治今文經學的經學體系

一方面，簡朝亮既沿承朱次琦所說的《六經》序次，也直言「《五經》先《詩》亦宜」〔註313〕，這就使今古文經學之別顯得多餘了。簡朝亮在論述《六經》時，明顯貫徹了鄭玄打通今古文經學的治學原則。「《詩》序得者多而失者寡，序之得者《毛傳》《鄭箋》可考也，序之失者朱子之傳可考也。……《書》亂於僞古文，今人辨之矣。……治今古文者讀應《爾雅》，旁通他經。……《禮》首鄭氏，古今皆同，會諸家而平章鄭氏。」〔註314〕故今古文經學的主次輕重並不是簡朝亮考量的重點。另一方面，簡朝亮使朱次琦對僞古文經學的指斥在實踐中使其獲得深化。簡朝亮細緻分析梅本《古文尚書》之得失，著《尚書集注述疏》，成爲他首本經學著述。「《尚書》古文梅本，其爲今文所有而取諸馬鄭古文本者同，二十八篇，其竄之者甚微。今幸猶有所據，皆復其始也。今古文異流同源，宜通之矣，使取其長，猶今本《論語》，合古文齊魯之長也。」〔註315〕對於今古文《孝經》，簡朝亮認爲必須以今文《孝經》爲主而兼治古文，「然其僞爲《經》異文者無多，亦姑不辨之爾。蓋《孝經》，今當從今文本矣。」〔註316〕這就一反廣東以古文經學爲主而兼治今文經學的做法了，但發掘經學所蘊涵的儒學傳統依然是簡朝亮經學生涯的基點，故他與朱次琦一樣都是行走於廣東傳統經學的同一軌道上，他沒有也不可能別出廣東近現代經學。

鄧實恪守「《六經》皆史」，故他既將未經孔子刪訂的《六經》作爲儒家與諸子共同的學術，也明確指出「《六經》者，周史之大宗也。……諸子，周史之小宗。」〔註317〕同時，鄧實認爲漢學、宋學、今古文經學皆有其眞，如西漢經師承七十子微言大義類能通經以致用，如禹貢行水，《春秋》折獄，三百五篇當諫書，此爲今文經學之眞，而東漢則許鄭之學是其眞，今古文經學均宗《六經》而各持一說，而漢代學術之眞在於通儒治經、不立門戶，天下

〔註313〕簡朝亮著，梁應揚注：《讀書堂集》卷一，廣州松桂堂，1930年刻本，第24頁。

〔註314〕簡朝亮著，梁應揚注：《讀書堂集》卷一，廣州松桂堂，1930年刻本，第24頁。

〔註315〕簡朝亮著：《尚書集注述疏》，《四庫全書》第52冊，上海古籍出版社，2002年版，第5頁。

〔註316〕簡朝亮著，周春健校注：《孝經集注述疏——附〈讀書堂答問〉》，華東師範大學出版社，2011年版，第2頁。

〔註317〕黃節、鄧實主編：《國粹學報》（三），廣陵書社，2006年版，第28頁。

學術之眞又皆在孔子之術六藝之科而已〔註 318〕，這就說明今古文經學的主次論列並不在鄧實的考量範圍內。但鄧實對於今古文經學還是有其態度的，如他將僞古文流行與學亡、國亡聯繫在一起，以爲儒學之衰至晉而極〔註 319〕，又認爲今文之學出而神州益不可爲矣〔註 320〕。

3. 康有為打破廣東以古文經學為主、兼治今文經學的經學體系

1819 年，阮元在廣州創立學海堂，廣東湧現一批治古文經學的學問家及其著述〔註 321〕，出現梁啓超所說的咸同年間兩大儒——朱次琦、陳澧，延續從兩漢之際開始形成的廣東古文經學傳統。自康有爲以後，廣東古文經學的家法被根本動搖。康有爲將《周禮》《逸禮》《左傳》《毛詩》等凡西漢末劉歆所力爭立博士的古文經學目爲「新學」，即新莽之學，非漢代之學，而於《六經》中獨重《易》《春秋》，於《春秋》三傳中獨守《公羊》，康有爲使建立於漢代且運行千年的古文經學傳統遭至毀滅性的重創，產生如梁啓超所說的下述影響：「第一，清學正統派之立腳點，根本搖動；第二，一切古書，皆須從新檢查估價，此實思想界之一大颶風也。」〔註 322〕此影響就是從晚清到「五四」的接連。

在康有爲之前，廣東今文經學也按其傳統法則在發展，即廣東儒家多借助於今文經學爲現實政治服務〔註 323〕。嘉道之際，由於阮元、曾釗、徐榮、張維屏、桂文耀等與劉逢祿、龔自珍、魏源等今文經學家有比較緊密的關係，學海堂悄然興起一股以治《公羊》爲中心的今文經學「熱」，出現侯康《穀梁春秋》、何若瑤《春秋公羊注疏質疑》、溫仲和《讀春秋公羊箚記》、林國賡《春秋公羊傳》、吳僣《春秋公羊經傳箚記》等一批著作，但這些著作顯得比較複雜。如侯、何、溫、吳四著或以《左傳》《公羊》修正《穀梁》，或以《左傳》

〔註 318〕黃節、鄧實主編：《國粹學報》（三），廣陵書社，2006 年版，第 58、78 頁。
〔註 319〕黃節、鄧實主編：《國粹學報》（三），廣陵書社，2006 年版，第 46 頁。
〔註 320〕黃節、鄧實主編：《國粹學報》（三），廣陵書社，2006 年版，第 59 頁。
〔註 321〕如曾釗《毛詩鄭異同辨》、《周禮注疏小箋》、《周易虞氏義箋》，李黼平《易刊誤》、《毛詩䌷義》，林伯桐《毛詩通考》、《毛詩傳例》、《毛詩識小》、《三禮注疏考異》，侯康《春秋古經說》，黃培芳《春秋左傳翼》，金錫齡《周易雅訓》、《毛詩釋例》、《左傳補疏》，桂文燦《易大義補》、《毛詩釋地》、《詩箋禮注異義考》、《周禮今釋》等。
〔註 322〕梁啓超著：《清代學術概論　儒家哲學》，天津古籍出版社，2004 年版，第 70 頁。
〔註 323〕廣東省地方志史編纂委員會主編：《廣東省志·社會科學誌》，廣東人民出版社，2004 年版，第 34 頁。

《穀梁》修正《公羊》，或指斥《公羊》之不足，均無涉於「改制」的內容，顯然與由莊存與開闢，劉逢祿、龔自珍、魏源壯大的中原今文經學思潮並不相符，由林國庚批校的《公羊春秋傳》則顯示廣東儒家對東漢今文經學家何休所總結的「大一統」政治觀和「三世說」歷史哲學以及對「新周、故宋、以《春秋》當新王」的《公羊》家法的重視，體現廣東儒家追步中原今文經學思潮的努力，成爲在康有爲專治今文經學之前最有意義的今文經學輸入。但無論是侯康、何若瑤不言孔子改制下的《公羊》研究，還是劉逢祿、龔自珍、陳立等皆言孔子改制下的《公羊》研究，其實都迥異於康有爲在《改子改制考》中所闡述的一種指向於政治革命、社會改造的孔子改制，即將今文經學與維新變法聯繫在一起。在破千年古文經學傳統之後，康有爲以《孔子改制考》打破千年今文經學傳統，由此實現梁啓超所說的經學研究的 4 個大轉換：一是讀古書當求義理，其義理在於古人創法立制，二是孔子之大在於建設新學派，三是以眞經之全部爲孔子託古之作，以諸經中一大部分爲劉歆之僞造，四是夷孔子於諸子之列〔註 324〕。無論是今古文經典，是經典的要義，還是治經的方法，廣東以古文經學爲主而兼治今文經學的體系被徹底推翻，康有爲也成爲廣東專治今文經學的第一人與最後一人。

康有爲以「舊瓶裝新酒」實現廣東今古文經學從格局到內容的大轉換，當維新變法失敗後，這種亦新亦舊、倫類不明的今古文經學就失卻歸依，而當康有爲將致力於成立孔教會並試圖以立法定孔子權威之時，孔子與其學說其實是再次走向了神壇，被束之高閣。

4. 梁啟超跳出廣東以古文經學為主、兼治今文經學的經學體系

戊戌政變後，廣東以古文經學爲主而兼治今文經學的經學體系遭遇嚴峻的挑戰。一方面，康有爲仍然堅持全面否定古文經學傳統與爲今文經學輸入維新變法思想，並以倡導孔教運動而奠定孔子的獨尊地位，廣東經學體系朝著縱深方向瓦解。另一方面，學術成長於維新變法期間的梁啓超，不管是研究個性還是身處的時代都使他不能重走包括康有爲在內的任何一名廣東先賢的足跡，如何將康有爲打亂的今古文經學在一個經學不復是思想主導的新時代延續下來，是時代賦予梁啓超的使命，而跳出傳統從來就是梁啓超面對社會轉型嚴峻挑戰下從事學術研究的應對策略。

〔註 324〕梁啓超著：《清代學術概論　儒家哲學》，天津古籍出版社，2004 年版，第 71～73 頁。

從《清代學術概論》《中國近三百年學術史》到《古書眞僞及其年代》等著述，清晰可知梁啓超對於中國古代學術紮實有力的系統、深入的總結與科學批判，包括今古文經學在內的中國古代學術就在他的科學研究中邁出了純學術研究的關鍵一步。1921 年的《清代學術概論》，梁啓超以康有爲爲中心對晚晚清今文經學進行深入分析，不僅指出其得與失，而且其論述達到了一個後人難以逾越的理論高度。1923～1925 年寫成的《中國近三百年學術史》，梁啓超以經學、辨僞書、輯佚書等全面清理清代學者整理舊學的成就，爲時人、後人留下了一份珍貴的中國今古文經學的清單。1927 年的《古書眞僞及其年代》，梁啓超從僞書的種類、辨別僞書的方法等指引後人如何深入研究這份學術清單。就是在如此的「三步走」下，梁啓超層層揭開在政權掩護下的經學的神秘面紗，使經學無需依附於任何時代而獲得嶄新的生命，使經學研究與近現代學術研究相接軌而擁有了未來。

二、「九江學派」與廣東《春秋》學的近代轉型

無論是散佚的專著數量，還是存世文獻的數量，注解《春秋》都是廣東經學的顯學。治《春秋》不僅揭開廣東經學史的首頁，體現廣東儒家追步中原儒學的完整足跡，而且在近代迎來廣東《春秋》研治的黃金歲月，並在此發展過程中擁現出一批縱論《春秋》著述，這就是筆者以爲的廣東《春秋》學。黃穎《周易黃氏注》是廣東經學存世的首本著述，明清兩代廣東出現並不亞於治《春秋》的治《易》高峰，故《春秋》與《易》都是廣東其他經學研究所無法比擬的。一方面，朱次琦留下「於《易》驗消長之機」〔註 325〕之論，簡朝亮認爲，「《易》與《春秋》，天人之道也」〔註 326〕，並以《易》中之爻辭行文撰寫《復馮文學爲籌館服闕書》。另一方面，康有爲在《六經》中尤重《易》《春秋》，撰寫 2 種《春秋》專著就是將「易者，隨時變易。窮則變，變則通」〔註 327〕的傳統「變易觀」融入了他以《春秋》實現的「託古改制」之中，雖然有學者指出，康有爲已經走出了變易論的城池與涉過了庸俗進化

〔註 325〕朱次琦著，簡朝亮編，關殊鈔點校：《朱九江先生集》卷首，旅港南海九江商會，1962 年版，第 16 頁。

〔註 326〕簡朝亮著，梁應揚注：《讀書堂集》卷一，廣州松桂堂，1930 年刻本，第 14 頁。

〔註 327〕康有爲著，姜義華、張榮華編校：《康有爲全集》（第三集），中國人民大學出版社，2007 年版，第 263 頁。

論的河流〔註 328〕，但傳統「變易觀」仍然是康有爲踏上以《春秋》實現改制的理論源頭。因此，《易》於「九江學派」的影響更多地是以一種變化的發展觀思考問題，而廣東《春秋》學所包含的具體內容對「九江學派」產生更爲深遠的影響，它所揭示的學術史意義則成爲「九江學派」實現廣東《春秋》學近代轉型的理論支撐。

第一，「九江學派」與廣東《春秋》論

一直在康有爲之前，由六朝以前、唐宋、明代、清中葉以前、近代 5 個階段所組成的廣東《春秋》學，雖然形成各自的研究內容與特色，但無論是六朝以前，高固向楚威王進獻《鐸氏微》、廣信「三陳」、士燮治《左傳》，是唐宋時期劉軻著《三傳指要》，張九齡、李昴英治《公羊》，是明代廣東出現一批治《春秋》的學者與 6 種注解《春秋》的著作，是清中葉以前勞孝輿的《春秋詩話》與漢學家注解《春秋》的 4 種著作，還是道光年間學海堂內部興起治《穀梁》、《公羊》「熱」，兼備經學史學職能的《春秋》都是服務於儒家學說的，廣東傳統《春秋》論就是在此影響下走過千年的。

1. 朱次琦、簡朝亮、黃節、鄧實沿承廣東《春秋》學

孔子與《春秋》、《春秋》經與傳、《春秋》三傳、《春秋》公羊論等中原《春秋》學者所探討的一般問題，也是廣東治《春秋》的學者所探討的問題。朱次琦、簡朝亮不僅參與對中原《春秋》論的再闡釋，而且他們的《春秋》論也與廣東儒家一樣顯得欠缺深入。

（1）朱次琦、簡朝亮、黃節、鄧實沿承廣東儒家的孔子與《春秋》論

廣東儒家的孔子與《春秋》論首先就是對孟子《春秋》論的沿承。孟子既肯定孔子作《春秋》，指出孔子作《春秋》的政治意圖，也清晰指出《春秋》與一般史書的區別〔註 329〕。張九齡、余靖、李昴英以《春秋》解決社會問題，劉軻認爲「直求三代聖人之道於《春秋》」〔註 330〕，湛若水說：「《春秋》者，聖人之心，天之道也」〔註 331〕，他們顯然是將《春秋》與一般史書區別開來。鍾芳、霍韜、黃佐、薛虞畿、陳遇夫等均認爲孔子作《春秋》，且道出

〔註 328〕馬洪林著：《康有爲評傳》（上），南京大學出版社，2011 年版，第 158～189 頁。

〔註 329〕楊伯峻譯注：《孟子譯注》，中華書局，2005 年版，第 192、155 頁。

〔註 330〕劉希仁撰：《劉希仁文集》，中華書局，1985 年版，第 1 頁。

〔註 331〕湛若水著：《春秋正傳》，廣西師範大學，2015 年版，第 11 頁。

其政治意圖。鍾芳說：「仲尼作《春秋》，寓於法，褒善貶惡，大義昭晰，天下之經也。」〔註 332〕霍韜認爲，「春王正月」實創自孔子，制垂萬世，故孔子作《春秋》〔註 333〕。黃佐說：「仲尼作《春秋》，揆綱常，察時變，明大義，遏亂賊，而於王霸夷夏之盛衰尤三致意焉。」〔註 334〕薛虞畿說：「昔仲尼作經，口授弟子左邱明。」〔註 335〕陳遇夫說：「孔子作《春秋》不書，而左氏書之。」〔註 336〕而何若瑤、徐灝、陳澧等均認爲孔子修《春秋》。何若瑤說：「據此則因故《春秋》而修，無實書之說。」〔註 337〕徐灝說：「至孔子修《春秋》則不得以時月並書，蓋魯史以月繫時而名之曰《春秋》，孔子亦但仍其舊。」〔註 338〕陳澧說：「魯之舊史，雖有如南、董者，於隱公之弒，書公子翬而已矣，無以見桓公之罪惡矣。孔子修之，削去弒君者之名，但書薨而不書地，則與正終者異矣。」〔註 339〕

朱次琦三論《春秋》，一是肯定《春秋》爲魯史〔註 340〕，二是認爲「於《春秋》見聖人斷事之大權」〔註 341〕，三是指出「《春秋》之作，懼邪說也。孟子其通《春秋》之微，告戒於百世者矣。」〔註 342〕朱次琦既沿承孟子《春秋》論，也以不修《春秋》爲魯史，筆削《春秋》爲孔子已修之稿，顯然是對孟子《春秋》的發展，成爲康有爲以「不修」、「筆削」、「已修」三段論《春秋》而著《春秋筆削微言大義考》的先導。沿承朱次琦的《春秋》

〔註 332〕鍾芳著，周濟夫點校：《鍾筠溪集》卷一，海南出版社，2006 年版，第 1 頁。
〔註 333〕霍韜著：《渭厓文集》（四），廣西師範大學，2015 年版，第 1511～1516 頁。
〔註 334〕黃佐著：《庸言》，《續修四庫全書》子部，儒家類，上海古籍出版社，2002 年版，第 344 頁。
〔註 335〕薛虞畿著：《春秋正典》，《四庫全書》史部四，別史類，上海古籍出版社，2002 年版，第 4 頁。
〔註 336〕陳遇夫撰：《史見》卷一，《叢書集成初編》，商務印書館，1937 年版，第 8 頁。
〔註 337〕何若瑤著：《春秋公羊注疏質疑》，《續修四庫全書》129 冊，上海古籍出版社，2002 年版，第 666 頁。
〔註 338〕徐灝著：《通介堂經說》，《續修四庫全書》177 冊，上海古籍出版社，2002 年版，第 254 頁。
〔註 339〕陳澧著，黃國聲主編：《陳澧集》（二），上海古籍出版社，2008 年版，第 183 頁。
〔註 340〕朱次琦著，簡朝亮編，關殊鈔點校：《朱九江先生集》卷首，旅港南海九江商會，1962 年版，第 16 頁。
〔註 341〕朱次琦著，簡朝亮編，關殊鈔點校：《朱九江先生集》卷首，旅港南海九江商會，1962 年版，第 16 頁。
〔註 342〕朱次琦著，簡朝亮編，關殊鈔點校：《朱九江先生集》卷首，旅港南海九江商會，1962 年版，第 17 頁。

論，簡朝亮也三論《春秋》，一是指出《春秋》爲史〔註 343〕，二是認爲《春秋》是誅亂臣賊子，行天人之道〔註 344〕，三是認爲孔子修《春秋》，「此子思子時《魯春秋》也，異於孔子所修者。」〔註 345〕黃節、鄧實則在此基礎上發展簡朝亮的《春秋》論，一是沿用龔自珍所說，認爲《春秋》是記動之史〔註 346〕，二是《易》與《春秋》皆爲《周禮》〔註 347〕，三是《春秋》是素王制作之本」〔註 348〕。

（2）朱次琦、簡朝亮沿承廣東儒家的《春秋》經、傳論

自孔子去世後，《春秋》之《傳》分爲五家，《春秋》經、傳論由此形成。如陳澧所言：「不信三傳，始於唐人。」〔註 349〕而流於宋，劉軻、湛若水、黃佐、陳遇夫、侯康、陳澧等廣東儒家都予以否定，而沿承漢代中原《春秋》經、傳合一論。劉軻說：「今之學者，涉流而迷源，捨經以習傳，摭直言而不知其所以言，此所謂去經緯而從組續者矣。既傳生於經，亦所以緯於經也。」〔註 350〕黃佐說：「周邵程朱皆學於古訓而有獲者，曷嘗捨經以求道哉？」〔註 351〕湛若水說：「夫經識其大者也，夫傳識其小者也。……竊取之意存乎經傳，以傳實經而斷案見矣。」〔註 352〕陳遇夫說：「若夫《春秋》之義，則說者更多矣，自《左》《公》《穀》義例不同，諸家傳習，各附其師者，千有餘年，遂至捨經從傳，三家並立於學官而不能相一。」〔註 353〕陳澧說：「試問之曰：『使有

〔註 343〕簡朝亮著，梁應揚注：《讀書堂集》卷一，廣州松桂堂，1930 年刻本，第 13 頁。

〔註 344〕簡朝亮著，梁應揚注：《讀書堂集》卷一，廣州松桂堂，1930 年刻本，第 14 頁。

〔註 345〕簡朝亮著，梁應揚注：《讀書堂集》卷五，廣州松桂堂，1930 年刻本，第 32 頁。

〔註 346〕黃節、鄧實主編：《國粹學報》（三），廣陵書社，2006 年版，第 28、406 頁。

〔註 347〕黃節、鄧實主編：《國粹學報》（三），廣陵書社，2006 年版，第 321 頁。

〔註 348〕黃節、鄧實主編：《國粹學報》（三），廣陵書社，2006 年版，第 21 頁。

〔註 349〕陳澧著，黃國聲主編：《陳澧集》（二），上海古籍出版社，2008 年版，第 213 頁。

〔註 350〕劉希仁撰：《劉希仁文集》，中華書局，1985 年版，第 13 頁。

〔註 351〕黃佐著：《庸言》卷九，《續修四庫全書》子部，儒家類，上海古籍出版社，2002 年版，第 335 頁。

〔註 352〕湛若水著：《春秋正傳》，《四庫全書》第 167 冊，臺灣商務印書館股份有限公司，2008 年版，第 39～40 頁。

〔註 353〕陳遇夫撰：《史見》卷一，《叢書集成初編》，商務印書館，1937 年版，第 14 頁。

經而無傳，何由知隱公爲惠公之子、桓公之兄乎？』」〔註354〕伍崇曜指出侯康《春秋古經說》最具特色之處：「知左氏所據以作《傳》者，爲魯史舊文，爲聖人特筆，則凡以虛詞說經而捨傳以從者，不攻而自破矣。數典不忘其祖，是書尤其第一義也。」〔註355〕沿承廣東儒家《春秋》經、傳合一論，朱次琦說：「故《春秋》之學，捨傳不能通經，違經不能正傳。」〔註356〕簡朝亮說：「《春秋》微而顯者也，傳明其仇，《春秋》之志也。」〔註357〕

（3）朱次琦、簡朝亮沿承廣東儒家的《春秋》三傳論

《春秋》之《傳》今存《左傳》《公羊》《穀梁》三家。或專治《左傳》，或兼治《春秋》三傳，成爲廣東治《春秋》傳統。「三陳」、薛虞畿、勞孝輿、徐灝等均專治《左傳》。陳欽、陳元力爭《左傳》立於學官，陳堅卿傳家承之學。薛虞畿「略仿《左傳》例，分十二公以統其世，稽《三傳》人，以繫其事，年不盡考而附諸人，人不盡知而援諸事，參稽互證，務極恢閎，幽章織巨，兼收咸紀」〔註358〕，著《春秋別典》。勞孝輿認爲：「左氏體孔子志，作《傳》傳《春秋》」〔註359〕，著《春秋詩話》。徐灝在《通介堂經說》中專釋《左傳》4卷。反之，劉軻、湛若水、陳遇夫、侯康、何若瑤、陳澧等或平議《春秋》三傳，或兼治《春秋》三傳。劉軻在《三傳指要》中說：「先儒以《春秋》之有三傳，若天之有三光然。……三家者，蓋同門而異戶，庸得不要其終以會其歸乎？……俾《左氏》富而不誣，《公羊》裁而不俗，《穀梁》清而不短。」〔註360〕湛若水平議《春秋》三傳說：「左氏之傳事實而未純，其餘皆多臆說耳。……《公》《穀》穿鑿之厲階也。」〔註361〕陳遇夫說：「以論《春

〔註354〕陳澧著，黃國聲主編：《陳澧集》（二），上海古籍出版社，2008年版，第213頁。

〔註355〕侯康撰：《春秋古經說》跋，《叢書集成初編》，中華書局，1985年版，第1頁。

〔註356〕朱次琦著，簡朝亮編，關殊鈔點校：《朱九江先生集》卷首，旅港南海九江商會，1962年版，第17頁。

〔註357〕簡朝亮著，梁應揚注：《讀書堂集》卷一，廣州松桂堂，1930年刻本，第15頁。

〔註358〕薛虞畿著：《春秋別典》，《四庫全書》史部四，別史類，上海古籍出版社，2002年版，第4頁。

〔註359〕勞孝輿撰，毛慶耆點校：《春秋詩話》，廣東高等教育出版社，1998年版，第19頁。

〔註360〕劉希仁撰：《劉希仁文集》，中華書局，1985年版，第13頁。

〔註361〕湛若水著：《春秋正傳》，《四庫全書》第167冊，臺灣商務印書館股份有限公司，2008年版，第40頁。

秋》者，蓋其失由三傳始。《左氏》有見於史，其所發皆史倒也，故常主史以說經，是不知筆削之有義也。《公羊》《穀梁》有見於經，其所傳者猶有經之佚義焉，故據經以生義，是不知其文之則史也。」〔註362〕被劉師培認爲是廣東學者中最深醇之人〔註363〕的侯康選取《左傳》經文58條，將《穀梁》、公羊》經文的不同之處徵引於前，以杜預、賈逵、段玉裁、惠棟等相關論述徵引於後，以「按」字表示侯康本人的觀點，並以約百字的篇幅將此相關問題進行闡述，論述簡明扼要，力證《左傳》優於《穀梁》《公羊》，著《春秋古經說》。以《穀梁》爲中心，以徵引《左傳》《公羊》與相關著述對《三禮》進行申明，運用《春秋三傳》互證、《春秋》與《三禮》互證的方法，侯康著《穀梁禮證》。何若瑤結合孟子《春秋》論，以《左傳》《穀梁》修正《公羊》由於得之傳聞與爲說者順水曲折而變本加厲、不無失實之處〔註364〕，著《春秋公羊注疏質疑》。陳澧比較全面地平議《春秋》三傳。如他認爲《左傳》依經述其事，傳《春秋》；《左傳》解《春秋》，書法有不通者，必後人附益；《左傳》之語，更有不可執以爲例者〔註365〕。

《穀梁》爲二千來以來之絕學，阮元將《穀梁釋例》收入《學海堂經解續修》，不僅引發學海堂學長侯康著《穀梁禮證》，也促使肄業學海堂的朱次琦對《穀梁》頗有好感，這也與宋人好《穀梁》有關。朱次琦說：「左氏、公羊，雖佐《春秋》，惑邪說者十二三焉，穀梁頗鑿，然罕惑也。」〔註366〕朱次琦重視《穀梁》，成爲康有爲獨重《公羊》、兼重《穀梁》的先導。簡朝亮以朱次琦《春秋》三傳論所傳達的精神，不僅指斥康有爲因《左傳》惑於邪說而罪於劉歆，以爲漢之古文皆僞，而且以此將康有爲逐出師門。「《左傳》惑於邪說，昔人察之至詳也，特不以罪賊歆耳。」〔註367〕「先生經學取法《十

〔註362〕陳遇夫撰：《史見》卷一，《叢書集成初編》，商務印書館，1937年版，第15頁。

〔註363〕劉師培著：《清儒得失論》，中國人民大學出版社，2011年版，第267頁。

〔註364〕何若瑤著：《春秋公羊注疏質疑》自序，《續修四庫全書》129冊，上海古籍出版社，2002年版，第1頁。

〔註365〕陳澧著，黃國聲主編：《陳澧集》（二），上海古籍出版社，2008年版，第186～190頁。

〔註366〕朱次琦著，簡朝亮編，關殊鈔點校：《朱九江先生集》卷首，旅港南海九江商會，1962年版，第17頁。

〔註367〕簡朝亮著，梁應揚注：《讀書堂集》卷三，廣州松桂堂，1930年刻本，第10頁。

三經》而辨公羊傳邪說，長素《新學僞經考》喜爲異說，謂諸經多新莽僞之，目爲新學而獨守公羊，其畔師說昭昭也。」〔註 368〕

（4）簡朝亮、黃節、鄧實沿承廣東儒家的《公羊傳》論與董仲舒以神學化詮釋《春秋》

在康有爲之前，廣東儒家多沿承《公羊傳》中如尊王、大一統、尊君抑臣、討伐亂臣賊子、貶斥夷狄等理論與董仲舒剔髮的《春秋》大義、以神學化詮釋《春秋》。霍韜、鍾芳、黃佐等沿承《公羊傳》中的理論。霍韜說：「《春秋》之法，王人雖微，序於諸侯之上，所以尊王也。」〔註 369〕黃佐說：「《春秋》道名分者也，名分莫大乎君臣。」〔註 370〕鍾芳說：「《春秋》大要在於正君臣之義，明父子之親，謹男女之際，嚴華夷之辨。」〔註 371〕張九齡、霍韜、黃佐均沿承董仲舒剔髮的《春秋》大義。張九齡說：「蓋《春秋》之大事，莫先乎祀；王者之盛禮，莫重於郊。」〔註 372〕霍韜說：「孔子有言魯之郊禘，非禮也。周公其衰矣，是故天子之禮莫大於郊禘。魯人之郊禘，僭之極也。」〔註 373〕黃佐說：「《春秋》論事莫重乎志，禮樂，志之大者，故志敬而節具，予之知禮。志和而音雅，予之知樂。」〔註 374〕張九齡、李昴英、方獻夫沿承董仲舒以《春秋》說災異。如遇降雨，張九齡說：「此誠聖感必通，天應如答。」〔註 375〕若遇豐年，張九齡說：「臣聞勤於稼穡，必有來麥之慶；著在《春秋》，則非他穀之比。」〔註 376〕反之，遭遇王朝統治危機時，霍韜說：「臣聞天變狎至所以仁愛人君也，人言交進所以忠愛人君也。天惟不

〔註 368〕簡朝亮著，梁應揚注：《讀書堂集》卷四，廣州松桂堂，1930 年刻本，第 26～27 頁。

〔註 369〕霍韜著：《渭厓文集》（二），廣西師範大學，2015 年版，第 657～766 頁。

〔註 370〕黃佐著：《庸言》，《續修四庫全書》子部，儒家類，上海古籍出版社，2002 年版，第 226 頁。

〔註 371〕鍾芳著，周濟夫點校：《鍾筠溪集》卷四，海南出版社，2006 年版，第 71 頁。

〔註 372〕張九齡撰，熊飛校注：《張九齡集校注》（中冊），中華書局，2008 年版，第 423～424 頁。

〔註 373〕霍韜著：《渭厓文集》（二），廣西師範大學，2015 年版，第 634 頁。

〔註 374〕黃佐著：《庸言》卷三，《續修四庫全書》子部，儒家類，上海古籍出版社，2002 年版，第 260 頁。

〔註 375〕張九齡撰，熊飛校注：《張九齡集校注》（中冊），中華書局，2008 年版，第 769 頁。

〔註 376〕張九齡撰，熊飛校注：《張九齡集校注》（中冊），中華書局，2008 年版，第 781 頁。

言，故告戒寓於災異。」〔註 377〕若遇和氣之象，方獻夫說：「嘉祥蟄蟄，冬斯其來，未己，是蓋神人協相，實由誠孝通感。」〔註 378〕朱次琦沒有專門的《春秋》公羊論。簡朝亮既沿承《公羊傳》論，也重視董仲舒以《春秋》說災異。「《春秋》諸亂臣賊子，天命行焉。」〔註 379〕「《春秋》內諸夏而外四夷。」〔註 380〕「公羊家所謂如雨非雨者，信哉。此天之異也，今無幾何而地之異又若斯也。」〔註 381〕黃節將《春秋》「內諸夏而外夷狄」發展爲種族批判，「《春秋》種族之辨識則然也。」〔註 382〕鄧實則沿承董仲舒以《春秋》斷獄之說〔註 383〕。

2. 康有為別出廣東《春秋》新論

孔子與《春秋》《春秋》經與傳、《春秋》三傳、《春秋》公羊論等中原《春秋》學者所探討的一般問題，也是廣東治《春秋》的學者所探討的問題。孔子或作、或修《春秋》，《春秋》經、傳合一，以《左傳》爲主而兼治《公羊》、《穀梁》，獨重《公羊傳》理論是廣東儒家《春秋》論所形成的共識。獨重《公羊》的康有爲也主張《春秋》經、傳合一，如他說：「《公羊》《穀梁》，子夏所傳，實爲孔子微言，質之經、傳皆合。」〔註 384〕而康有爲於孔子與《春秋》《春秋》三傳、《春秋》公羊論均別出廣東《春秋》新論。

（1）康有爲新論孔子與《春秋》

表面而言，康有爲與廣東世代儒家一樣重視孟子《春秋》論，「孟子於孔子無不學矣，而於『禹抑洪水，周公兼夷狄』，述及孔子，則捨『五經』而言《春秋》。……孟子之言曰：其事則齊桓、晉文，其文則史，其義則丘竊取之矣。故學《春秋》者在其義，不在其事與文。……又曰：《春秋》天子之

〔註 377〕霍韜著，《渭厓文集》（一），廣西師範大學，2015 年版，第 324～325 頁。

〔註 378〕方獻夫撰：《西樵遺稿》（卷一），《四庫全書》集部 59，上海古籍出版社，2002 年版，第 39 頁。

〔註 379〕簡朝亮著，梁應揚注：《讀書堂集》卷一，廣州松桂堂，1930 年刻本，第 13 頁。

〔註 380〕簡朝亮著，梁應揚注：《讀書堂集》卷一，廣州松桂堂，1930 年刻本，第 23 頁。

〔註 381〕簡朝亮著，梁應揚注：《讀書堂集》卷一，廣州松桂堂，1930 年刻本，第 40 頁。

〔註 382〕黃節、鄧實主編：《國粹學報》廣陵書社，2006 年版，第 425 頁。

〔註 383〕黃節、鄧實主編：《國粹學報》（一），廣陵書社，2006 年版，第 40 頁。

〔註 384〕康有爲撰，姜義華、張榮華編校：《康有爲全集》（一），中國人民大學出版社，2007 年版，第 39 頁。

事。」〔註 385〕但是，孟子《春秋》論僅爲康有爲新論孔子與《春秋》的起點，將董仲舒《公羊》三世說、何休《公羊》三世說與太平大同說相結合，吸收劉逢祿、龔自珍、魏源治《公羊》中所重視的「三世」變易觀，由此勾連起作爲維新變法「工具」，才是康有爲《春秋》新論的歸依。「學《春秋》當從何入？……上摺之於孟子，下折之於董子，……《春秋》、《公羊》之學，董子及胡毋生傳之。董子之學見於《繁露》，胡毋生之說傳於何休。……陳立《公羊義疏》，間有僞經，而徵引繁博，可看。……劉逢祿、凌氏曙說《公羊》諸書可看。」〔註 386〕康有爲將孔子作《春秋》的政治意圖變異爲孔子以《春秋》「託古改制」，即康有爲所推行的維新變法，這是對孟子所說孔子成《春秋》而亂臣賊子懼〔註 387〕的大轉換，是廣東先賢從未談及的內容，也是劉逢祿、龔自珍、陳立等所宣揚的「改制」所未曾論及的政治革命與社會改造的內容。

（2）康有爲新論《春秋》三傳

在康有爲之前，無論是以《左傳》爲主而兼治《公羊》《穀梁》，還是《春秋》三傳並治，廣東學者都未曾徹底否定《春秋》三傳中的任何一傳，而且至道咸年間，《公羊》《穀梁》儼然在廣東獲得了某種程度的復活。故平議《春秋》三傳更成爲廣東學者的共識。與此學術主流不同，康有爲徹底否定《左傳》，將《穀梁》作爲《公羊》之附庸，認爲傳《春秋》者唯《公羊》，此擲地有聲之舉延續於康有爲的整個經學生涯。如早年的《教學通義》，康有爲說：「《左氏》但爲魯史，不傳經義。今欲見孔子之新作，非《公》《穀》不可得也。」〔註 388〕在《新學僞經考》中，康有爲將《左傳》列爲僞經。在《春秋董氏學》中康有爲說：「自僞『左』滅『公羊』而『春秋』亡，孔子之道遂亡矣。」〔註 389〕晚年康有爲在《春秋筆削大義微言考》中說：「《春秋》口說，《公》《穀》只傳大義，其非常之微言，傳在公羊家董仲舒、何休」

〔註 385〕康有爲撰，姜義華、張榮華編校：《康有爲全集》（二），中國人民大學出版社，2007 年版，第 212 頁。

〔註 386〕康有爲撰，姜義華、張榮華編校：《康有爲全集》（二），中國人民大學出版社，2007 年版，第 212 頁。

〔註 387〕楊伯峻譯注：《孟子譯注》，中華書局，2005 年版，第 155 頁。

〔註 388〕康有爲撰，姜義華、張榮華編校：《康有爲全集》（一），中國人民大學出版社，2007 年版，第 39 頁。

〔註 389〕康有爲撰，姜義華、張榮華編校：《康有爲全集》（二），中國人民大學出版社，2007 年版，第 343 頁。

〔註 390〕。以指斥包括《左傳》在內的僞古文經學發端，康有爲於《春秋》三傳中獨重《公羊》，無疑與新論孔子、《春秋》一樣，源自康有爲強烈的政治意圖。

（3）康有爲新論《春秋》公羊

在康有爲之前的廣東學者多沿承《公羊傳》中的理論、董仲舒剔髮的《春秋》大義與其以神學化詮解《春秋》，而於董仲舒以《春秋》當新王、《春秋》分十二世以爲三等、《春秋》變制等《公羊》新論與何休如五始、三科九旨、六輔、二類等《公羊》理論多未曾論及。這種情況一直至陳澧才略有改變。陳澧認爲，《公羊》記事之語，但太少耳；《公羊》於春秋時人，多不知者；《春秋繁露》所云「故宋」二字源出於《公羊》，董仲舒爲《春秋》功臣；《春秋繁露》有先質後文之語，……孔子所欲變，乃在此耶？何注多本於《春秋繁露》，而徐彥不疏明之；何注以時月日爲褒貶，遂強坐人罪；何注更有穿鑿文義之病；經有語助，何注必爲之說〔註 391〕。這成爲康有爲登場前夕廣東儒家《春秋》公羊論的有益補充。

越過廣東儒家關注《公羊》的一切內容，康有爲獨在董仲舒、何休《春秋》新論中下工夫，賦予董、何乃至在他之前一切《公羊》論所未曾提及的內容。如梁啓超說：「以改制言《春秋》，以三世言《春秋》，自南海始也。改制之義立，則以爲春秋者，絀君威而申人權，夷貴族而尚平等……南海以其所懷抱，思以易天下，而知國人之思想束縛既久，不可以猝易，則以其所尊信之人爲鵠，就其所能解者而導之，此南海說經之微意也。」〔註 392〕李澤厚也說：「康有爲故意撇開了春秋公羊學中許多對當時鬥爭無用的部分（如災異迷信、書法義例等），儘量利用著公羊學解說『微言大義』素來的靈活性和神秘性，偷偷地暗中變換了其原本的封建思想的內容，從歷史進化到婚姻自主，從立憲民主到個人自由，喜劇式地全面輸進了資產階級的社會政治思想和變法維新的主張，來爲其改良派現實政治活動服務。這樣，康有爲的公羊今文學就具有了與眾不同的鮮明的先進的政治意義。」〔註 393〕

〔註 390〕康有爲撰，姜義華、張榮華編校：《康有爲全集》（六），中國人民大學出版社，2007 年版，第 6 頁。

〔註 391〕陳澧著，黃國聲主編：《陳澧集》（二），上海古籍出版社，2008 年版，第 195～203 頁。

〔註 392〕梁啓超著：《飲冰室合集》文集之七，中華書局，1989 年版，第 99 頁。

〔註 393〕李澤厚著：《中國近代思想史論》，天津社會科學院出版社，2004 年版，第

3. 梁啟超跳出廣東《春秋》學

與朱次琦、簡朝亮、康有爲終其一生不復變化的《春秋》學不同，自言「不惜以今日之我，難昔日之我」〔註 394〕的梁啓超的《春秋》論經歷了二度變化。維新變法期間，梁啓超沿承康有爲的《春秋》新論，如他以《春秋》爲孔子改定制度以教萬世之書；《春秋》爲明義之書，非記事之書；《春秋》本以義爲主，然必託事以明義，則其義愈切著〔註 395〕，作爲《春秋》三界說。康有爲將徐勤《春秋中國夷狄辨》收入於《春秋董氏學》之「夷狄」部分，梁啓超則爲其撰寫序言，指出《春秋中國夷狄辨》的主要內容，表達與康有爲一致的《春秋》公羊論。「《春秋中國夷狄辨》三卷，一曰中國而夷狄之，二曰夷狄而中國之，三曰中國夷狄進退微旨 3 個論題，……抉大同之微言。」〔註 396〕「孔子之作《春秋》，治天下也，非治一國也，治萬世也，非治一時也。」〔註 397〕

自言三十歲不談僞經的梁啓超，隨後即跳出廣東千年《春秋》學之圍城，使其《春秋》論發生質變。表面而言，梁啓超在下述四方面仍然沿承康有爲的《春秋》論：一是《春秋》非史，《春秋》是孔子改制明義之書；二是《春秋》分爲未修《春秋》與既修《春秋》；三是治《春秋》當宗《公羊傳》，《春秋》之微言大義在口說〔註 398〕，合併《公羊傳》《春秋繁露》、何休《公羊注》所謂的《春秋》大義，也許能還原孔子著《春秋》之數千條「大義」中的一部分〔註 399〕；四是《左傳》純爲史，左丘明未稟孔子之意而著《左傳》〔註 400〕，故《左傳》不傳《春秋》。但是，梁啓超使他所沿承的康有爲《春秋》論在下述四個方面均發生蛻變：一是《春秋》是體現孔子改制明義之書，但所謂的「義」是指孔子的政治理想，而不是維新變法，而且，《春秋》不算得是孔子的法典〔註 401〕；二是《春秋》是孔子經一番心思改造的，不修《春秋》與已

154～155 頁。

〔註 394〕梁啓超著：《清代學術概論　儒家哲學》，天津古籍出版社，2004 年版，第 77 頁。

〔註 395〕梁啓超著：《飲冰室合集》文集之三，中華書局，1989 年版，第 14～16 頁。

〔註 396〕梁啓超著：《飲冰室合集》文集之二，中華書局，1989 年版，第 49 頁。

〔註 397〕梁啓超著：《飲冰室合集》文集之二，中華書局，1989 年版，第 48 頁。

〔註 398〕梁啓超著：《飲冰室合集》專集之三十六，中華書局，1989 年版，第 43～45 頁。

〔註 399〕梁啓超著：《飲冰室合集》專集之一百四，中華書局，1989 年版，第 119 頁。

〔註 400〕梁啓超著：《飲冰室合集》專集之一百四，中華書局，1989 年版，第 125 頁。

〔註 401〕梁啓超著：《飲冰室合集》專集之三十六，中華書局，1989 年版，第 45 頁。

修《春秋》並不相同，孔子筆削《春秋》相當用心，由於不修《春秋》已佚，康有爲依據《公羊傳》推斷不修《春秋》原文實爲有趣且冒險之舉〔註 402〕；三是《公》、《穀》兩傳爲口說傳授，二書雖然均傳《春秋》，但它們也有可能失孔子原義〔註 403〕，而《春秋》之微言大義亦不是維新變法，而是其原義，即：張三世、以元統天下，以天正君等〔註 404〕；四是《左傳》係記事之書，內中引孔子的話，也應絕對信任〔註 405〕，《左傳》殊非劉歆僞作，也不是左丘明之作，但欲研究《春秋》就不能離開《左傳》。

朱次琦、簡朝亮是對在此之前廣東儒家《春秋》論的傳承，康有爲則旨在爲維新變法服務，不僅有選擇性地吸取，而且爲廣東《春秋》論融入嶄新的內容，由此別出廣東近代亦新亦舊、非新非舊的《春秋》論。而只有在梁啓超筆下，廣東學者才走出依傍古人之治學圍城，將康有爲別出的廣東近現代《春秋》新論導向純學術研究，廣東傳統《春秋》論也由此退出歷史舞臺。

第二，「九江學派」與明清廣東《春秋》學新變及其啟示

陳獻章、湛若水分別創建「白沙學派」、「甘泉學派」，「南園前五子」創立「南園詩派」，明代廣東形成影響全國的第一個學術高潮。與此同時，由於劉實、王思、劉采等治《春秋》的南貶官員先後任職廣東，明代廣東出現鍾渤、林希蔭、鄭義、蘇恭則、翟守謙、黃受益、陳建、丘敦、歐大任、盧祥、黃結等一批研治《春秋》的學者，廣東《春秋》學由此進入其發展的重要時期，並終由湛若水逼出明代廣東《春秋》新變。明末清初、嘉道年間，廣東地理位置的重要性在「西學東漸」的進程中日漸突顯，廣東《春秋》學也隨之迎來其發展的高峰。一方面，清中葉以前，勞孝輿、鄭養性、鄭之僑、趙希璜、馮龍官等揭開廣東治《春秋》的嶄新一頁。另一方面，以學海堂爲中心嘉道年間廣東出現首個《春秋》研究「熱」，學海堂人既集在此之前廣東傳統《春秋》學之大成，也緊隨中原今文經學研究「熱」而出現治《公羊》《穀梁》的廣東《春秋》新變，成爲「九江學派」沿承與發展廣東《春秋》學的

〔註 402〕梁啓超著：《飲冰室合集》專集之一百四，中華書局，1989 年版，第 118～119 頁。

〔註 403〕梁啓超著：《飲冰室合集》專集之一百四，中華書局，1989 年版，第 126 頁。

〔註 404〕梁啓超著：《飲冰室合集》專集之三十六，中華書局，1989 年版，第 51～53 頁。

〔註 405〕梁啓超著：《飲冰室合集》專集之三十六，中華書局，1989 年版，第 8 頁。

重要基礎。六朝以前、明中葉、嘉道年間是「九江學派」創立之前廣東儒學發展的 3 個輝煌時期，這與一直以來廣東儒學處於的不發達狀態相碰撞所揭示的學術史意義，成爲我們審視「九江學派」開闢廣東近現代《春秋》新學的學理依據。

1.「九江學派」與明代廣東《春秋》學新變

有學者指出，明代注解《春秋》的著作有 200 多種，其中注解《左傳春秋》的著作達 80 多種〔註 406〕。據筆者研閱，明代廣東注解《春秋》的著作有 6 種：鍾方《春秋集要》、霍韜《春秋解》、黃佐《續春秋明經》、王漸逵《春秋集傳》、鄭廷鵠《易禮春秋說》、湛若水《春秋正傳》。雖然霍韜、黃佐、王漸逵均與湛若水有交誼，其思想也頗受甘泉心學的影響，但眞正標誌明代廣東《春秋》新變的是出自陳獻章門下的湛若水。求實、格心、平易、簡約，是湛若水開闢的明代廣東《春秋》新學的特點，其源頭不僅是白沙心學，更是明以前的廣東儒學傳統。有學者指出，六經在我，唯求自得；心道湊泊，宇宙在我；化繁爲簡，獨開門戶，是白沙心學的特點〔註 407〕。由於提倡以「心」釋經，陳獻章說：「自炎漢迄今，文字記錄著述之繁，積數百千年於天下，至於汗牛充棟，猶未已也。……學者徒誦其言而忘味」〔註 408〕，故《六經》成一糟粕。陳獻章無視經典權威其實也開闢了廣東儒家不相信語言的先河。有學者指出，「越南接受中國文化的特點，主要是把中國文化加以簡化和實用化，以適應越南的國情。越南在學術上形成了一種簡化、明快的風格。」〔註 409〕這個觀點也適用於在儒學南傳中發展起來的廣東儒學，無論是陳國（今河南）儒學家袁徽以「簡練精微」〔註 410〕評價士燮《春秋左氏注》，還是丘濬一系列以「事」易「理」的儒學著述，都體現廣東儒學化繁爲簡的特色，而陳獻章將廣東儒學潛在的特色明確化、理論化。湛若水以求實、格心、平易、簡約注解《春秋》，即是兼及了師承之學與地域學術傳統。

（1）「九江學派」與湛若水治《春秋》的求實精神

提出「隨處體認天理」，知與行、虛與實相統合，以實補虛、以動補靜，

〔註 406〕李衛軍：《明代〈左傳〉學概述》，《古籍整理研究學刊》2010 年第 3 期。
〔註 407〕黃明同著：《明代心學開篇者——陳獻章》，上海古籍出版社，2013 年版，第 2 頁。
〔註 408〕陳獻章著，孫通海點校：《陳獻章集》（上），中華書局，2008 年版，第 20 頁。
〔註 409〕何成軒著：《儒學南傳史》，北京大學出版社，2000 年版，第 7 頁。
〔註 410〕屈大均撰：《廣東新語》（上），中華書局，2010 年版，第 222 頁。

是湛若水對師承之學的改造，這體現於他對《春秋》的解讀。湛若水認爲《春秋》之「事」見於《三傳》，尤其是《左傳》，故他全面釐正《春秋》三傳的史實，著《春秋正傳》。湛若水不僅將徵實原則運用於《春秋》的解讀，而且他認爲後世治《春秋》者必須沿承此道。四庫管臣也說：「惟當考之於事，求之於心，事得而後聖人之心，《春秋》之義皆可得。」〔註411〕一方面，湛若水所做的徵實工夫其實是對唐宋廣東《春秋》經、傳合一論、兼治《春秋》三傳的傳承。《春秋》經、傳合一是朱次琦、簡朝亮、康有爲等「九江學派」成員所持之論。即使尤重《穀梁》，朱、簡仍不廢《左傳》《公羊》，而梁啓超也僅在30歲以前獨重《公羊》，只是到了康有爲，才出現長期全面否定《左傳》而獨尊《公羊》的學術現象。另一方面，湛若水是試圖將其經學致用的精神奠基於具有可信性的《春秋》三傳史實，而他所運用的徵實原則殊非漢學家推重的考證之實。經世致用是「九江學派」對於《春秋》的一致解讀。朱次琦以爲《六經》之學，所以踐聖人之跡也〔註412〕，簡朝亮以《春秋》復西方列強侵華之仇，康有爲、梁啓超以《春秋》宣揚維新變法，黃節則以《春秋》推翻滿族江山，故「九江學派」其實是將《春秋》發揮到一國之治甚至於天下之治的高度。與朱、簡、黃、梁本於《春秋》之事而託義不同，如梁啓超說：「《春秋》本以義爲主，然必託事以明義，則其義愈切著。」〔註413〕康有爲依傍《春秋》而無視、輕視三傳尤其是《左傳》史實，爲《春秋》輸入具有顛覆性的社會革新思想與西學思想。從維新變法時期的經世之實到戊戌政變後的崇尚實事求是的考證之實，「求實」貫穿於梁啓超治《春秋》的整個歷程之中，成爲梁啓超經學研治二度變化之不變者，並由此將廣東《春秋》學帶進一個嶄新的時代。

（2）「九江學派」與湛若水治《春秋》的格心精神

明聖人之心是湛若水注解《春秋》目的，所謂「聖人」即是湛若水所推崇的孟子，故「明聖人之心」就是湛若水所宣揚的體現於以主敬爲「格物」工夫、「格物」就是「體認天理」、天理即「吾心本體之自然者也」並將心與物、理與氣、心與理、心與性等相統合「萬物備於心」的甘泉心學。門人

〔註411〕湛若水著：《春秋正傳》，《四庫全書》167冊，臺灣商務印書館股份有限公司，2008年版，第37頁。

〔註412〕朱次琦著，簡朝亮編，關殊鈔點校：《朱九江先生集》卷首，旅港南海九江商會，1962年版，第16頁。

〔註413〕梁啓超著：《飲冰室合集》文集之三，中華書局，1989年版，第16頁。

高簡在序言中說：「甘泉先生憂聖人之心之弗明也，乃即其書法而表章之，一本孟子正諸傳之誤，兼採其知而後聖人之心千載之下昭乎如日中天，自有《春秋》以來未見其盛焉者也。」〔註414〕湛若水也說：「治《春秋》者，不必泥於經而考之於事，不必鑿之於文而求之於心，大其心以觀之，事得而後聖人之心，《春秋》之義可得矣。」〔註415〕因此四庫管臣指斥說：「以己見臆說汩之。」〔註416〕

朱次琦、簡朝亮是廣東近代最後的著名的理學家，陳、湛心學殊非朱、簡的學術宗尚，但他們仍然對陳、湛尤其是陳獻章多有稱頌。朱次琦為白沙心學入於禪佛辨護，「文恭之學，讀書而靜養也，朱子所法乎孔子者也。文恭之教，使學者端坐澄心，未讀書而靜養，則所養者，未必端倪之正也，非朱子所法乎孔子者也。」〔註417〕簡朝亮既以「蒼茫三百十年間，風雨茅龍出海山」〔註418〕激揚陳獻章書法，以「《六經》願百讀，吾道紫陽尊」〔註419〕沿承朱次琦所說的「陳文恭之學，非不宗朱子也」〔註420〕，認為陳獻章是推崇程朱理學，更以「國士勳名古實多，知兵宰相美如何？由來風月江門老，七十平生事菊坡」〔註421〕、「耕養三年不逐喧，學求忠孝近江門」〔註422〕推崇陳獻章的高尚品格。與朱次琦、簡朝亮傳統理學家身份不同，康有為、黃節、梁啓超既不入廣東理學傳統，也殊非廣東近代漢學家，故陳、湛心學也

〔註414〕湛若水著：《春秋正傳》，《四庫全書》167冊，臺灣商務印書館股份有限公司，2008年版，第38頁。

〔註415〕湛若水著：《春秋正傳》，《四庫全書》167冊，臺灣商務印書館股份有限公司，2008年版，第40頁。

〔註416〕湛若水著：《春秋正傳》，《四庫全書》167冊，臺灣商務印書館股份有限公司，2008年版，第37頁。

〔註417〕朱次琦著，簡朝亮編，關殊鈔點校：《朱九江先生集》卷首，旅港南海九江商會，1962年版，第15頁。

〔註418〕簡朝亮著，梁應揚注：《讀書堂集》卷八，廣州松桂堂，1930年刻本，第2頁。

〔註419〕簡朝亮著，梁應揚注：《讀書堂集》卷九，廣州松桂堂，1930年刻本，第2頁。

〔註420〕朱次琦著，簡朝亮編，關殊鈔點校：《朱九江先生集》卷首，旅港南海九江商會，1962年版，第15頁。

〔註421〕簡朝亮著，梁應揚注：《讀書堂集》卷十，廣州松桂堂，1930年刻本，第3頁。

〔註422〕簡朝亮著，梁應揚注：《讀書堂集》卷十二，廣州松桂堂，1930年刻本，第5頁。

不是康、黃、梁的學術理想。一方面，康、黃、梁對於陳、湛心學的體認在很大程度體現於他們對於廣東學術史的總結。如康有爲將惠能、陳獻章作爲廣東2個人物〔註423〕，梁啓超則視惠能、陳獻章、湛若水爲廣東能動全國之關係者〔註424〕。康有爲指出從陳獻章之後，廣東始講心學與學術始正、人才始盛，廣東學派遂以此開〔註425〕，但白沙心學不及陽明開化〔註426〕，另開一派的湛若水在禮學上與陳獻章分道揚鑣，與陽明分庭抗禮〔註427〕。梁啓超也指出，「吾粵自明之中葉，陳白沙、湛甘泉以理學倡，時稱新會學派，與姚江並名。」〔註428〕黃節以陳獻章、廣東陽明後學、湛若水三家之學作爲「嶺學」的源頭，以篤守理學、重視講學和名節道德作爲「嶺學」的特徵〔註429〕。另一方面，由於朱次琦高度評價王陽明，「昔者姚江謫龍場驛，憶其所讀書而皆有得，姚江之學由讀書始也，故其知且知兵，其能且能禦亂。」〔註430〕故梁啓超認爲，朱次琦在天下不講陸王之日而宣講陸王。而出其門的康有爲則以陸王心學爲體，沿承陳、湛「六經在我」的治學特色，打亂一切傳統家法，將維新變法思想融入《春秋》乃至一切經學、諸子學。梁啓超也以「百世之師」與具有「進退之節」激揚王陽明〔註431〕。故在很大程度上是由於陳、湛心學在廣東學術史的崇高地位，而成爲了「九江學派」2代成員追蹤的目標。

（3）「九江學派」與湛若水治《春秋》的平易、簡約風格

先將《春秋》原文列出，以「《正傳》曰」指出該文句的主旨，然後重點以《左傳》所載之事明晰其主旨，並配以二程、《穀梁》《公羊》的相關闡釋，

〔註423〕康有爲著，姜義華、張榮華編校：《康有爲全集》（第二集），中國人民大學出版社，2007年版，第260頁。

〔註424〕梁啓超著：《飲冰室合集》文集之六，中華書局，1989年版，第60頁。

〔註425〕康有爲著，姜義華、張榮華編校：《康有爲全集》（第二集），中國人民大學出版社，2007年版，第260頁。

〔註426〕康有爲著，姜義華、張榮華編校：《康有爲全集》（第二集），中國人民大學出版社，2007年版，第268頁。

〔註427〕康有爲著，姜義華、張榮華編校：《康有爲全集》（第二集），中國人民大學出版社，2007年版，第256頁。

〔註428〕梁啓超著：《飲冰室合集》文集之四十一，中華書局，1989年版，第78頁。

〔註429〕鄧實、黃節主編：《國粹學報》（八），廣陵書社，2006年版，第4492頁。

〔註430〕朱次琦著，簡朝亮編，關殊鈔點校：《朱九江先生集》卷首，旅港南海九江商會，1962年版，第15頁。

〔註431〕梁啓超著：《飲冰室合集》文集之四十，中華書局，1989年版，第18頁。

最後以「愚曰」強化其觀點與糾正前人的觀點，湛若水一以貫之的三段式闡述方法，使《春秋正傳》顯得淺白易懂。高簡、四庫管臣都有此論，高簡說：「蓋先生以其灑然平易之心而契之，故聖人取義之志躍如於前而不可掩，諸儒非不有其心也，而義例拘焉，或有非聖人之義者矣。」〔註 432〕四庫管臣亦言：「若水能舉向來穿鑿破碎之例一掃空之，而求諸實事以得其旨，猶說經家之平易可取也。」〔註 433〕朱次琦、簡朝亮、黄節、鄧實、梁啓超並未留下注解《春秋》的著述，而注解《春秋》卻成爲了康有爲發動維新變法的工具。以《春秋》旨、例、禮、口說、改制、微言大義、傳經表、董子說經爲目，在董仲舒《春秋繁露》的基礎上進行發微，康有爲所著的《春秋董氏學》，顯得淺顯明瞭、重點突出。將《春秋》分爲「不修」、「筆削」、「已修」三條進行論證，《春秋筆削微言大義考》清晰體現了康有爲對於《春秋》「微言大義」的解讀其實就是康氏《春秋》。

由於本於事而釋「義」，以「義」而窺見聖人之「心」，湛若水既棄漢儒的名物訓詁，也棄宋儒之義理闡發。這種別異漢宋諸儒的《春秋》詮釋學，不可避免地使「簡約」成爲《春秋正傳》的又一個特點。作爲漢學大本營的四庫管臣指斥說：「《春秋》治亂世之書，謂聖人必無特筆於其間，亦不免矯枉過正。」〔註 434〕與湛若水注解《春秋》全經不同，康有爲在《春秋董氏學》中獨就他感興趣的話題進行闡述，故漢儒訓詁名物、宋儒之義理也不在康有爲考慮的範圍內，反之，宣揚維新變法的思想則是其中心。注解《春秋》全經的《春秋筆削微言大義考》也不在於注解《春秋》，僅在「不修」、「筆削」、「已修」之間挖掘康有爲以爲的《春秋》大義，即孔子將改制思想託附於《春秋》。

2.「九江學派」與清代廣東《春秋》學新變

無論是治《春秋》的學者還是留下的注解《春秋》的著述，清代都是廣東《春秋》學最爲繁興的時期。理學家勞孝輿以《左傳》尋找言《詩經》與其韻語的故事，鄭養性、鄭之僑、趙希璜、馮龍官等開廣東漢學家注解《春

〔註 432〕湛若水著：《春秋正傳》，《四庫全書》167 冊，臺灣商務印書館股份有限公司，2008 年版，第 38 頁。

〔註 433〕湛若水著：《春秋正傳》，《四庫全書》167 冊，臺灣商務印書館股份有限公司，2008 年版，第 38 頁。

〔註 434〕湛若水著：《春秋正傳》，《四庫全書》167 冊，臺灣商務印書館股份有限公司，2008 年版，第 38 頁。

秋》的先河，侯康、徐灝、鄒伯奇等學海堂人既充分廣東《春秋》學的漢學特色，也使《穀梁》《公羊》在經歷唐宋明千年之後再次成爲廣東《春秋》學的組成部分，正是這 3 種力量的集結促成清代廣東《春秋》新變，並由此成爲「九江學派」出場前夕最爲有利的地域學術資源。

（1）「九江學派」與勞孝輿治《春秋》新變

勞孝輿在 1733 年完成的《春秋詩活》，在很大程度上是廣東理學家最後一本專治《左傳》的著述，但《春秋詩話》既不同於傳統注解《春秋》的著述，也迥異源起於歐陽修的《六一詩話》。如盛逢潤在《〈春秋詩話〉序》中說：「蓋取《左傳》中與《詩》相附者集爲五卷：曰賦、曰引、曰解、曰拾、曰評。類聚群分，章疏句解，要皆發前人之所未發。」〔註 435〕桂文燦也指出，「每條後各以所見附著之，此爲自來治《春秋》者所不及，亦自來輯詩話者所未道也。」〔註 436〕徵引《詩經》以證《三禮》，並以此解釋《春秋》，這是今古文經學家注解《春秋》的方法。歷來筆記詩話所言詩事，雖涉及《詩經》，但多爲漢魏以後的詩作，勞孝輿則反其道而行之，以《左傳》釋《詩經》，「純用本色說經」〔註 437〕，將詩話推至先秦詩學，填補了從先秦到宋代歐陽修《六一詩話》幾百年來無詩話的空白。故一方面，如伍崇曜所說「經部實無此書也」〔註 438〕，四庫管臣將《春秋詩話》置於集部詩文評類，實屬恰當，而另一方面，四庫管臣認爲《春秋詩話》「殊無所取」〔註 439〕，則未能深刻體會到其於經部體例上的創新性，而顯得貶斥過當。

《春秋詩話》以《左傳》言《詩經》的詩事而冠以「《春秋》」經部之名，它既形象反映廣東學者向來少有中原儒學傳統的束縛而學理性不強，也說明廣東儒學欠缺深厚的積澱而清初以來廣東學人普通而言尤重詩歌創作。故《春秋詩話》可視爲清初以來廣東學術史研究的一面鏡子，並能在某種程度上透視出往後廣東學術的發展方向。正是這本在廣東《春秋》學史中顯得頗爲怪異的著述爲《春秋》研治提供有別於傳統、正統的方法，拓展《左傳》《詩經》的研究範圍，顯示廣東學者敢於創新的治學精神，而勇於創新就是康有爲治

〔註 435〕毛慶耆主編：《嶺南學術百家》，廣東人民出版社，2004 年版，第 424 頁。

〔註 436〕桂文燦撰，王曉驪、柳向春點校：《經學博採錄》卷一，華東師範大學出版社，2010 年版，第 28 頁。

〔註 437〕毛慶耆主編：《嶺南學術百家》，廣東人民出版社，2004 年版，第 427 頁。

〔註 438〕毛慶耆主編：《嶺南學術百家》，廣東人民出版社，2004 年版，第 427 頁。

〔註 439〕毛慶耆主編：《嶺南學術百家》，廣東人民出版社，2004 年版，第 427 頁。

《春秋》乃至治中國傳統儒學的主導精神。康有爲《新學僞經考》所面臨的巨大壓力，如梁啓超所說：「《新學僞經考》出甫一年，遭清廷之忌，毀其板，傳習頗希」〔註440〕，已經殊非《春秋詩話》的「殊無可取也」。就是這種不入傳統、正傳的學術創新，使《春秋》學成爲康有爲成功發動維新變法的工具，也使《春秋》學在廣東近代綻放光芒。

(2)「九江學派」與清中葉以前廣東治《春秋》新變

清初尤其是乾嘉年間廣東並沒有追隨中原乾嘉漢學的盛況而出現漢學家注解《春秋》的熱潮，一直到1720年，漢學家惠士奇督學廣東，以經學倡士，廣東漢學風氣始興，出現鄭養性、鄭之僑、趙希璜、馮龍官等一批漢學家，產生《左傳春秋注》《六經圖》《五經文字通正》《十四經附錄》等經學著述，重視漢儒訓詁由此成爲廣東《春秋》新變。

《左傳春秋注》是鄭養性進獻惠士奇的著述，他也因此得到「開風氣之先」的稱譽。有學者指出，鄭之僑《六經圖》12冊24卷，包括《易經圖》《書經圖》《詩經圖》《春秋圖》《禮記圖》《周禮圖》各2冊4卷〔註441〕。趙希璜是清代「嶺南四大才子」之一，《五經文字通正》是其重要的經學著述。馮龍官自少師從馮麗璋，後肄業粵秀書院，著《十四經附錄》。馮龍官指出：「所記諸書，惟《十四經附錄》採行載之遺文，備一家之故訓，屬稿尚未有緒，尤宜早爲定著，以無失無窮之業。」〔註442〕桂文燦指出，「竊謂此書，蓋如阮太傅之《經郛》，誠大觀也，編輯未成，惜哉。」〔註443〕一方面，由於教育家殊非鄭之僑、趙希璜、馮龍官的主要身份，仕宦一生的他們亦並未有意使出其筆下的3種注解《春秋》的著述完全整保留下來，馮龍官更未能撰畢《十四經附錄》，而即使以教授鄉里爲業，文學家才是鄭養性的主要身份，《左傳春秋注》僅爲他進獻惠士奇的著述。另一方面，剛結束清初近百年來學術重創的廣東，無論從人才儲備還是漢學積累的哪個角度來看，清中葉以前廣東其實都欠缺漢學發展的條件的，故以上4種出自漢學家筆下的著述既未能在

〔註440〕梁啓超著：《清代學術概論　儒家哲學》，天津古籍出版社，2004年版，第70頁。

〔註441〕關漢華：《嶺南人文圖說之七十二——〈六經圖〉與鄭之僑》，《學術研究》2009年第12期。

〔註442〕桂文燦撰，王曉驪、柳向春點校：《經學博採錄》卷四，華東師範大學出版社，2010年版，第167頁。

〔註443〕桂文燦撰，王曉驪、柳向春點校：《經學博採錄》卷一，華東師範大學出版社，2010年版，第167頁。

鄉土產生即時的影響力，也未能由此迎來廣東漢學的繁興。

重視名物訓詁，注重字、音、義的注釋，這是漢儒治經的特點，這種在很大程度上源起於乾隆之後、道光之前的廣東漢儒治《春秋》，表面上是與「九江學派」疏離的，但漢儒治經其實是經學研治的起點，故朱次琦並非簡單地反對漢儒治經，而是強調在此基礎上對於宋儒釋義的重視，簡朝亮則兼取漢宋治經之長而以經學著述補漢學之失，以達「叶於經」的注經主旨，康有爲治《春秋》亦不忘訓詁名物，漢學家更是梁啓超對其學問沿承的自我體認。故「九江學派」其實並未遠離漢儒治經。清中葉以前廣東漢學家治《春秋》，雖未能使漢學即時成爲廣東儒學的顯學，但它無疑是嘉道年間廣東漢學繁興的重要前奏。而只有當諸種研治《春秋》的方法最大限度地呈現於學者面前，後來者才擁有更多的選擇餘地，或者說只有當一種學術獲得最全面的發展，後人才能夠站在巨人的肩膀上順利前行。清中葉以前廣東漢學家注解《春秋》於「九江學派」的意義即是如此。

（3）「九江學派」與嘉道年間廣東《春秋》新變

嘉道年間，廣東農業、手工業、商業隨著全國總形勢一起急劇下降，而廣東傳統儒學卻在災難深重的歲月裏，迎來它發展的最輝煌時期。由於 1819 年阮元在廣州創建學海堂，並得到有效的管理，漢學迅速成爲廣東儒學的顯學，而作爲兩次鴉片戰爭的主戰場，龔自珍、魏源等今文經學家或來過廣州，或與學海堂人有交誼，故比較典型的以漢學方法注解《春秋》、注解《公羊》《穀梁》由此成爲嘉道年間廣東《春秋》新變的 2 種表現。

一方面，林伯桐《左傳風俗》、侯康《穀梁禮證》、鄒伯奇《春秋經傳日月考》等反映嘉道年間廣東學者追隨乾嘉漢學而開始作《春秋》窄且深的研究，典型體現漢學家重考證的治學特色。《穀梁》是二千年以來的絕學，由於阮元將《穀梁釋例》收入《學海堂經解續修》，很有可能因此促使侯康著《穀梁禮證》，而成爲他的未竟之書。以《穀梁》證明《三禮》，且對《公羊》多有指斥，決定《春秋三傳》互證、《春秋》與《三禮》互證，是侯康著《穀梁禮證》的主要方法。鄒伯奇精於天文曆算，能萃薈中西之說而貫通之〔註 444〕，而撰寫於 1843 年旨在考證《春秋》242 年間出現的日食、閏月的時間、次數等的《春秋經傳日月考》就充分體現何謂向來吾粵名儒所未有。鄒伯奇在《春

〔註 444〕王維著：《百科全書式的學者——鄒伯奇》，廣東人民出版社，2007 年版，第 2 頁。

秋經傳日月考》中撰寫按語99條，指出《春秋》242年間出現日食24次、閏月87次，其中修正杜預《春秋長曆》失誤34處。另一方面，何若瑤《春秋公羊注疏質疑》、侯康《春秋古經說》、金錫齡《左傳補疏》、黃培芳《春秋左傳翼》等反映學海堂人《春秋》三傳並治，而最爲典型地莫過於侯康。與何若瑤指斥《公羊》一致，侯康、金錫齡、黃培芳的《春秋》研究其實都是尊推《左傳》的，侯康在《春秋古經說序》中指出，《左傳》是《春秋》的古經，《穀梁》、《公羊》均有不足，因此，《春秋三傳》應先取《左傳》，次取《穀梁》，後取《公羊》。

嘉道年間是繼兩漢之際、唐代以後《春秋》三傳再次進入廣東學者視野的重要時期，雖然學海堂人並沒有打破廣東學者尤重《左傳》的傳統，但所奠立的先取《左傳》，次取《穀梁》，後取《公羊》的《春秋》三傳次序，無疑對朱次琦、簡朝亮產生深遠影響，朱、簡就是以此看待《春秋》三傳的。嘉道年間廣東《春秋》學沒有沿承中原《春秋》所出現的重《公羊》的傾向，故廣東沒有隨之出現今文經學研究「熱」。但是，何若瑤對《公羊》的全面指斥，侯康對《公羊》、《穀梁》的部分否定與其對《穀梁》的深入研究，都在某種程度上使《公羊》、《穀梁》的學術價值獲得更多的關注，故光緒年間陳澧門人溫仲和著《讀春秋公羊箚記》、林國賡批註由何休解詁、陸德明音義的《春秋公羊傳》，陳澧本人也縱論《公羊》，正是在《春秋》三傳擁有了比較全面、深入研究的基礎上，廣東學者才能結合嶄新的時代形勢而在《春秋》三傳之間進行有別於前人的抉擇，獨重《公羊》並以此作爲發動維新變法的理論武器，就是康有爲對於廣東《春秋》三傳傳統的大逆轉。故嘉道年間廣東《春秋》新變就是「九江學派」《春秋》學的紮實的地域基礎。

3.「九江學派」實現廣東《春秋》新學近代轉型與廣東《春秋》學的啟示

西漢末年是中原《春秋》學步入由公羊學轉入左氏學的轉型時期。正是由於沒有經歷西漢《春秋》公羊學的洗禮，來自廣信的陳欽在兩漢之際北上師從賈護，全面學習《春秋》左氏學，自名其學爲「陳氏春秋」。其子陳元「少傳父業，爲之訓詁，銳精覃思，至不與鄉里通。」〔註445〕28年，陳元上《請

〔註445〕郭棐撰，黃國聲、鄧貴忠點校：《粵大記》（下），中山大學出版社，1998年版，第665頁。

立〈左傳〉疏》，與范升展開激烈論爭，迫使光武帝立《左傳春秋》學官，奠定了往後一千多年來的古文經學格局。在「三陳」之後 100 多年，逼於中原戰亂的劉熙、薛綜、虞翻等北方儒家來到交趾（今越南），劉熙、虞翻更在交趾開館講學，交趾成爲了當時中國南方的學術中心。虞翻首傳今文經學與東漢末年鄭玄打亂今古文家法，對已經在早年於洛陽師從劉陶，並於 187 年任交趾太守的廣信士燮產生了重要影響。士燮兼治《春秋》三傳，著《春秋左氏注》。由於廣東參與了兩漢之際中原《春秋》學的轉型，獲得了所謂的「開風氣之先」，故在六朝以前，廣東《春秋》學其實都能緊追中原《春秋》學的演進步伐的。它說明在一個地處偏遠、欠缺儒學積累的地域，若遇到學術轉型的契機，其原有的文化劣勢很有可能會變成優勢。千年以後，康有爲引領的廣東近現代《春秋》新變即是如此。

唐、宋中原《春秋》學均在古文經學範圍內發展，在新的文化衝擊還沒有到來之前，廣東《春秋》學仍籠罩於其開局的輝煌之中，未能從「三陳」、士燮等影響中走出來。唐人稀於治《春秋》，且唐人《春秋》學是以《左傳》爲主體。張九齡以《春秋》公羊學解決社會問題，劉軻不受唐代「捨經求傳」影響，主張經、傳合一，兼治《春秋》三傳。從仁宗開始，宋代中原《春秋》學步入發達期，二程、朱熹、王安石、胡安國等都對《春秋》與《三傳》有獨到的見解，提出一系列有別於漢人的《春秋》論。宋代廣東則既沒有產生一本注解《春秋》的著述，余靖、李昴英的《春秋》論也是屬於漢代《春秋》學兩大主題的較量，即李昴英以《春秋》公羊學解決社會問題，余靖則從源頭上反對《春秋》讖神學化。故宋代廣東《春秋》學既沒有形成自家的《春秋》論，亦未能沿承宋代中原《春秋》論，是爲一種眞正的落後。

明代廣東同時受到兩種嶄新學術的衝擊：一是程朱理學開始對廣東產生影響，並從明中葉開始走向繁興；二是白沙心學、陽明後學、甘泉心學此起彼伏，影響百年。明代廣東《春秋》學形成一種別異朱、陸，以求實、格心、平易、簡約爲特徵的《春秋》詮釋學，標誌廣東《春秋》學進入一個創新時代。由湛若水所開闢的《春秋》詮釋學既賦予了儒學以嶄新的生命，也起到解構甚至消解經典的作用。但一方面，包括甘泉心學在內的心學僅爲宋明理學的其中一種形態，湛若水仍在儒學傳統範圍內考量問題。另一方面，湛若水《春秋正傳》仍沿承劉敞《春秋權衡》的體例，如四庫管臣所說：「頗與劉敞權衡相近。」〔註 446〕故從兩漢之際到明代周而復始演進中所形成的廣東《春秋》學，其實都在中原《春秋》學的影響之下。

康乾是中原學術的盛世，實學成爲康乾中原《春秋》學的根本特點。清初廣東由於經歷血洗廣州、禁海遷界、尙藩肆虐等重創，至乾嘉中世，廣東文化才稍現復興之象。故即使惠士奇、惠棟、全祖望、翁方綱、錢大昕等乾嘉學者都來過廣東，但康乾廣東仍然沒有形成中原康乾《春秋》學的特點。這再次說明學術傳承是需要一個比較漫長的過程的。嘉道年間，「西學東漸」伴隨西方列強侵入，廣東傳統儒學在社會、文化裂變的前夕步入大繁榮時期。廣東漢學家不僅以漢學方法注解《春秋》三傳，爲廣東《春秋》學留下一批具有較高學術價值的著述，而且這些學者直接參與編纂《廣東省志》與在兩次鴉片戰爭中發揮了重要作用，但廣東《春秋》學仍然在儒學傳統範圍內運行。只有在社會危機、文化危機不斷激化的甲午戰爭前後，廣東《春秋》學才既沿承嘉道之際中原《春秋》新變，也在源遠流長的《春秋》學傳統中融入代表了近代社會前進方向的西學內容與社會改革內容，別出廣東近現代《春秋》新學。廣東《春秋》學由此第一次影響中原《春秋》學的演進進程，可惜這也是廣東傳統儒學乃至中原傳統儒學的瓦解進程。

實學、理學、經學殊非廣東儒學的全體，但它們無疑構成了廣東儒學的主體以及最能體現廣東儒學的學術史地位。由於同出其門的簡朝亮、康有爲以傳承、嬗變爲關鍵詞推動朱次琦學說的發展，故僅存 2 代的「九江學派」即有 3 代之意味，或者說以 2 代人的努力走完了 3 代人所走的學術道路。有必要指出的是，根深蒂固的廣東儒學傳統，殊非筆者展現的以「強化——轉型——階段性終結」3 段清晰軌跡遊走的，包括康有爲本人其實亦在其 3 段之間徘徊的。廣東古代儒學可以因爲政權的失卻而一夜之間退出歷史的前沿，但總是消極、積極並存的廣東儒學傳統仍然活躍於整個廣東近現代進程之中，而如何發揚廣東優秀儒學傳統而助力於廣東文化強省建設即是廣東儒學傳統的第 4 段。

〔註 446〕湛若水著：《春秋正傳》，《四庫全書》第 167 冊，臺灣商務印書館股份有限公司，2008 年版，第 37 頁。

結　語

1858～1882 年，朱次琦開館講學 24 年，出其門的簡朝亮、康有爲則在 1891 年同時開始講學生涯的重要一段。由於朱、簡、康卓著的教育生涯，朱氏門人、簡氏門人、康門弟子不僅各有其顯著代表人物，而且由於師承之學、人生際遇等多種原因而踐履出迴異的群體特徵，人生軌跡、知識結構與著述遺存則是其主要方面。由朱氏門人、簡氏門人、康門弟子組成的「九江學派」3 大群體，其存在的意義及其研究意義就在於以上 3 個層面，而合於一點即是爲以人物爲中心論證廣東學人與學術近代轉型提供了生動、豐富的素材與重要的學理支撑。

朱次琦沒有將參與編纂的《朱氏傳芳集》《南海九江朱氏家譜》置於臨終焚書之列，體現朱次琦對於個體著述與集體編纂之書的辯證認識。正是參與鄉土文化的建設，朱次琦知曉九江 600 多年文化積累的整個過程，朱次琦詩作與學術思想呈現的一致於鄉土特色的漁鄉文化、儒林文化與實學精神則顯得尤爲自然。與此同時，朱次琦以其學術著述、講學生涯豐富、發展九江文化，並由於其學術思想及其創立的「九江學派」處於九江文化近代轉型的關鍵時期，朱次琦成爲九江古代文化的集大成者。

一方面，朱次琦處於廣東傳統儒學發展的最後階段，他的學術思想除了有所創新以外，更重要的是對在此之前的廣東傳統儒學進行回顧、總結、反思與批判，總結本身就意味著融合會通，故朱次琦語錄式的學術觀點蘊涵著不獨錢穆在《朱九江學述》中闡述的深刻意義，而且是對廣東理學家傳統的沿承，是對廣東近代漢學的博弈。另一方面，朱次琦處於廣東漢學繁興的道光年間，即使朱次琦的學術思想是作爲道光年間廣東漢學的對立面出現的，但朱次琦倡導的去漢宋學之別在很大程度上還是得到漢學家陳澧、桂文燦等肯定，去漢宋學之別更由於簡朝亮頗具份量的注疏、補正兼重的經學著述而延至民國中後期。故即使朱次琦研究文獻嚴重欠缺，但其學術思想仍然能在廣東近代儒學中找到其蹤跡，殊非無本之木。正是屬於廣東近代儒學、廣東理學研究不能繞開的一人，朱次琦學術思想體現廣東儒學不入主流儒學、平實敦大的特點，朱次琦學術思想具有的廣東舊學之殿的學術史地位也呼之欲出。

除簡朝亮以外，由朱氏門人、簡氏門人、康門弟子組成的「九江學派」3大群體，其實在很大程度上都是以「九江學派」的嬗變者的身份而出現的。可以說，在 1891 年同時開館講學的簡朝亮、康有爲是以他們迥異的學術生涯，使在朱次琦去世後的「九江學派」朝著發展與嬗變 2 個方向前行。簡朝亮以一人之力將「九江學派」延續至民國中期，既離不開簡朝亮由著述與講學結合起來的卓著的學術生涯，也與晚清民國時期由於經學凌遲而促動經學研究發生新變的時代學術思潮密不可分。

布衣一生的簡朝亮是廣東近代一名純粹且高壽的學問家，這對於出身於「無讀書人」之家的簡朝亮來說尤爲重要。與康有爲在 1876 年師從朱次琦之前不僅已經得康氏一門康達棻、康贊修、康達節等諸位長輩悉心教導，而且先後師從簡鳳儀、梁健修、陳荃生、楊仕山、張公輔、呂拔湖等很不相同，1874 年師從朱次琦的簡朝亮雖然擁有竹林讀書 3 年的經歷，但是，無書與無師的家族淵源讓簡朝亮如白紙一張接受朱次琦的學術思想，並對此嶄新的學術思想產生較大的震撼。禮山 3 年，簡朝亮處於學術知識的積累階段，其學術思想的形成奠基於日後的開館講學、著述撰寫中對朱次琦學術思想的體認及其獨特的生命軌跡對朱次琦的學術思想產生的終其一生堅守。1873～1889年，簡朝亮先後多次參加科舉考試，終以廩生而終結其坎坷的科場生涯。正因如此，簡朝亮在 1890 年 12 月借金築順德簡岸讀書草堂，由此揭開他卓著的教育生涯，於 1893 以著《尚書集注述疏》而開啓其經學生涯，簡朝亮壯大「九江學派」的三種途徑由此形成。從 1890 至 1931 年，從 1893 至 1933 年臨終前夕，教育家、經學家就是簡朝亮兼擅的 2 種身份。在此期間，簡朝亮著畢《尚書集注述疏》《論語集注補正述疏》《孝經集注述疏》《禮記子思子言鄭注補正》《毛詩說習傳》《順德簡岸簡氏家譜》《粵東簡氏大同譜》《讀書草堂明詩》《讀書堂集》等一系列涉及經學、譜學、文學等領域的學術著述，簡朝亮的學術格局以及運行軌跡、簡朝亮經學生涯的內在主線、講學生涯的主要特色亦在其長達半個世紀的學術生涯中形成。

近代是廣東學術轉型的重要時期，簡朝亮是分析廣東學術近代轉型不能繞開的人物。雖然簡朝亮的講學生涯、經學生涯是以廣東社會近代轉型爲大舞臺的，但是，將朱次琦推崇的孔學延續至民國中期，就是簡朝亮學術生涯的使命。《朱九江先生講學記》《朱九江先生講學記書後》《三言兵書》等體現朱次琦、簡朝亮學術思想、兵學思想的專題文章就是簡朝亮開館講學的內容，故簡岸讀書草堂、陽山山堂、松桂堂即是廣東近代舊式書院，出其門者之卓著者黃節、鄧實、鄧方等亦是以此舊學奠定一生學問根基的。簡朝亮是以《尙書集注述疏》有意對抗康有爲《新學僞經考》的，以《論語集注補正述疏》弘揚孔子學說，以《孝經集注述疏》《禮記子思子言鄭注補正》《順德簡岸簡氏家譜》《粵東簡氏大同譜》而世變注疏經典與編纂族譜的，是在儒家詩論其實一去不復返的 1931 年撰寫《毛詩說習傳》《讀書草堂明詩》的，因此，簡朝亮的學術生涯就是其對中國舊學的固守。簡朝亮就是以此豐富的學術著述，與來自「九江學派」卻嬗變其學術思想的康有爲、梁啓超、黃節、鄧實形成無聲抗衡。

咸同年間至中法戰爭前、中法戰爭至甲午國恥、甲午戰敗至出亡海外前期、出亡海外後期與歸國後至 1929 年，是康有爲、梁啓超、黃節、鄧實等嬗變「九江學派」的 5 個階段。由於康、梁的學術生涯與整個廣東近代乃至中國近代學術關係緊密，加之他們留下豐富的學術著述，因此，二人無疑就是嬗變「九江學派」的中心人物。

除康有爲以外，分別師從康有爲、簡朝亮的梁啓超與黃節、鄧實，其實在很大程度上都是以儒學奠定其一生學問的主要根基的。因此，儒學奠基、懷疑儒學與西學萌芽的學術路徑適用於康、梁、黃、鄧，只是康有爲是其先導者。廣東近代的學術中心是今文經學，這是由康有爲完成的。從中法戰爭至甲午國恥，康有爲以重建今文經學，爲發動維新新變尋找理論武器。在其重建今文經學的過程中，康有爲嬗變孔學、反動程朱、乾嘉與援西入儒，開啓康有爲應對儒西學關係的第一步。甲午戰敗至出亡海外前期，康有爲在前期重建今文經學的基礎上，進一步構建以西漢以前的儒學爲眞儒學的今文經學思想，標誌康有爲以今文經學爲主要內容的學術思想的全面確立。強化、總結康有爲的學術思想，成爲梁啓超登上廣東近代學術舞臺的重要一步。沒有在今文經學方面花費過多精力的梁啓超，既與康有爲一起將以西化儒與儒西並尊作爲廣東近代學人應對儒西學的第二個進程走向成熟，也在史學、子學領域多有創獲，啓引廣東近代史學、子學的新變。

出亡海外後期，黃節、鄧實加入康有爲、梁啓超嬗變「九江學派」的行列之中。種族革命與平滿漢之界之別，使黃、鄧即使一致於康、梁的儒西並尊，也一致於梁啓超在倫理學、史學、子學領域出現又一新變，但是黃、鄧賦予其不一樣的內容。康、梁、黃、鄧嬗變「九江學派」的精彩之處就體現於此，或者說，廣東學術近代轉型的精彩也體現於此。歸國後至 1929 年，梁啓超與康有爲一起將以儒化西作爲他們思考一生的儒西學關係的歸宿。與此同時，梁啓超開始史學、子學新變第三期，最終以豐富的史學、子學理論與史學、子學新作爲廣東史學、子學近代轉型留下豐富的學術遺產。

經歷從援西入儒，到以西化儒，到儒西並尊，到以儒化西的幾個進程，康、梁仍然不僅推崇廣東本土學術，而且尊儒在其學術生命中所佔之份量越加沉重。以《國粹學報》《政藝叢報》爲主陣地而成爲廣東近代學術又一核心人物的黃節、鄧實，即使只比較充分體現儒西並尊的學術思想，但是，他們也與康、梁一起兼尊鄉土學術與國學。

嘉道之際，廣東社會由於內部日漸腐敗的統治而農民起義不斷增加，民生艱困，社會動盪，而外在的伴隨著列強侵入的又一次更大規模的「西學東漸」的到來又加劇了廣東社會諸種矛盾，就在此內外交困之時，由於 1819 年阮元創建學海堂而迎來廣東儒學發展的又一高峰，體現了所謂的「國家不幸詩家幸」。在廣東近代漢學成爲顯學中成長起來的朱次琦，在面對 2 次鴉片戰爭與太平天國運動對鄉土的嚴峻衝擊之時，他是繞開了漢學而追蹤嘉道之際以前的廣東儒學傳統，他試圖集結廣東理學、實學、《春秋》學傳統以復興儒學，挽救社會危機與儒學危機，廣東近代理學由此復興，再次證明何謂「國家不幸詩家幸」。即使面對來自同門的康有爲對廣東理學、實學、《春秋》學傳統的嬗變，簡朝亮依然故我，將朱次琦濃縮了一代又一代廣東傳統儒學家的學術理想延至 1933 年，而其時，康有爲、梁啓超已經去世，由簡朝亮極力維護的廣東儒學傳統也只能刻於黃紙之上，由孔學所衍生出來的理學、實學、《春秋》學都已經成爲人們或閃爍其辭，或閉口不說的話題。而只有在梁啓超去世後的半個世紀，他所啓引的包括理學、實學、《春秋》學在內的純學術研究才到來。

一方面，廣東儒學傳統不會由於朱次琦沒有選擇地沿承而增強其生命力，也不會由於簡朝亮頑強的堅守而在不適合的時代重回人們的視線，另一方面，廣東儒學傳統不會由於康有為毀滅性的攻擊而永恆地淡出人們的視線。儒學是中華民族文化的核心，儒學傳統與華夏文明在某種程度上是攜手共進的，儒學傳統烙在了華夏文明的年輪裏，成為華夏子女無法去掉的胎記。因此，當中華民族站起來、富起來，儒學傳統就會再次進入人們的視線。只是，再次歸來的儒學傳統殊非朱次琦、簡朝亮所弘揚的，而必須不僅去其糟粕，取其精華，自我激活，而且尋找儒學話語，以與世界文化對話，以服務於社會主義物質文明建設，以成為社會主義文化發展的動力。

參考文獻

一、著作類

1. 陳建著：《皇明資治通紀》，北京圖書館藏嘉靖刻本。
2. 陳遇夫撰：《史見》，《叢書集成初編》，商務印書館，1937 年版。
3. 陳遇夫著：《正學續》，中華書局，1985 年版。
4. 陳獻章著，孫通海點校：《陳獻章集》，中華書局，2008 年版。
5. 陳澔注：《禮記》，上海古籍出版社，1987 年版。
6. 陳桐生譯注：《曾子　子思子》，中華書局，2012 年版。
7. 陳澧著，黃國聲主編：《陳澧集》，上海古籍出版社，2008 年版。
8. 陳漢才著：《康門弟子述略》，廣東高等教育出版社，1991 年版。
9. 陳壁生著：《孝經學史》，華東師範大學出版社，2015 年版。
10. 陳鐵凡著：《孝經鄭注校證》，中華學術著作編委會，1976 年版。
11. 蔡元培著：《中國倫理學史》，中國社會科學出版社，2008 年版。
12. 程美寶著：《地域文化與國家認同：晚清以來「廣東文化」觀念的形成》，三聯書店，2006 年版。
13. 程元敏著：《尚書學史》，華東師範大學出版社，2013 年版。
14. 崔與之撰，張其凡、孫志章整理：《宋丞相崔清獻公全錄》，廣東人民出版社，2008 年版。
15. 鄧實、黃節主編：《國粹學報》，廣陵書社，2006 年版。
16. 鄧方著：《小雅樓詩文集》，香港，1962 年重刊。
17. 鄧實，繆荃孫編：《古學叢刊》，廣陵書社，2006 年版。
18. 東莞圖書館編：《倫明全集》，廣東人民出版社，2012 年版。
19. 《段玉裁全書》編委會：《段玉裁全書》，江蘇人民出版社，2015 年版。

20. 范端昂撰：《粵中見聞》，廣東高等教育出版社，1988 年版。
21. 范學輝、齊金江主編：《儒家史學思想研究》，中華書局，2003 年版。
22. 馮栻宗編纂：《九江儒林鄉志》，旅港南海九江商會，1986 年重刊。
23. 馮天瑜、黃長義著：《晚清經世實學》，上海社會科學院出版社，2002 年版。
24. 馮敏昌著：《小羅浮草堂文集》，欽州佩弦齋藏版，1494 年版。
25. 馮友蘭著：《中國哲學史新編》，商務印書館，2012 年版。
26. 佛山市南海區九江鎮地方志編纂委員會編：《南海市九江鎮志》，廣東省經濟出版社，2009 年版。
27. 郭雙林著：《西潮激蕩下的晚清地理學》，北京大學出版社，2005 年版。
28. 郭棐撰，黃國聲、鄧貴忠點校：《粵大記》，中山大學出版社，1998 年版。
29. 郭棐著，王元林注：《嶺海名勝記校注》，三秦出版社，2012 年版。
30. 桂文燦撰，王曉驪、柳向春點校：《經學博採錄》，華東師範大學出版社，2010 年版。
31. 廣東府志輯：《南海縣志》，《中國地方志集成》，上海書店出版社，2003 年版。
32. 廣東炎黃文化研究會編：《嶺嶠春秋——廣府文化與阮元論文集》，中山大學出版社，2003 年版。
33. 廣西省鄉賢遺著編印委員會：《陳榕門先生遺書　年譜》，廣西省鄉賢遺著編印委員會，1943 年版。
34. 韓愈著，卞孝萱、張清華編：《韓愈集》，鳳凰出版社，2014 年版。
35. 何若瑤著：《春秋公羊注疏質疑》，《續修四庫全書》129 冊，上海古籍出版社，2002 年版。
36. 何成軒著：《儒學南傳史》，北京大學出版社，2000 年版。
37. 黃佐著，陳憲猷點校：《廣州人物傳》，廣東高等教育出版社，1991 年版。
38. 黃佐著：《庸言》，《續修四庫全書》子部，儒家類，上海古籍出版社，2002 年版。
39. 黃佐撰：《泰泉鄉禮》，《文淵閣四庫全書》，臺灣商務館股份有限公司，2008 年版。
40. 黃明同著：《明代心學開篇者——陳獻章》，上海古籍出版社，2013 年版。
41. 黃宗羲著：《宋元學案》，中華書局，1996 年版。
42. 黃宗羲著，沈芝盈點校：《明儒學案》，中華書局，2008 年版。

43. 黄愛平著：《樸學與清代社會》，河北人民出版社，2003 年版。
44. 黄節著：《蒹葭樓自定詩稿原本》，廣東人民出版社，1998 年版。
45. 黄遵憲著，吳振清、徐勇、王家祥點校：《日本國志》，天津人民出版社，2005 年版。
46. 黄賓虹、鄧實編：《美術叢書》，鳳凰出版社，2013 年版。
47. 侯康撰：《春秋古經説》，《叢書集成初編》，中華書局，1985 年版。
48. 霍韜著：《渭厓文集》，廣西師範大學，2015 年版。
49. 惠棟著：《古文尚書考》，《清經解》，齊魯書社，2012 年版。
50. 蔣志華著：《晚清醇儒——朱次琦》，廣東人民出版社，2007 年版。
51. 蔣寅撰：《清詩話考》（民國卷），中華書局，2004 年版。
52. 江藩著：《國朝漢學師承記》，中華書局，1983 年版。
53. 紀昀等：《四庫全書總目提要》，上海商務印書館，1933 年版。
54. 簡氏門人編纂：《簡朝亮年譜》，廣州松桂堂，1934 年刻本。
55. 簡朝亮著，梁應揚箋注：《讀書堂集》，廣州松桂堂，1930 年刻本。
56. 簡朝亮編纂：《順德簡岸簡氏家譜》，北京圖書館編纂：《北京圖書館藏家譜叢刊》閩粤（僑鄉）卷，第 42～44 册，北京圖書館出版社，2000 年版。
57. 簡朝亮撰，周春健校注：《孝經集注述疏——附〈讀書堂答問〉》，華東師範大學出版社，2011 年版。
58. 簡朝亮撰，趙友林、唐明貴校注：《論語集注補正述疏——附〈讀書堂答問〉》，華東師範大學出版社，2013 年版。
59. 簡朝亮撰：《讀書草堂明詩》，中華書局，1929 年鉛印本。
60. 簡朝亮撰：《尚書集注述疏》，《續修四庫全書》（第 52 册），上海古籍出版社，2002 年版。
61. 簡朝亮著：《禮記子思子言鄭注補正》，《續修四庫全書》（第 932 册），上海古籍出版社，1996 年版。
62. 簡朝亮著，簡萊盈、簡萊持錄：《毛詩説習傳》，1931 年刻本。
63. 簡岸讀書草堂再傳弟子林伯聰、李巽仿等編：《松桂堂集》（第一、二輯），1985 年香港。
64. 康有爲撰，姜義華、張榮華編校：《康有爲全集》，中國人民大學出版社，2007 年版。
65. 康有爲編注，蔣貴麟輯：《康氏先世遺詩　朱師九江佚文合集》，臺北成文出版社，1983 年版。
66. 勞孝輿撰，毛慶耆點校：《春秋詩話》，廣東高等教育出版社，1998 年版。

67. 勞潼編：《馮潛齋先生年譜》，1911 年刻本。
68. 李焯然著：《丘濬評傳》，南京大學出版社，2011 年版。
69. 李澤厚著：《中國近代思想史論》，天津社會科學院出版社，2004 年版。
70. 李黼平著：《毛詩紬義》，《續修四庫全書》68，經部，詩類，上海古籍出版社，2002 年版。
71. 李緒柏著：《清代廣東樸學研究》，廣東省地圖出版社，2001 年版。
72. 李昴英撰，楊芷華點校：《文溪存稿》，暨南大學出版社，1994 年版。
73. 黎遂球著：《周易爻物當名》，《續修四庫全書》16，經部，易類，上海古籍出版社，2002 年版。
74. 黎春曦編纂：《南海九江鄉志》，1657 年刊行，旅港南海九江商會，1998 年重刊。
75. 劉希仁撰：《劉希仁文集》，中華書局，1985 年版。
76. 劉伯驥著：《廣東書院制度》，中華書局，1958 年版。
77. 劉成禺撰，錢實甫點校：《世載堂雜憶》，中華書局，2006 年版。
78. 劉寶楠著：《論語正義》，中華書局，1990 年版。
79. 梁啓超著：《飲冰室合集》，中華書局，1989 年版。
80. 梁鼎芬著：《節庵先生遺詩》，華東師範大學出版社，2012 年版。
81. 羅欽順著，閻韜點校：《困知記》，中華書局，2013 年版。
82. 羅學鵬編：《廣東文獻》，江蘇古籍刻印社，1994 年版。
83. 林伯桐著：《毛詩通考》，《續修四庫全書》68，經部，詩類，上海古籍出版社，2002 年版。
84. 樓宇烈：《中國儒學的歷史演變與未來展望》，中國廣播電視臺出版社，1994 年版。
85. 呂坤撰，吳承學、李光摩校注：《呻吟語》，北京燕山出版社，1996 年版。
86. 呂坤撰，王國軒整理：《呂坤全集》，中華書局，2012 年版。
87. 陸費逵、高野侯等：《五種遺規》，中華書局，1989 年版。
88. 馬洪林著：《康有爲評傳》，南京大學出版社，2011 年版。
89. 馬以君編：《黄節詩集》，中國人民大學出版社，1989 年版。
90. 潘尚楫等修，鄧士憲、謝蘭生等纂：《南海縣志》，1835 年刻本。
91. 錢穆著：《中國學術思想史論叢》（卷八），安徽教育出版社，2005 年版。
92. 錢穆著：《中國近三百年學術史》，商務印書館，2005 年版。
93. 區仕衡撰：《理學簡言》，《廣州大典》（第四輯），廣州出版社，2012 年版。

94. 屈大均著：《廣東新語》，中華書局，2010 年版。
95. 丘濬著，周偉民、王瑞明、崔曙庭、唐玲玲點校：《丘濬集》，海南出版社，2006 年版。
96. 沈雲龍主編：《近代中國史料叢刊》第 34 輯，臺北文海出版社，1969 年版。
97. 孫星衍撰，陳抗，盛冬鈴點校：《尚書今古文注疏》，中華書局，2004 年版。
98. 唐明貴著：《論語學史》，中國社會科學出版社，2009 年版。
99. 王維著：《百科全書式的學者——鄒伯奇》，廣東人民出版社，2007 年版。
100. 王守仁著：《王陽明全集》，線裝書局，2014 年版。
101. 王惠榮著：《陳澧思想研究》，中國社會科學出版社，2008 年版。
102. 王鳴盛著，顧寶田、劉邊鵬點校：《尚書後案》，北京大學出版社，2012 年版。
103. 王明德著：《草堂萬木森　變法維新政——康有爲和他的弟子》，廣東教育出版社，2011 年版。
104. 吳雁山著：《勞莪野先生傳》，道光年刻本。
105. 許衍董等編纂：《廣東文徵》（第一冊），廣東文徵編印委員會刊行，1986 年版。
106. 許衍董等編纂：《廣東文徵續編》（第二冊），廣東文徵編印委員會刊行，1986 年版。
107. 徐世昌著，陳祖武點校：《清儒學案》河北人民出版社，2008 年版。
108. 徐灝著：《通介堂經説》，《續修四庫全書》177，經部，群經總義類，上海古籍出版社，2002 年版。
109. 薛侃撰，陳椰編校：《薛侃集》，上海古籍出版社，2014 年版。
110. 薛虞畿著：《春秋正典》，《四庫全書》史部四，別史類。
111. 楊伯峻譯注：《孟子譯注》，中華書局，2005 年版。
112. 楊伯峻譯注：《論語譯注》，中華書局，2004 年版。
113. 張寅彭主編：《民國詩話叢編》，上海古籍出版社，2002 年版。
114. 張紋華著：《簡朝亮研究》，廣東高等教育出版社，2013 年版。
115. 張紋華著：《朱次琦研究》，廣東高等教育出版社，2012 年版。
116. 張其凡、孫志章整理：《宋丞相崔清獻公全錄》，廣東人民出版社，2008 年版。
117. 張九齡撰，熊飛校注：《張九齡集校注》，中華書局，2008 年版。

118. 張耀南著：《中國儒學史》（近代卷），北京大學出版社，2011 年版。
119. 湛若水著：《春秋正傳》，廣西師範大學，2015 年版。
120. 湛若水著：《湛甘泉先生文集》，廣西師範大學出版社，2014 年版。
121. 中國科學院圖書館整理：《續修四庫全書總目提要》，齊魯書社，1996 年版。
122. 鍾芳著，周濟夫點校：《鍾筠溪集》，海南出版社，2006 年版。
123. 朱次琦等修，朱宗琦纂：《南海九江朱氏家譜》，1869 年南海朱氏刻本，《北京圖書館藏家譜叢刊》閩粵（僑鄉）卷，第 21～23 冊，北京圖書館出版社，2000 年版。
124. 朱次琦著，簡朝亮編，關殊鈔點校：《朱九江先生集》，旅港南海九江商會，1962 年版。
125. 朱次琦撰：《四書講義殘稿不分卷》，《廣州大典》148，第 23 輯第六冊，廣州出版社，2015 年版。
126. 朱次琦、朱宗琦編纂：《朱氏傳芳集》，1861 年刻本。
127. 朱熹著：《四書集注》，鳳凰出版社，2005 年版。
128. 趙利民主編：《儒家文藝思想研究》，中華書局，2003 年版。
129. 趙所生、薛正興主編：《中國書院志》，江蘇教育出版社，1985 年版。
130. 趙爾巽撰：《清史稿》，中華書局，1977 年版。
131. 曾國藩著：《曾文正公全集》，中國書店出版社，2011 年版。
132. 曾釗著：《虞書合義和章解》，《續修四庫全書》，經部，書類，上海古籍出版社，2002 年版。
133. 曾慶輯錄：《南海何樸園先生入祀鄉賢錄》，1886 年刻本。
134. 曾振宇主編：《儒家倫理思想研究》，中華書局，2003 年版。
135. 周祝齡著，簡朝亮編纂：《所託山房詩集》，1892 年刻本。

二、論文類

1. 關漢華：《嶺南人文圖說之七十二——〈六經圖〉與鄭之僑》，《學術研究》2009 年第 12 期。
2. 蔡先金：《孔子詩學體系要解》，《孔子研究》2013 年第 1 期。
3. 陳一鳳：《唐玄宗〈孝經御注〉的內容特點——兼與鄭注、孔傳比較》，《南都學壇》2005 年第 2 期。
4. 傅振倫：《論方志的起源與演變》，《浙江學刊》1986 年第 3 期。
5. 賈熟村：《對梁士詒家族的考察》，《雲夢學刊》2012 年第 3 期。
6. 焦桂美：《〈尚書今古文注疏〉的詮釋動因、體例與方法》，《孔子研究》

2013 年第 1 期。
7. 李衛軍：《明代〈左傳〉學概述》，《古籍整理研究學刊》2010 年第 3 期。
8. 羅炳良：《菊坡學派與嶺南史學》，《學術研究》2010 年第 10 期。
9. 梁啓雄：《論語注疏匯考》，《燕京學報》1948 年 6 月第 34 期。
10. 林輝鋒：《〈清國史〉、〈清史列傳〉、〈清史稿〉朱次琦傳校讀》，《史學史研究》2011 年第 2 期。
11. 劉仲華：《清代老莊研究概述》，《北京社會科學》2002 年第 3 期。
12. 孫運君：《試論林伯桐的漢宋兼採思想》，《遼寧大學學報》（哲學社會科學版）2012 年第 1 期。
13. 時永樂，梁松濤：《略論梁啓超在方志學上的貢獻》，《圖書館工作與研究》2004 年第 5 期。
14. 蘇雲峰：《康有爲主持下的萬木草堂》，《近代史研究所集刊》1972 年第 3 期。
15. 孫海波：《朱九江學記》，《中和》1940 年第 2 期。
16. 楊翔宇：《朱次琦辭官及焚書探因》，《嶺南文史》2007 年第 4 期。
17. 楊乃喬：《經學與儒家詩學——從語言論透視儒家在經典文本上的「立言」》，《中國社會科學》1995 年第 6 期。
18. 王惠榮：《魏源據陳澧書修改〈海國圖志〉説質疑》，《安徽史學》2006 年第 4 期。
19. 王金鋒：《梁廷楠的反侵略海防思想探析》，《聊城大學學報》2006 年第 4 期。
20. 萬明：《從八封信看耶穌會士入華的最初歷程》，《文獻》1993 年第 3 期。
21. 朱傑勤：《朱九江先生學述》，《學術研究》1987 年第 4 期。
22. 鄭傑文：《清代的墨學研究》，《淄博學院學報》1999 年第 4 期。
23. 張其凡：《宋代嶺南主要理學人物縷述》，《暨南學報》（哲學社會科學版）1995 年第 3 期。
24. 張紋華：《「九江學派」與嶺南學術傳統》，《社會科學家》2011 年第 5 期。
25. 張紋華：《「九江學派」經學與史學論》，《北方論叢》2014 年第 5 期。
26. 張紋華：《「九江學派」考辨》，《貴州師範大學學報》（哲學社會科學版）2014 年第 5 期。
27. 張紋華：《廣東〈春秋〉學的近代轉型——以「九江學派」爲中心》，《深圳大學學報》（人文社會科學版）2015 年第 6 期。
28. 張紋華：《論「菊坡學派」》，《嶺南文史》2009 年第 2 期。

29. 張紋華：《簡朝亮與康有爲述論》，《聊城大學學報》2012 年第 4 期。
30. 張紋華：《宋代廣東理學的特點與影響》，《燕山大學學報》（哲學社會科學版）2015 年第 4 期。
31. 張紋華：《廣東近代文化特徵與康有爲的個性形成》，《五邑大學學報》2015 年第 1 期。
32. 張紋華：《康梁嶺南文化論》，《貴州師範大學學報》（哲學社會科學版）2015 年第 4 期。
33. 張紋華：《朱次琦的史學思想》，《衡陽師範學院學報》2015 年第 1 期。
34. 張紋華：《漢唐廣東經學》，《廣東石油化工學院學報》2016 年第 2 期。
35. 張紋華：《廣東南海九江蛋民文化研究》，《嶺南文史》2016 年第 4 期。
36. 張紋華：《朱次琦的門人與著述遺存》，《澳門文獻信息學刊》2017 年第 1 期。
37. 張紋華：《簡朝亮的門人與著述遺存》，《五邑大學學報》2017 年第 2 期。
38. 張紋華：《康門弟子與著述遺存》，《江南大學學報》2017 年第 3 期。
39. 張紋華：《論朱次琦的倫理思想》，《安康學院學報》2017 年第 3 期。
40. 張紋華：《簡朝亮論〈尚書〉學的源流》，《安康學院學報》2017 年第 4 期。
41. 鄭超：《陳宏謀教思想初探——基於〈五種遺規〉的研究》，曲阜師範大學 2010 年碩士學位論文。

後　記

「九江學派」的建立者朱次琦是我家鄉廣東南海九江鎮上的名人，第一次以學生身份走入以紀念朱次琦命名的「九江中學」，我在毫不知情之下站在朱次琦的坐像之前，而第一次聽到「九江學派」的名字是在 20 年後的 2009 年 3 月，那時我坐在華南師範大學博士研究生導師左鵬軍先生的辦公室。因此，我就對朱次琦與其創立的「九江學派」有一種特殊的情感，《「九江學派」研究——從朱次琦到簡朝亮》也由此成爲我的博士學位論文。

2011～2013 年，我進入山東曲阜師範大學歷史文化學院博士後流動站，師從傅永聚先生，開始康有爲研究。期間，我對博士學位論文進行完善，出版《朱次琦研究》《簡朝亮研究》2 本專著，並知曉康有爲、梁啓超、黃節、鄧實等廣東近代學人將是未來開展「九江學派」研究必須突破的內容。

2013 年 9 月，我來到現在的工作單位——廣東石油化工學院，一邊進行教學工作，一邊豐富、深化博士後出站報告——《康有爲與廣東近代學術》，並從 2015 年開始，著手擬寫《「九江學派」研究》的提綱、章節內容。從擬寫書稿綱目到順利完成書稿撰寫的近 3 年裏，我深刻體會到「不忘初心」、堅定走學術研究道路的不容易。

2005 年 6 月，爲了追求學習的夢想，我離開工作單位——廣東南海九江儒林中學，開始了漫長的人生飄泊。從此以後的許多中國傳統節日，我都無法陪伴在家人身邊，也沒有多少金錢讓家人過上較好的生活。家人不明白我在閱讀什麼與寫作有何價值，但他們從來沒有阻擋我，給予我質樸的愛。謹以此書送給親愛的家人。

張紋華

2019 年 9 月 24 日